2017年度浙江省社科联省级社会科学学术著作出版资金全额重点资助出版(编号:2017CBZ07)

当代浙江学术文库
DANGDAI ZHEJIANG XUESHU WENKU

教师专业学习社群：
特点、发展与影响

张 佳 著

中国社会科学出版社

图书在版编目（CIP）数据

教师专业学习社群：特点、发展与影响/张佳著.—北京：中国社会科学出版社，2017.8

（当代浙江学术文库）

ISBN 978-7-5203-1078-9

Ⅰ.①教… Ⅱ.①张… Ⅲ.①中小学—师资培养—研究—中国 Ⅳ.①G635.12

中国版本图书馆CIP数据核字（2017）第238559号

出 版 人	赵剑英
责任编辑	徐沐熙
责任校对	张爱华
责任印制	王　超

出　　版	中国社会科学出版社
社　　址	北京鼓楼西大街甲158号
邮　　编	100720
网　　址	http://www.csspw.cn
发 行 部	010-84083685
门 市 部	010-84029450
经　　销	新华书店及其他书店
印刷装订	环球东方（北京）印务有限公司
版　　次	2017年8月第1版
印　　次	2017年8月第1次印刷
开　　本	710×1000　1/16
印　　张	25.75
插　　页	2
字　　数	418千字
定　　价	99.00元

凡购买中国社会科学出版社图书，如有质量问题请与本社营销中心联系调换

电话：010-84083683

版权所有　侵权必究

前　言

　　21世纪是变革的时代。在知识经济、信息社会和全球化的大背景下，学校教育进入持续的变革阶段。无论是西方国家，还是亚洲的国家和地区，都将教育改革作为教育工作的重心。例如，美国在过去的二十多年里先后经历了关注提高标准的卓越运动、强调校本管理和教师赋权的学校重建运动、主张系统重建的综合学校改革运动3次改革浪潮；英国在20世纪末到21世纪初进行了全国读写策略改革；加拿大进行了以能力建设为核心的综合性学校教育改革；芬兰自20世纪90年代以来先后经历了基于主动、合作学习的教学改革、教育领导分权运动和整体性基础教育改革等综合性的学校改革；越南自2006年开始实施以建立学习型社群为目标的授业研究改革；印度自2007年开始进行活动中心教学改革；印度尼西亚在2003年颁布20号国家教育系统法案后进行了全国性的教育分权、校本管理运动；新加坡开展了校本管理、专业学习社群、学习中心教学等改革；马来西亚在《愿景2020》的指导下进行了系列改革；泰国自1997年颁布教育改革法案后开展了教育分权等改革；中国香港地区进行了校本管理、质量保证机制、学校评估等改革；中国台湾地区进行了教育分权、创新及综合课程改革；日本以学校多样化为目的进行了课程改革、创新型高中等一系列的改革策略，等等，这些改革无一例外地诠释出世界各国和地区为改进学校教育、提高学生学习质量所作出的努力。

　　然而，正如加拿大学者富兰（Fullan）所说，学校教育改革并非易事，它是一个长期的、复杂的、充满挑战的过程。从根本上讲，教育改革的成败取决于学校改革能力的强弱，因而提升学校整体的学习和改革能力就成为推动改革发展的根本诉求。如何有效地促进学校改革能力的提升，也得到了理论界的广泛关注。

　　在这样的背景下，建立专业学习社群作为一种改革的手段，渐渐走入学术界和实践者的眼中，为提升学校整体的改革能力带来了希望。研究反复证明，在学校中建立和发展专业学习社群，能有效促进教师的专业发展，增进学生的学习能力，提高教育的整体质量。OECD（世界经济合作与发展组织）对在PISA（国际学生评估项目）测试中取得优异成绩的国家的研究中也发现，专业学习社群中蕴含的教师合作实践是具有不同文化背景的优秀教育系统的共同特点，它显著促进了学生的学习，并使教育系统持续改进。由此，建立和发展专业学习社群越来越被视为一种有效的教育改革策略，为教育改革的持续推进带来了希望。

专业学习社群的概念于20世纪90年代出现于西方教育界，目的是通过教师合作来提升学校的改革能力，促进教育质量的提升。专业学习社群的内涵体现在教育者之间通过互相对话、共享经验、合作探究、集体反思等方式不断改进教学实践，从而促进学生的学习和学校的发展。围绕专业学习社群的内涵特点、发展过程、产生的效果及其如何实现等主题，已有研究对此进行了诸多探讨。其中，第一类研究探讨专业学习社群的内涵，尤其是其核心特点，不同学者基于不同的文化背景提出关于专业学习社群的概念模型，并通过实证研究加以验证。第二类研究将视野聚焦到如何形成专业学习社群的特点上，即探讨专业学习社群的建立与发展问题。基于对不同个案的分析，已有研究提出了一些发展专业学习社群的策略和途径，并就专业学习社群的不同发展阶段，阐述其面临的困难与障碍。第三类研究关注专业学习社群对于教师的专业发展及学生的学习产生的效果，通过量化、质化等实证研究，考察专业学习社群对学校改革产生怎样的影响。

本书聚焦于课程改革背景下我国中小学教师专业学习社群，重点分析其特点、发展及对教师的影响等问题。在我国，教研组、备课组等教师合作学习实践已有半个多世纪的历史，学校教育的很多工作都由教师集体合作、共同完成，探讨这一特定背景下的专业学习社群能够为该领域的研究提供重要的视角。研究以上海地区的学校为例，采用混合研究取向，整个研究历经一个从质化研究到量化研究再到质化研究的过程。具体而言，首先应用个案研究法初步探索专业学习社群的特点及其对教师发展的影响，从而对我国教师专业学习社群发展的特定情境有一个清晰、具体的认识。其次，根据理论研究和个案研究获得的数据，形成适用于我国学校情境的专业学习社群及其影响的概念框架，并据此形成专业学习社群的特点及效果问卷，对中小学校进行大规模的问卷调查。通过对量化数据进行探索性因素分析、验证性因素分析、描述性分析、单因素方差分析、结构方程全模型分析等，对专业学习社群的概念框架进行验证和修订，并考察专业学习社群的发展水平及其对教师发展产生的影响。最后，在量化研究的基础上，分别选取专业学习社群发展水平较高和较低的几所学校，对这些具有代表性的学校进行深入的比较研究，探究专业学习社群影响教师专业发展的过程，并分析影响专业学习社群的效果及发展水平的因素。

全书共分八章。第一章为绪论，在全球学校教育改革和改革理论发展的大背景下，提出本书专业学习社群研究的目的、问题和意义。第二章回顾专业学习社群的理论研究，系统地梳理和总结专业学习社群领域的相关理论和文献，包括专业学习社群的理论基础、内涵、发展、效果及其实现以及中国背景下的专业学习社群。第三章专业学习社群的实证研究为总体的研究设计与方法，提出具体的研究问题，确立研究的理论框架，对研究取向与方法、研究程序、数据收集与分析等过程进行全面的阐述，并指出研究的可靠性与研究伦理。第四章为专业学习社群的初步探索，具体呈现出第一个质化研究的发现，阐述了专业学习社群的特点及其对教师发展的影响的具体表现。第五章为专业学习社群的特点及影响的概念框架，通过呈现量化研究的部分成果，对第三章提出的我国中小学教师专业学习社群的概念框架进行验证。第六章为专业学习社群的发展水平与效果，以上海为例，对我国中小学教师专业学习社群的发展水平、不同类型的学校的专业学习社群的发展水平以及专业学习社群对教师发展的效果进行分析。第七章为个案中的专业学习社群及其对教师发展的影响过程，具体呈现出第二个质化研究的发现，对教师专业学习社群影响教师发展的过程进行探究。第八章为结语，是在对整个研究进行总结的基础上，阐明本书的理论贡献，提出有利于推动我国中小学教师专业学习社群进一步发展的建议，并指出本书的限制以及对未来研究的启示。

目　　录

第一章　绪论 …………………………………………………… (1)
第一节　充满挑战的教育改革 ………………………………… (1)
第二节　教育改革失败的原因 ………………………………… (5)
第三节　专业学习社群对于教育改革的意义 ………………… (8)
第四节　专业学习社群的研究现状 …………………………… (13)
第五节　研究专业学习社群的目的与意义 …………………… (17)

第二章　专业学习社群的理论研究 …………………………… (22)
第一节　专业学习社群的理论基础 …………………………… (22)
　　一　理论脉络 …………………………………………………… (22)
　　二　理论内涵 …………………………………………………… (25)
　　三　理论视角 …………………………………………………… (36)
第二节　专业学习社群的内涵 ………………………………… (41)
　　一　定义 ………………………………………………………… (41)
　　二　特点 ………………………………………………………… (43)
　　三　类型 ………………………………………………………… (55)
　　四　小结 ………………………………………………………… (59)
第三节　专业学习社群的发展 ………………………………… (60)
　　一　学校背景因素的影响 ……………………………………… (61)
　　二　发展策略与过程 …………………………………………… (62)
　　三　挑战与障碍 ………………………………………………… (65)
　　四　小结 ………………………………………………………… (70)
第四节　专业学习社群的效果 ………………………………… (70)
　　一　对教师发展的影响 ………………………………………… (70)
　　二　对学校组织的影响 ………………………………………… (78)

三　对学生学习的影响 …………………………………………… (84)
　　　四　小结 ………………………………………………………… (99)
　第五节　专业学习社群效果的实现 …………………………………… (100)
　　　一　专业学习社群促进学生学习的原因 …………………… (101)
　　　二　专业学习社群促进教师发展的原因 …………………… (104)
　　　三　信任与冲突的作用 ……………………………………… (108)
　　　四　小结 ………………………………………………………… (112)
　第六节　中国背景下的专业学习社群 ………………………………… (112)
　　　一　专业学习社群的涵义 …………………………………… (112)
　　　二　专业学习社群的情境脉络 ……………………………… (116)
　　　三　课程改革背景下的专业学习社群 ……………………… (120)
　　　四　小结 ………………………………………………………… (125)

第三章　专业学习社群的实证研究 …………………………………… (126)
　第一节　研究问题与理论框架 ………………………………………… (126)
　　　一　研究问题 ………………………………………………… (126)
　　　二　研究的理论框架 ………………………………………… (128)
　　　三　主要概念的说明 ………………………………………… (129)
　第二节　研究方法 ……………………………………………………… (130)
　　　一　混合研究取向 …………………………………………… (130)
　　　二　研究程序、数据收集与分析 …………………………… (133)
　第三节　研究的可靠性与研究伦理 …………………………………… (148)
　　　一　研究的可靠性 …………………………………………… (148)
　　　二　研究伦理 ………………………………………………… (149)

第四章　专业学习社群的初步探索 …………………………………… (151)
　第一节　专业学习社群的特点 ………………………………………… (151)
　　　一　专业学习社群个体层面的特点 ………………………… (151)
　　　二　专业学习社群组织层面的特点 ………………………… (161)
　第二节　专业学习社群对教师发展产生的效果 ……………………… (179)
　　　一　对教师教学效能的影响 ………………………………… (179)
　　　二　对教师承诺的影响 ……………………………………… (186)

三　对教师工作满意度的影响 ……………………………… (189)
　第三节　小结与讨论 …………………………………………… (191)

第五章　专业学习社群特点及影响的概念框架 …………………… (198)
　第一节　专业学习社群特点的结构组成 ……………………… (198)
　　一　探索性因素分析 ……………………………………… (198)
　　二　同属性分析 …………………………………………… (205)
　　三　验证性因素分析 ……………………………………… (214)
　第二节　专业学习社群效果的结构组成 ……………………… (219)
　　一　探索性因素分析 ……………………………………… (219)
　　二　同属性分析 …………………………………………… (221)
　　三　验证性因素分析 ……………………………………… (224)
　第三节　小结与讨论 …………………………………………… (226)

第六章　专业学习社群的发展水平与效果 ………………………… (232)
　第一节　上海学校专业学习社群的整体发展水平 …………… (232)
　第二节　上海不同类型学校专业学习社群发展水平的
　　　　　比较分析 …………………………………………… (234)
　　一　不同学段的学校专业学习社群发展水平的比较分析 … (234)
　　二　不同区域的学校专业学习社群发展水平的比较分析 … (235)
　　三　不同学校规模的专业学习社群发展水平的比较分析 … (237)
　　四　不同学校历史的专业学习社群发展水平的比较分析 … (238)
　第三节　上海学校专业学习社群对教师发展的影响 ………… (240)
　　一　专业学习社群与教师发展各变量之间的相关分析 … (240)
　　二　专业学习社群与教师发展之间的全模型分析 ……… (243)
　第四节　小结与讨论 …………………………………………… (244)

第七章　个案中的专业学习社群及其对教师发展的影响过程 …… (248)
　第一节　个案学校 A 的研究发现与讨论 ……………………… (250)
　　一　学校背景和被访者简介 ……………………………… (250)
　　二　A 校专业学习社群对教师发展的影响过程 ………… (252)

三　影响 A 校专业学习社群效果的因素 …………………… (257)
　第二节　个案学校 B 的研究发现与讨论 ………………………… (265)
　　　一　学校背景和被访者简介 ……………………………… (265)
　　　二　B 校专业学习社群对教师发展的影响过程 ………… (267)
　　　三　影响 B 校专业学习社群效果的因素 …………………… (271)
　第三节　个案学校 C 的研究发现与讨论 ………………………… (280)
　　　一　学校背景和被访者简介 ……………………………… (280)
　　　二　C 校专业学习社群对教师发展的影响过程 ………… (282)
　　　三　影响 C 校专业学习社群效果的因素 …………………… (287)
　第四节　个案学校 D 的研究发现与讨论 ………………………… (302)
　　　一　学校背景和被访者简介 ……………………………… (302)
　　　二　D 校专业学习社群对教师发展的影响过程 ………… (305)
　　　三　影响 D 校专业学习社群效果的因素 …………………… (309)
　第五节　小结与讨论 ……………………………………………… (321)

第八章　结语 …………………………………………………………… (331)
　第一节　总结与回顾 ……………………………………………… (331)
　　　一　二层面、七变量的专业学习社群概念框架 ………… (332)
　　　二　上海学校教师专业学习社群的独特特点 …………… (334)
　　　三　学校背景因素对专业学习社群的影响 ……………… (338)
　　　四　专业学习社群对教师发展的影响 …………………… (339)
　　　五　专业学习社群对教师发展的影响过程 ……………… (342)
　第二节　研究贡献 ………………………………………………… (343)
　　　一　理论贡献 ……………………………………………… (343)
　　　二　实践启示 ……………………………………………… (354)
　第三节　研究限制与研究建议 …………………………………… (357)
　　　一　研究限制 ……………………………………………… (357)
　　　二　对未来研究的建议 …………………………………… (358)

参考文献 …………………………………………………………… (360)

附　录 ··· (393)
　附录1　第一个质化研究访谈提纲································· (393)
　附录2　量化研究问卷··· (394)
　附录3　第二个质化研究访谈提纲································· (399)

第 一 章
绪　　论

变革已成为现代社会最流行的词汇之一。在过去的几十年里，全球的社会、经济、文化、科技等领域发生了翻天覆地的变化，为教育界带来种种挑战。面对外部与内部环境的改变，学校教育进入持续改革的阶段，正如哈格里夫斯（Hargreaves）和富兰（Fullan）所说，教育的全部意义在于改变。[①] 与此同时，教育改革的策略逐渐成为学界广泛探讨与热议的话题。其中专业学习社群作为一种有效的改革手段，在过去的十几年中得到越来越多的关注，被视为教育改革成功的希望。[②]

在这样的背景下，本书聚焦于专业学习社群，探讨它的核心特点、发展及其对于学校改革特别是教师发展的影响。本章将介绍研究所处的宏观背景，进而提出所要研究的问题，并阐述本书研究的理论价值与实践意义。

第一节　充满挑战的教育改革

近几十年，知识经济、信息社会和全球化等对教育产生了诸多深远的影响。面对外界的变化，学校教育系统必须要进行改革。[③] 现在，教育工作者每天都要响应社会对组织结构和教育改革的要求。[④] 在这样的形式

[①] Hargreaves A. & Fullan M., *Change Wars*, Bloomington, IN: Solution Tree, 2009, p. 5.

[②] Fullan M., *Change Forces With A Vengeance*, London; New York: Routledge Falmer, 2003, p. 43.

[③] Pang N. S. K., "Globalization and Educational Change," In N. S. K. Pang (Ed.), *Globalization, Educational Research Change and Reform*, Hong Kong, Hong Kong Institute of Educational Research, The Chinese University Press, 2006, p. 9.

[④] 彭新强：《建构学校为学习型组织》，载《教育改革系列之31》，香港中文大学教育学院与香港教育研究所2006年版，第30页。

下,几乎所有国家都投入学校教育改革中,以应对社会的改变。[1] 可以说,教育改革已成为各国教育工作的重心,尽管不同国家教育改革的关注点存在一定的差异。

自20世纪80年代以来,美国、英国、澳大利亚、加拿大、荷兰、法国、芬兰等西方国家都开展了持续的学校教育改革。以美国为例,在过去的二十多年里,先后经历了关注提高标准的卓越运动(Excellence Movement)、强调校本管理和教师赋权的学校重建运动(Restructuring Movement)、主张系统重建的综合学校改革(Comprehensive School Reform)3次学校教育改革浪潮。[2] 然而,这些改革都相继宣告失败,无法有效地改进学校的教学工作及提高学生的学业表现[3]。其他西方国家也在不断地进行学校教育改革,如英国在20世纪末到21世纪初进行的全国读写策略改革(NLNS)[4];英国威尔士实施的国家、地区、学校三级系统教育改革[5];加拿大进行的以能力建设为核心的综合性学校教育改革[6];芬兰自20世纪90年代以来先后经历的基于主动、合作学习的教学改革、教育领导分权运动、整体性基础教育改革(Undivided Basic Education)等综合性学校改革[7],等等。尽管教育改革越来越具有整体性、综合性和系统性的特点,如大规模的教育改革又重新受到青睐[8],但在具体的实施过程

---

[1] Darling-Hammond L., "Teaching and the Change Wars: The Professionalism Hypothesis," In Hargreaves A. & Fullan M. (Eds.), *Change Wars*, Bloomington, IN: Solution Tree, 2009, p.45.

[2] Esposito J., Davis C. & Aswain A., "Urban Educators' Perceptions of Culturally Relevant Pedagogy and School Reform Mandates," *Journal of Educational Change*, 2012, 13: 235 – 258.

[3] Dufour R. & Eaker R., *Professional Learning Communities at Work: Best Practices for Enhancing Student Achievement*, Bloomington, Ind.: National Education Service; Alexandria, Va.: ASCD, 1998, pp. 1 – 13.

[4] Harris A., "Leading System Transformation," *School Leadership and Management*, 2010, 30 (30): 197 – 207.

[5] Welsh Government, "National Literacy and Numeracy Framework, 2012," Retrieved on Mar 30, 2013, from http://learning.wales.gov.uk/resources/nlnf/?lang=en.

[6] Ross J., Scott G., Timothy M. & Sibbald T., "Student Achievement Outcomes Comprehensive School Reform: A Canadian Case Study," *The Journal of Educational Research*, 2012, 105 (2): 123 – 133.

[7] Pyhalto K., Soini T. & Pietarinena J. A., "Systemic Perspective on School Reform: Principals' and Chief Education Officers' Perspectives on School Development," *Journal of Educational Administration*, 2011, 49 (1): 46 – 61.

[8] Fullan M., "The Return of Large-Scale Reform," *Journal of Educational Change*, 2000, 1: 5 – 28.

中，这些改革都遇到了许多困难和障碍，尤其是学校文化改革的过程，异常艰难。

与此同时，教育改革也成为了亚洲国家和地区发展规划中的关键要素①，如越南自 2006 年开始实施的以建立学习型社群为目标的授业研究改革②；印度自 2007 年开始进行的活动中心教学改革③；印度尼西亚在 2003 年颁布 20 号国家教育系统法案后进行的全国性的教育分权、校本管理运动④；新加坡的校本管理、专业学习社群、学习中心教学等改革；马来西亚在《愿景 2020》指导下进行的系列改革；泰国自 1997 年颁布教育改革法案后开展的教育分权等改革⑤；中国香港地区进行的校本管理、质量保证机制、学校评估等改革⑥；中国台湾地区进行的教育分权、创新及综合课程改革⑦；日本以学校多样化为目的进行的课程改革、创新型高中等一系列的改革策略⑧，等等。这些改革的共同点是关注教育分权、校本管理以及以学习为中心的教学，大多是借鉴西方的改革理论与经验，并与本国和本地区的实践背景相结合的产物。尽管如此，它们同样面临着诸多挑战，在实施中遭遇了不少困难。中国也于

---

① Hallinger P., "Educational Reform in the Asia Pacific," *Journal of Educational Administration*, 1998, 36 (5): 417 –425.

② Saito E., Khong T. & Tsukui A., "Why Is School Reform Sustained Even after a Project? A Case Study of Bac Giang Province, Vietnam," *Journal of Educational Change*, 2012, 13: 259 –287.

③ Niesz T. & Krishnamurthy R., "Bureaucratic Activism and Radical School Change in Tamil Nadu, India," *Journal of Educational Change*, 2013, 14: 29 –50.

④ Sofo F., Fitzgerald R. & Jawas U., "Instructional Leadership in Indonesian School Reform: Overcoming the Problems to Move Forward," *School Leadership and Management: Formerly School Organization*, 2012, 32 (5): 503 –522.

⑤ Hallinger P., "Making Education Reform Happen: Is There an 'Asian' Way?" *School Leadership and Management*, 2010, 30 (5): 401 –418.

⑥ Cheng Y. C. & Walker A., "When Reform Hits Reality: The Bottleneck Effect in Hong Kong Primary Schools," *School Leadership and Management*, 2008, 28 (5): 505 –521.

⑦ Chen P., "Strategic Leadership and School Reform in Taiwan," *School Effectiveness and School Improvement: An International Journal of Research, Policy and Practice*, 2008, 19 (3): 293 –318.

⑧ Shimahara N., "Educational Change in Japan: School Reforms," In Fullan M. (Ed.), *Fundamental Change: International Handbook of Educational Change*, Dordrecht: Springer, 2005, p. 60.

2001年开始全面实施基础教育课程改革,目的是通过创新性的教学方法,培养学生的自主、合作精神,促进其素质的全面发展。但研究表明,无论在课堂教学层面,还是在制度层面,学校和教师都面临着巨大的挑战和压力,如课程资源不足、传统教学方法根深蒂固、缺少对教师的专业支持、缺乏支持新课程的评价系统等。[1] 这些因素使改革无法取得预期效果,与预期目标渐行渐远。

可以发现,在以上的诸多教育改革中,不论是关注教育系统的具体层面的改革,如印度的教学改革[2],还是全国性、系统性的教育改革,如英国的全国读写策略改革(NLNS)[3];不管是自上而下的改革取向,如中国的新课程改革,还是自下而上的改革策略,如中国台湾地区的综合课程改革[4],都尚未取得最后的成功。这说明,学校教育改革并非易事,它是一个长期的、复杂的、充满挑战的过程。[5]

教育改革的目的是通过改善学校的结构、程序、实践等,使学校能够更有效地达成目标。从改革的过程来看,它包括启动、实施、制度化三个阶段。[6] 然而,多数教育改革容易提出,却难以实施,走向制度化的过程更是尤为困难[7],从而导致最后的失败。可以说,对教育改革的不满已成为世界范围内的普遍现象。[8]

---

[1] Ryan J., Kang C., Mitchell I. & Erickson G., "China's Basic Education Reform: An Account of an International Collaborative Research and Development Project," *Asia Pacific Journal of Education*, 2009, 29 (4): 427–441.

[2] Niesz T. & Krishnamurthy R., "Bureaucratic Activism and Radical School Change in Tamil Nadu, India," *Journal of Educational Change*, 2013, 14: 29–50.

[3] Harris A., "Leading System Transformation," *School Leadership and Management*, 2010, 30 (30): 197–207.

[4] Chen P., "Strategic Leadership and School Reform in Taiwan," *School Effectiveness and School Improvement: An International Journal of Research, Policy and Practice*, 2008, 19 (3): 293–318.

[5] Fullan M., *Change Forces: Probing the Depth of Educational Reform*, London; New York: Falmer Press, 1993, p. 24.

[6] Fullan M., *The Meaning of Educational Change*, Toronto: OISE Press, 1991, p. 48.

[7] Hargreaves A. & Fink D., *Sustainable Leadership*, San Francisco: Jossey–Bass, 2006, p. 1.

[8] Fullan M., *The Meaning of Educational Change*, Toronto: OISE Press, 1991, p. xiii.

第二节 教育改革失败的原因

富兰指出，不同国家教育改革面临的问题的实质以及改革失败的原因具有一些共通之处。[1] 总体而言，既包括取向上的偏差，如割裂化、碎片化、短视化而非系统性、整体性、长程性的改革策略[2][3]，改革重心偏离学校最核心的教学问题[4][5]，改革停留于表面上的一级改革，而非改变实践者行为、规范和理念的二级改革[6]；也包括实施过程中的问题，如学校教师、校长的改革能力不足[7]，缺乏对外部资源如家长、社区和其他机构的转化与吸收能力[8]，教育局及地区环境对学校的支持薄弱[9]等。在这些原因中，最关键、最本质的问题在于学校自身改革能力的不足，具体体现在以下几个方面：

首先，缺乏教师参与，忽视教师改革能力的发展，直接导致改革的失败。对西方教育改革的研究指出，若没有教师的参与，改革从一开始就已注定失败，至少是大大降低了成功的可能性。[10] 对亚洲的研究同样表明，

---

[1] Fullan M., *The Meaning of Educational Change*, Toronto: OISE Press, 1991, p. xiii.

[2] Harris A., "Leading System Transformation," *School Leadership and Management*, 2010, 30 (30): 197-207.

[3] Lieberman A., "The Meaning of Scholarly Activity and the Building of Community," *Educational Researcher*, 1992, 22 (6): 5-12.

[4] Hopkins D., "Realising the Potential of System Reform," *Companion in Education Series*, 2006, Retrieved from http://siteresources.worldbank.org/INTINDIA/4371432 - 1194542398355/21543223/RealisingthePotentialofSystemReform.pdf.

[5] 何敏、叶澜：《关于"我国中小学教育改革状态"的调查研究报告》，《华东师范大学学报》（教育科学版）2002年第20卷，第3期，第1—14页。

[6] Evans R., *The Human Side of School Change: Reform, Resistance, and the Real-Life Problems of Innovation*, San Francisco: Jossey-Bass, 1996, p. 5.

[7] Sofo F., Fitzgerald R. & Jawas U., "Instructional Leadership in Indonesian School Reform: Overcoming the Problems to Move Forward," *School Leadership and Management: Formerly School Organization*, 2012, 32 (5): 503-522.

[8] McChesney J., "Whole School Reform," *Teacher Librarian*, 1999, 26 (5): 23-25.

[9] Thornburg D. & Mungai A., "Teacher Empowerment and School Reform," *Journal of Ethnographic and Qualitative Research*, 2011, 5: 205-217.

[10] Gable R. & Manning M., "The Role of Teacher Collaboration in School Reform," *Childhood Education*, 1997, 73 (4): 219-223.

教师参与度低，缺乏对改革的准备，改革的能力与素养不够等，是学校改革的主要障碍。① 大家一致的结论是，教师是改革成败的最终决定者，只有高品质的教师才能带来有效的改革。②③ 资金支持再多，研究做得再好，若没有教师的参与和认同，改革就不可能成功。④ 同时，有效的改革离不开学习⑤，尤其是教师对于改革政策的学习，这是改革成功的重要保证。因此，改革的成败最终取决于教师专业发展的情况，特别是学校的改革愿望与教师个人和集体的能力能否达成一致。⑥

其次，校长对自身角色认识不足，缺乏引领学校改革的能力，使改革难以成功。这一方面表现为校长自身改革素养的缺乏。例如，对印度尼西亚学校改革的研究表明，在强调分权的背景下，若校长不知道如何使用权利，而且害怕改革，缺乏相应的管理能力，那么他就会成为改革的阻力。⑦ 也就是说，若校长无法成为改革的推动者，那么这将直接导致改革的失败。另一方面，校长领导方式的偏差也阻碍着改革的开展。一些校长将教师视作半专业人员，认为他们是政策的接受者，而非改革的实施者。⑧ 这严重影响了教师的改革积极性，不利于改革的发展。在学校改革

---

① Hallinger P., "Making Education Reform Happen: Is There an 'Asian' Way?" *School Leadership and Management*, 2010, 30 (5): 401-418.

② Hargreaves A., "The Fourth Way of Change: Towards an Age of Inspiration and Sustainability," In Hargreaves A. & Fullan M. (Eds.), *Change Wars*, Bloomington, IN: Solution Tree, 2009, p. 29.

③ Shannon P., "School Reform in the United States: Frames and Representations," *Reading Research Quarterly*, 2012, 47 (1): 109-118.

④ Margolis J. & Nagel L., "Education Reform and the Role of Administrators in Mediating Teacher Stress," *Teacher Education Quarterly*, 2006, 33 (4): 143-159.

⑤ Hargreaves A. & Fullan M., *Change Wars*, Bloomington, IN: Solution Tree, 2009, p. 5.

⑥ Little J. W., "Professional Development in Pursuit of School Reform," In Lieberman A. & Miller L. (Eds.), *Teachers Caught in the Action: Professional Development That Matters*, New York: Teachers College Press, 2001, pp. 23-44.

⑦ Sofo F., Fitzgerald R. & Jawas U., "Instructional Leadership in Indonesian School Reform: Overcoming the Problems to Move Forward," *School Leadership and Management: Formerly School Organization*, 2012, 32 (5): 503-522.

⑧ Thornburg D. & Mungai A., "Teacher Empowerment and School Reform," *Journal of Ethnographic and Qualitative Research*, 2011, 5: 205-217.

的过程中,校长应学会运用不同于传统的依赖、顺从和规范的策略,了解教师的内心想法和担忧,理解并处理教师的阻力问题。① 同时,校长要改变过去的自上而下的领导方式,进行分布式领导。这是因为教育改革的核心工作是改变实践,分布式领导能为该过程提供有益启示。②③ 而多数校长尚不具备这样的素质,从而为教育改革带来了压力与挑战。

再次,学校在结构、资源、培训等方面的不足,影响了改革的发展。有研究指出,学校改革失败的原因包括资金、人事、设备不足以及管理问题等。④ 还有研究发现,有些教师缺乏时间,因此无法有效利用任何新的改革策略。⑤ 此外,学校对教师的培训和支持不够到位,也会对改革产生负面影响,如教师认为改革会减少教学及与学生相处的时间,担心改革带来的角色和权力的变化,无法应对越来越多样化的学生,希望加强教师之间的交流与合作等。⑥ 这说明,若学校对教师缺乏改革方面的引导和培训,则不利于改革的顺利进行。

最后,许多改革最终失败的一个重要原因是在改革过程中,教育者忽视了学校文化和实践的改革。只有当系统中的多个改革驱动者、多重合作关系、多个团队以及所有的个人以全新的方式,共同努力创建新文化时,系统的改革才会发生。⑦ 文化改革虽然尤为艰难,但是很有必要。如中国过去三十年以分权化和市场化为主题的教育改革发展过程中,财政、行政机

---

① Hallinger P. & Pornkasem P., "Educational Change in Thailand: Opening a Window onto Leadership as a Cultural Process," *School Leadership and Management*, 2000, 20 (2): 189 – 205.

② Elmore R., *School Reform from the Inside out: Policy, Practice and Performance*, Cambridge, Mass.: Harvard Education Press, 2004, p. 227.

③ Spillane J. P., "Engaging Practice: School Leadership and Management from a Distributed Perspective," In Hargreaves A. & Fullan M. (Eds.), *Change Wars*, Bloomington, IN: Solution Tree, 2009, p. 208.

④ McChesney J., "Whole School Reform," *Teacher Librarian*, 1999, 26 (5): 23 – 25.

⑤ McGhan B., "School Reform: Aint 'bout Nuttin' but Time," *The Clearing House*, 1995, 68 (6): 337 – 338.

⑥ Gable R. & Manning M., "The Role of Teacher Collaboration in School Reform," *Childhood Education*, 1997, 73 (4): 219 – 223.

⑦ Harris A., "Leading System Transformation," *School Leadership and Management*, 2010, 30 (30): 197 – 207.

构、学校管理甚至是课程与教材等结构性的变化都能够很快得以实现,但是学校文化,即教与学的过程及学生、家长和教师的价值观念并没有发生什么改变,应试教育依然有强烈的存在感。① 因此,文化改革是改革过程中最困难的部分,也是学校改革成功的关键。

综上所述,不同文化背景下的研究一致表明,学校改革能力的薄弱是教育改革失败的决定性因素。因此,要提高教育改革的有效性,需要将学校作为基本的分析单位②,提升学校整体的学习和改革能力。

第三节 专业学习社群对于教育改革的意义

教育改革的成败取决于学校改革能力的强弱,因此提升学校的改革能力成为推动教育改革的根本诉求。同时,如何有效地促进学校改革能力的发展,得到了理论界的广泛关注。

越来越多的研究表明,建立合作性的学校文化,能够切实提升学校的改革能力,是改革成功的关键。③④⑤⑥ 它的核心特征包括:在相互信任的基础上促进多元化;激发并控制焦虑;重视知识创新;将关联性和开放性有机结合起来;融合道德、政治和智慧三方面的因素。⑦ 在这样的学校文

---

① Zhao Y. & Qiu W., "China as a Case Study of Systemic Educational Reform," In Hargreaves A., Liberman A., Fullan M. & Hopkins D. (Eds.), *Second International Handbook of Educational Change*, Dordrecht: Springer Science & Business Media B. V., 2010, pp. 357 – 359.

② Short P. M., Greer J. T. & Melvin W. M., "Creating Empowered Schools: Lessons in Change," *Journal of Educational Administration*, 1994, 32 (4): 38 – 52.

③ Hemmings A., "Four Rs for Urban High School Reform: Re-envisioning, Reculturation, Restructuring, and Remoralization," *Improving Schools*, 2012, 15 (3): 198 – 210.

④ Kirk D. & MacDonald D., "Teacher Voice and Ownership of Curriculum Change," *Journal of Curriculum Studies*, 2001, 33 (5): 551 – 567.

⑤ Pyhalto K., Soini T. & Pietarinena J., "A Systemic Perspective on School Reform: Principals' and Chief Education Officers' Perspectives on School Development," *Journal of Educational Administration*, 2011, 49 (1): 46 – 61.

⑥ Waldron N. & Mcleskey J., "Establishing a Collaborative School Culture Through Comprehensive School Reform," *Journal of Educational and Psychological Consultation*, 2010, 20: 58 – 74.

⑦ Fullan M., *Change Forces: The Sequel*, London; Philadelphia, Pa.: Falmer Press, 1999, p. 37.

化中,每个教育人员都成为了有效的改革推动者,彼此之间共享话语、意义和目标。[①] 它能最大程度地促进教师的专业发展,改善教学实践,提高学生的学习效果。正如研究所说,教师通过集体获得新知识和技能,能够得到更好的结果[②],尤其是当组织需要作出重大、深远的改革时,合作网络比等级制度更有效。[③]

需要注意的是,建立合作性的学校文化需要给教师合作的时间[④],也须为教师提供表达对改革的感受的空间,为其提供社会和精神支持。[⑤] 持续的学校改革需要关注教师和校长的情绪、感受、需求以及他们的角色、信念和对教育学的假设[⑥⑦],只有首先关注改革过程中的人们及其需求,教育改革才更有可能成功。[⑧]

在这样的背景下,专业学习社群作为一种改革手段渐渐走入了学术界和实践者的眼中,因为它的核心思想就是建立合作性的学校文化,同时为教师提供社会和精神支持。此后,学校教育改革与专业学习社群这一概念建立了越来越多的联系。[⑨] 研究反复证明,建立和发展专业学习社群是有

[①] Schneider B., "Reform as Learning: School Reform, Organizational Culture, and Community Politics in San Diego," *American Journal of Sociology*, 2008, 113 (6): 1745 – 1747.

[②] Elmore R., *School Reform from the Inside out: Policy, Practice and Performance*, Cambridge, Mass.: Harvard Education Press, 2004, p. 227.

[③] Reeves D., "Level-Five Networks: Making Significant Change in Complex Organizations," In Hargreaves A. & Fullan M. (Eds.), *Change Wars*, Bloomington, IN: Solution Tree, 2009, p. 255.

[④] Senge P., "Education for an Interdependent World: Developing Systems Citizens," In Hargreaves A., Liberman A., Fullan M. & Hopkins D. (Eds.), *Second International Handbook of Educational Change*, Dordrecht: Springer Science & Business Media B. V., 2009, p. 141.

[⑤] Zembylas M. & Barker H., "Teachers' Spaces for Coping with Change in the Context of a Reform Effort," *Journal of Educational Change*, 2007, 8: 235 – 256.

[⑥] 尹弘飚:《课程实施中的教师情绪:中国大陆高中课程改革个案研究》,香港中文大学博士学位论文,2006 年。

[⑦] Yin H. & Lee J. C. K., "Emotions Matter: Teachers' Feelings about Their Interactions With Teacher Trainers During Curriculum Reform," *Chinese Education and Society*, 2011, 44 (4): 82 – 97.

[⑧] Takona J., "A Perspective on a Framework for Reforming Urban Schools in the United States of America," *International Online Journal of Educational Sciences*, 2012, 4 (2): 311 – 318.

[⑨] Bullough R. V., "Professional Learning Communities and the Eight-Year Study," *Educational Horizons*, 2007, 85 (3): 168 – 180.

效的教育改革策略，为打破改革失败的困境带来希望。①②③④⑤

专业学习社群对于学校改革和学生学习的重要意义也得到了 PISA 研究的验证与肯定。对在 PISA 测试中取得优异成绩，即学生学习水平高的国家的研究表明，优秀的教育系统通过建立专业学习社群，让教师共同探讨和改进教学，从而有效地促进了学生的学习。⑥⑦⑧⑨ 达玲·哈蒙德（Darling-Hammond）明确指出，学生学习水平高的教育系统会有一些类似的做法，其中包括学校为教师提供合作规划和专业学习的时间（大约每周 15—25 小时），以持续改进教学。⑩ 麦肯锡（McKinsey）的报告中也显示，专业学习社群的合作实践是所有文化背景下优秀教育系统的共同特点，无论是美国加利福尼亚州的集体备课、英格兰的公开课、拉脱维亚教育学实验室的课例研究，还是中国香港的带教实践、中国内地的教研组活动等。优秀的教育系统如中国香港以及新加坡、韩国、加拿大等都建立起了教师合作的实践，通过专业学习社群开放教师实践，使系统持续改进；尤其是

---

① Fullan M., *Change Forces With A Vengeance*, London; New York: RoutledgeFalmer, 2003, p.43.

② Harris A., "Leading System Transformation," *School Leadership and Management*, 2010, 30 (30): 197 – 207.

③ Pyhalto K., Soini T. & Pietarinena J., "A Systemic Perspective on School Reform: Principals' and Chief Education Officers' Perspectives on School Development," *Journal of Educational Administration*, 2011, 49 (1): 46 – 61.

④ Scribner S. & Levine J., "The Meaning (s) of Teacher Leadership in an Urban High School Reform," *Education Administration Quarterly*, 2010, 46 (4): 491 – 522.

⑤ Thornburg D. & Mungai A., "Teacher Empowerment and School Reform," *Journal of Ethnographic and Qualitative Research*, 2011, 5: 205 – 217.

⑥ Cheng K., "Shanghai: How a Big City in a Developing Country Leaped to the Head of the Class," In Tucker M. S. (Ed.), "*Surpassing Shanghai*": *An Agenda for American Education Built on the World's Leading Systems*, Cambridge: Harvard University Press, 2011, pp. 21 – 50.

⑦ Jensen B., Hunter A., Sonnemann J. & Burns T., "Catching Up: Learning from the Best School Systems in East Asia," Melbourne: Grattan Institute, 2012.

⑧ McKinsey and Company, "How the World's Best-Performing School Systems Come out on Top, 2007," Retrieved on Nov 20, 2013, from http://www.mckinsey.com/App_ Media/Reports/SSO/Worlds_ School_ Systems_ Final. pdf.

⑨ OECD, "PISA 2009 Results: What Makes a School Successful? Resources, Policies and Practices (Volume IV), 2010," Retrieved on Dec 20, 2013, from http://dx.doi.org/10.1787/9789264091559-en.

⑩ Darling-Hammond L., "Forward," In Tucker M. S. (Ed.), "*Surpassing Shanghai*": *An Agenda for American Education Built on the World's Leading Systems*, Cambridge: Harvard University Press, 2011, p. x.

在发展水平较高的学校教育系统中，专业学习社群能够使其更加卓越。①

专业学习社群之所以具有如此大的魅力，是因为它既能促进教师个体的专业发展，又能有效提升教师整体的改革能力。首先，它能够通过合作学习与集体探究，促进教师个体的教学实践及效能感的提升。研究表明，它能增强教师对教学实践的理解②，使教师创造出新的教学方法③，在教学上变得更有策略性，从而提高学生的成绩。④ 它还有助于教师降低孤立感，增强专业意识和自信心⑤⑥，并提升效能感和承诺水平等。⑦⑧ 其次，专业学习社群还有助于增强教师的集体效能，并改善学校的整体文化。在专业学习社群中，教师能够将改革政策转化为具体的学校和课堂实践⑨，有能力分析不同的观点、方法和材料⑩，对教学问题提出高质量的解决方

---

① McKinsey and Company, "How the World's Most Improved School Systems Keep Getting Better, 2010," Retrieved on Nov 20, 2013, from http://mckinseyonsociety.com/how-the-worlds-most-improved-school-systems-keep-getting-better.

② Andrews D. & Lewis M., "The Experiences of a Professional Community: Teachers Developing a New Image of Themselves and Their Workplace," *Educational Research*, 2002, 44 (3): 237 – 254.

③ Hollins E. R., McIntyre L. R., DeBose C., Hollins K. S. & Towner A., "Promoting a Self-Sustaining Learning Community: Investigating an Internal Model for Teacher Development," *International Journal of Qualitative Studies in Education*, 2004, 17 (2): 247 – 264.

④ Louis K. S. & Marks H. M., "Does Professional Community Affect the Classroom? Teachers' Work and Student Experiences in Restructuring Schools," *American Journal of Education*, 1998, 106 (4): 532 – 575.

⑤ Harris A., "Leading System Transformation," *School Leadership and Management*, 2010, 30 (30): 197 – 207.

⑥ Schmoker M., "Learning Communities at the Crossroads: Toward the Best Schools We've Ever Had," *The Phi Delta Kappan*, 2004, 86 (1): 84 – 88.

⑦ Hausman C. S. & Goldring E. B., "Sustaining Teacher Commitment: The Role of Professional Communities," *Peabody Journal of Education*, 2001, 76 (2): 30 – 51.

⑧ Hipp K. K. & Huffman J. B., *Demystifying Professional Learning Communities: School Leadership at Its Best*, Lanham, Md.: Rowman & Little field Education, 2010, p. 35.

⑨ Scribner S. & Levine J., "The Meaning (s) of Teacher Leadership in an Urban High School Reform," *Education Administration Quarterly*, 2010, 46 (4): 491 – 522.

⑩ Miller Q. & Kritsonis W. A., "Implementation of The Ways of Knowing Through the Realms of Meaning as a Conceptual Framework in Professional Leaning Communities as They Impact/Influence Strategic Planning in Education," *National Forum of Applied Educational Research Journal*, 2009 – 2010, 23: 1 & 2.

法。① 通过开展合作活动，教师还能形成对学生学习的集体责任，从而改善学生的表现。② 此外，专业学习社群能显著改善学校文化，它使教师更愿意开展改革，③④ 对学校使命和价值的承诺增强，⑤⑥ 能够更加主动地与家长和社区建立联系⑦等。它为教师共同理解改革目标、分析学生数据、彼此间互助合作等提供了环境基础。⑧ 当教师共同参与到对自己工作的实证的、常规的、应用的研究中时，教师之间会产生一种非正式的同伴问责，通过创建对于什么是好的实践的共同概念，并基于如何帮助学生更好地学习的实践探究，来进行相互问责。⑨ 这种集体探究和问责的过程，成为专业学习社群促进学校教育改革发展的根本途径。可以说，专业学习社群对学校教育改革的意义，在根本上体现为学校整体改革能力的提升。

综上所述，专业学习社群作为学校教育改革的重要策略，对于学校发展产生了重要的作用。这也在一定程度上解释了缘何理论界对专业学习社群研究的热度在持续增强。

---

① Schmoker M., "Tipping Point: From Feckless Reform to Substantive Instructional Improvement," *The Phi Delta Kappan*, 2004, 85 (6): 424.

② Fullan M., *Change Forces: The Sequel*, London; Philadelphia, Pa.: Falmer Press, 1999, p. 32.

③ Giles C. & Hargreaves A., "The Sustainability of Innovative Schools as Learning Organizations and Professional Learning Communities During Standardized Reform," *Educational Administration Quarterly*, 2006, 42 (1): 124 – 156.

④ Hord S. M., "Professional Learning Communities: Communities of Continuous Inquiry and Improvement," Southwest Educational Development Lab., Austin, TX., 1997.

⑤ Wahlstrom K. & Louis K. S., "How Teachers Experience Principal Leadership: The Role of Professional Community, Trust, Efficacy and Distributed Responsibility," *Educational Administration Quarterly*, 2008, 44 (4): 498 – 545.

⑥ Hord S. M., "Professional Learning Communities: Communities of Continuous Inquiry and Improvement," Southwest Educational Development Lab., Austin, TX., 1997.

⑦ Fullan M., *Change Forces With A Vengeance*, London; New York: RoutledgeFalmer, 2003, p. 43.

⑧ Saunders W. & Goldenberg C., "The Contribution of Settings to School Improvement and School Change: A Case Study," In O'Donnell C. & Yamauchi L. (Eds.), *Culture and Context in Human Behavior Change: Theory, Research and Applications*, New York: Peter Lang, 2005, pp. 127 – 150.

⑨ McKinsey and Company, "How the World's Most Improved School Systems Keep Getting Better, 2010," Retrieved on Nov 20, 2013, from http://mckinseyonsociety.com/how-the-worlds-most-improved-school-systems-keep-getting-better.

第四节 专业学习社群的研究现状

自 20 世纪 90 年代以来，专业学习社群领域积累了丰硕的研究成果。围绕专业学习社群的内涵特点、发展过程、产生效果及其如何实现等主题，研究者进行了诸多探讨。具体而言，关于专业学习社群的内涵，尤其是其核心特点，已有研究进行了最为广泛的讨论。不同学者基于不同的文化背景提出了对于专业学习社群特点的理解，并通过实证研究加以验证。同时，研究者还将视野聚焦到如何形成这些社群特点上，即探讨专业学习社群的建立与发展。基于对不同个案的分析，已有研究提出了一些发展专业学习社群的策略和途径，并聚焦于专业学习社群的不同发展阶段，阐述其面临的困难与障碍。此外，还有部分研究关注专业学习社群对于教师的专业发展及学生的学习产生的效果，通过量化、质化等实证研究探究专业学习社群对学校改革产生了怎样的影响。

在过去的二十年间，专业学习社群领域取得了诸多研究成果，然而此概念非常新颖，发展历史有限，还存在着巨大的研究空间。首先，目前学界对专业学习社群的含义尚未形成统一的认识和理解，不同学者对其核心特点的界定也不同，而且通过实证方法对不同的概念框架进行验证的研究也较少。其次，关于专业学习社群如何实现及有效运行的研究还处于起步阶段[1]，尤其是对其不同发展阶段的关注还不够。对于如何应对社群发展面临的挑战，也较少有研究提出有效的做法和具有针对性的建议。再次，关于专业学习社群对教师发展、学校改革和学生学习的作用，多数研究尚停留在简单分析的层面上，实证研究数量较少。而且，不同研究得出的专业学习社群与学生学习的关系的结论不同[2]，需要更多的实证研究来提供

---

[1] Stoll L., Bolam R., McMahon A., Wallace M. & Thomas S., "Professional Learning Communities: A Review of the literature," *Journal of Educational Change*, 2006, 7 (4): 221–258.

[2] Lomos C., Hofman R. H. & Bosker R. J., "Professional Communities and Student Achievement: A Meta-Analysis," *School Effectiveness and School Improvement: An International Journal of Research, Policy and Practice*, 2011, 22 (2): 121–148.

数据支持。①②③ 更重要的是，对于专业学习社群如何促进教师、学生及学校发展的研究略有不足，对于其内在的影响过程与机制的分析还有待进一步加强，尤其是对于教师在专业学习社群中进行互动的本质和促进教师发展机制的研究进展不大。④ 因此，需要对教师参与社群的过程进行更多的研究，以揭示专业学习社群促进教师学习与发展的方式，从而找到其促进学生学习的方式。⑤

尤其值得注意的是，目前绝大多数关于专业学习社群的研究都建基于西方的文化背景下，很少有学者对亚洲地区尤其是中国的专业学习社群实践进行探索。同时，尽管有一些研究者开始关注中国背景下的专业学习社群⑥⑦，但较少有研究能针对中国的专业学习社群实践发展出适用于中国教育情境的概念框架，而多是借用西方的概念框架，或将西方的社群特点加以中国化。也就是说，很少有研究，尤其是实证研究来探究中国背景下的专业学习社群的独特特点，或中国独特的制度与文化情境对专业学习社群具有怎样的影响。关于中国的专业学习社群对于学校改革具有怎样的效果，则更少有研究涉猎。可以说，在对专业学习社群的研究中，中国情境

---

① Annenberg Institute for School Reform, "Professional Learning Communities: Professional Development Strategies That Improve Instruction, 2004," Retrieved on Dec 31, 2013, from http://www.annenberginstitute.org/pdf/proflearning.pdf.

② Stoll L., Bolam R., McMahon A., Wallace M. & Thomas S., "Professional Learning Communities: A Review of the Literature," *Journal of Educational Change*, 2006, 7 (4): 221-258.

③ Vescio V., Ross D. & Adams A., "A Review of Research on the Impact of Professional Learning Communities on Teaching Practice and Student Learning," *Teaching and Teacher Education*, 2008, 24: 80-91.

④ Horn I. S. & Little J. W., "Attending to Problems of Practice: Routines and Resources for Professional Learning in Teachers' Workplace Interactions," *American Educational Research Journal*, 2010, 47 (1): 181-217.

⑤ Pella S. "A Situative Perspective on Developing Writing Pedagogy in a Teacher Professional Learning Community," *Teacher Education Quarterly*, 2011, 38 (1): 107-125.

⑥ 宋萑：《课程改革背景下的教师专业学习社群与教师发展：上海的个案研究》，香港中文大学博士学位论文，2007。

⑦ Wong J. L. N., "What Makes a Professional Learning Community to Be Possible? A Case Study of a Mathematics Department in a Junior Secondary School of China," *Asia Pacific Education Review*, 2010, 11 (2): 131-139.

在很大程度上被忽视了。①

  实际上，探讨不同教育情境（context）下的专业学习社群实践对于该领域的研究具有重要的价值。专业学习社群的发展植根于具体的情境，在不同的情境下具有不同的解释。② 在理解专业学习社群的含义时，须特别关注其所处的情境。温格（Wenger）指出，社群是在特定的历史、社会和制度环境中形成和发展的，带有鲜明的情境烙印。③ 专业学习社群中的教师学习也受到了学校所处的社区及社会文化的深远影响④，它关注的是特定社会和情境下的教师互动，体现出情境学习的本质。⑤ 对新加坡专业学习社群的研究就表明，新加坡特定的社会文化（尊重权威的文化）和制度环境（自上而下的等级管理体制）在根本上塑造了其专业学习社群的表现形式。⑥ 对中国教育改革的研究也指出，当认识到具体情境的重要性时，专业学习社群或教师合作最为成功。⑦ 可见，对专业学习社群进行研究，须特别关注其所处的教育制度和文化情境。加强对不同的社会文化情境下的专业学习社群的研究，关注决策者和学校领导如何在其自身的社会背景中理解和转化专业学习社群的实践⑧，有助于深化我们对其内涵的理解。

---

  ① Wang T., "Global Professional Learning Community Network (GloPLCNet)," *UCEA Review*, Summer Issue, 2012.

  ② Stoll L., Bolam R., McMahon A., Wallace M. & Thomas S., "Professional Learning Communities: A Review of the Literature," *Journal of Educational Change*, 2006, 7 (4): 221 – 258.

  ③ Wenger E., *Communities of Practice: Learning, Meaning, and Identity*, Cambridge, U. K., New York: Cambridge University Press, 1998, p. 245.

  ④ Timperley H., "Teacher Professional Learning and Development," Geneva: International Academy of Education and International Bureau of Education. Booklet, 2008.

  ⑤ Pella S., "A Situative Perspective on Developing Writing Pedagogy in a Teacher Professional Learning Community," *Teacher Education Quarterly*, 2011, 38 (1): 107 – 125.

  ⑥ Hairon S. & Dimmock C., "Singapore Schools and Professional Learning Communities: Teacher Professional Development and School Leadership in an Asian Hierarchical System," *Educational Review*, 2012, 64 (4): 405 – 424.

  ⑦ Ryan J., Kang C., Mitchell I. & Erickson G., "China's Basic Education Reform: An Account of an International Collaborative Research and Development Project," *Asia Pacific Journal of Education*, 2009, 29 (4): 427 – 441.

  ⑧ Hairon S. & Dimmock C., "Singapore Schools and Professional Learning Communities: Teacher Professional Development and School Leadership in an Asian Hierarchical System," *Educational Review*, 2012, 64 (4): 405 – 424.

在中国，教研组、备课组等教师合作学习实践已有半个多世纪的历史，学校教育的很多工作都由教师集体合作、共同完成。[①] 一些学者将教研组、备课组等教师合作学习组织视为专业学习社群[②]；另外一些学者，尤其是中国学者则认为教研组等教师组织的行政属性过强，并非真正意义上的专业学习社群。[③][④] 因此，教研组、备课组等教师组织是否为专业学习社群，目前尚未有定论。中国香港学者黄丽锷（Wong J. L. N.）指出，专业学习社群的发展是一个动态的过程，有其进化与生长的周期，因此应该用动态的视角来加以考察。[⑤] 澳大利亚学者王婷（Wang T.）对中国两所学校的研究表明，尽管教研组等教师组织是人为促成的（deliberately arranged），却存在真正的同僚合作（genuine collegiality），在很大程度上可视为专业学习社群。[⑥] 基于此，本书秉持这样的立场：教研组等教师群体组织具有专业学习社群的基本特征，尽管它们存在一定的问题，但其为学校转换为专业学习社群提供了坚实的基础，因此本书将其视为专业学习社群或潜在的专业学习社群。

中国具有不同于西方的教育制度与文化传统，探讨这一特定背景下的专业学习社群能够为该领域的研究提供重要的视角。尤其是在中国上海地

---

① Paine L. W. & Ma L. P., "Teachers Working Together: A Dialogue on Organizational and Cultural Perspectives of Chinese Teachers," *International Journal of Educational Research*, 1993, 19 (8): 675 – 697.

② Sargent T. C. & Hannum E., "Doing More With Less: Teacher Professional Learning Communities in Resource-Constrained Primary Schools in Rural China," *Journal of Teacher Education*, 2009, 60 (3): 258 – 276.

③ 胡艳：《专业学习共同体视角下的教研组建设——以北京市某区中学教研组为例》，《教育研究》2013 年第 10 期，第 37—43 页。

④ 阴祖宝、倪胜利：《走向专业学习共同体的教研组改革》，《现代中小学教育》2013 年第 8 期，第 54—57 页。

⑤ Wong J. L. N., "What Makes a Professional Learning Community to Be Possible? A Case Study of a Mathematics Department in a Junior Secondary School of China," *Asia Pacific Education Review*, 2010, 11 (2): 131 – 139.

⑥ Wang T., "Contrived Collegiality Versus Genuine Collegiality: Demystifying Professional Learning Communities in Chinese Schools," *Compare: A Journal of Comparative and International Education*, 2015, 45 (6): 908 – 930.

区，学生连续两次取得 PISA 测试冠军[①②]，教研组等专业学习社群在其中起到的作用得到了中外研究者的反复强调。[③④] 然而，专业学习社群对上海 PISA 测试结果究竟产生了哪些具体的效果，其效果是如何实现的，则很少有研究涉及。这样的信息无疑能够为专业学习社群的研究及学校改革提供重要的启示。在这样的背景下，对中国背景下的专业学习社群的独特实践及其对学校发展，尤其是教师发展产生的影响进行研究，显得十分重要。

第五节 研究专业学习社群的目的与意义

通过以上对研究背景的回顾可知，教育改革已成为当前各国教育工作的重心，但改革的道路上充满了挑战与困难。其根本原因在于学校改革能力的缺乏，包括教师、校长改革素养不足，学校的支持力度不够，学校固有文化难以转变等。专业学习社群的出现，为整体提升学校的改革能力及推动学校的改革进程带来了希望。越来越多的研究表明，专业学习社群能够显著促进教师的专业发展、学生的学习以及学校的改革。然而绝大多数专业学习社群的研究建基于西方的文化背景下，亚洲尤其是中国情境下的专业学习社群在很大程度上被忽视了。

事实上，中国的学校在教研组、备课组等专业学习社群的实践方面具有悠久的历史，相关的合作实践对教师的专业发展产生了重要的影响。20世纪末开始实施的上海市二期课改就已十分重视校本教研，要求通过校本培训提升教师的整体素质。[⑤] 21 世纪初开始的新课程改革更是通过校本教

---

① OECD, "PISA 2009 Results: What Students Know and Can Do: Student Performance in Reading, Mathematics and Science (Volume I), 2010," Retrievedon Dec 20, 2013, from http://www.oecd.org/pisa/keyfindings/pisa2009keyfindings.htm.

② OECD, "PISA 2012 Results: What Students Know and Can Do: Student Performance in Reading, Mathematics and Science (Volume I), 2013," Retrievedon Dec 20, 2013, from http://www.oecd.org/pisa/keyfindings/pisa-2012-results-volume-i.htm.

③ Tan C., *Learning from Shanghai: Lessons on Achieving Educational Success*, Dordrecht: Springer, 2013, pp.185-198.

④ 王婷婷、郑朝晖：《上海学生 PISA2009 阅读高分原因探析——以建平中学为例》，《教育发展研究》2012 年第 8 期，第 31—36 页。

⑤ 上海市教委：《上海市普通中小学课程方案》，上海市教育委员会，2004。

研这一重要的改革策略，突出强调了教师合作进行专业探讨的意义。[①] 在现今改革持续深入的背景下，教研组等专业学习社群对于教师的专业发展和学生的学习发挥着至关重要的作用，对于上海的学生在 PISA 测试中夺冠也具有重要意义。[②] 然而，学界从专业学习社群的视角对中国的教研组等教师群体实践进行的研究还不够充分、细化和深入，关于它们作为专业学习社群的核心特点及具体效果等主题的实证探讨不足。鉴于此，本书以上海地区为例，聚焦于课程改革背景下我国中小学的教师专业学习社群，旨在探索其核心特点及其对学校的发展，尤其是教师发展的影响。具体而言，研究主要关注以下三个问题：

1. 我国中小学教师专业学习社群的核心特点及其对教师发展的影响体现在哪些方面？

2. 在课程改革背景下，我国中小学教师专业学习社群的发展水平和对教师发展的影响是怎样的？

3. 我国中小学教师专业学习社群对教师发展的影响是如何实现的？

之所以选择上海地区，除了因为其 PISA 测试夺冠与专业学习社群之间具有内在的联系之外，还在于它作为中国最大、最发达的城市，与其他地区在教育体制上具有相同之处的同时，还具有以下一些独特性：第一，上海具有较大程度的教育自主权。在教育系统的管理上，上海不受中央的统一管理，而是具有自己的两级政府（市、区级）管理体系。因此，相较于中国的其他地方，上海在教育改革、财政、决策等方面具有更高程度的自主权。第二，上海作为中国教育改革的前沿城市和首批教育改革综合试验区，在学校改革与发展方面处于全国前列。如上海市早在 1988 年就开始实施第一期课程改革，探索实施素质教育的策略[③]，并在全国率先提出了实现由"应试教育"向国民"素质教育"转变的任务，且于 1998 年开始实施第二期课程改革。[④] 而全国范围的新课程改革到 2001 年才开始

[①] 教育部：《关于积极推进中小学评价与考试制度改革的通知》，教基〔2002〕26 号。

[②] Tan C., *Learning from Shanghai: Lessons on Achieving Educational Success*, Dordrecht: Springer, 2013, pp. 185 – 198.

[③] OECD, "PISA 2009 Results: What Makes a School Successful? Resources, Policies and practices (Volume IV), 2010," Retrieved on Dec 20, 2013, from http://dx.doi.org/10.1787/9789264091559-en.

[④] 上海市教委：《上海市普通中小学课程方案说明》，上海市教育委员会，2004。

全面实施。可以说,上海的课程改革是全国课程改革的探索和试验,为其他地区的改革提供了借鉴和参考。第三,依托经济发展优势,上海在教育资源、国际视野等方面具有中国其他地区不可比拟的优势。上海具有中国最发达的基础教育系统,最先实现普及教育,并在教育的各个方面发挥着领导的作用。在教育设施设备、师资力量、多媒体等硬件设备上,上海无疑也处于中国最前列。同时,由于上海国际化大都市的角色,与中国的其他地区相比,它更具国际性的教育视野。例如,上海的很多学校每个学期都派教师出国学习[1];很注重引进美国、英国等西方发达国家的教育理念[2]等。第四,上海高度竞争的文化也渗透到学校系统中。尽管上海具有中国最发达的基础教育系统,但学生的考试压力依然很大。[3][4] 除了中国传统的考试文化和刻苦学习文化的影响之外,上海高度竞争的文化也对学校产生了深刻的影响。学生纷纷将上名校作为目标,彼此之间具有很大的竞争压力。家长在教育上也存在着很多隐性的竞争,认为不能让孩子输在起跑线上。同时,教师、学校之间也有很强的竞争关系,不同的学校之间经常互相比较。因此,相较于中国其他地方,上海的教育压力不仅没有减小,反而更加突出。综合以上因素,选取中国上海地区的学校进行研究,其在经济、文化和教育发展上的独特性能够为专业学习社群研究提供更加丰富的视角,同时对其进行研究的结论也能为中国的其他地区提供重要的实践启示。基于这样的考虑,本书聚焦于我国上海地区的中小学校,对其教师专业学习社群的特点及影响进行研究。研究将在以下几个方面突显其理论与实践意义:

  首先,以中国视角来丰富专业学习社群内涵方面的研究。专业学习社

---

[1] Tan C., *Learning from Shanghai: Lessons on Achieving Educational Success*, Dordrecht: Springer, 2013, pp. 21–31.

[2] Sellar S. & Lingard B., "Looking East: Shanghai, PISA 2009 and the Reconstitution of Reference Societies in the Global Education Policy Field," *Comparative Education*, 2013, 49 (4): 464–485.

[3] OECD, "PISA 2009 Results: What Makes a School Successful? Resources, Policies and Practices (Volume IV), 2010," Retrieved on Dec. 20, 2013, from http://dx.doi.org/10.1787/9789264091559-en.

[4] 彭新强、田爱丽:《中国上海基础教育改革的趋势和挑战》,《学校教育改革系列之44》,香港中文大学教育学院与香港教育研究所,2007。

群具有情境依赖性,其实践与发展受到特定的历史、社会和制度环境的影响。[1] 已有关于专业学习社群内涵的研究大都基于西方的教育背景,鲜有对亚洲尤其是中国情境下专业学习社群的特点的探讨。本书关注我国中小学情境下专业学习社群的内涵,并分析其独特的制度与文化环境对于社群实践的影响,这能够加深我们对专业学习社群的情境依赖性的理解,并以中国的背景和经验,丰富整个专业学习社群内涵的研究。

其次,强化关于专业学习社群对教师与学校发展的影响方面的研究。学界一再强调,专业学习社群能够有效促进教师的教学和学生的学习,并促进学校的改革与发展,然而支持此论点的相关实证研究数量尚且不足。对在 PISA 测试中取得优异成绩的东亚国家的教育系统的个案研究也表明,专业学习社群是其在 PISA 测试中取得成功的重要原因。[2][3][4]同样,这一发现也缺乏实证研究尤其是量化研究的支持。本书的研究通过发展测量我国中小学教师专业学习社群的特点及其对教师发展效果的问卷,对专业学习社群与教师发展之间的关系进行实证考察,能够强化这一领域的研究。

再次,深化关于专业学习社群对教师发展影响的过程的理解。已有研究中,关于专业学习社群是如何实现对教师发展的促进的探讨较少,关于教师在专业学习社群中的互动过程及其对教师发展的影响机制的关注也不多。本书聚焦于课程改革背景下我国中小学教师专业学习社群,探讨其对教师发展的影响过程,能够深化专业学习社群对教师发展影响机制方面的认识。

最后,为上海及中国其他地区学校的专业学习社群的发展提供实践启示。国内外学者一致认为,教研组等专业学习社群在上海 PISA 测试成功

---

[1] Stoll L., Bolam R., McMahon, A., Wallace M. & Thomas S., "Professional Learning Communities: A Review of the Literature," *Journal of Educational Change*, 2006, 7 (4): 221–258.

[2] Cheng K., "Shanghai: How a Big City in a Developing Country Leaped to the Head of the Class," In Tucker M. S. (Ed.), *Surpassing Shanghai: An Agenda for American Education Built on the World's Leading Systems*, Cambridge: Harvard University Press, 2011, pp. 21–50.

[3] Jensen B., Hunter A., Sonnemann J. & Burns T., "Catching Up: Learning from the Best School Systems in East Asia," Melbourne: Grattan Institute, 2012.

[4] OECD, "PISA 2009 Results: What Makes a School Successful? Resources, Policies and Practices (Volume IV), 2010," Retrieved on Dec 20, 2013, from http://dx.doi.org/10.1787/9789264091559-en.

中起着关键作用，中国课程改革也通过校本教研政策体现出了合作实践对于教师专业发展和教育改革的意义。本书探讨教研组等专业学习社群实践对于教师发展的影响以及这一影响如何发生，与面临的挑战等，从而能够为其提供具有针对性的支持，使其充分发挥对于课程改革的作用。

第二章
专业学习社群的理论研究

本章对专业学习社群领域的已有研究成果进行综述。首先阐述专业学习社群的理论基础，继而对其内涵、发展与挑战、影响及其实现过程等研究主题进行系统的总结与梳理，最后将落脚点放在中国背景下的专业学习社群。通过系统的文献回顾，为提出本书研究的具体问题奠定基础。

第一节 专业学习社群的理论基础

学界一般认为，专业学习社群的概念由霍德（Hord）于1997年在西南教育发展实验室（Southwest Educational Development Laboratory）的学校改进项目中正式提出，她将商业领域的学习型组织概念引入教育领域，并称之为专业学习社群。实际上，在专业学习社群这个概念出现之前，教师合作（collaboration）、同僚合作（collagiality）、专业社群（professional community）、学习社群（learning community）等相关概念就已经得到了广泛的探讨。这些不同的术语在本质上都关注于教师的集体工作或合作学习对于学校改革的影响。而学界缘何开始关注教师合作这一学校改进策略，则要透过具体的理论发展脉络来寻求答案。

一 理论脉络

专业学习社群概念的产生与学校改进（school improvement）研究的发展脉络息息相关。在20世纪70年代，许多教育者的研究兴趣在于教师能否影响学生的成绩，20世纪70年代和80年代收集的各种数据一致表明，教师对学生的成绩具有非常重要的影响。[1] 此后，学界越来越关注如何通

---

[1] Rosenholtz S. J., *Teachers' Workplace: The Social Organization of Schools*, New York: Teachers College Press, 1989, p. x.

过有效的教师学习及专业发展，来促进学生学习的提高，从而提升学校的效能。同时自 20 世纪 60 年代开始，研究者一直诟病教师间彼此孤立的学校文化，认为传统的教师独立教学、单独作业的方式不利于学校发展。[1] 到了 80 年代，一些学者开始关注教师的工作环境（workplace）对于学生学习和学校发展的影响，认为区别于传统的教师独立实践的同僚合作，似乎对学校的改进大有裨益，其中比较有代表性的学者是利特尔（Little）和罗森霍尔茨（Rosenholtz）。

利特尔在 1982 年通过质化研究方法，对成功学校和不成功学校的学校环境进行了对比研究。研究指出，在成功的学校中，教师重视并参与到同僚合作和持续改进的实验中；追求更大程度的与同事或管理者之间的专业互动，包括谈论教学、有结构地观课、分享教案或共同备课等；他们互动的频率更高，而且有更加具体和明确的共享话语。[2] 一些研究者将利特尔对同僚合作的研究视为专业学习社群概念的起源。[3][4]

差不多同一时间，罗森霍尔茨在对有效学校（effective school）的研究中，探讨了学校组织环境因素对教师学习和教学实践的影响。罗森霍尔茨等人在 1986 年对 78 所小学 1213 名教师的调查研究中指出，教师能力这一变量的 67% 的变异量能够由校长的同僚合作、新教师的招聘和社会化、校长评价、教学协调、学校水平的学生行为管理和教师与同事之间的合作等变量解释，并强调了教师合作对教师能力获得的影响。[5] 关于她对组织环境对教学实践和学校效能影响的研究系统地呈现在 1989 年出版的 *Teachers' Workplace: The Social Organization of Schools* 一书中。作者在序言中指出，最

---

[1] Schmoker M., "Learning Communities at the Crossroads: Toward the Best Schools We've Ever Had", *The Phi Delta Kappan*, 2004, 86 (1): 84 – 88.

[2] Little J. W., "Norms of Collegiality and Experimentation: Workplace Conditions of School Success", *American Educational Research Journal*, 1982, 19: 325 – 340.

[3] Lomos C., Hofman R. H. & Bosker R. J., "Professional Communities and Student Achievement: A Meta-Analysis", *School Effectiveness and School Improvement: An International Journal of Research, Policy and Practice*, 2011, 22 (2): 121 – 148.

[4] Schmoker M., "Learning Communities at the Crossroads: Toward the Best Schools We've Ever Had", *The Phi Delta Kappan*, 2004, 86 (1): 84 – 88.

[5] Rosenholtz S. J., Bassler O. & Hoover-Dempsey K., "Organizational Conditions of Teacher Learning", *Teaching and Teacher Education*, 1986, 2: 91 – 104.

开始对于有效学校研究的兴趣和之后对于教学作为社会建构研究的关注，促成了这本书。她根据学生学习效果的增长情况，把学校分为改进学校（Moving school）和受阻学校（Stucking school），认为改进学校的教师共享目标、与同事进行合作、感到自身学习和课堂实践被支持，因而教师的承诺更高，在满足学生的需要方面的效能感更强。

与此同时，20世纪80年代的教育改革越来越强调对问责、合作环境和教师效能的关注。[1] 相关研究也越来越关注学校组织、教师质量和学生成绩之间的关系。其中萨乔万尼（Sergiovanni）对于学习社群以及圣吉（Senge）对于学习型组织的论述，对学校改革和改进产生了巨大的影响。到了90年代，随着传统改革取向与策略的低效及对教师专业性、教师工作环境、教师效能等的强调，专业社群的概念被提出。路易斯（Louis）、马克斯（Marks）和克鲁斯（Kruse）围绕专业社群的含义、特点、影响因素、效能等主题进行了一系列研究，发现专业社群不仅能促进教师的专业发展并提升教师效能，还能对学生的学习产生影响。[2][3][4] 因而，专业社群越来越成为学校改革的重要途径。此外，麦克劳林（McLaughlin）和塔尔伯特（Talbert）在对教师通过合作来探究教学等问题进行研究后指出，并非所有强的专业社群都有利于改革或改进[5]，强的传统社群（strong traditional community）和学习社群之间存在一定的差别，只有学习社群才有

---

[1] Alberta Education, "Professional Learning Communities", *An Exploration*, 2006. Retrieved on May 03, 2014, from http://education.alberta.ca/media/618576/prof_learng_communities_2006.pdf.

[2] Kruse S. D. (Eds.), Louis K. S. & Bryk A. S., "An Emerging Framework for Analyzing School-Based Professional Community", In Louis K. S. & Kruse S. D. (Eds.), *Professionalism and Community: Perspectives on Reforming Urban Schools*, Thousand Oaks, Calif.: Corwin Press, 1995, p. 27.

[3] Louis K. S. & Marks H. M., "Does Professional Community Affect the Classroom? Teachers' Work and Student Experiences in Restructuring Schools," *American Journal of Education*, 1998, 106 (4): 532–575.

[4] Louis K. S., Marks H. M. & Kruse S., "Teachers' Professional Community in Restructuring Schools," *American Educational Research Journal*, 1996, 33 (4): 757–798.

[5] McLaughlin M. W. & Talbert J. E., *Professional Communities and the Work of High School Teaching*, Chicago: University of Chicago Press, 2001, pp. 10–11.

利于学校改进，能促进学生学习。① 因此，"学习"这一元素也开始慢慢得到重视。克拉克（Clark）和阿斯图托（Astuto）指出，专业社群为教师提供在校内及校外更广泛的专业领域进行对话和交流的渠道，学习社群则为本校教师和学生提供互动的机会，促进其在具体的学习活动中进行合作。②

到了20世纪90年代末期，专业社群、学习社群等概念进一步发展为专业学习社群概念，并得到越来越多研究者的使用，且一直沿用至今。本质上，同僚合作或教师合作是其最基本的元素。③ 从以上对专业学习社群概念发展脉络的简单梳理可以看出，此术语的产生与整个学校改进和学校改革领域的理论发展之间具有紧密的联系。

二 理论内涵

专业学习社群这一概念由"专业""学习""社群"三个词汇组成，从字面上看，"专业""学习"为修饰语，中心词落在"社群"二字上。然而，学界为何将这三个词组合到一起呢？为何是这样的组合顺序？其背后又有怎样的意义？这需要我们对这三个词的理论内涵进行深入挖掘。

（一）"社群"

斯托尔（Stoll）等人指出，专业学习社群含义的核心落在"社群"一词上，因为它关注的并非是教师个人的学习，而是社群情境下的专业学习，体现的是集体学习的概念。④ 专业学习社群的核心理念是同事之间的合作学习，正是这一点使其成为具有全球实践意义的概念，尽管它是在西

---

① McLaughlin M. W. & Talbert J. E., *Building School-Based Teacher Learning Communities: Professional Strategies to Improve Student Achievement*, New York: Teachers College Press, 2006, pp. 16 - 22.

② Clark D. L. & Astuto T. A., "Redirecting Reform: Challenges to Popular Assumptions about Teachers and Students," The Phi *Delta Kappan*, 1994, 75 (7): 512 - 520.

③ Lomos C., Hofman R. H. & Bosker R. J., "Professional Communities and Student Achievement: A Meta-Analysis," *School Effectiveness and School Improvement: An International Journal of Research, Policy and Practice*, 2011, 22 (2): 121 - 148.

④ Stoll L., Bolam R., McMahon A., Wallace M. & Thomas S., "Professional Learning Communities: A Review of the Literature," *Journal of Educational Change*, 2006, 7 (4): 221 - 258.

方背景下提出的。①

"社群"这一概念最早出现在社会学领域，涂尔干（Durkheim）、韦伯（Webber）和马克斯等社会学家对它的产生做出了贡献。② 而滕尼斯（Tönnies）关于社群（community, Gemeinschaft）与社会（society, gesellschaft）的区分则对于我们理解社群这一概念具有尤其重要的意义。③ 具体而言，社群是基于家庭和亲属的个人性的、亲密的社会关系，强调自然意志作为人与人之间联系的基础。社群有三种形式，包括血缘社群、地缘社群和精神社群，都能体现出通过建立归属感和共同身份将人与人联系起来的特点。而社会指的是非个人性的、契约式的关系，强调理性意志作为人与人之间联系的基础，即人与人之间的相互联系是为了达成某种目标，获取某种利益。伯格（Berger）也指出，社群是用于感受的、充满爱的，是温暖的、湿润的、亲密的；而社会是理性的、用于交易的，是冰冷的、干燥的、正式的。④ 随着历史的演变与发展，传统的社群关系逐渐被社会关系所取代。

社群与社会的区分在教育领域体现在社群与组织的概念的分野上，因为组织是社会在当代的一种形态体现。⑤ 组织是指为实现共同的、明确的目标，通过劳动或职能分工及一种等级化的权力或责任，从而对群体活动进行的理性协调。⑥ 而社群是受本质意志驱使，以强烈的情感精神为特征，在陪伴、依恋等自然情感的基础上形成的联系密切的有机群体。⑦ 若将学校视为组织，即将管理学中的组织概念应用于教育情境，强调的是通过理性来寻求合法性，即学校通过特定的手段来达到既定目的。相应地，领导会采

---

① Hairon S. & Dimmock C., "Singapore Schools and Professional Learning Communities: Teacher Professional Development and School Leadership in an Asian Hierarchical System," *Educational Review*, 2012, 64 (4): 405 – 424.

② Blackshaw T., *Key Concepts in Community Studies*, London: Sage, 2010, pp. 5 – 18.

③ Tönnies F., *Community and Civil Society*, Jose H. (Ed.), Margaret H. (Trans.), Cambridge, U. K.: Cambridge University Press, 2001, p. 17.

④ Berger B. M., "Disenchanting the Concept of Community," *Society*, 1998, 25 (6): 50 – 52.

⑤ Sergiovanni T. J., "Organizations or Communities? Changing the Metaphor Changes the Theory," *Educational Administration Quarterly*, 1994, 30 (2): 214 – 226.

⑥ Schein E., "Organizational Culture," *American Psychologist*, 1990, 45 (2): 109 – 119.

⑦ Tonnies F., *Community and Civil Society*, Jose H. (Ed.), Margaret H. (Trans.), Cambridge, U. K.: Cambridge University Press, 2001, p. 34.

用规则与控制、监控和管理教师等方式来运行学校，教师工作的动机来自外部的奖励或惩罚，人与人之间体现为纯粹的契约关系。而若将学校视为社群，强调的是人与人之间的关系，即学校通过建立共同的价值观和信念来促使教师共同意识的产生。相应地，学校领导会依靠规范、价值、专业社会化、合作和相互依赖来推动学校的运作，关注教师所感受到的对彼此和对学校的承诺与责任。[①] 关于组织和社群在实践形态上的差异，温格（Wenger）进一步指出，组织是具有明确边界的制度实体，而社群的边界往往是模糊的，并且不断与外界进行互动。[②] 在对以上这些相关文献进行总结的基础上，笔者将组织与社群的概念的区别通过表2—1直观地呈现出来。

表2—1 组织与社群的区别

组织	社群
正式的、通过外部力量（如制度）形成	非正式的、自发形成
边界明确	边界模糊
强调利益关系	强调情感联系
强调结果和目标	强调过程和相互理解
强调效率	强调关系
强调专业化分工	强调对集体的归属
依靠制度和规则	依靠共同的价值和规范
强调行政权力	强调专业影响
强调外部问责	强调内部问责

可以看出，组织与社群位于天平的两端，体现出不同的价值取向。[③] 以教师同僚合作为例，组织中的合作是由于组织的安排，即组织成员被要求一起工作并进行团队建设；而社群中的合作动机则来自于社群内部，即

---

① Sergiovanni T. J., "Organizations or Communities? Changing the Metaphor Changes the Theory," *Educational Administration Quarterly*, 1994, 30 (2): 214–226.

② Wenger E., *Communities of Practice: Learning, Meaning and Identity*, Cambridge, U. K.; New York: Cambridge University Press, 1998, p. 274.

③ Scribner J. P., Cockrell K. S., Cockrell D. H. & Valentine J. W., "Creating Professional Communities in Schools Through Organizational Learning: An Evaluation of a School Improvement Process," *Educational Administration Quarterly*, 1999, 35 (1): 130–160.

成员之间的相互依赖、共同义务和情感联系。萨乔万尼认为，以往的教育管理学是借用组织行为学理论的观点来理解学校的结构，将学校比喻为组织，并搬用组织学的质量、产出、效率等概念，使其丢失了自己的立场；而从"学校作为组织"到"学校作为社群"的转变，是实现教育管理理论多元化（theoretical pluralism）的第一步。[①] 杜福尔（Dufour）和艾克（Eaker）也指出，"组织"强调结构和效率，"社群"则代表了一个群体的共同性，更符合教育情境。这也在很大程度上解释了缘何当学习型组织的概念被引入学校教育领域时，被称为专业学习社群，而非专业学习组织。[②] 同时，也有一些国内学者将"community"翻译成专业学习共同体。[③④⑤⑥]

然而在真实的教育环境中，几乎没有绝对意义上的组织，也很少存在绝对意义上的社群，学校或校内群体往往处于组织和社群这两极中间的某个位置，既存在社群的元素，也包括组织的成分。不同学校之间的区别，在于组织或社群成分在程度上的区别，而非组织与社群之间的区别。如塔尔伯特（Talbert）所指，将学校系统转换为专业学习社群的过程是通过行政资源将官僚文化转换为专业文化的过程，体现出官僚视角和专业视角之间的张力。[⑦] 从这个意义上来说，专业学习社群是一种需要不断追求的理想类型（ideal type）。

---

① Sergiovanni T. J., "Organizations or Communities? Changing the Metaphor Changes the Theory," *Educational Administration Quarterly*, 1994, 30 (2): 214 – 226.

② Dufour R. & Eaker R., *Professional Learning Communities at Work: Best Practices for Enhancing Student Achievement*, Bloomington, Ind.: National Education Service; Alexandria, Va.: ASCD, 1998, p. xi.

③ 孙元涛：《教师专业学习共同体：理念、原则与策略》，《教育发展研究》2011年第22期，第52—57页。

④ 李子建、宋萑：《专业学习共同体与课程发展》，《课程·教材·教法》，2006年第26卷，第12期，第24—28页。

⑤ 周俊：《障碍与超越：美国学校专业学习共同体研究》，《中国教育学刊》2010年第7期，第81—84页。

⑥ 陈晓端、龙宝新：《教师专业学习共同体的实践基模及其本土化培育》，《课程·教材·教法》，2012年第32卷，第1期，第106—114页。

⑦ Talbert J. E., "Professional Learning Communities at the Crossroads: How Systems Hinder or Engender Change," In Hargreaves A., Lieberman A., Fullan M. & Hopkins D. (Eds.), *Second International Handbook of Educational Change*, Dordrecht, The Netherlands: Springer, 2010, pp. 555 – 572.

由此可见，专业学习社群中的"社群"概念在根本上体现为从传统的等级官僚体系向合作型学校结构的转换。① 它具有5个重要的特征：共享观念和理解、互动和参与、相互依赖、关注个人和少数人的观点、有意义的关系。② 同时，当把"社群"的概念运用到学校中时，关注的焦点也就从学校结构转向了学校文化。③

（二）"专业"

赫尔斯比（Helsby）指出，专业这一术语在不同的背景下有不同的含义，且涉及专业性（professionalism）和专业化（professionalization）这两个概念。其中专业性指的是个体的行为特征，它不仅包括专业知识的运用，还包括持续改进以服务"客户"的品质，如奉献、承诺和高技术性的实践等，其背后的观念是"表现得专业"（behaving professionally）。而专业化指的是从业人员成为专业人员的条件和过程，它涉及具体职业群体的自我利益，强调工资、地位、工作条件及公众认可，其背后观念是"成为一个专业人员"（being a professional）。④ 这两个概念既相互联系，又有着区别。达玲·哈蒙德也指出，专业性并非依赖薪酬或地位，而是基于三个行为准则：知识成为获准实践和与"顾客"需求相关的决策的基础；实践者以"顾客"的福祉为关注核心；具有集体责任，严格执行专业标准和伦理规范。⑤ 从这个意义上来看，专业学习社群中的"专业"一词更多地指向"专业性"这个概念，因为它关注的是专业者的具体行为，

---

① Lindahl R. A., "Professional Learning Communities: A Feasible Reality or a Chimera?" In Alford J., Perreault G., Zellner L. & Ballenger W. (Eds.), *Blazing New Trails: Preparing Leaders to Improve Access and Equity in Today's Schools*, The 2011 Yearbook of the National Council of Professors of Educational Administration, ERIC: ED523595, 2011, pp. 47–58.

② Westheimer J., "Communities and Consequences: An Inquiry into Ideology and Practice in Teachers' Professional Work," *Educational Administration Quarterly*, 1999, 35 (1): 71–105.

③ Wald P. & Casslebury M., "Realigning Our Schools: Building Professional Learning Communities," Washington, DC: Office of Special Education and Rehabilitative Services. (ERIC Document Reproduction Services No. ED 427478): 1999.

④ Helsby G., "Teachers' Construction of Professionalism in England in the 1990s," *Journal of Education for Teaching: International Research and Pedagogy*, 1995, 21 (3): 317–332.

⑤ Darling-Hammond L., "Teacher Professionalism: Why and How?" In Ann L. (Ed.), *Schools as Collaborative Cultures: Creating the Future Now*, London: The Falmer Press, 1990, pp. 37–62.

如知识和能力的获取，以"客户"为目标及具有专业自主性。①

哈格里夫斯将教师专业性总结为 4 个发展阶段②：一是 20 世纪 60 年代以前的前专业时代。在这一时期，教学被视为简单的技术性工作，个体通过学徒实践习得固定的教学准则并成为教师，以尝试错误法来改进教学。教师往往会面对大量的、缺乏学习主动性的学习者，在缺少教材和学习资源的情况下，主要通过背诵、笔记、问答和课堂作业等方法来进行教学。二是 20 世纪 60 年代开始的自主专业时代。从这一时期开始，教学单一性被打破，教师具有了一定的自主性，能根据自身的专业判断，自主决定采用何种教学方法。同时，高校教师教育和在职教育的扩张也强化了教师的专长，促进了教师的自主。然而，个体主义成为这一时期教学的突出特点，教师在各自的教室中独立教学，很少进行专业上的互动。三是 20 世纪 80 年代后期开始的合作专业时代。随着外界的变化和教育改革的发展，教师各自为政的工作方式越来越受到批评，并逐渐被合作社群的方式取代。由此，各种校内群体得以产生，教师的专业发展也从依赖于外部专家的模式转向为校内的同侪合作。然而，在教育改革层出不穷的背景下，许多教师经历了角色扩张和角色混乱，甚至疲于应付政府和外界利益群体的要求，而非真实的专业学习和教学，导致了教师的去专业化。四是 21 世纪开始的后专业时代。后现代社会的到来产生了诸多的矛盾和不确定性，因而政府强化了统一课程和考试体制，这限制了教师的专业性判断和自主性。同时，市场机制、绩效管理系统以及监控和问责的出现，使得教师趋向于迎合外部的问责和要求，而非投入真正的合作学习，从而导致了教师工作的去专业化。

教师工作的去专业化问题得到了诸多学者的关注和探讨。如罗伯森（Robertson）指出，外部控制的加强使得教师成为学生的管理者，市场机制的引入将教育变成商品，教师专业性受到极大的限制，使得教师难以发

---

① Stoll L., Bolam R., McMahon A., Wallace M. & Thomas S., "Professional Learning Communities: A Review of the Literature," *Journal of Educational Change*, 2006, 7 (4): 221 – 258.

② Hargreaves A., "Four Ages of Professionalism and Professional Learning," *Teachers and Teaching: Theory and Practice*, 2000, 6 (2): 151 – 182.

挥专业自主性。① 赫尔斯比（Helsby）和麦卡洛克（McCulloch）的研究也表明，国家对于课程控制的加强削弱了教师的专业自信，降低了教师的士气，并使其丢失了课程决策方面的能力和权力。② 这些问题的出现与教师专业性的发展背道而驰，正如弗莱德森（Freidson）指出的那样，专业者应是自主的、自我调节的，并仅受限于与其工作相关的知识和技能；他们接受其他能力更强的人的建议，但其权力的有效来源仅仅是能力，而非行政职位。③

在教师工作不断去专业化的情况下，研究者的关注点从教师专业性的含义和构成，逐渐转变为教师在实际工作中对专业性的诠释。如哈格里夫斯和古德森（Goodson）认为，教师专业性不是政策制定者和其他外界人士所声称要达到的要求，而是由教师在实践中建构出来的，研究教师专业性需要关注其日常的教学工作。④ 埃文斯（Evans）同样指出，专业性不应成为假设的或理想化的概念，而应作为现实来看待，只有当它得以实施时，才是真正意义上的专业性。⑤ 这种现实，主要反映在改革对于教师专业发展的影响上。

教师的专业发展和组织发展之间的依存关系被哈格里夫斯视为新专业性的核心，即若教师无法发展，学校则难以发展；同理，若学校无法发展，教师也难以发展。他还表示，从教师的个体主义到合作文化的转变，能够促进教师和学校的发展，是新专业性的发展趋势之一。⑥ 通过教师合作提升其专业性的观点也被其他学者认同，如达玲·哈蒙德就认为，打破

---

① Robertson S. L., "Teachers' Work, Restructuring and Postfordism: Constructing the New 'Professionalism'," In Goodson I. F. & Andy H. (Eds.), *Teachers' Professional Lives*, London: The Falmer Press, 1996, pp. 28 – 55.

② Helsby G. & McCulloch G., "Teacher Professionalism and Curriculum Control," In Goodson I. F. & Andy H. (Eds.), *Teachers' Professional Lives*, London: The Falmer Press, 1996, pp. 56 – 74.

③ Freidson E., "*Professional Powers: A Study of the Institutionalization of Formal Knowledge*," Chicago: University of Chicago Press, 1986, p. 159.

④ Hargreaves A. & Goodson I. F., "Teachers' Professional Lives: Aspirations and Actualities," in Goodson I. F. & Andy H. (Eds.), *Teachers' Professional Lives*, London: The Falmer Press, 1996, pp. 1 – 27.

⑤ Evans L., "Professionalism, Professionality and the Development of Education Professionals," *British Journal of Educational Studies*, 2008, 56 (1): 20 – 38.

⑥ Hargreaves A., "The New Professionalism: The Synthesis of Professional and Institutional Development," *Teaching and Teacher Education*, 1994, 10 (4): 423 – 438.

教师孤立，通过教师的同僚合作和分享，能够提升其专业性。① 塔尔伯特和麦克劳林的研究也表明，参与学科领域专业社群或其他合作网络的教师比非合作环境下的教师具有更高程度的专业性，他们对于课程和教学有着更高水平的共享标准，对于学生有更强的服务意识，并且对教学职业具有更强的承诺水平。②

由此，教师专业性的发展越来越强调同僚合作或专业社群的建设。这不仅揭示出"专业"与"社群"两个概念之间的内在有机联系，也体现出专业学习社群中"专业"一词存在的意义和内涵。

（三）"学习"

与教师学习/专业学习往往同时出现的一个概念是教师发展/专业发展。对于二者之间的区别，弗雷泽（Fraser）等人在文献总结的基础上提出了这样的看法：教师专业学习指的是能够使教师在专业知识、能力、态度、信念或行为等方面带来具体变化的、或自然发生或人为设计的、或个体或社会的过程；而教师专业发展指的是通过较长一段时间带来的广泛变化，即教师专业性方面的质的变化。③ 或者说，教师专业发展是通过教师专业学习实现的各种具体变化的结果。④ 二者都是指教师在专业素养上的变化，教师学习强调更加具体的变化，而教师发展关注更加宽泛的变化。因此，在相关理论方面，教师学习和教师发展理论之间也呈现出相互交织的现象。

---

① Darling-Hammond L., "Teacher Professionalism: Why and How? In Lieberman A. (Ed.), *Schools as Collaborative Cultures: Creating the Future Now*," London: The Falmer Press, 1990, pp. 37 – 62.

② Talbert J. E. & Maclaughin M. W., "Teacher Professionalism in Local School Contexts," *American Journal of Education*, 1994, 102 (2): 123 – 153.

③ Fraser C., Kennedyb A., Reidc L. & Mckinney S., "Teachers' Continuing Professional Development: Contested Concepts, Understandings and Models," *Journal of In-Service Education*, 2007, 33 (2): 153 – 169.

④ Mitchell R., "What Is Professional Development, How Does It Occur in Individuals, and How May it be Used by Educational Leaders and Managers for the Purpose of School Improvement?" *Professional Development in Education*, 2013, 39 (3): 387 – 400.

哈格里夫斯和富兰提出了三种教师发展的取向①：一是作为知识和技能的教师发展，即教师获取关于什么是"好的教学"的良好的知识基础，这主要通过对在职教师的培训来实现。二是作为自我理解的教师发展，即除了教师行为的改变，还要关注教师作为一个人的变化与发展，尤其是其教学态度和信念上的变化。这种取向强调教师自我认识的发展，体现出对教师的人性关怀。三是作为社会生态转变的教师发展，即关注教师发展的背景与环境，通过时间、领导、制度及教师文化等因素的改变，为教师发展提供支持性的环境。传统的教师学习或专业发展项目往往关注教师知识和技能的提升，而忽视了教师个人及其所处的环境的作用，尤其是缺乏对教师工作环境的考量，因而对于教师发展的促进作用十分有限。因此，以往的培训或工作坊形式的专业发展方式越来越受人诟病，诸如，它代表的是专家关于教师需要学习的知识和技能的观点，很少反映教师自己的想法；片段式地强加于现有的教学和制度安排，很少关注教师的持续改进和深入实践；使教师吸收不同的教学哲学，使用不同的教学材料或方式，从而带来不协调；短期且表面化；教师若难以将学到的东西反映在实践上，专业发展资源便无法扎根等。②

在这样的背景下，越来越多的学者将视线转向校本教师学习与发展，并发现，相较于传统的教师个体学习与实践的方式，合作性的学校文化，即专业学习社群对于教师学习和专业发展具有重要作用，能够为其提供一种支持性的生态与环境。③ 这种文化环境强调全体成员真诚的、持续的、且关注学生学习改善的合作。④ 由此，教师合作或专业学习社群逐渐发展

---

① Hargreaves A. & Fullan M., "Introduction," In Hargreaves A. & Fullam M. (Eds.), *Understanding Teacher Development*, London: Cassell; New York: Teachers College Press, 1992, pp. 1 – 19.

② McLaughlin M. W. & Talbert J. E., *Building School-Based Teacher Learning Communities: Professional Strategies to Improve Student Achievement*, New York: Teachers College Press, 2006, pp. 2 – 3.

③ Louis K. S., Kruse S. D. & Bryk A. S., "Professionalism and Community: What It Is and Why Is It Important in Urban Schools?" In Louis K. S. & Kruse S. D. (Eds.), *Professionalism and Community: Perspectives on Reforming Urban Schools*, Thousand Oaks, Calif.: Corwin Press, 1995, p. 4.

④ Seashore K. R., Anderson A. R. & Riedel E., "Implementing Arts for Academic Achievement: The Impact of Mental Models, Professional Community and Interdisciplinary Teaming," Paper Presented at the Seventeenth Conference of the International Congress for School Effectiveness and Improvement, Rotterdam, January, 2003, p. 3.

成为有效的教师学习方式。①②③④⑤⑥

综上所述,教师学习或专业发展越来越依赖于合作性的学校文化或学习社群的建立,这体现出了专业学习社群中"学习"一词的内涵及其与社群之间的内在联系。

(四)"专业""学习""社群"的整合

通过对专业学习社群中"社群""专业""学习"各自理论内涵的阐述中可以发现,这三者之间具有一致性的发展趋势。不论是从"学校作为组织"到"学校作为社群"的转换,还是对同僚合作在提升教师专业性发展中的作用的强调,抑或是作为社会生态转变的教师发展取向的出现,都凸显出建立合作性学校文化的意义,即共同促成了专业学习社群概念的产生。如杜福尔和艾克所指,专业学习社群概念中的每个词汇都是有目的地选取的。"专业"是指在某领域具有专业知识的人,他们不仅要接受职前教育,而且要在工作中不断拓展知识;"学习"意味着持续的行动并不断探索,以不断改进;社群指的是具有共同兴趣的一群个体。在专业学习社群中,这三方面的元素都明显存在,且有机地联系在一起。⑦ 三者之间的联系具体体现在以下几个方面。

首先,专业与社群之间具有内在的联系。一方面,社群由专业性的教

---

① Andrews D. & Lewis M. , "The Experiences of a Professional Community: Teachers Developing a New Image of Themselves and Their Workplace," *Educational Research*, 2002, 44 (3): 237 – 254.

② Horn I. S. & Little J. W. , "Attending to Problems of Practice: Routines and Resources for Professional Learning in Teachers' Workplace Interactions," *American Educational Research Journal*, 2010, 47 (1): 181 – 217.

③ Jackson S. H. & Good R. B. , "Looking for the Crossroad: Merging Data Analysis and the Classroom Through Professional Learning Communities Dialogue," *National Council of Professors of Educational Administration 2009*, 2009: 223 – 230.

④ Pella S. , "A Situative Perspective on Developing Writing Pedagogy in a Teacher Professional Learning Community," *Teacher Education Quarterly*, 2011, 38 (1): 107 – 125.

⑤ Phillips J. , "Powerful Learning: Creating Learning Communities in Urban School Reform," *Journal of Curriculum and Supervision*, 2003, 18 (3): 240 – 258.

⑥ Wong J. L. N. , "Searching for Good Practice in Teaching: A Comparison of Two Subject-Based Professional Learning Communities in a Secondary School in Shanghai," *Compare: A Journal of Comparative and International Education*, 2010, 40 (5): 623 – 639.

⑦ Dufour R. & Eaker R. , *Professional Learning Communities at Work: Best Practices for Enhancing Student Achievement*, Bloomington, Ind. : National Education Service; Alexandria, Va. : ASCD, 1998, p. xi.

师组成，他们拥有教育、教学方面的专业知识、技能、态度、自主等品质，这为社群实践奠定了基础。另一方面，社群活动围绕着教师专业性展开，其目的是促进教师专业性的发展，从而最终促进学生的学习。也就是说，专业学习社群中的"专业"一词不仅指教师作为专业者参与到社群活动中，还意味着通过社群实践来不断提升教师的专业性。

其次，学习与社群之间具有内在的联系。一方面，建立社群的原因就是为教师学习提供支持性的环境，通过有效的教师学习来实现促进学校改革与学生学习的目标。因此，专业学习社群的"学习"属性得到了学者的强调，如富兰和利特尔区分了传统社群与教师学习社群的区别：尽管二者都有很强的社群特点，但传统社群的主要工作是进行协调以强化已有的传统，无法改进教学；而在学习社群中，教师通过合作而不断重造实践并分享专业成长经验，从而改善学生学习。[1][2] 麦克劳林和塔尔伯特也指出，并非所有强大的专业社群的实践都有助于改革或与改进相关。[3] 因此，学习是专业学习社群的必要属性。另一方面，社群中的合作实践能够有效地促进教师学习，即通过对教学实践的集体探究，教师能够实现高质量的学习和专业发展。因此，教师学习既是专业学习社群的必要属性，也是其存在的主要目的。

最后，专业与学习之间具有内在的联系。一方面，教师作为学习的主体需要具备一定的专业素养，这为社群学习奠定了基础。另一方面，越来越多的研究表明，教师专业性的发展有赖于高质量的教师学习与专业发展，而教师在社群中学习的根本目的就是提升自身的专业性。因此，"专业"与"学习"二者相互影响、相互作用，且经常以"专业学习"的形式出现。

由此可以看出，"专业""学习""社群"三个概念之间具有内在的有机联系，三者相互限定、相互作用，缺一不可，都是专业学习社群的必备元素（如图2—1所示）。

---

[1] Fullan M., *Change Forces With A Vengeance*, London; New York: Routledge Falmer, 2003, p. 12.

[2] Little J. W., "Professional Community and Professional Development in the Learning-Centered School," National Education Association of the United States, 2006.

[3] McLaughlin M. W. & Talbert J. E., *Professional Communities and the Work of High School Teaching*, Chicago: University of Chicago Press, 2001, pp. 10–11.

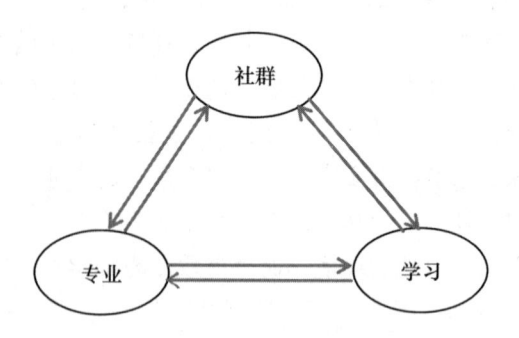

图 2—1　专业学习社群的构成

三　理论视角

通过对专业学习社群的文献进行分析可以发现，目前理论界主要有两个研究视角：一是关注社群特点的学习型组织视角；二是强调社群成员互动过程的实践社群视角。

（一）学习型组织理论视角

学习型组织视角下的专业学习社群得到了理论界的广泛探讨。这一视角建立在哈贝马斯称谓的"实证—分析"的知识取向上。[1]"实证"即实证主义研究取向，其假设认知对象是可观察的、客观存在的现实，研究假设可在这些实证现象中加以验证。"分析"即分析主义研究取向，假设认知对象可以分解为多个因素，通过逻辑实证的方法对因素之间的结构与关系加以验证，以得到普遍性的因果关系。该知识取向所对应的是技术控制的建构性旨趣，认为通过对研究对象建立起预测性知识，可以对相关的客观化过程进行控制。反映在专业学习社群上，该取向对专业学习社群内涵的研究通过实证分析的方式得到普遍性的社群特征框架，从而将专业学习社群的学校与非专业学习社群的学校区分开来；通过在专业学习社群实践中验证其对于学生学习影响的假设，从而确认社群与学生学习之间的普遍因果关系；通过客观分析影响专业学习社群的建立与发展的因素，认为若提供必要的资源与条件，则能保证专业学习社群的有效发展。

---

[1] Habermas J., *Knowledge and Human Interests*, Boston: Beacon Press, 1971, p. 196.

在专业学习社群的研究中，这一认知取向主要体现在学习型组织的理论视角上。学习型组织（Learning Organization）的概念由圣吉于1990年在《第五项修炼》一书中提出，很多学者认为此概念是专业学习社群的直接来源。①②③ 在学习型组织中，人们不断提升自己的能力，以达到他们真正想要的结果；新的、具有延展性的思维方式得以形成；人们持续地学习如何共同学习。④ 这一概念的提出，要求我们转变过去将组织视为层层操控的结构的想法，将其看作一个不断创新的有机组织，即从强调规则和管理转变为强调组织的学习和发展。圣吉指出，学习型组织终身不断进行以下五项修炼：系统思考，即对系统进行全面、综合的考虑；自我超越，即每个人都清楚自己的目标并为之不断努力；心智模式，即关注影响个体如何理解世界并付诸行动的潜在假设、观念、价值取向等；共同愿景，即所有个体形成共享的组织愿景并为之奋斗；团队学习，即组织成员进行共同对话和思考。⑤ 这五项修炼相互联系并共同作用于组织的发展。一些学者围绕着组织如何学习进行了系统的学术探讨⑥⑦⑧，强调了组织通过单环、双环学习而不断探究、改革的重要性。有研究指出，若学校成为学习型组织，则需要满足十个条件，包括具有激励结构、共享目标、成员明晰组织的发展阶段、收集并运用数据、具有知识基础、与外部交流信息、获

---

① Hord S. M., "Professional Learning Communities: Communities of Continuous Inquiry and Improvement," Southwest Educational Development Lab., Austin, TX., 1997.

② Nehring J. & Fitzsimons G., "The Professional Learning Community as Subversive Activity: Countering the Culture of Conventional Schooling," *Professional Development in Education*, 2011, 37 (4): 513–535.

③ Thompson S. C., Gregg L. & Niska J. M., "Professional Learning Communities, Leadership, and Student Learning," *Research in Middle Level Education Online*, 2004, 28 (1): 1–15.

④ Senge P., *The Fifth Discipline: The Art and Practice of the Learning Organization*, New York: Doubleday/Currency, 1990/2006, p. 3.

⑤ Senge P., *The Fifth Discipline: the Art and Practice of the Learning Organization*, New York: Doubleday/Currency, 1990/2006, p. 5.

⑥ Argyris C. & Schon D., *Organizational Learning: Theory, Method and Practice*, Addison-Wesley Publishing Company, 1996, pp. 52–72.

⑦ Cook S. & Yanow D., "Culture and Organizational Learning," *Journal of Management Inquiry*, 2011, 20 (4): 355–372.

⑧ Leithwood K. & Louis K., "Organizational Learning in Schools: An Introduction," In Leithwood K. & Louis K. (Eds.), *Organizational Learning in Schools*, Lisse [Netherlands]; Exton, PA: Swets & Zeitlinger Publishers, 1998, pp. 1–16.

得反馈、不断更新过程、支持性的组织文化、对外部环境开放等。①

可以看出，学习型组织理论视角下的专业学习社群强调一些关键的、具有操作化意义的组织特点，认为若社群具备这些相互联系的关键特点，则可称为专业学习社群。同时，为专业学习社群提供恰当的投入和必要的资源及支持条件，使社群成员持续地进行信息交流和组织学习，能够获得一定的产出，即实现专业学习社群的目标，具体指课堂教学的改进及学生学习效果的提高。②霍德、杜福尔、威尔斯（Wells）和特恩（Feun）等学者都从学习型组织的视角对专业学习社群进行了分析和研究。

（二）实践社群理论视角

实践社群的理论视角植根于哈贝马斯称谓的"历史—诠释"的知识取向。③该取向认为认识是理解并获得意义的过程，其中研究对象是通过人及其社会文化活动建构出来的现实，即主观、主体间性及生活世界中的语言和符号实体，包括"文本、著作、仪式、习俗、历史事件、社会组织以至社会制度"④。"诠释"指的是理解、呈现蕴含在这些文本（texts）中的意义。"历史"是对"文本"所蕴含的意义赋予"历史特殊性"的假设，即认为"文本"的意义是在特殊的个人心理、历史、文化、社会、经济、政治的脉络中产生的。与历史—诠释的知识取向相对应的是实践理解的旨趣，该旨趣源自人类社会中的交往，"寻求甚至是需要达成的，就是彼此的理解以至实现彼此的共识"⑤。从这一知识取向出发，专业学习社群的本质是社会建构的现象，蕴含着特殊的意义，社群成员是赋予实践以意义的认识者。社群成员认识的过程就是通过社群中具体的专业实践如共同备课、公开课等活动，将蕴含在实践中的意义，即教学理论挖掘、理解并呈现出来的过程。也就是说，专业学习社群中的学习活动是教师对教学实践持续地进行意义协商与理解的过程。

---

① Brandt R., "Is This School a Learning Organization? 10 Ways to Tell," *Journal of Staff Development*, 2003, 24 (1): 10-16.

② Resnick L. B. & Hall M. W., "Learning Organizations for Sustainable Education Reform," *Daedalus*, 1998, 127 (4): 89-118.

③ Habermas J., *Knowledge and Human Interests*, Boston: Beacon Press, 1971, p. 196.

④ 曾荣光：《从教育质量到质量教育的议论：中国香港特区的经验与教训》，《北京大学教育评论》2006年第4卷，第1期，第129—144页。

⑤ 曾荣光：《从教育质量到质量教育的议论：中国香港特区的经验与教训》，《北京大学教育评论》2006年第4卷，第1期，第129—144页。

实践社群理论反映出实践理解的知识旨趣，经常出现在专业学习社群的研究中。实践社群的概念可以追溯到莱芙（Lave）和温格两位人类学家在1991年提出的情境学习理论，他们认为除了书本上的学习，还存在成员间通过对话、互动、协商而学习的方式。① 温格进一步提出并系统地阐述了实践社群的理论，认为意义协商（包括参与和物化，participation 和 reification）的过程是社群实践的核心，社群实践围绕共同投入（mutual engagement）、联合事业（joint enterprise）和共享智库（shared repertorie）三个相互关联的维度展开。实践社群中的学习是一种社会学习，涉及意义、实践、社群、身份四方面的因素。② 其中意义指的是学习过程中所经历的生活和世界是有意义的，要通过学习实现知识的创造与自身的改变；实践指的是学习并非是单纯地学习已有知识的过程，而是不断参与实践的过程，通过实践学习，并将习得的知识应用于实践；社群指的是学习是社群成员集体学习的过程，是通过不断的参与和互动，逐渐产生对社群的归属感的过程；身份指的是学习过程是不断地塑造自我身份，不断地深化关于"我是谁"的理解的过程。这四个过程为专业学习社群中的教师学习提供了理论基础。温格进一步表示，由于实践社群是基于对实践的投入，因此它在本质上是非正式的。这种非正式并非指实践是无组织或社群没有任何的正式地位，而是指在根本上，实践社群是通过成员间的相互投入而产生的，它以有机的方式不断演变，从而规避了正式的管理和操控。③

可见，实践社群视角强调的是教师合作学习的过程，探讨的是教师之间的互动和理解是如何发生的，认为具体的专业实践和对实践进行意义协商的过程是专业学习社群的核心内涵，这也将专业学习社群实践与其他实践区分开来。同时，专业学习社群的发展取决于每个成员的共同投入以及彼此间共享教学实践、策略和工具等智库的程度。当教师之间不断进行意义协商，从而就专业实践达成共同的理解或认识时，就能够促进教师教学

---

① Lave J. & Wenger E., *Situated Learning: Legitimate Peripheral Participation*, Cambridge University Press, 1991, pp. 27 – 42.

② Wenger E., *Communities of Practice: Learning, Meaning and Identity*, Cambridge, U. K.; New York: Cambridge University Press, 1998, p. 5.

③ Wenger E., *Communities of Practice: Learning, Meaning and Identity*, Cambridge, U. K.; New York: Cambridge University Press, 1998, p. 118.

及学生学习的发展。利特尔、佩拉（Pella）、霍恩（Horn）等研究者都是从实践社群的角度来分析专业学习社群中教师具体的专业学习和互动过程的。

由此可以看出，尽管两种理论取向都对专业学习社群的内涵、影响其发展的因素及其效果等主题进行了研究，都强调专业学习社群作为一个有机体的学习、发展与变革，但二者对于专业学习社群的认识方式及潜在假设明显不同，学习型组织理论视角强调专业学习社群整体性的投入与产出效能，而实践社群理论视角则强调专业学习社群中具体的教师互动与协商实践。因此，有学者认为两种理论取向的专业学习社群分属不同的层面，学校层面的专业学习社群源自学习型组织概念，关注的是整个学校文化的变革与改进；而团队层面的专业学习社群则植根于实践社群概念，关注的是教师在社群中进行教学改革与改进的过程。[1] 正确区分这两种理论取向，能够帮助我们更好地理解与分析专业学习社群的实践。

除了以上两个常见的理论视角，还有一些研究者根据社群的具体特点，提出了其他的理论视角，如社会建构主义、行动学习视角、教师领导视角[2][3]等，他们认为这些理论可以用于理解专业学习社群的内涵和效果。从整体上看，不同研究者的认识之间存在着一定的差异。这也在一定程度上说明，专业学习社群是一个相对年轻的概念，主要通过借鉴管理学、社会学等其他领域的理论来发展自己，其自身的理论发展还不够成熟。

鉴于目前尚未有系统的关于中国专业学习社群的概念框架及其产生效果的研究，本书以上海地区的学校为例，重点关注了教师专业学习社群的核心特点及其对教师发展的影响，因此主要采用学习型组织的理论取向。

---

[1] Harris A., *Distributed Leadership Matters: Perspectives, Practicalities and Potential*, California: Corwin Press, 2014, pp. 94 – 102.

[2] 陈佩英：《教师专业发展的第四条路：学习社群实践的理论转化》，《中国教育学会：2020教育愿景》，台北：学富文化事业有限公司，2012，第345页。

[3] Lindahl R. A., "Professional Learning Communities: A Feasible Reality or a Chimera?" In Alford J., Perreault G., Zellner L. & Ballenger W. (Eds.), *Blazing New Trails: Preparing Leaders to Improve Access and Equity in Today's Schools*, The 2011 Yearbook of the National Council of Professors of Educational Administration. ERIC: ED523595, 2011, pp. 47 – 58.

第二节 专业学习社群的内涵

已有研究围绕专业学习社群的定义、特点、类型等方面对其内涵进行了广泛的探讨。本节在对该主题的研究进行系统的总结与梳理的过程中,发现了前人研究的一些不足,为本书的研究提供了起点。

一 定义

霍德于1997年提出专业学习社群的概念时,将其定义为:学校教师和管理者持续地探索并分享学习,并将他们所学的东西付诸实践;他们行动的目的是促进其作为专业人员的有效性,从而促进学生发展;因此专业学习社群也可称作不断探究与改进的社群(communities of continuous inquiry and improvement)[1][2]。在此之后,其他研究者也纷纷提出自己对专业学习社群的定义,其中比较具有代表性的定义见表2—2。

可以看出,关于"什么是专业学习社群",不同研究者有不同的定义方式,正如斯托尔等人所说,专业学习社群没有一个普遍的定义,对其的理解也因文化的不同而有所不同。[3] 杜福尔甚至表示,该概念在很多地方得以运用,深陷于丢失所有含义的危险中。[4] 然而,不同的定义能够显示出一些基本的共识,主要体现在两个方面:一是都凸显出群体合作的学习方式,即教育者之间通过互相沟通、共享经验、合作探究等方式不断反思、改进教育教学实践;二是都强调社群以促进学生的学习为根本目标。

---

[1] Hord S. M., "Professional Learning Communities: Communities of Continuous Inquiry and Improvement," Southwest Educational Development Lab., Austin, TX., 1997.

[2] Hord S. M., "Professional Learning Communities: What Are They and Why Are They Important?" *Issues About Change*, 1997, 6 (1): 1 – 8.

[3] Stoll L., Bolam R., McMahon A., Wallace M. & Thomas S., "Professional Learning Communities: A Review of the Literature," *Journal of Educational Change*, 2006, 7 (4): 221 – 258.

[4] DuFour R., "What Is a 'Professional Learning Community'?" *Educational Leadership*, 2004, 61 (8): 6 – 11.

表 2—2　　　　　　　　不同研究者对专业学习社群的定义

研究者	定义
Hord（1997）①	学校教师和管理者持续地探索和分享学习，并付诸实践
Dufour & Eaker（1998）②	教育者创造的一种促进互相合作、情感支持、个人成长的环境，他们共同工作，实现个人所不能实现的目标
Dufour（2004）③	教师共同分析并改进课堂教学的系统合作过程
Bolam, McMahon, Stoll, Thomas & Wallace（2005）④	能够促进学校所有专业者的持续学习，从而共同促进学生学习的社群
Stoll, Bolam, McMahon, Wallace & Thomas（2006）⑤	群体以持续的、反思性的、合作的、全员的、学习导向的、促进发展的方式不断分享并探究实践
Reichstetter（2006）⑥	社群成员通过共享的课程愿景进行定期合作，以满足学习者的需要并持续改进
Mullen（2009）⑦	将教育者的专业知识、对学生学习和需求的关注与社群的共同兴趣、核心价值观和共同责任联合在一起

---

① Hord S. M., "Professional Learning Communities: Communities of Continuous Inquiry and Improvement," Southwest Educational Development Lab., Austin, TX., 1997.

② Dufour R. & Eaker R., *Professional Learning Communities at Work: Best Practices for Enhancing Student Achievement*, Bloomington, Ind.: National Education Service; Alexandria, Va.: ASCD, 1998, p. xi.

③ DuFour R., "What Is a 'Professional Learning Community'?" *Educational Leadership*, 2004, 61 (8): 6 – 11.

④ Bolam R., McMahon A., Stoll L., Thomas S. & Wallace M., "Creating and Sustaining Professional Learning Communities," *Research Report Number 637*, London, England: General Teaching Council for England, Department for Education and Skills, 2005.

⑤ Stoll L., Bolam R., McMahon A., Wallace M. & Thomas S., "Professional Learning Communities: A Review of the Literature," *Journal of Educational Change*, 2006, 7 (4): 221 – 258.

⑥ Reichstetter R., "Defining a Professional Learning Community: A Literature Review," *E&R Research Alert*, #06. 05, 2006, Retrieved on Jan 2, 2014, from http://www.wcpss.net/evaluation-research/reports/2006/0605plc_ lit_ review. pdf.

⑦ Mullen C. A., "Introducing Collaborative Communities With Edge and Vitality," In Mullen C. A. (Ed.), *The Handbook of Leadership and Professional Learning Communities*, New York: Palgrave Macmillan, 2009, p. 2.

续表

研究者	定义
Wang（2012）①	教育者参与集体探究，以生成、传播并转换知识，从而改善教学实践和学生学习的社群

值得思考的是，为什么专业学习社群的定义如此丰富呢？有研究指出，专业学习社群在概念上和方法论上都很难把握，一是因为它具有多个理论视角；二是因为其含义常常被泛化；三是此概念在不同时期有不同的说法，如同僚合作、教师合作、专业社群、学习社群等，尽管这些术语的共同元素都是同僚合作。② 这也说明，对专业学习社群下一个具有普遍适用性的定义是比较困难的。

二 特点

由于专业学习社群没有一个明确且具有普遍意义的概念性定义，所以很多学者把目光转移到它的操作性定义上，在研究中提出专业学习社群的核心特征，并由此形成了具体的概念框架。不同研究者提出的概念框架如表2—3所示：

表2—3　　　　　不同研究者的专业学习社群概念框架

研究者	名称	专业学习社群的特点
Senge（1990）③	学习型组织	1. 系统思考 2. 自我超越 3. 心智模式 4. 团队学习 5. 共同愿景

---

① Wang T., "Global Professional Learning Community Network (GloPLCNet)." *UCEA Review*, Summer Issue, 2012.

② Lomos C., Hofman R. H. & Bosker R. J., "Professional Communities and Student Achievement: A Meta-Analysis," *School Effectiveness and School Improvement: An International Journal of Research, Policy and Practice*, 2011, 22 (2): 121 – 148.

③ Senge P., *The Fifth Discipline: The Art and Practice of the Learning Organization*, New York: Doubleday/Currency, 1990/2006, pp. 5 – 9.

续表

研究者	名称	专业学习社群的特点
Louis, Marks & Kruse (1996)①	校本专业社群	1. 共享标准和价值 2. 集体关注学生学习 3. 合作 4. 去个体化实践 5. 反思性对话
Hord (1997)②	专业学习社群	1. 共享和支持性的领导 2. 共同的价值观和愿景 3. 集体学习和运用 4. 支持性条件 5. 共享的个人实践
Dufour & Eaker (1998)③	专业学习社群	1. 共同的使命、愿景和价值观 2. 集体探究 3. 合作团队 4. 行动导向和实验 5. 持续改进 6. 结果导向
Thompson, Gregg & Niska (2004)④	专业学习社群	1. 系统思考 2. 自我超越 3. 心智模式 4. 团队学习 5. 共同愿景 6. 关系/信任 7. 基于数据的决策 8. 勇于冒险

---

① Louis K. S., Marks H. M. & Kruse S., "Teachers' Professional Community in Restructuring Schools," *American Educational Research Journal*, 1996, 33 (4): 757-798.

② Hord S. M., "Professional Learning Communities: Communities of Continuous Inquiry and Improvement," Southwest Educational Development Lab., Austin, TX., 1997.

③ Dufour R. & Eaker R., *Professional Learning Communities at Work: Best Practices for Enhancing Student Achievement*, Bloomington, Ind.: National Education Service; Alexandria, Va.: ASCD, 1998, p. 23.

④ Thompson S. C., Gregg L. & Niska J. M., "Professional Learning Communities, Leadership, and Student Learning," *Research in Middle Level Education Online*, 2004, 28 (1): 1-15.

续表

研究者	名称	专业学习社群的特点
Stoll, Bolam, McMahon, Wallace & Thomas (2006)①	专业学习社群	1. 共享的价值观和愿景 2. 共同责任 3. 反思性的专业探究 4. 合作 5. 对小组和个人学习的促进 6. 互相信任、尊重和支持 7. 包括学校所有成员 8. 超越学校界限的开放、联系及合作关系
Little (2006)②	专业社群	1. 共同的价值和目标 2. 集体关注学生学习并负有集体责任 3. 合作及协调努力 4. 支持教师学习的实践 5. 集体进行课程决策
Reichstetter (2006)③	专业学习社群	1. 共同使命、愿景、价值和目标 2. 承诺于持续改进 3. 合作文化 4. 集体探究 5. 支持和共享的领导 6. 支持性条件 7. 结果导向

---

① Stoll L., Bolam R., McMahon A., Wallace M. & Thomas S., "Professional Learning Communities: A Review of the literature," *Journal of Educational Change*, 2006, 7 (4): 221–258.

② Little J. W., "Professional Community and Professional Development in the Learning-Centered School," National Education Association of the United States, 2006.

③ Reichstetter R., "Defining a Professional Learning Community: A Literature Review," *E&R Research Alert*, #06.05, 2006, Retrieved on Jan 2, 2014, from http://www.wcpss.net/evaluation-research/reports/2006/0605plc_ lit_ review.pdf.

续表

研究者	名称	专业学习社群的特点
Gajda & Koliba (2007)①	组织内合作	1. 共享目的 2. 周期性的探究 3. 对话 4. 决策 5. 行动 6. 评价
Jessie (2007)②	专业学习社群	1. 关注学习 2. 合作文化 3. 结果导向的思考
Lindahl (2011)③	专业学习社群	1. 共同决策及信任的气氛 2. 分布式领导 3. 共同期待、任务、目标及价值观，共享文化 4. 共同责任 5. 共享的实践和集体探究 6. 关注学习评价 7. 校长有前瞻性且支持社群发展
Nehring & Fitzsimons (2011)④	专业学习社群	1. 共同愿景和责任 2. 探究和持续改进 3. 集体分析教学实践和数据 4. 对话、反思和实验 5. 合作机会 6. 对学生学习的高度承诺 7. 关注教和学

---

① Gajda R. & Koliba C., "Evaluating the Imperative of Intraorganizational Collaboration: A School Improvement Perspective," *American Journal of Evaluation*, 2007, 28 (1): 26-44.

② Jessie L. G., "The Elements of a Professional Learning Community," *Leadership Compass*, 2007, 5 (2), Retrieved on Dec 31, 2013, from http://www.naesp.org/resources/2/Leadership_Compass/2007/LC2007v5n2a4.pdf.

③ Lindahl R. A., "Professional Learning Communities: A Feasible Reality or a Chimera?" In Alford J., Perreault G., Zellner L. & Ballenger W. (Eds.), *Blazing New Trails: Preparing Leaders to Improve Access and Equity in Today's Schools*, The 2011 Yearbook of the National Council of Professors of Educational Administration. ERIC: ED523595, 2011, pp. 47-58.

④ Nehring J. & Fitzsimons G., "The Professional Learning Community as Subversive Activity: Countering the Culture of Conventional Schooling," *Professional Development in Education*, 2011, 37 (4): 513-535.

续表

研究者	名称	专业学习社群的特点
Wong (2010)[①]	专业学习社群	1. 共同的目标和价值观 2. 共享的个人实践 3. 集体探究 4. 合作文化 5. 行动实验 6. 双环学习

在提出专业学习社群的概念框架的基础上，一些学者通过实证研究对这些框架进行了证实和修订，从而产生了一些量度专业学习社群的量表和问卷。最早的问卷是路易斯、马克斯和克鲁斯在20世纪90年代开发的校本专业社群问卷，该问卷围绕共享标准和价值、集体关注学生学习、合作、去个体化实践和反思性对话这5个变量对专业社群进行测量，共有20个指标，且具有较好的信度和效度。问卷同时还设置了其他指标来测量支持专业学习社群的结构因素（包括学校规模、人事复杂性、共同规划时间、赋权等变量）和社会因素（包括支持性领导、尊重、对改革的开放程度、来自家长和大学的反馈、专业发展等变量），同样达到了较为理想的信度和效度水平。[②③]

霍德的概念框架得到了一系列的应用和测试。围绕共享和支持性的领导、共同的价值观和愿景、集体学习和运用、支持性条件、共享的个人实践5个维度，研究者开发出若干个问卷。首先是霍德最初即1999年制定的、包含17个指标的量表，测量学校人员对专业学习社群五方面的观感。[④] 在此基础上，霍夫曼（Huffman）和希普（Hipp）在2003年发展

[①] Wong J. L. N., "What Makes a Professional Learning Community to Be Possible? A Case Study of a Mathematics Department in a Junior Secondary School of China," *Asia Pacific Education Review*, 2010, 11 (2): 131–139.

[②] Kruse S. D., Louis K. S. & Bryk A. S., "An Emerging Framework for Analyzing School-Based Professional Community," In Louis K. S. & Kruse S. D. (Eds.), *Professionalism and Community: Perspectives on Reforming Urban Schools*, Thousand Oaks, Calif.: Corwin Press, 1995, pp. 23–44.

[③] Louis K. S., Marks H. M. & Kruse S., "Teachers' Professional Community in Restructuring Schools," *American Educational Research Journal*, 1996, 33 (4): 757–798.

[④] Hord S. M., "Assessing a School Staff as a Community of Professional Learners," *Issues About Change*, 1999, 7 (1): 1–8.

出了一套专业学习社群评价量表 PLCA（Professional Learning Community Assessment），测量校长、教师、职员和其他利益相关者的观感。① 经过一系列的研究之后，希普和霍夫曼在 2010 年对该量表进行了修订，得到了包含 52 个指标的四级量表。该量表得到了充分的验证，被研究者视为具有较高信度和效度水平的测量工具。② 此外，威尔斯和特恩也以霍德的概念框架为基础，在 2007 年开发出了一套包含 16 个选择题和 6 个开放题的问卷，用来测量学校专业学习社群的发展程度。③

伯拉姆（Bolam）等人在 2005 年通过研究，也开发出了一套系统的有效专业学习社群（Effective PLC）问卷，来全面测量学校专业学习社群的实施水平与持续发展水平。该问卷包含学校专业学习（包含 57 个指标）、专业学习社群（包含 1 个选择题和 4 个开放题）、学校信息（包括个人信息、学校设施、信息管理、专业发展、外部联系等方面的情况，采用选择题和开放题结合的形式）三部分。④ 此外，还有维斯切（Visscher）和维斯哲（Witziers）于 2004 年制定的对荷兰中学的学科组进行测量的工具，用于检视学科组在何种程度上可称为专业社群。⑤

可见，在专业学习社群的特点或概念化及其相应的测量工具上，学术界呈现出了"百花齐放"的状态。这不仅体现出了专业学习社群概念的情境依赖性，还说明此概念非常年轻而且松散，学界关于其核心特点尚未达成共识。在以上的概念框架中，霍德的架构在欧美国家得到了最为广泛的使用，即认为专业学习社群具有共同的价值观和愿景、共享和支持性的领导、集体学习和运用、共享的个人实践和支持性条件 5 个核心要素。希普和霍夫曼通过一系列的实证研究对霍德提出的 5 个要素进行了验证，并

---

① Huffman J. B. & Hipp K. K., *Reculturing Schools as Professional Learning Communities*, Publisher Lanham, Md.: Scarecrow Press, 2003, pp. 69 – 73.

② Hipp K. K. & Huffman J. B., *Demystifying Professional Learning Communities: School Leadership at Its Best*, Lanham, Md.: Rowman & Little field Education, 2010, pp. 32 – 35.

③ Wells C. & Feun L., "Implementation of Learning Community Principles: A Study of Six High Schools", *NASSP Bulletin*, 2007, 91 (2): 141 – 160.

④ Bolam R., McMahon A., Stoll L., Thomas S. & Wallace M., "Creating and Sustaining Professional Learning Communities", Research Report Number 637, London, England: General Teaching Council for England, Department for Education and Skills, 2005.

⑤ Visscher A. J. & Witziers B., "Subject Departments as Professional Communities?" *British Educational Research Journal*, 2004, 30 (6): 785 – 800.

且发现集体学习和运用与共享的个人实践这两个变量高度相关,而支持性条件变量涵盖了其他 4 个变量(类似于圣吉提出的学习型组织中的系统思考变量)。①

透过表 2—3 中的不同概念框架,我们可以总结出一些专业学习社群的基本特点:第一,共同的价值观和愿景被许多学者视为专业学习社群的根本要素。②③④ 研究认为,只有教师具有共同的关于教与学的愿景和价值系统,专业学习社群才能得以有效实施。⑤ 尤其是,专业学习社群要以促进学生的学习作为教师共享的核心目标。⑥ 这种共同的愿景为学校文化改革和持续改进提供了前提。⑦

第二,合作学习(或集体学习和运用,或集体探究,或反思性的专业探究)是专业学习社群的关键要素。⑧⑨⑩ 研究表示,社群这一概念所

---

① Hipp K. K. & Huffman J. B. , *Demystifying Professional Learning Communities*: *School Leadership at Its Best*, Lanham, Md. : Rowman & Little field Education, 2010, p. 27.

② Little J. W. , "Professional Community and Professional Development in the Learning-Centered school," National Education Association of the United States, 2006.

③ Stoll L. , Bolam R. , McMahon A. , Wallace M. & Thomas, S. , "Professional Learning Communities: A Review of the Literature," *Journal of Educational Change*, 2006, 7 (4): 221 – 258.

④ Wells C. & Feun L. , "Implementation of Learning Community Principles: A Study of Six High Schools," *NASSP Bulletin*, 2007, 91 (2): 141 – 160.

⑤ Huffman J. , "The Role of Shared Values and Vision in Creating Professional Learning Communities," *NASSP Bulletin*, 2003, 87 (637): 21 – 34.

⑥ Bolam R. , McMahon A. , Stoll L. , Thomas S. & Wallace M. , "Creating and Sustaining Professional Learning Communities," *Research Report Number 637*, London, England: General Teaching Council for England, Department for Education and Skills, 2005.

⑦ Lindahl R. A. , "Professional Learning Communities: A Feasible Reality or a Chimera?" In Alford J. , Perreault G. , Zellner L. & Ballenger W. (Eds.), *Blazing New Trails*: *Preparing Leaders to Improve Access and Equity in Today's Schools*, The 2011 Yearbook of the National Council of Professors of Educational Administration. ERIC: ED523595, 2011, pp. 47 – 58.

⑧ DuFour R. , "Building a Professional Learning Community," *School Administrator*, 2003, 60 (5): 13 – 18.

⑨ Little J. W. , "Professional Community and Professional Development in the Learning-Centered School," National Education Association of the United States, 2006.

⑩ Wells C. M. , "Critical Issues for Leadership: Early Transition of Implementation to a Professional Learning Community, A Conceptual design," In Beverly I. , Betty A. , George P. & Luana Z. (Eds.), *Promoting Critical Ideas of Leadership*, *Culture and Diversity*: 2010 NCPEA Yearbook, 2010, pp. 97 – 109.

蕴含的集体学习而非个体学习的观念是专业学习社群的核心思想，也就是合作或同僚合作是专业学习社群概念的根本要义。[1][2][3] 具体而言，教师应在社群中分享信息和观点，共同规划和探究教学过程，集体反思并解决教育教学问题，从而持续地改进教学实践。

与此相关的是专业学习社群的第三个特点——共享的个人实践（或去个体化实践），即教师之间通过互相观课、课例研究、公开课等方式互相开放、观察彼此的课堂，并提供教学方面的反馈。[4] 共享实践的目的是在教师之间建立起同僚合作的关系，从而使教师共同改进教学实践。[5] 具体的策略包括发展批判性朋友、学科团队、在线学习网络等。[6] 通过共享实践，教师有机会互相认识与学习，并且能够获得同事的有意义的反馈和建议，从而有利于发展集体能力。

第四个特点是共享权力与责任（或集体责任）。这指的是社群成员能够共同参与学校的重要事务，进行共同决策，而且对学校的发展负有集体责任。[7] 这种共同的权力和责任能够促进教师承诺，并有助于达成教师间

---

[1] Hairon S. & Dimmock C., "Singapore Schools and Professional Learning Communities: Teacher Professional Development and School Leadership in an Asian Hierarchical System," *Educational Review*, 2012, 64 (4): 405 – 424.

[2] Lomos C., Hofman R. H. & Bosker R. J., "Professional Communities and Student Achievement: A Meta-Analysis," *School Effectiveness and School Improvement: An International Journal of Research, Policy and Practice*, 2011, 22 (2): 121 – 148.

[3] Stoll L., Bolam R., McMahon A., Wallace M. & Thomas S., "Professional Learning Communities: A Review of the Literature," *Journal of Educational Change*, 2006, 7 (4): 221 – 258.

[4] Lindahl R. A., "Professional Learning Communities: A Feasible Reality or a Chimera?" In Alford J., Perreault G., Zellner L., & Ballenger W. (Eds.), *Blazing New Trails: Preparing Leaders to Improve Access and Equity in Today's Schools*, The 2011 Yearbook of the National Council of Professors of Educational Administration. ERIC: ED523595, 2011, pp. 47 – 58.

[5] Louis K. S., Marks H. M. & Kruse S., "Teachers' Professional Community in Restructuring Schools," *American Educational Research Journal*, 1996, 33 (4): 757 – 798.

[6] Malone A. & Smith G., "Developing Schools as Professional Learning Communities: The TL21 Experience," *US-China Education Review*, 2010, 7 (9): 106 – 114.

[7] Little J. W., "Professional Community and Professional Development in the Learning-Centered School," National Education Association of the United States, 2006.

的相互负责,从而共同推动学生学习的进步。① 哈里斯(Harris)指出,在社群,包括专业学习社群的运行上,分布式领导是不可避免的。② 霍夫曼和雅各布森(Jacobson)认为,相对于其他领导风格,合作型领导和改革型领导更能促进专业学习社群的成功实施。③ 还有其他研究也表明,分布式领导或合作型领导是专业学习社群需要的领导风格④⑤⑥⑦,因为它与创建合作规范相关,能直接改善结果;它要求给专业者领导机会,从而使每个人都产生积极的影响;它还意味着专业者能够作为教学领导来影响课程、教学和其他专业实践。当校长和教师的领导之间形成平行领导,即建立起一种互相信任、双向交流且允许个人表达的价值观时,将促进整个学校范围内的专业学习和文化改革。⑧⑨⑩

第五个特点是支持性的领导,即学校领导为社群提供专业和资源上的

---

① Stoll L., Bolam R., McMahon A., Wallace M. & Thomas S., "Professional Learning Communities: A Review of the Literature," *Journal of Educational Change*, 2006, 7 (4): 221 – 258.

② Harris A., "Opening up the 'Black Box' of Leadership Practice: Taking a Distributed Leadership Perspective," *International Studies in Educational Administration*, 2006, 34 (2): 37 – 45.

③ Huffman J. B. & Jacobson A. L., "Perceptions of Professional Learning Communities," *International Journal of Leadership in Education: Theory and Practice*, 2003, 6 (3): 239 – 250.

④ Fullan M., "Leading Professional Learning," *The School Administrator*, 2006, 63 (10): 10 – 15.

⑤ Hairon S., "The Necessity for Distributed Leadership in PLCs: The Case for Singapore," International Conference on Education Vision 2020, National Taiwan Normal University, Taipei, 2012, Nov. 9 – 10.

⑥ Hairon S. & Dimmock C., "Singapore Schools and Professional Learning Communities: Teacher Professional Development and School Leadership in an Asian Hierarchical System," *Educational Review*, 2012, 64 (4): 405 – 424.

⑦ Naylor C., "Recent Literature on Professional Learning Communities: Informing Options for Canadian Teacher Unions?" (BCTF Research Report 2007-EI-02), 2007. Retrieved on Apr 25, 2014, from bctf.ca/publications.aspx?id=5630.

⑧ Andrews D. & Crowther F., "Parallel Leadership: A Clue to the Contents of the 'Black Box' of School Reform," *The International Journal of Educational Management*, 2002, 16: 152 – 159.

⑨ Andrews D. & Lewis M., "The Experiences of a Professional Community: Teachers Developing a New Image of Themselves and Their Workplace," *Educational Research*, 2002, 44 (3): 237 – 254.

⑩ Fullan M., "Leading Professional Learning," *The School Administrator*, 2006, 63 (10): 10 – 15.

支持，以促进社群的发展。①②③④⑤⑥⑦ 具体而言，以下几种领导行为和实践在专业学习社群中发挥着重要作用：对专业学习社群的概念有准确的理解，掌握革新方面的知识，如课程、教学、评价知识，并带领教师进行改革。⑧ 尤其要关注教师的持续学习，且关注学生学习的改进⑨，因为推动并参与教师的学习和发展是最能影响学生学习效果的领导实践。⑩ 在这个过程中，可以把明星教师（专业能力强且不需要权力的教师）作为社群建立与发展的资源，用以带领其他教师的发展。⑪⑫ 在具体的发展过程中，

---

① Cranston J., "Holding the Reins of the Professional Learning Community: Eight Themes from Research on Principals' Perceptions of Professional Learning Communities," *Canadian Journal of Educational Administration and Policy*, 2009, 90: 1 - 22.

② DuFour R., "Help Wanted: Principals Who Can Lead Professional Learning Communities," *NASSP Bulletin*, 1999, 83 (614): 12 - 17.

③ Hallinger P., Lee M. & Ko J., "Exploring the Impact of School Principals on Teacher Professional Communities in Hong Kong," *Leadership and Policy in Schools*, 2014, 13 (3): 229 - 259.

④ Harris A. & Jones M., "Professional Learning Communities and System Improvement," *Improving Schools*, 2010, 13 (2): 172 - 181.

⑤ Hord S. M. & Sommers W. A., *Leading Professional Learning Communities: Voices From Research and Practice*, Thousand Oaks, Calif.: Corwin Press; [S. l.]: National Association of Secondary School Principals: NSDC, 2008, pp. 27 - 42.

⑥ Kilbane J. F., "Factors in Sustaining Professional Learning Community," *NASSP Bulletin*, 2010, 93 (184): 184 - 205.

⑦ Spillane J. P., Halverson R. & Diamond J. B., "Toward a Theory of Leadership Practice: A Distributed Perspective, Evanston, IL: Northwestern University, Institute of Policy Research, 1999," Retrieved on Dec 22, 2013, from http://www.letas.org/PDF/DLS_ipr_paper.doc.

⑧ Wells C. M. & Feun L., "Seeking to Make Schools Better for Students: High School Principals Implementing Professional Learning Communities (PLCS)," National Council of Professors of Educational Administration, 2009.

⑨ DuFour R., "The Best Staff Development Is in the Workplace, Not in a Workshop," *Journal of Staff Development*, 2004, 25 (2): 63 - 64.

⑩ Robinson V. M. J., Lloyd C. A. & Rowe K. J., "The Impact of Leadership on Student Outcomes: An Analysis of the Differential Effects of Leadership Types," *Educational Administration Quarterly*, 2008, 44 (5): 635 - 674.

⑪ Haberman M., "Can Star Teachers Create Learning Communities?" *Educational Leadership*, 2004, 61 (8): 52 - 56.

⑫ Talbert J. E., "Professional Learning Communities at the Crossroads: How Systems Hinder or Engender Change," In Hargreaves A., Lieberman A, Fullan M. & Hopkins D. (Eds.), *Second International Handbook of Educational Change*, Dordrecht, The Netherlands: Springer, 2010, pp. 555 - 572.

领导应通过共享愿景和价值观,而非规则和程序来领导学校①;让教师参与学校决策过程,并赋权于教师,进行分布式领导②;改善教师的工作环境以保证合作时间,为教师的合作学习建立结构③;理解个体和群体教师的学习需求,帮助其建立专业发展机会④;为教师提供信息、培训和资源⑤;保持对改革的开放,具有改革信念,并成为改革的推动力⑥;持续监控改革的影响,并给予一定的评价⑦;促进学校民主文化的建立,在愿景和目标方面与教师达成共识,形成关心、信任、尊重的氛围,建立合适的奖惩机制等。⑧

第六个特点是支持性条件。霍德指出,专业学习社群实践需要学校结构和社会关系两方面的支持。⑨ 越来越多的研究也表明,学校层面的一系列支持条件是专业学习社群得以有效发展的前提。首先,专业学习社群实

---

① Huffman J., "The Role of Shared Values and Vision in Creating Professional Learning Communities," *NASSP Bulletin*, 2003, 87 (637): 21–34.

② Harris A. & Jones M., "Professional Learning Communities and System Improvement," *Improving Schools*, 2010, 13 (2): 172–181.

③ DuFour R., "The Best Staff Development Is in the Workplace, Not in a Workshop," *Journal of Staff Development*, 2004, 25 (2): 63–64.

④ Lindahl R. A., "Professional Learning Communities: A Feasible Reality or a Chimera?" In Alford J., Perreault G., Zellner L. & Ballenger W. (Eds.), *Blazing New Trails: Preparing Leaders to Improve Access and Equity in Today's Schools*, The 2011 Yearbook of the National Council of Professors of Educational Administration. ERIC: ED523595, 2011, pp. 47–58.

⑤ DuFour R., "Help Wanted: Principals Who Can Lead Professional Learning Communities," *NASSP Bulletin*, 1999, 83 (614): 12–17.

⑥ Fullan M., "The Five Components of Change Leadership," In Fullan M. (Ed.), *Leading in A Culture of Change: Personal Action Guide and Workbook*, San Francisco, CA: Jossey-Bass, 2004, pp. 1–9.

⑦ Wells C. M. & Feun L., "Seeking to Make Schools Better for Students: High School Principals Implementing Professional Learning Communities (PLCS)," National Council of Professors of Educational Administration, 2009.

⑧ Wells C. M., "Critical Issues for Leadership: Early Transition of Implementation to a Professional Learning Community, A Conceptual Design," In Beverly I., Betty A., George P. & Luana Z. (Eds.), *Promoting Critical Ideas of Leadership, Culture and Diversity: 2010 NCPEA Yearbook*, 2010, pp. 97–109.

⑨ Hord S. M., "Professional Learning Communities: Communities of Continuous Inquiry and Improvement," Southwest Educational Development Lab., Austin, TX., 1997.

践的开展需要一系列组织结构条件。这具体包括为教师合作学习提供时间[1],让教师拥有共同的办公室或在空间距离上接近[2],学校的人事不太复杂,规模不是很大[3],具有足够的资源包括经费、材料、设施[4][5],以及良好的交流与对话结构,如制度化的专业学习活动、固定的活动安排[6][7]等。其次,充分利用社会文化资源,能够为专业学习社群实践提供支持。注重关系建设,尤其是形成一种相互信任、尊重、支持、关心和合作的文化能够促进专业学习社群的发展[8],对于社群实践具有重要的意义。同时,有效地管理集体探究过程中出现的冲突,使其发展成为更为深入、更具意义的对话也十分关键。此外,关注专业发展,保持对改革的开放[9],促进教师承诺与付出[10],鼓励必要的冒险[11],也是促进社群发展的有效策略。再次,充分挖掘校外资源,能够支持专业学习社群实践。与校外机构

---

[1] Hord S. M. , "Professional Learning Communities: An Overview," In Hord S. M. (Ed.), *Learning Together, Leading Together: Changing Schools Through Professional Learning Communities*, New York: Teachers College Press; Oxford, Ohio: National Staff Development Council, 2004, pp. 5 – 14.

[2] Stoll L. , Bolam R. , McMahon A. , Wallace M. & Thomas S. "Professional Learning Communities: A Review of the Literature," *Journal of Educational Change*, 2006, 7 (4): 221 – 258.

[3] Louis K. S. , Marks H. M. & Kruse S. , "Teachers' Professional Community in Restructuring Schools," *American Educational Research Journal*, 1996, 33 (4): 757 – 798.

[4] Hipp K. K. & Huffman J. B. , *Demystifying Professional Learning Communities: School Leadership at Its Best*, Lanham, Md. : Rowman & Little field Education, 2010, p. 24.

[5] Supovitz J. , "Developing Communities of Instructional Practice," *Teachers College Record*, 2002, 104 (8): 1591 – 1626.

[6] Jackson S. H. & Good R. B. , "Looking for the Crossroad: Merging Data Analysis and the Classroom Through Professional Learning Communities Dialogue," National Council of Professors of Educational Administration 2009, 2009: 223 – 230.

[7] Wong J. L. N. , "Searching for Good Practice in Teaching: A Comparison of Two Subject-Based Professional Learning Communities in a Secondary School in Shanghai," *Compare: A Journal of Comparative and International Education*, 2010, 40 (5): 623 – 639.

[8] Naylor C. , "Recent Literature on Professional Learning Communities: Informing Options for Canadian Teacher Unions?" (BCTF Research Report 2007-EI-02), 2007. Retrieved on Apr25, 2014, from bctf. ca/publications. aspx? id = 5430.

[9] Louis K. S. , Marks H. M. & Kruse S. , "Teachers' Professional Community in Restructuring Schools," *American Educational Research Journal*, 1996, 33 (4): 757 – 798.

[10] Kilbane, J. F. , "Factors in Sustaining Professional Learning Community," *NASSP Bulletin*, 2010, 93 (184): 184 – 205.

[11] Thompson S. C. , Gregg L. & Niska J. M. , "Professional Learning Communities, Leadership, and Student Learning," *Research in Middle Level Education Online*, 2004, 28 (1): 1 – 15.

建立专业联系并寻求外部的帮助,能够推动专业学习社群的持续发展①。具体而言,可以与家长和社区之间建立伙伴合作关系②;还可与当地政府和教育部门建立联系,使其通过减少压力、控制改革数量、协调活动③以及关注教师需求④和学生学习的表现数据⑤等方式为社群提供支持。另外,寻求校外研究机构和大学的指导和帮助也有助于社群发展,因为他们能够提供专业的意见和有价值的建议⑥。

由此可以看出,专业学习社群的核心特点不仅包括个体教师层面的合作努力,如共享愿景和价值观、合作学习、共享实践及共享责任与权力,还包括学校组织层面的支持力量,如共享与支持性的领导、支持性结构、合作关系及外部资源等。也就是说,对专业学习社群的概念可以在个体和组织两个层面加以理解⑦⑧。同时也可以发现,专业学习社群的概念诠释的是一种理想状态下的学校发展情况,或者说将学校发展为专业学习社群是一个须不断追求的过程。

三 类型

不同国家、地区、学校的专业学习社群都因其特有的教育及文化背景而具有自身的独特性,也呈现出不同的类型。哈里斯和缪伊斯(Muijs)

---

① Kilbane J. F., "Factors in Sustaining Professional Learning Community," *NASSP Bulletin*, 2010, 93(184): 184-205.

② Stoll L., Bolam R., McMahon A., Wallace M. & Thomas S., "Professional Learning Communities: A Review of the Literature," *Journal of Educational Change*, 2006, 7(4): 221-258.

③ DuFour R., "Building a Professional Learning Community," *School Administrator*, 2003, 60(5): 13-18.

④ Hord S. M., "Assessing a School Staff as a Community of Professional Learners," *Issues about Change*, 1999, 7(1): 1-8.

⑤ Lee M., Louis K. S. & Anderson S., "Local Education Authorities and Student Learning: The Effects of Policies and Practices," *School Effectiveness and School Improvement: An International Journal of Research, Policy and Practice*, 2012, 23(2): 133-158.

⑥ Wong J. L. N., "What Makes a Professional Learning Community to Be Possible? A Case Study of a Mathematics Department in a Junior Secondary School of China," *Asia Pacific Education Review*, 2010, 11(2): 131-139.

⑦ Zhang J. & Pang N. S. K., "Exploring the Characteristics of Professional Learning Communities in China: A Mixed-method Study," *The Asia Pacific Educational Researcher*, 2016, 25(1): 11-21.

⑧ 张佳、彭新强:《中国大陆教师专业学习社群的内涵与发展——基于对上海市中小学的调查研究》,《教师教育研究》2014年第3期,第61—68页。

指出，专业学习社群根据情境、阶段、规模及内外部条件的不同组合有不同的类型①。

首先，就层面而言，专业学习社群可以分为年级层面、学校层面、地区层面、跨区层面及国家层面，具体由其目标所决定②。例如，实践中存在的学科组层面的社群③，整个学校所有教育人员形成的社群④，学校与学校之间建立的社群⑤，不同学校教师之间建立的社群⑥，还有包含学校、地方当局、国家政策制定者等系统层面的社群⑦等。其中最为常见的是学校层面的社群和学科组（department）层面的社群，前者关注的是整个学校组织的发展和改革；后者则以教学改进为目标⑧。一些研究者对二者进行了比较，如克鲁斯和路易斯指出，尽管团队化（teaming）被视作发展学校社群的重要方式，但它可能在团队间的凝聚力（cohesiveness）方面有一些张力，因而团队层面的社群（Team community）和学校层面的社群（School community）都面临着各自的困境⑨。利特尔也对这两个层面的专业学习社群进行了比较，并得出结论：学校层面的社群在处理学校层面的问题和发展外部联系方面较强，但在处理具体学科教学问题上的时间和精

---

① Lindahl R. A., "Professional Learning Communities: A Feasible Reality or a Chimera?" In Alford J., Perreault G., Zellner L. & Ballenger W. (Eds.), *Blazing New Trails: Preparing Leaders to Improve Access and Equity in Today's Schools*, The 2011 Yearbook of the National Council of Professors of Educational Administration. ERIC: ED523595, 2011, pp. 47 – 58.

② Annenberg Institute for School Reform, "Professional Learning Communities: Professional Development Strategies That Improve Instruction," 2004. Retrieved on Dec 31, 2013, from http://www.annenberginstitute.org/pdf/proflearning.pdf.

③ McLaughlin M. W. & Talbert J. E., *Professional Communities and the Work of High School Teaching*, Chicago: University of Chicago Press, 2001, pp. 93 – 98.

④ DuFour R., "Building a Professional Learning Community," *School Administrator*, 2003, 60 (5): 13 – 18.

⑤ Hord S. M., "Professional Learning Communities: Communities of Continuous Inquiry and Improvement," Southwest Educational Development Lab., Austin, TX., 1997.

⑥ Pella S., "A Situative Perspective on Developing Writing Pedagogy in a Teacher Professional Learning Community," *Teacher Education Quarterly*, 2011, 38 (1): 107 – 125.

⑦ Harris A. & Jones M., "Professional Learning Communities and System Improvement," *Improving Schools*, 2010, 13 (2): 172 – 181.

⑧ Harris A., *Distributed Leadership Matters: Perspectives, Practicalities and Potential*, California: Corwin Press, 2014, pp. 94 – 98.

⑨ Kruse S. D. & Louis K. S., "Teacher Teaming in Middle Schools: Dilemmas for a Schoolwide Community," *Educational Administration Quarterly*, 1997, 33 (3): 261 – 289.

力不够,无法长期、有效地改进教学;学科组层面的社群在处理课堂教学问题方面具有较高的能力,但对学校层面的改革关注的不够。因此,她认为最好的社群形式是将学校层面的社群与学科组层面的社群结合起来。[①]霍夫曼则指出,越成熟的社群,越能包容所有的持份者(主要指学校内部的持份者)来共同建立愿景。[②]

其次,就实践载体而言,除了以面对面的交流与探究为主要方式的实体社群,还存在网络形式的专业学习社群。[③] 有研究指出,相对于传统社群,网络社群具有多方面的优势,包括有更多的合作时间和空间,降低成本,更自由且更能满足个人的学习需求,能服务更多的教育改进目标,弹性大,能及时获取资源,能提供日常指导,能提供专业辅导,能收集丰富、实时的评价数据等。然而,它也面临着一定的发展挑战:教师参与的动机比传统社群低,会产生更强的孤立感等。研究认为,将实体社群和网络社群结合成为混合型的专业学习社群形式,能够克服其缺点,而且更能提升学生的学业表现。[④]

最后,还有研究者从学校改革与发展的角度,将社群分为传统学校、专业学习社群和民主学习社群,并认为民主学习社群是对专业学习社群的超越,是其发展的方向。[⑤] 与专业学习社群强调共享实践、建立信任和合作及通过探究、对话和共享领导发展社群相比,民主学习社群具有更深的含义:充满真实性(authenticity)和民主学习的机会,更大程度地分享领导和权力,具有集体责任,通过民主实践来处理不平等问题,并服务他

[①] Little J. W., "Professional Community and the Problem of High School Reform," *International Journal of Educational Research*, 2002, 37, 693–714.

[②] Huffman J., "The Role of Shared Values and Vision in Creating Professional Learning Communities," *NASSP Bulletin*, 2003, 87 (637): 21–34.

[③] Stoll L., Bolam R., McMahon A., Wallace M. & Thomas S., "Professional Learning Communities: A Review of the Literature.," *Journal of Educational Change*, 2006, 7 (4): 221–258.

[④] Blitz C., "Can Online Learning Communities Achieve the Goals of Traditional Professional Learning Communities? What the Literature Says," (REL2013–003), Washington, DC: U. S. Department of Education, Institute of Education Sciences, National Center for Education Evaluation and Regional Assistance, Regional Educational Laboratory Mid–Atlantic, 2013. Retrieved on Dec 31, 2013, from http://i3es.ed.gov/ncee/edlabs.

[⑤] Williams L., Cate J. & O'Hair M. J., "The Boundary-Spanning Role of Democratic Learning Communities: Implementing the IDEALS," *Educational Management Administration and Leadership*, 2009, 37 (4): 452–472.

人,达成共同利益。可见,民主学习社群不仅追求学生学习效果的最大化,还把学生学习的平等视为最重要的目标。然而,这方面的研究还很少,教育实践中的民主社群案例也十分有限,有待进一步探究。

  以上几种分类方式体现了专业学习社群具有多样化的实践形式,更具意义的一种分类方式是基于专业学习社群发展阶段而区分的。其中比较有代表性的分类有:麦克劳林和塔尔伯特将专业学习社群分为初级、中级和高级三个发展阶段。初级阶段,开始建立教师社群,并发展合作规范;中级阶段表现为发展提问准则、共享语言;高级阶段则开始关注实践改进及共享责任。[①] 克鲁斯等人将专业社群分为静态型、碎片型、发展型、成熟型,以此代表学校发展为专业社群的不同阶段。其中静态型专业学习社群指的是学校具有发展专业学习社群的愿望,然而尚未探索出有效的发展方式,难以解决社群发展面临的挑战和困难;碎片型专业学习社群指的是部分成员参与到社群实践中,尚未形成相互的信任与合作的文化,学校在结构和社会关系上对社群的支持不足;发展型专业学习社群指的是教师有较多正式与非正式的交流机会,能够就学生的学习进行集体性的专业探究,学校在组织结构上也给予了较多的支持,然而合作规范尚未形成;成熟型的专业学习社群指的是所有成员都积极参与到社群活动中,他们之间有较高程度的分享,并对于集体探究教学方法有着较高的承诺,明确学校的发展目标,共同进行课程规划等。[②] 黄丽锷借鉴了这一分类,认为静态型和碎片型的社群属于弱社群,尚未形成社群文化,教师之间不能进行有效的集体探究;而发展型和成熟型的社群克服了这些问题,属于强社群。[③] 另外,霍夫曼和希普以富兰提出的启动、实施和制度化的改革三阶段理论为框架,详细描述了处于这三个阶段的专业学习社群在共享和支持性的领导、共同的价值观和愿景、集体学习和运用、支持性条件和共享的个人实

---

  ① McLaughlin M. W. & Talbert J. E. , *Building School-Based Teacher Learning Communities*: *Professional Strategies to Improve Student Achievement*, New York: Teachers College Press, 2006, pp. 30 - 37.
  ② Kruse S. D. & Louis K. S. , "Developing Professional Community in New and Restricting Urban Schools," In Louis K. S. & Kruse S. D. (Eds.), *Professionalism and Community*: *Perspectives on Reforming Urban Schools*, Thousand Oaks, Calif. : Corwin Press, 1995, pp. 188 - 194.
  ③ Wong J. L. N. , "What Makes a Professional Learning Community to Be Possible? A Case Study of a Mathematics Department in a Junior Secondary School of China," *Asia Pacific Education Review*, 2010, 11 (2): 131 - 139.

践这 5 个方面的发展情况。① 可见，根据专业学习社群特点的实现程度，可将其分为不同的类型。这也说明，专业学习社群的发展是一个过程，须经历不同的发展阶段。

四 小结

综上所述，在专业学习社群的内涵上，已有研究关注了其定义、特点、类型等内容。尽管学界尚未形成一个具有普遍适用性的专业学习社群的定义，但对于其根本含义，目前已达成基本共识，即通过教师合作来促进学生学习。专业学习社群的特点成为其内涵研究中被重点关注的话题，然而不同研究者对其特点具有不同的理解，也尚未有一个具有广泛适用性的概念框架。通过对不同的研究进行总结，可以将其核心特点归纳为共同的目标和愿景、集体探究、共享的个人实践、共享权力与责任、支持性领导、组织结构、合作关系和校外资源这八方面。其中前四个特点属于教师个体层面；后四个特点属于学校组织层面。因此，专业学习社群的概念框架可以用图 2—2 表示出来。另外，专业学习社群具有多种类型，根据不同的分类标准（层面、载体、发展阶段等），可分为不同的实践形态。

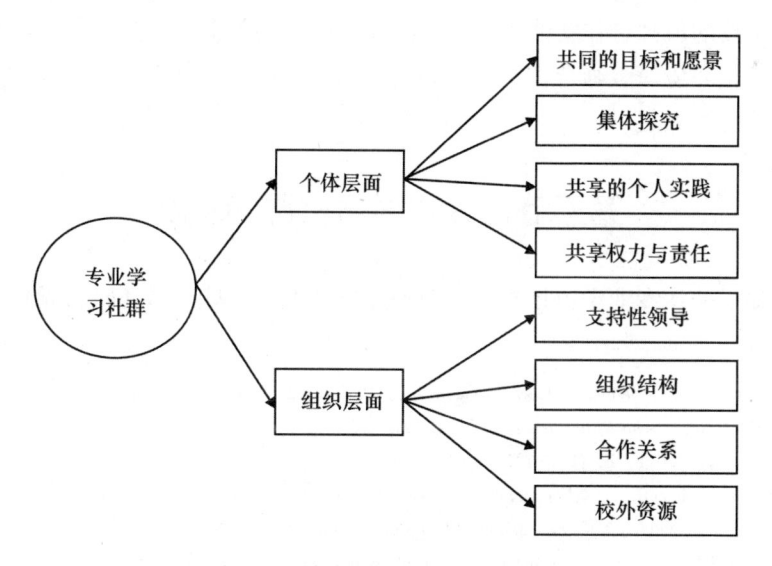

图 2—2　专业学习社群的概念框架

---

① Hipp K. K. & Huffman J. B., *Demystifying Professional Learning Communities: School Leadership at Its Best*, Lanham, Md.: Rowman & Little field Education, 2010, p. 25.

不同研究对专业学习社群内涵的理解存在着很大程度上的差异性，这不仅说明专业学习社群具有丰富的内涵，也在很大程度上说明它是较为松散的概念，依赖于具体的背景和情境，还说明该概念尚处于发展之中，有待进一步研究。这种概念上的困扰被一些研究者视为专业学习社群领域面临的首要挑战①②，因为很难提出一个专业学习社群的定义来满足不同的理论视角，而且目前学界对"社群"概念的分析不够，需要进一步恰当地加以操作化（operationalization）。同时，在专业学习社群实践的研究中，很少有研究探讨特定教育背景下的特定历史、制度、文化等因素对于社群发展产生的影响。对专业学习社群的不同类型或不同发展阶段进行分析的研究也较少③④。在方法上，实证研究的数量还须进一步提高，尤其是通过量化方法对概念框架进行验证的研究较为缺乏，而且混合研究，即既通过量化研究得到并确认具体的社群特点，又通过质化研究揭示这些特点背后的意义的研究也很少。

更值得注意的是，绝大多数已有关于专业学习社群内涵的研究都是基于英美等西方国家的背景下，对于亚洲尤其是中国背景下专业学习社群的研究很少。中国学校在教师合作方面具有长远的历史，教研组、年级组等教师群体也经历了数十年的发展，却很少有研究从专业学习社群的角度对中国学校的教师合作实践进行分析，如它有哪些关键的特点，其独特的制度与文化环境对教师合作实践有哪些影响等。这些问题有待深入探索，是本书的关注点之一。

第三节　专业学习社群的发展

除了关注专业学习社群的理想特点与类型，一些学者还将目光转移到

---

① Lomos C., Hofman R. H. & Bosker R. J., "Professional Communities and Student Achievement: A Meta-Analysis," *School Effectiveness and School Improvement: An International Journal of Research, Policy and Practice*, 2011, 22 (2): 121–148.

② Westheimer J., "Communities and Consequences: An Inquiry into Ideology and Practice in Teachers' Professional Work," *Educational Administration Quarterly*, 1999, 35 (1): 71–105.

③ Stoll L., Bolam R., McMahon, A., Wallace M. & Thomas S., "Professional Learning Communities: A Review of the literature," *Journal of Educational Change*, 2006, 7 (4): 221–258.

④ Wong J. L. N., "What Makes a Professional Learning Community to Be Possible? A Case Study of a Mathematics Department in a Junior Secondary School of China," *Asia Pacific Education Review*, 2010, 11 (2): 131–139.

这一理想模型的建立与发展上,尤其是西方学者,重点关注如何在强调个人主义的文化背景下,创建、发展与持续专业学习社群,这构成了专业学习社群领域中第二个重要的研究主题。本节首先探讨能够影响专业学习社群发展的学校背景因素,再探讨发展专业学习社群的策略与过程,最后指出当前面临的一些挑战。

一 学校背景因素的影响

学校本身的背景因素包括学段、规模、教师性别比例、历史、地理位置等,对专业学习社群的发展产生一定的影响。

其一,就学段而言,小学比中学更容易发展专业学习社群。这是因为中学的目标比小学更多样,而且部门结构更复杂。[1] 在小学,教师之间的关系没有中学正式,学科界限较小,教师更容易分享任务和经验[2]。因此,专业学习社群在小学最常见,在高中最少见。

其二,就学校规模而言,研究普遍认为相较于规模大的学校,规模较小的学校更容易发展专业学习社群。[3][4][5] 因为在规模小的学校中,时间安排更有弹性,教师之间有更多的信息交流和面对面的互动机会,有利于教师合作的开展。

其三,就教师性别比例而言,女性教师比例高的学校更容易发展专业学习社群。这是因为相较于男性,女性对工作环境和人际关系的关注更多,更有可能互相合作和帮助。[6] 由于小学的女性教师比例高于中学,因

---

[1] Stoll L., Bolam R., McMahon A., Wallace M. & Thomas S., "Professional Learning Communities: A Review of the Literature," *Journal of Educational Change*, 2006, 7 (4): 221–258.

[2] Louis K. S., Marks H. M. & Kruse S., "Teachers' Rofessional Community in Restructuring Schools," *American Educational Research Journal*, 1996, 33 (4): 757–798.

[3] Williams L., Cate J. & O'Hair M. J., "The Boundary-Spanning Role of Democratic Learning Communities: Implementing the IDEALS," *Educational Management Administration and Leadership*, 2009, 37 (4): 452–472.

[4] Jackson S. H. & Good R. B., "Looking for the Crossroad: Merging Data Analysis and the Classroom Through Professional Learning Communities Dialogue," *National Council of Professors of Educational Administration 2009*, 2009: 223–230.

[5] Wood D. R., "Professional Learning Communities: Teachers, Knowledge, and Knowing," *Theory Into Practice*, 2007, 46 (4): 281–290.

[6] Louis K. S., Marks H. M. & Kruse S., "Teachers' Professional Community in Restructuring Schools," *American Educational Research Journal*, 1996, 33 (4): 757–798.

此这也在一定程度上解释了为何小学比中学更易发展专业学习社群。

此外，学校的历史、地理位置（城市或乡村）、外部影响（社区支持、与大学交流）等因素也可能对专业学习社群实践产生一定的影响。① 这说明，不同类型的学校在建立与发展专业学习社群的过程中可能会面临不同的挑战，要采用相应的、有针对性的策略。

二 发展策略与过程

霍德指出，商业领域建立学习型组织的经验很多，但教育领域关于如何创建、实施专业学习社群的文献和研究很少。② 专业学习社群的建立与发展是一个长期的过程，而且由于不同学校的背景之间有较大的差异，并不存在统一、固定的发展道路。该方面的研究主要通过对学校个案的考察，总结出发展专业学习社群的一些关键策略和过程。

斯托尔等人从理论意义上总结了建立和发展专业学习社群的过程③：首先要关注学习的过程，包括正式的专业发展机会，日常工作交流和偶然的学习机会，自我评价与探究，及从个人学习转向集体学习，并集体建构知识。其次是对专业学习社群的领导，校长要建立学习文化，保证各个层面的学习，采用探究导向且具有情绪智能，同时要分布领导，并管理和协调教师的专业学习。再次是发展其他社会资源，如建立信任的工作关系，关注组织互动机制，尤其是不同观点之间的冲突。复次是管理时间、空间等方面的结构资源。最后是与校外建立联系，包括寻求地区支持，与家长、政府部门、当地社区、社会服务机构、企业等建立伙伴关系，与其他学校建立联系等。

瓦尔德（Wald）和卡索百利（Castleberry）则从实践层面具体提出了建立专业学习社群的过程④：首先要明确学习组织的特点，包括社群成

---

① Stoll L., Bolam R., McMahon A., Wallace M. & Thomas S., "Professional Learning Communities: A Review of the Literature," *Journal of Educational Change*, 2006, 7 (4): 221–258.

② Hord S. M., "Professional Learning Communities: Communities of Continuous Inquiry and Improvement," Southwest Educational Development Lab., Austin, TX., 1997.

③ Stoll L., Bolam R., McMahon A., Wallace M. & Thomas S. "Professional Learning Communities: A Review of the Literature," *Journal of Educational Change*, 2006, 7 (4): 221–258.

④ Wald P. & Castleberry M., "Realigning Our Schools: Building Professional Learning Communities," Washington, DC: Office of Special Education and Rehabilitative Services. (ERIC Document Reproduction Services No. ED 427478), 1999.

员相互认识，探索学校的历史，明确核心的目标和价值观，评价当前的状态，建立共同的愿景等。其次要像社群一样学习，包括确立教师发展计划，介绍合作学习的过程（定义、探索、实验、反思、分享）。最后是提升学习能力，包括教师相互依赖（理解自我与他人），确定支持合作学习的交流准则（认真聆听、共享信息、发展共享意义、清晰地做出假设、共同决定），确立支持合作学习的小组实践（建立基本原则、信任且确定任务角色、记录信息、反思）。此外，作者还提出了10种学习工具。

杜福尔特别提炼出了学校建立、运作专业学习社群可采取的一些关键性策略[1]：形成关于专业学习社群的共享知识；达成一致，包括关注所有学生的学习、采用合作小组、关注结果等；定期检验，包括计划、监测、树立榜样、提出问题、分配时间、庆祝、面对挑战等；共同努力；对学习社群进行定义，使教师有明确的使命感；为学习社群提供行政支持等。马龙（Malone）和史密斯（Smith）围绕最困难的问题——如何去孤立化来探讨建立学习社群的策略，认为发展批判性朋友（critical friend）结构、学科团队和网络合作学习环境等途径能够促进教师之间进行有意义的合作。[2] 还有研究者认为，可以通过向成功实践学习的方式，来建立专业学习社群[3]，这包括三个阶段：明确向成功经验进行集体学习的结构和程序，讨论成功实践中的、并非特别重要（不影响学校核心实践）的问题，以建立起讨论和探究的文化；讨论学校实践中的核心问题，展示成功的实践；把学习到的东西与课堂实践联系起来，并加以应用。

值得关注的是，内勒（Naylor）在文献综述中特别指出了目前建立专业学习社群的两种取向[4]：一是杜福尔提倡的市场方法。哈格里夫斯反对这种方法，认为它越来越强调指令和规则，很少鼓励关于不确定性的对

---

[1] DuFour R., "Building a Professional Learning Community," *School Administrator*, 2003, 60 (5): 13-18.

[2] Malone A. & Smith G., "Developing Schools as Professional Learning Communities: The TL21 Experience," *US-China Education Review*, 2010, 7 (9): 106-114.

[3] Schechter C., "Learning from Success as Leverage for a Professional Learning Community: Exploring an Alternative Perspective of School Improvement Process," *Teachers College Record*, 2010, 112 (1): 182-224.

[4] Naylor C., "Recent Literature on Professional Learning Communities: Informing Options for Canadian Teacher Unions?" (BCTF Research Report 2007-EI-02), 2007. Retrieved on Apr. 25, 2014, from bctf. ca/publications. aspx? id = 5630.

话，不能为教师建立安全空间，属于控制型的取向，因此越来越受抵触。第二种取向强调建立专业学习社群过程的曲折性，因为在设定目标和达成目标之间没有直线，并非一直聚焦于原来的目标，而是允许教师通过合作来进行调整。在这个过程中，学校的核心价值和文化也在不断进步。它强调去控制化，强调学校成员进行反思、批判性的对话。然而，当前专业学习社群的发展趋势却是从开放式思考转向市场方法，越来越强调服从和控制，这种专业学习社群并不是教育系统所需要的社群。另外一种关于专业学习社群发展取向的分类可以从哈格里夫斯关于合作文化（collaborative culture）和硬造合作（contrived collegiality）之间的区分演变而来，这种区分是基于行政控制和介入的程度来进行的。① 其中合作文化是指通过一定的行政力量加以支持、但最终的合作性工作关系由社群本身来演变和维持的方式，它强调自发性、自愿性、发展导向、时空跨越性和不确定性。而硬造合作指的是通过行政力量强制教师进行合作活动的方式，强调的是行政控制、强制性、实施导向、固定时空和可预测性。专业学习社群所倡导的是合作文化而非硬造合作的方式。在 2013 年，哈格里夫斯进一步提出了"安排的合作"（arranged collegiality）的概念，并指出安排的合作和硬造合作之间存在一定的差别，前者指的是通过为教师提供互相联系与对话的机会、激励机制等，促使教师之间形成真正的合作学习的文化②，也即，安排的合作若得以恰当实施，能够促进教师合作和专业学习社群的发展。哈里斯也指出，自律的合作（disciplined collaboration）能够使教师之间的分享与探究更加有效，因而校领导应为教师合作创建必要的时间、机会和资源，使其以协调的、自律的方式进行专业合作学习，从而促进组织内形成一种合作探究与创新的文化。③ 这说明，除了自主、自发的教师合作和强制、硬造的教师合作，还存在一种有意安排的、协调的合作取向，这种取向对于真正的合作与探究文化的形成具有促进作用。

---

① Hargreaves A., "Contrived Congeniality: The Micropolitics of Teacher Collaboration," In Blasé J. (Ed.), *The Politics of Life in Schools: Power, Conflict, and Cooperation*, Thousand Oaks, Calif.: Sage, 1991, pp. 46 – 72.

② Hargreaves A., "Push, Pull and Nudge: The Future of Teaching and Educational Change," In Zhu X. & Zeichner K. (Eds.), *Preparing Teachers for the 21st Century*, Springer, 2013, pp. 217 – 236.

③ Harris A., *Distributed Leadership Matters: Perspectives, Practicalities and Potential*, California: Corwin Press, 2014, pp. 105 – 107.

需要指出的是，建立与发展专业学习社群的过程并非是简单地停留在学校结构上的转换，它需要学校文化的根本改革。①② 改变文化的过程是缓慢的，充满了复杂性。③ 而且，每个学校都有不同的历史、文化与生态环境，建立专业学习社群的道路并不是统一的，也没有固定的答案。因此，学校在发展专业学习社群时，要充分考虑自身的独特性。

三 挑战与障碍

学校向专业学习社群的转换是一个缓慢的、充满挑战的过程④。已有研究发现，三四年的时间不足以成功实施专业学习社群。⑤ 在当前的学校背景下，专业学习社群的建立尚存在一些困难，社群持续发展的道路更是充满了诸多挑战。

第一个挑战来自制度环境，尤其是教育当局带来的不利条件。一方面，不断涌现的改革、经常性的督学及上级指派的任务给学校造成了很大的困扰。而且各种要求之间相互冲突，学校之间存在竞争压力，为社群的发展带来了严峻的挑战。⑥ 如塔尔伯特的研究发现，国家和州层面相互冲突的要求使教师无所适从，限制了专业学习社群的发展。⑦ 另一方面，随

---

① Nehring J. & Fitzsimons G. , "The Professional Learning Community as Subversive Activity: Countering the Culture of Conventional Schooling," *Professional Development in Education*, 2011, 37 (4): 513 – 535.

② Supovitz J. , "Developing Communities of Instructional Practice," *Teachers College Record*, 2002, 104 (8): 1591 – 1626.

③ Wells C. M. , "Critical Issues for Leadership: Early Transition of Implementation to a Professional Learning Community, A Conceptual Design," In Beverly I. , Betty A. , George P. & Luana Z. (Eds.), *Promoting Critical Ideas of Leadership, Culture and Diversity*: 2010 NCPEA Yearbook, 2010, pp. 97 – 109.

④ Wells C. & Feun L. , "Implementation of Learning Community Principles: A Study of Six High Schools," *NASSP Bulletin*, 2007, 91 (2): 141 – 160.

⑤ Hord S. M. , "Professional Learning Communities: An Overview," In Hord S. M. (Ed.), *Learning Together, Leading Together: Changing Schools Through Professional Learning Communities*, New York: Teachers College Press; Oxford, Ohio: National Staff Development Council, 2004, pp. 5 – 14.

⑥ Harris A. & Jones M. , "Professional Learning Communities and System Improvement," *Improving Schools*, 2010, 13 (2): 172 – 181.

⑦ Talbert J. E. , "Professional Learning Communities at the Crossroads: How Systems Hinder or Engender Change," In Hargreaves A. , Lieberman A. , Fullan M. & Hopkins D. (Eds.), *Second International Handbook of Educational Change*, Dordrecht, The Netherlands: Springer, 2010, pp. 555 – 572.

着问责的加强,高风险考试得到强化①,教师往往追求学生短期的考试成绩,将课余时间用于学生补习而非同僚合作。② 如伍德的研究表明,强调高风险考试的问责系统要求服从和一致,与专业学习社群实践背道而驰。③ 吉尔斯(Giles)和哈格里夫斯对3所革新性学校的研究也发现,在标准化改革的背景下,专业学习社群难以持续发展。④ 更严重的是,在这样的情况下,不论是校长还是教师,都面临着繁重的工作负担⑤,尤其是教师的工作压力越来越大⑥,这些都不利于专业学习社群的发展。这也说明,专业学习社群需要整个系统各个层面的协调努力。

第二个挑战体现为校长和教师的素质不足,对学校向专业学习社群转换的准备不够。校长在领导学校向专业学习社群转换的过程中,既要理解专业学习社群的概念,又要懂得如何在学校文化的背景下领导改革⑦,还要转换领导方式,从过去的官僚主义转换为专业主义的领导⑧,这些对校

---

① Stoll L. & Louis K. S. , "Professional Learning Communities: Elaborating New Approaches," In Stoll L. & Louis K. S. (Eds.), *Professional Learning Communities: Divergence, Depth and Dilemmas*, Maidenhead, UK: McGraw-Hill-Open University Press, 2007, pp. 1 – 13.

② Talbert J. E. , "Professional Learning Communities at the Crossroads: How Systems Hinder or Engender Change," In Hargreaves A. , Lieberman A. , Fullan M. & Hopkins D. (Eds.), *Second International Handbook of Educational Change*, Dordrecht, The Netherlands: Springer, 2010, pp. 555 – 572.

③ Wood D. , "Teachers' Learning Communities: Catalyst for Change or a New Infrastructure for the Status Quo?" *Teachers College Record*, 2007, 109 (3): 699 – 739.

④ Giles C. & Hargreaves A. , "The Sustainability of Innovative Schools as Learning Organizations and Professional Learning Communities During Standardized Reform," *Educational Administration Quarterly*, 2006, 42 (1): 124 – 156.

⑤ Goldenberg C. , "School Settings for Teacher and Student Learning," In Goldenberg C. (Ed.), *Successful School Change: Creating Settings to Improve Teaching and Learning*, NY: Teachers College Press, 2004, pp. 73 – 91.

⑥ Hairon S. & Dimmock C. , "Singapore Schools and Professional Learning Communities: Teacher Professional Development and School Leadership in an Asian Hierarchical System, *Educational Review*, 2012, 64 (4): 405 – 424.

⑦ Wells C. & Feun L. , Implementation of Learning Community Principles: A Study of Six High Schools," *NASSP Bulletin*, 2007, 91 (2): 141 – 160.

⑧ Talbert J. E. , "Professional Learning Communities at the Crossroads: How Systems Hinder or Engender Change," In Hargreaves A. , Lieberman A. , Fullan M. & Hopkins D. (Eds.), *Second International Handbook of Educational Change*, Dordrecht, The Netherlands: Springer, 2010, pp. 555 – 572.

长而言都具有挑战性。吉尔贝恩（Kilbane）对4所美国学校的个案研究发现，教师认为会议变成了校长阐述观点并寻求同意的过程。① 杜福尔对自身领导经验的研究也表明，如何保持教师自主和校长问责之间的平衡，是其面临的挑战。② 其次，校长领导在探究、冒险和专业学习等方面面临着一定的挑战③，在为专业学习社群提供支持性的环境如避免教师受到外部要求的干扰、减少行政工作从而聚焦于学习、提供合作时间和必要资源、合理监测和评价社群发展过程等方面也存在着许多困难。④ 此外，校长和教师认为专业学习社群不像真正的学校，缺乏制度化，参与决策的人增多而导致无法达成共识；教师和校长对自己的新角色没有清晰的认识，如价值观、信念、期待等，导致缺乏信任，从而不能形成交流结构⑤；认为教师集体探究不够专业，过度依赖一次性的培训⑥等，这些都成为专业学习社群发展的障碍。

第三个挑战来自学校的组织结构因素。缺少合作时间被许多学者视为建立专业学习社群的主要障碍⑦⑧，这一方面是由于学校在安排工作时没

---

① Kilbane J. F., "Factors in Sustaining Professional Learning Community," *NASSP Bulletin*, 2010, 93 (184): 184-205.

② DuFour R., "Help Wanted: Principals Who Can Lead Professional Learning Communities," *NASSP Bulletin*, 1999, 83 (614): 12-17.

③ Stoll L. & Louis K. S., "Professional Learning Communities: Elaborating New Approaches," In Stoll L. & Louis K. S. (Eds.), *Professional Learning Communities: Divergence, Depth and Dilemmas*, Maidenhead, UK: McGraw-Hill-Open University Press, 2007, pp. 1-13.

④ Hord S. M. & Sommers W. A., *Leading Professional Learning Communities: Voices From Research and Practice*, Thousand Oaks, Calif.: Corwin Press; [S. l.]: National Association of Secondary School Principals; NSDC, 2008, pp. 113-135.

⑤ Lindahl R. A., "Professional Learning Communities: A Feasible Reality or a Chimera?" In Alford J., Perreault G., Zellner L. & Ballenger W. (Eds.), *Blazing New Trails: Preparing Leaders to Improve Access and Equity in Today's Schools*, The 2011 Yearbook of the National Council of Professors of Educational Administration. ERIC: ED523595, 2011, pp. 47-58.

⑥ Schmoker M., "Learning Communities at the Crossroads: Toward the Best Schools We've Ever Had," *The Phi Delta Kappan*, 2004, 86 (1): 84-88.

⑦ Fernandez C., "Learning from Japanese Approaches to Professional Development: The Case of Lesson Study," *Journal of Teacher Education*, 2002, 53: 393-405.

⑧ Harris A., "Leading System Transformation," *School Leadership and Management*, 2010, 30 (30): 197-207.

有为教师提供共同的自由时间①；另一方面是过多的文书工作、课堂管理和备课任务占据了教师的大部分时间，导致了教师合作时间的不足。② 此外，传统的等级、官僚的学校结构根深蒂固，强烈地抵制改革③，各部门和学科之间存在着明显的界限④，缺乏合作学习的资源、支持系统⑤，缺少共同的课程基础⑥等，都对专业学习社群的发展提出了挑战。结构方面的问题是改革者和研究者关注最多的专业学习社群发展的障碍。⑦

第四个挑战来自学校文化。教师单独实践、缺乏互动是传统学校文化的特点，这与专业学习社群强调的合作文化格格不入。⑧⑨ 因此，学校向专业学习社群的转换不仅需要表面实践的一级改革，还需要根本的关系、文化、角色、规范、交流方式和实践等方面的二级改革。而文化改革是一

---

① Talbert J. E., "Professional Learning Communities at the Crossroads: How Systems Hinder or Engender Change," In Hargreaves A., Lieberman A., Fullan M. & Hopkins D. (Eds.), *Second International Handbook of Educational Change*, Dordrecht, The Netherlands: Springer, 2010, pp. 555 – 572.

② Harris A. & Jones M., "Professional Learning Communities and System Improvement," *Improving Schools*, 2010, 13 (2): 172 – 181.

③ Hairon S. & Dimmock C., "Singapore Schools and Professional Learning Communities: Teacher Professional Development and School Leadership in an Asian Hierarchical System," *Educational Review*, 2012, 64 (4): 405 – 424.

④ Stoll L. & Louis K. S., "Professional Learning Communities: Elaborating New Approaches," In Stoll L. & Louis K. S. (Eds.), *Professional Learning Communities: Divergence, Depth and Dilemmas*, Maidenhead, UK: McGraw-Hill-Open University Press, 2007, pp. 1 – 13.

⑤ Lindahl R. A., "Professional Learning Communities: A Feasible Reality or a Chimera?" In Alford J., Perreault G., Zellner L. & Ballenger W. (Eds.), *Blazing New Trails: Preparing Leaders to Improve Access and Equity in Today's Schools*, The 2011 Yearbook of the National Council of Professors of Educational Administration. ERIC: ED523595, 2011, pp. 47 – 58.

⑥ Fernandez C., "Learning from Japanese Approaches to Professional Development: The Case of Lesson Study," *Journal of Teacher Education*, 2002, 53: 393 – 405.

⑦ McLaughlin M. W. & Talbert J. E., "Building Professional Learning Communities in High Schools: Challenges and Promising Practices," In Stoll L. & Louis K. S. (Eds.), *Professional Learning Communities: Divergence, Depth and Dilemmas*, Maidenhead, UK: McGraw-Hill-Open University Press, 2007, pp. 151 – 165.

⑧ Inger M., "Teacher Collaboration in Secondary Schools," *Center Focus*, 1993, Retrieved on Apr 22, 2014, from http://ncrve.berkeley.edu/centerfocus/cf2.html.

⑨ Nehring J. & Fitzsimons G., "The Professional Learning Community as Subversive Activity: Countering the Culture of Conventional schooling," *Professional Development in Education*, 2011, 37 (4): 513 – 535.

个缓慢的发展过程①，这为学校带来了严峻的挑战②③，其具体表现在：在传统的强调教师隐私、平等和礼貌的学校文化背景下，教师将时间全部花在课堂上，在观察同事教学以改进自身实践方面不够开放④；教师害怕公开自己的教学实践⑤；学科重于学生的专业文化及普遍的学生不尊重教师的文化，影响了教师参与专业学习社群的兴趣⑥；不支持创新的消极文化导致专业学习社群的实施不能顺利进行⑦；亚洲传统的重视等级观念的文化不利于分布式领导的发展等。⑧

由此可见，专业学习社群的建立与发展受到制度环境、校长与教师素质、学校结构和学校文化等多方面因素的影响，面临着多重意义上的挑战。因此，专业学习社群的发展是一个复杂的、缓慢的、系统的过程。

---

① Talbert J. E., "Professional Learning Communities at the Crossroads: How Systems Hinder or Engender Change," In Hargreaves A., Lieberman A., Fullan M. & Hopkins D. (Eds.), *Second International Handbook of Educational Change*, Dordrecht, The Netherlands: Springer, 2010, pp. 555 – 572.

② DuFour R., Eaker R. & DuFour R., "Recurring Themes of Professional Learning Communities and the Assumptions They Challenge," In Dufour R., Eaker R. & Dufour R. (Eds.), *On Common Ground: The Power of Professional Learning Communities*, IN: The National Education Service, 2005, pp. 11 – 12.

③ Harris A. & Jones M., "Professional Learning Communities and System Improvement," *Improving Schools*, 2010, 13 (2): 172 – 181.

④ Lindahl R. A., "Professional Learning Communities: A Feasible Reality or a Chimera?" In Alford J., Perreault G., Zellner L. & Ballenger W. (Eds.), *Blazing New Trails: Preparing Leaders to Improve Access and Equity in Today's Schools*, The 2011 Yearbook of the National Council of Professors of Educational Administration. ERIC: ED523595, 2011, pp. 47 – 58.

⑤ Fernandez C., "Learning from Japanese Approaches to Professional Development: The Case of Lesson Study," *Journal of Teacher Education*, 2002, 53: 393 – 405.

⑥ Stoll L. & Louis K. S., "Professional Learning Communities: Elaborating New Approaches," In Stoll L. & Louis K. S. (Eds.), *Professional Learning Communities: Divergence, Depth and Dilemmas*, Maidenhead, UK: McGraw-Hill-Open University Press, 2007, pp. 1 – 13.

⑦ Wells C. & Feun L., "Implementation of Learning Community Principles: A Study of Six High Schools," *NASSP Bulletin*, 2007, 91 (2): 141 – 160.

⑧ Hairon S., "The Necessity for Distributed Leadership in PLCs: The Case for Singapore," International Conference on Education Vision 2020, National Taiwan Normal University, Taipei, 2012, No. 9 – 10.

四 小结

由以上可以看出，在专业学习社群的发展这个主题上，已有研究关注了学校背景因素对社群发展的影响、社群发展的策略与过程、面临的挑战与障碍等。研究一致认为，专业学习社群的建立与发展是一个长期的过程，在不同的发展阶段其核心特点的实现程度不同，且面临着诸多挑战和困难。这也在一定程度上说明，专业学习社群是一个需要不断发展、不断完善的理想模型。

同时从该主题的研究中也可以发现，目前关于专业学习社群发展方面的研究在整体上的数量还较少。具体而言，关于如何有效实施专业学习社群的典型个案的研究还不多，对于其在不同发展阶段的表现的关注度不够，且缺乏专门的考察专业学习社群发展障碍方面的研究。而且，专业学习社群的建立与发展是一个长期的过程，却很少有深入探究该过程的纵向研究。这些都是该主题研究需要进一步加强的部分。

第四节 专业学习社群的效果

专业学习社群领域第三个研究主题聚焦于其对教师、学校和学生发展产生的效果，也就是考察专业学习社群是否达成了促进学生学习的目标。本节对该主题的文献进行了系统的梳理，首先探讨专业学习社群产生的直接影响，即对教师发展的影响，其次梳理专业学习社群对学校组织层面的发展产生的影响，进而分析专业学习社群对学生学习这一根本目标具有怎样的影响，最后总结专业学习社群对教师、学校及学生等不同层面的影响之间的关系。

一 对教师发展的影响

麦克劳林和塔尔伯特指出，校本学习社群能够为教师专业成长和改革提供最好的环境。[①] 罗森霍尔茨等人对有利于教师专业发展的学校组织条件进行的量化研究表明，教师对自身能力获得的观感能够通过与同事的合

[①] McLaughlin M. W. & Talbert J. E., *Professional Communities and the Work of High School Teaching*, Chicago: University of Chicago Press, 2001, p.135.

作这一变量加以解释，教师合作与教师能力获得之间的路径系数为 0.13。① 专业学习社群对教师的切实影响，使其在加拿大和美国的教师专业发展中承担了越来越多的角色。② 具体而言，它主要表现在教师教学效能、教师承诺及工作满意度等方面。

(一) 对教师教学效能的影响

在根本上，专业学习社群对学生学习的促进是通过改进教师的教学效能与实践来实现的，而且研究一再证明，专业学习社群确实能够改进教学实践。③ 对澳大利亚教师专业发展项目的有效性研究（基于对 3250 名教师的调查）表明，专业社群是教师发展项目促进教师知识和实践的中介变量。也就是说，专业发展项目影响教师知识和实践的程度，是通过学校专业社群的发展程度来体现的。专业发展项目在多大程度上增强了教师间谈论具体的教学和学生学习实践、分享观点、彼此支持从而实施专业发展项目的想法，影响其在多大程度上促进教师知识和实践的提高。④ 这说明，专业学习社群是促进教师专业发展的有效方式。有量化研究指出，它能够解释课堂教学变异量的 36%。⑤

首先，专业学习社群促进了教师对教学实践的理解。在社群中，新的观点和策略的出现、扎根和发展⑥，有助于增强教师对自身角色的理解，

---

① Rosenholtz S. J., Bassler O. & Hoover-Dempsey K., "Organizational Conditions of Teacher Learning," *Teaching and Teacher Education*, 1986, 2: 91 – 104.

② Servage L., "Who Is the 'Professional' in a Professional Learning Community? An Exploration of Teacher Professionalism in Collaborative and Professional Development Settings," *Canadian Journal of Education*, 2009, 32 (1): 149 – 171.

③ Vescio V., Ross D. & Adams A., "A Review of Research on the Impact of Professional Learning Communities on Teaching Practice and Student Learning," *Teaching and Teacher Education*, 2008, 24: 80 – 91.

④ Ingvarson L., Meiers M. & Beavis A., "Factors Affecting the Impact of Professional Development Programs on Teachers' Knowledge, Practice, Student Outcomes & Efficacy," *Education Policy Analysis Archives*, 2005, 13 (10): 1 – 26.

⑤ Louis K. S. & Marks H. M., "Does Professional Community Affect the Classroom? Teachers' Work and Student Experiences in Restructuring Schools," *American Journal of Education*, 1998, 106 (4): 532 – 575.

⑥ Pella S., "A Situative Perspective on Developing Writing Pedagogy in a Teacher Professional Learning Community," *Teacher Education Quarterly*, 2011, 38 (1): 107 – 125.

获取更多的信息,① 并深化教师的教学思想。② 具体的实证研究有：对澳大利亚一所中学专业社群的研究发现，教师通过社群的集体学习发展了对教学的共享理解，改变了教学方式以及对成功实践的认识，从而影响了课堂教学行为。③ 通过对澳大利亚和加拿大两个中学教师和教师教育者开展的合作的教师专业发展项目的研究表明，合作型的专业发展项目为教师提供了关于课堂教学和学习的有效知识。④ 关于学校通过建立专业社群实现革新性改革的个案研究表明，通过群体学习，教师关于课堂教学和学生学习的假设和信念受到挑战并得以改变，过程中产生的共享理解影响了课堂行为，提高了学生的学习效果。⑤ 对四所中学语言艺术教师参与关于写作教学的专业学习社群的个案研究表明，教师能够综合自己和其他人的先前知识、经验和资源，通过探讨其背后蕴含的价值观的差异，不断协商并达到理论上的平衡。在此过程中，教师实现了观点和教育学知识的转换，并提高了对学生的期待，增强了自信心。⑥

其次，专业学习社群促进了教师教学策略的改善。对12个通过学习社群来改善非裔美国学生学习的教师的个案研究表明，参加专业学习社群之后，教师对学生的态度更加积极，在教学上变得更有策略性，能够合作

---

① Hord S. M., "Professional Learning Communities: Communities of Continuous Inquiry and Improvement," Southwest Educational Development Lab., Austin, TX., 1997.
② Brody D. & Hadar L., "'I Speak Prose and I now Know it.' Personal Development Trajectories Among Teacher Educators in a Professional Development Community," *Teaching and Teacher Education*, 2011, 27: 1223 – 1234.
③ Andrews D. & Lewis M., "The Experiences of a Professional Community: Teachers Developing a New Image of Themselves and Their Workplace," *Educational Research*, 2002, 44 (3): 237 – 254.
④ Ericksona G., Brandesa G. M., Mitchellb I. & Mitchellc J., "Collaborative Teacher Learning: Findings from Two Professional Development Projects," *Teaching and Teacher Education*, 2005, 21: 787 – 798.
⑤ Lewis M. & Andrews D., "Creating a School for the 21st Century: Experiences of a Professional Community," In Richardson L. & Lidstone J. (Eds.), *Flexible Learning for a Flexible Society*, 2001, pp. 402 – 419. (Proceedings of ASET-HERDSA 2000 Conference, Toowoomba, Qld, 2 – 5 July 2000. ASET and HERDSA.)
⑥ Pella S., "A Situative Perspective on Developing Writing Pedagogy in a Teacher Professional Learning Community," *Teacher Education Quarterly*, 2011, 38 (1): 107 – 125.

发展出新的教学方法。① 参与社群活动也使得教师更加关注学生②，采用以学生为中心的教学方法，且通过公开讨论教学中存在的问题，教师能够相互比较并借鉴好的教学方法和技巧。③④ 教师通过合作探究，能够从经验中总结、发展并共享智慧⑤，在改善教学策略方面更加开放。⑥ 通过在社群中进行有结构的对话，教师还能够学会如何有效地分析学生数据，并能够在课堂教学中有策略地使用数据，从而使课堂教学促进学生学习。⑦ 专业学习社群还促进了不发达学区的技术整合，有效地促进了教师专业发展，使教师学会将技术整合到课堂教学中，从而提升学生的认知参与。⑧

最后，专业学习社群促进了教师教学方式的转变。专业学习社群支持真实教学（authentic pedagogy）的发生，这种教学强调高级思考能力，强调通过对话建构意义，强调对知识的深化理解，从而支持学生成绩的提高⑨。教师合作还能够促进教师同时拥有多种学习轨迹，从而改进对那些

---

① Hollins E. R., McIntyre L. R., DeBose C., Hollins K. S. & Towner A., "Promoting a Self-Sustaining Learning Community: Investigating an Internal Model for Teacher Development," *International Journal of Qualitative Studies in Education*, 2004, 17 (2): 247 – 264.

② Lewis C., "Lesson Study: The Core of Japanese Professional Development," Eric Reproduction Document no. 444972, 2000.

③ Wong J. L. N., "What Makes a Professional Learning Community to Be Possible? A Case Study of a Mathematics Department in a Junior Secondary School of China," *Asia Pacific Education Review*, 2010, 11 (2): 131 – 139.

④ Schmoker M., "Learning Communities at the Crossroads: Toward the Best Schools We've Ever Had," *The Phi Delta Kappan*, 2004, 86 (1): 84 – 88.

⑤ Little J. W., "Norms of Collegiality and Experimentation: Workplace Conditions of School Success," *American Educational Research Journal*, 1982, 19: 325 – 340.

⑥ Lindahl R. A., "Professional Learning Communities: A Feasible Reality or a Chimera?" In Alford J., Perreault G., Zellner L. & Ballenger W. (Eds.), *Blazing New Trails: Preparing Leaders to Improve Access and Equity in Today's Schools*, The 2011 Yearbook of the National Council of Professors of Educational Administration. ERIC: ED523595, 2011, pp. 47 – 58.

⑦ Jackson S. H. & Good R. B., "Looking for the Crossroad: Merging Data Analysis and the Classroom Through Professional Learning Communities Dialogue," National Council of Professors of Educational Administration 2009, 2009: 223 – 230.

⑧ Cifuentes L., Maxwell G. & Bulu S., "Technology Integration Through Professional Learning Community," *Journal of Educational Computing Research*, 2011, 44 (1): 59 – 82.

⑨ Louis K. S. & Marks H. M., "Does Professional Community Affect the Classroom? Teachers' Work and Student Experiences in Restructuring Schools," *American Journal of Education*, 1998, 106 (4): 532 – 575.

学习水平较低的学生的教学方式，缩小学生之间成绩的差距。[①] 然而，有研究者如休伯曼（Huberman）认为，强的学校社群很可能会通过占用时间和限制专业判断来破坏教师个体的教学艺术。[②] 对此，塔尔伯特和麦克劳林通过研究做出了如下回应：强的、合作性的教师社群能够通过让教师持续承诺于改进实践、在学生参与和教学内容等方面进行对话和合作、分享和创造有效的课堂实践等方式，促进教学艺术的发展。[③] 因此，要持续教学艺术模式，有赖于建立和支持进行创新性教学实践的合作性教师社群。这说明，专业学习社群若实施恰当，不仅不会阻碍，反而会促进教师教学艺术的发展。

综上所述，专业学习社群通过促进教师的教学理解、教学策略和教学方式，从而改进课堂教学实践。许多研究表明，社群使教师的工作效能感增强。[④⑤] 然而，利特尔指出，有些集体工作对于课堂教学层面的作用并不明显，若操作不当，如教师不习惯集体备课，则会使他们认为在合作方面的努力没有回报。还有一些人对教师合作的积极作用产生了怀疑，如额外的课堂外时间很难获得，合作压力可能会导致个体教师屈从于同伴压力，还可能使大家像机器人一样服从式地实施教学等。[⑥] 还有研究指出，专业学习社群对教师专业性的促进作用是值得怀疑的。该研究认为，现在的专业学习社群鼓励教师工作的技术主义和管理维度，而牺牲了艺术和批判性的维度，导致对教师专业性的狭隘理解，限制了社群促进教师专业发展和学习的作用。同时，作者进一步指出，专业性来自教师专业组织的内

---

① Levine T. H. & Marcus A., "Closing the Achievement Gap Through Teacher Collaboration: Facilitating Multiple Trajectories of Teacher Learning," *Journal of Advanced Academics*, 2008, 19 (1): 116 – 138.

② Huberman M., "The Model of the Independent Artisan in Teachers' Professional Relations," In Little J. W. & McLaughlin M. W. (Eds.), *Teachers' Work: Individuals, Colleagues and Contexts*, New York: Teachers College Press, 1993, pp. 11 – 50.

③ Talbert J. E. & McLaughlin M. W., "Professional Communities and the Artisan Model of Teaching," *Teachers and Teaching: Theory and Practice*, 2002, 8 (3/4): 325 – 343.

④ Harris A. & Jones M. "Professional Learning Communities and System Improvement," *Improving Schools*, 2010, 13 (2): 172 – 181.

⑤ Hord S. M., "Professional Learning Communities: Communities of Continuous Inquiry and Improvement," Southwest Educational Development Lab., Austin, TX., 1997.

⑥ Little J. W., "Teachers as Colleagues," In Lieberman A. (Ed.), *Schools as Collaborative Cultures: Creating the Future Now*, Bristol, PA: The Falmer Press, 1990, pp. 165 – 193.

部，还是由外部强加和命令，这二者是不同的：前者能促进教师的专业发展；后者只是专业化的假象，是利用专业人员的知识和技能来服务组织，因而这样的专业学习社群提供的只是表面上的专业自治。① 正如利特尔认为的那样，教师合作对教师教学和学生学习的影响是很复杂的，且是慢慢浮现的。② 而且，社群可能受限于自身成员的视野，因此引进外部资源，扩大社群的边界也十分重要。③ 这些都说明，专业学习社群对于教师教学能力与实践的改进并不是无条件的，它取决于专业学习社群这一理想模型的有效实施。

（二）对教师承诺的影响

专业学习社群对教师发展的影响，除了体现在教学效能这一认知层面上以外，还体现在教师的社群意识、归属感、自信心和承诺等情意层面。

首先，专业学习社群能够降低教师的孤立感，通过集体活动提升教师的社群意识和自信心。罗森霍尔茨指出，孤立感（isolation）可能是教师学习如何教学或改进现有技能的最大障碍，因为它迫使教师依靠试误法和自己的记忆来学习。④ 很多研究提出，专业学习社群能够切实降低教师的孤立感。⑤⑥ 如利特尔的研究表明，学校实施合作以前，新教师在访谈中表示要依靠自己学习如何教学，感觉很孤立。而学校有很好的合作习惯之后，能够为新手教师提供支持，使教师的孤立感减少，且更有自信。⑦ 对

---

① Servage L., "Who Is the 'Professional' in a Professional Learning Community? An Exploration of Teacher Professionalism in Collaborative and Professional Development Settings," *Canadian Journal of Education*, 2009, 32 (1): 149 – 171.

② Little J. W., "Teachers as Colleagues," In Lieberman A. (Ed.), *Schools as Collaborative Cultures: Creating the Future Now*, Bristol, PA: The Falmer Press, 1990, pp. 165 – 193.

③ Little J. W., "Inside Teacher Community: Representations of Classroom Practice," *Teachers College Record*, 2003, 105 (6): 913 – 945.

④ Rosenholtz S. J., *Teachers' Workplace: The Social Organization of Schools*, New York: Teachers College Press, 1989, pp. 41 – 70.

⑤ Hord S. M., "Professional Learning Communities: Communities of Continuous Inquiry and Improvement," Southwest Educational Development Lab., Austin, TX., 1997.

⑥ Jackson S. H. & Good R. B., "Looking for the Crossroad: Merging Data Analysis and the Classroom Through Professional Learning Communities Dialogue," National Council of Professors of Educational Administration 2009, 2009: 223 – 230.

⑦ Little J. W., "Teachers as Colleagues," In Lieberman A. (Ed.), *Schools as Collaborative Cultures: Creating the Future Now*, Bristol, PA: The Falmer Press, 1990, pp. 165 – 193.

一个网络教学社群的研究也表明，社群有效支持了新教师的专业发展，使他们通过技术辅助学习而获得知识。① 除了年轻教师，孤立感的减少还体现在有经验的教师身上。有经验的教师在访谈中表示，同僚合作的好处是围绕打破孤立教学这一主题展开的，教师在共同处理课程与教学问题一段时间后，发现自己能更好地胜任课堂教学，包括：拓展观点、材料和方法；集体产生高质量解决问题的办法，比孤立的个体取得更多的成绩；教师之间产生了更多的影响，更相信同伴的评价，并感到自己的影响力增强；通过集体工作持续对教学的热情等。而且，有经验的教师也经常发现自己在不熟悉和充满挑战的环境中，能够测试出自身知识和经验的局限性，从而进一步学习。② 在专业学习社群中，由于能够高效地解决教学问题，教师还增强了专业意识和自信心。③④ 而且教师形成了社群意识，强化了专业认同，认识到了社群活动的价值，包括愿意尝试新的想法，重建对教学职业的活力和承诺，形成能够讨论具体教育问题的支持性环境等。⑤

其次，专业学习社群提高了教师的承诺水平。参与专业学习社群的教师更有可能实施新的课堂教学行为，并更有可能坚守教师职业，即有助于

---

① Dalgarno N. & Colgan L. , "Supporting Novice Elementary Mathematics Teachers' Induction in Professional Communities and Providing Innovative Forms of Pedagogical Content Knowledge Development Through Information and Communication Technology," *Teaching and Teacher Education*, 2007, 23 (7): 1051 – 1065.

② Little J. W. , "Teachers as Colleagues," In Lieberman A. (Ed.), *Schools as Collaborative Cultures: Creating the Future Now*, Bristol, PA: The Falmer Press, 1990, pp. 165 – 193.

③ Harris A. , "Leading System Transformation," *School Leadership and Management*, 2010, 30 (30): 197 – 207.

④ Schmoker M. , "Learning Communities at the Crossroads: Toward the Best Schools We've Ever Had," *The Phi Delta Kappan*, 2004, 86 (1): 84 – 88.

⑤ Monroe-Baillargeon A. & Shema A. L. , "Time to Talk: An Urban School's Use of Literature Circles to Create a Professional Learning Community," *Education and Urban Society*, 2010, 42 (6): 651 – 673.

提高承诺水平,使教师对学校使命和目标有更多的付出。①②③ 对专业社群与教师承诺之间关系的量化研究表明,教师学习社群是提升教师承诺的强有力的策略,是发展教师承诺的核心,不论是在磁石学校(magnet school),还是在非磁石学校,感受到同僚合作并有学习机会的教师对学校的承诺水平最高。④ 对中国香港地区 33 所中小学 480 名教师的量化研究也显示,专业学习社群(满足集体学习和运用及结构支持条件这两个特点)能显著预测教师对学生的承诺水平。⑤ 质化研究也表明,在合作性专业社群中工作的教师具有对所有学生学习的高水平承诺、高度的工作精神和热情,以及高水平的创新。⑥ 因而,教师能够产生更强烈的教学动机,更高的士气。⑦ 此外,专业学习社群还能够支持教师在校内及学校之间进行知识创新,⑧ 提高教师对持续改革的承诺,使教师更有可能进行根本系统的改革。⑨

---

① Hausman C. S. & Goldring E. B. , "Sustaining Teacher Commitment: The Role of Professional Communities," *Peabody Journal of Education*, 2001, 76 (2): 30 – 51.

② McLaughlin M. W. , "What Matters Most in Teachers' Workplace Context," In Little J. W. & McLaughlin M. W. (Eds.), *Teachers' Work: Individuals, Colleagues and Contexts*, New York: Teachers' College Press, 1993, pp. 79 – 103.

③ Jackson S. H. & Good R. B. , "Looking for the Crossroad: Merging Data Analysis and the Classroom Through Professional Learning Communities Dialogue," National Council of Professors of Educational Administration 2009, 2009: 223 – 230.

④ Hausman C. S. & Goldring E. B. , "Sustaining Teacher Commitment: The Role of Professional Communities," *Peabody Journal of Education*, 2001, 76 (2): 30 – 51.

⑤ Lee J. C. , Zhang Z. & Yin H. , "A Multilevel Analysis of the Impact of a Professional Learning Community, Faculty Trust in Colleagues and Collective Efficacy on Teacher Commitment to Students," *Teaching and Teacher Education*, 2011, 27: 820 – 830.

⑥ McLaughlin M. W. , "What Matters Most in Teachers' Workplace Context," In Little J. W. & McLaughlin M. W. (Eds.), *Teachers' Work: Individuals, Colleagues and Contexts*, New York: Teachers' College Press, 1993, pp. 79 – 103.

⑦ Harris A. & Jones M. , "Professional Learning Communities and System Improvement," *Improving Schools*, 2010, 13 (2): 172 – 181.

⑧ Lindahl R. A. , "Professional Learning Communities: A Feasible Reality or a Chimera?" In Alford J. , Perreault G. , Zellner L. & Ballenger W. (Eds.), *Blazing New Trails: Preparing Leaders to Improve Access and Equity in Today's Schools*, The 2011 Yearbook of the National Council of Professors of Educational Administration. ERIC: ED523495, 2011, pp. 47 – 58.

⑨ Hord S. M. , "Professional Learning Communities: Communities of Continuous Inquiry and Improvement," Southwest Educational Development Lab. , Austin, TX. , 1997.

此外，通过促进教师的教学效能，降低孤立感并提升其承诺，专业学习社群还能进一步提升教师的工作满意度和工作效率，使其减少旷工，产生更高的工作热情和动力。①② 这说明，专业学习社群对教师专业发展的促进是综合的，能够提升教师的综合素养。所以说，学习社群塑造了教师发展的未来。③

通过以上关于专业学习社群对教师专业发展的影响的探讨还可以发现，多数研究采用访谈、观察等质化研究方式，且多以学科组（项目组）或教师个体为分析单位，对教师在专业学习社群中的经历和感受进行描述。量化研究的数量相对较少，主要是测试专业学习社群与教师专业素养的某一变量，如教师效能或教师承诺之间的关系。混合研究则几乎没有。而且已有研究主要是通过教师自我报告的方式得出结论，很少有研究超越教师观感对专业学习社群与教师专业发展之间的关系及其背后的原因进行探讨。④ 这说明，需要更多的、不同类型的研究方法和数据来源多样的实证研究对专业学习社群的效果进行探究与验证。

二 对学校组织的影响

有研究指出，进行学校改革的最好途径是把学校转变成专业学习社群。⑤⑥ 专业社群中的教师在学科及其他方面的合作具有有效专业发展的 6 个原则，从而能够抵抗五方面（学科教学、教育均等、评价、学校组

---

① Harris A.，"Leading System Transformation，" *School Leadership and Management*，2010，30 (30)：197 - 207.

② Hord S. M.，"Professional Learning Communities：Communities of Continuous Inquiry and Improvement，" Southwest Educational Development Lab.，Austin，TX.，1997.

③ Lieberman A.，"Networks as Learning Communities，Shaping the Future of Teacher Development，" *Journal of Teacher Education*，2000，51：221 - 227.

④ Vescio V.，Ross D. & Adams A.，"A Review of Research on the Impact of Professional Learning Communities on Teaching Practice and Student Learning，" *Teaching and Teacher Education*，2008，24：80 - 91.

⑤ Schmoker M.，"Learning Communities at the Crossroads：Toward the Best Schools We've Ever Had，" *The Phi Delta Kappan*，2004，86 (1)：84 - 88.

⑥ Wahlstrom K. & Louis K. S.，"How Teachers Experience Principal Leadership：The Role of Professional Community，Trust，Efficacy and Distributed Responsibility，" *Educational Administration Quarterly*，2008，44 (4)：498 - 545.

织、教学专业化）的改革所带来的挑战。① 对英国专业学习社群与系统改进之间的关系的研究表明，学校内部和学校之间的专业学习社群能够促进学校的发展和改革，从而促进整个系统的改善。② 对中国西部资源有限地区的教师专业学习社群的混合研究也指出，教研组为不同地区的教师之间以及教师与专家之间提供交流机会，有利于新课程改革的实施。③ 具体而言，专业学习社群对学校组织改进的影响主要表现为促进学校的集体效能、学校文化和学校领导三个方面。

（一）对集体效能的影响

专业学习社群之所以能够促进整个学校层面学生学习效果的改善，以及之所以美国、欧洲、澳大利亚和其他一些国家和地区把专业学习社群作为专业学习的取向，原因之一是社会资本（social capital）对于学校改革和教学改进的重要性得到了越来越多人的认识，社会资本是建立专业学习社群的必要前提条件，因此社群能够通过集体创造来改进学校。④ 通过把学校联系起来或把学校和伙伴组织联系起来的方式，即建立更大范围的专业学习社群，也能够发展社会资本，与市场取向或等级取向比起来，对于改革更有效。⑤ 这种通过提升社会资本而带来的集体效能具体体现在：教师对教学问题有高质量的解决方法，更有能力支持彼此的优点并克服缺点⑥，而且学校的教师有能力分析不同的观点、方法和材料，使学校进行

---

① Little J. W., "Teachers' Professional Development in a Climate of Educational Reform," *Educational Evaluation and Policy Analysis*, 1993, 15 (2): 129–151.

② Harris A. & Jones M., "Professional Learning Communities and System Improvement," *Improving Schools*, 2010, 13 (2): 172–181.

③ Sargent T. C. & Hannum E., "Doing More with Less: Teacher Professional Learning Communities in Resource-Constrained Primary Schools in Rural China," *Journal of Teacher Education*, 2009, 60 (3): 258–276.

④ Allen D., "Reconstructing Professional Learning Community as Collective Creation," *Improving Schools*, 2013, 16 (3): 191–208.

⑤ Smith A. K. & Wohlstetter P., "Reform Through School Networks: A New Kind of Authority and Accountability," *Educational Policy*, 2001, 15: 499–519.

⑥ Schmoker M., "Learning Communities at the Crossroads: Toward the Best Schools We've Ever Had," *The Phi Delta Kappan*, 2004, 86 (1): 84–88.

有策略的教育规划。[1]

更重要的是，专业学习社群使教师对学生的学习产生了集体责任感。[2] 如英国致力于系统改革的专业学习社群体现出了共同决策、具有共同目的、进行合作并对结果具有共同责任等特点。[3] 对澳大利亚两所学校的个案研究表明，尽管两所学校有很多不同，但都通过专业学习社群达成了改革目标，为学校提供了从内部进行改革的力量，具体包括创建教育学框架，为教师提供目的明确的方向以及对教学实践的共同理解，使教师对改革和共享责任具有广泛承诺等。而且，两所学校都在改革过程中让教师集体发展出共享意义的系统，在关于教学的深层对话中联系起来，并参与对实践的专业探究等。[4] 密切的同僚关系能够通过教师共同策划课堂教学、相互支持、检视新观点、方法和材料从而适应新要求的提出，以超越个体教师的精力、能力和资源来尝试课堂或学校层面的革新等方式，促进学校的持续改进。[5] 专业学习社群甚至为被贴上"失败"标签的学校的教师提供希望和效能感。[6] 可见，增强集体效能，是专业学习社群给学校层面带来的积极影响[7]，也是其促进学校改进与改革的重要方式。

---

[1] Miller Q. & Kritsonis W. A., "Implementation of The Ways of Knowing Through the Realms of Meaning as a Conceptual Framework in Professional Leaning Communities as They Impact/Influence Strategic Planning in Education," *National Forum of Applied Educational Research Journal*, 2009–2010, 23: 1 & 2.

[2] Louis K. S., Marks H. M. & Kruse S., "Teachers' Professional Community in Restructuring Schools," *American Educational Research Journal*, 1996, 33 (4): 757–798.

[3] Harris A. & Jones M., "Professional Learning Communities and System Improvement," *Improving Schools*, 2010, 13 (2): 172–181.

[4] Andrews D. & Lewis M., "Transforming Practice from Within: The Power of the Professional Learning Community," In Stoll L. & Louis K. S. (Eds.), *Professional Learning Communities: Divergence, Depth and Dilemmas*, Maidenhead, England; New York: McGraw Hill/Open University Press, 2007, pp. 132–147.

[5] Inger M., "Teacher Collaboration in Secondary Schools," Center Focus, 1993. Retrieved on Apr 22, 2014, from http://ncrve.berkeley.edu/centerfocus/cf2.html.

[6] Wilhelm T., "Professional Learning Communities for Schools in Sanctions," *Leadership*, 2006, 36 (1): 28–33.

[7] Annenberg Institute for School Reform, "Professional Learning Communities: Professional Development Strategies That Improve Instruction, 2004," Retrieved on Dec 31, 2013, from http://www.annenberginstitute.org/pdf/proflearning.pdf.

(二) 对学校文化的影响

专业学习社群对学校组织层面的促进还体现在它能够改善学校文化，具体包括：教师对学校使命和价值的承诺增强[1]，更愿意开展改革[2]，在教学和评价方面有共同准则[3]，组织改进得以制度化。有研究项目总结出，专业学习社群能够在四个方面促进学校的专业文化：一是建立富有成效的关系，这对于通过合作、反思和行动来实施学校改进方案十分必要；二是使各个层面的教育者投入集体的、持续的、基于情境的学习中；三是通过支持教师帮助有困难的学生来处理教学机会不均等问题；四是努力改进学校文化、教师实践和学生学习等方面的结果。[4] 专业学习社群还使传统学校发生两个文化转向，即社群文化和强调不确定性的文化，从而使探究成为教师发展的主要方式。[5] 这种探究的气氛和文化，在布莱克（Bryk）等人的研究中被强调：总体而言，在发展专业学习社群的学校里，实验和创新的气氛往往更普遍。[6] 事实上，专业学习社群是能够带来这种气氛的最强的因素。专业学习社群对教学改革的促进，是通过创建支持教师进行革新和实验的环境来实现的。[7]

---

[1] Hord S. M., "Professional Learning Communities: Communities of Continuous Inquiry and Improvement," Southwest Educational Development Lab., Austin, TX., 1997.

[2] Giles C. & Hargreaves A., "The Sustainability of Innovative Schools as Learning Organizations and Professional Learning Communities During Standardized Reform," *Educational Administration Quarterly*, 2006, 42 (1): 124 – 156.

[3] Wahlstrom K. & Louis K. S., "How Teachers Experience Principal Leadership: The Role of Professional Community, Trust, Efficacy and Distributed Responsibility," *Educational Administration Quarterly*, 2008, 44 (4): 498 – 545.

[4] Annenberg Institute for School Reform, "Professional Learning Communities: Professional Development Strategies That Improve Instruction, 2004," Retrieved on Dec 31, 2013, from http://www.annenberginstitute.org/pdf/proflearning.pdf.

[5] Snow-Gerono J. L., "Professional Development in a Culture of Inquiry: PDS Teachers Identify the Benefits of Professional Learning Communities," *Teaching and Teacher Education*, 2005, 21: 241 – 256.

[6] Bryk A. S., Camburn E. & Louis K. S., "Professional Community in Chicago Elementary Schools: Facilitating Factors and Organizational Consequences," *Educational Administration Quarterly*, 1999, 35: 751 – 781.

[7] Bryk A. S., Camburn E. & Louis K. S., "Professional Community in Chicago Elementary Schools: Facilitating Factors and Organizational Consequences," *Educational Administration Quarterly*, 1999, 35: 751 – 781.

有研究综述指出，尽管一些研究无法描述专业学习社群对教学实践产生了哪些具体变化，但所有研究都表明，学校专业文化得到了显著的改进，因为专业学习社群要求教师对日常教学工作中的思维习惯进行根本转换。[1] 这种变化反映出专业学习社群建立的根本目的[2]，它是由专业学习社群的内在特征所决定的：强调教师间的合作，鼓励分享、反思和必要的冒险以开展改革，在根本上改变教师工作的方式；关注学生的学习，形成以促进学生学习为目标的文化；强调教师权力，让教师自主决定自己的学习过程；强调持续的教师学习，且以教师需求为导向，自然地投入具体学习中。[3]

（三）对学校领导的影响

专业学习社群还能够改进学校领导，从而促进学校改革。专业学习社群能够促进学校分布式领导的发展[4]，促使教师成为领导者[5]；能促进学校的系统改革与发展[6]；能支持不同地区的技术整合。[7] 安德鲁斯（Andrews）和刘易斯（Lewis）对澳大利亚学校革新项目的研究表明，在参与革新项目的过程中，教师领导慢慢浮现于学校的专业学习社群中，教师领导通过与管理者合作，创建出一个脉络化的教学框架，并转换他们的实

---

[1] Vescio V., Ross D. & Adams A., "A Review of Research on the Impact of Professional Learning Communities on Teaching Practice and Student Learning," *Teaching and Teacher Education*, 2008, 24: 80 - 91.

[2] DuFour R., "What Is a 'Professional Learning Community'?" *Educational Leadership*, 2004, 61 (8): 6 - 11.

[3] Vescio V., Ross D. & Adams A., "A Review of Research on the Impact of Professional Learning Communities on Teaching Practice and Student Learning," *Teaching and Teacher Education*, 2008, 24: 80 - 91.

[4] Naylor C., "Recent Literature on Professional Learning Communities: Informing Options for Canadian Teacher Unions?" (BCTF Research Report 2007-EI-02), 2007. Retrieved on Apr 25, 2014, from bctf. ca/publications. aspx? id =5630.

[5] Harris A., "Leading System Transformation," *School Leadership and Management*, 2010, 30 (30): 197 - 207.

[6] Harris A. & Jones M., "Professional Learning Communities and System Improvement," *Improving Schools*, 2010, 13 (2): 172 - 181.

[7] Cifuentes L., Maxwell G. & Bulu S., "Technology Integration Through Professional Learning Community," *Journal of Educational Computing Research*, 2011, 44 (1): 59 - 82.

践。① 斯皮兰（Spillane）和路易斯（Louis）指出，教师进行集体决策的学校能使学生受益，因为教师对学生有一致性的期待，学生处于充满关心和对话的环境中。② 这说明，专业学习社群能够通过强化教师领导、建立平行领导的方式，推动学校实践的改进与改革。

专业学习社群强调的合作团队有助于学校成功，成为学校进步背后的发动机。③ 通过专业学习社群中的共同领导，还能够处理不同种族教育不平等的问题。④ 此外，同僚合作对于外部强加的改革，如自上而下的课程改革具有重要作用，因为它能够同时促进教师发展和课程发展，还能促进新兴领导方式，如教学领导、转换型领导、共同管理等的出现。⑤ 因此，哈格里夫斯指出，学校改进、课程改革、教师发展、领导发展之间是相互依赖的，并在一定程度上依靠积极的同僚合作关系的建立。⑥

专业学习社群对学校领导的促进既反映出专业学习社群的内在特点，即分享型或分布式领导⑦⑧，也在一定程度上证明了它实施的有效性。也

---

① Andrews D. & Lewis M., "Building Sustainable Futures: Emerging Understandings of the Significant Contribution of the Professional Learning Community," *Improving Schools*, 2004, 7: 129.

② Spillane J. P. & Louis K. S., "School Improvement Processes and Practices: Professional Learning for Building Instructional Capacity," In Murphy J. (Ed.), *The Educational Leadership Challenge: Redefining Leadership for The 21st Century*, Chicago, IL: University of Chicago Press, 2002, pp. 83 – 104.

③ DuFour R., "What Is a 'Professional Learning Community'?" *Educational Leadership*, 2004, 61 (8): 6 – 11.

④ Boske C., "We Are True Witnesses on the Side of Those Who Are Oppressed: People of Color and Co-Created Leadership," In Achilles C. M., Irby B. J., Alford B. & Perreault G. (Eds.), *Remember Our Mission: Making Education and Schools Better for Students*, The 2009 Yearbook of the National Council of Professors of Educational Administration, Lancaster, Pennsylvania: DEStech Publications, Inc., 2009, pp. 231 – 245.

⑤ Hargreaves A., "Contrived Congeniality: The Micropolitics of Teacher Collaboration," In Blase J. (Ed.), *The Politics of Life in Schools: Power, Conflict, and Cooperation*, Thousand Oaks, Calif.: Sage, 1991, pp. 46 – 72.

⑥ Hargreaves A., "Contrived Congeniality: The Micropolitics of Teacher Collaboration," In Blase J. (Ed.), *The Politics of Life in Schools: Power, Conflict, and Cooperation*, Thousand Oaks, Calif.: Sage, 1991, pp. 46 – 72.

⑦ DuFour R., "Help Wanted: Principals Who Can Lead Professional Learning Communities," *NASSP Bulletin*, 1999, 83 (614): 12 – 17.

⑧ Huffman J. B. & Jacobson A. L., "Perceptions of Professional Learning Communities," *International Journal of Leadership in Education: Theory and Practice*, 2003, 6 (3): 239 – 250.

就是说，专业学习社群与学校领导之间是相辅相成的。

由此可以看出，相对于专业学习社群对教师专业发展的影响研究，关于它对学校层面影响的研究的数量较少。而且，已有研究多为质化研究，量化研究数量较少。研究表明，专业学习社群能够促进学校的集体效能、学校文化和学校领导，从而进一步促进学校的改进与改革。仔细分析这些研究可以发现，专业学习社群在集体效能、学校文化和学校领导方面的影响主要都是围绕教师和教学展开的，如集体效能主要指教师群体在教学和学生学习以及与此相关的改革方面的效能，学校文化主要指教学方面的专业文化，学校领导主要反应为教师领导或分布式领导、平行领导的发展。因此，专业学习社群对学校发展的作用与其对教师发展的作用密不可分，社群对教师层面和学校层面的影响是同时发生的。而学校层面改进的目的也在于促进每个教师的专业发展和课堂教学实践，最终促进学生学习。

三 对学生学习的影响

学校改进，尤其是如何使所有学生都能进行高水平的学习是 21 世纪教育的挑战。[1] 越来越多的研究认为发展专业学习社群能够有效应对这一挑战。如美国全国的学区都试图通过发展专业学习社群、建立合作性的、并关注学习的学校文化来提高学生的成绩，将专业学习社群视为改进学校尤其是教师专业发展的策略。[2] 有研究者指出，过去几十年对学校转换为合作场所的必要性的探讨，使得教师合作被各种不同的话语（discourse，包括文化话语、学校效能与改进话语、学校作为社群的话语、学校重构话语、批判话语）所占据，每个话语对于教师合作的理解是不同的，而在学校效能与改进话语看来，教师合作的意义（meaning）就是作为提高学生成绩的策略。[3] 因此，发展专业学习社群本身并不是目的，它作为学校改革的手段、方法或策略，追求的是教师的发展和有效教学，从而最终提

---

[1] Wang T., "Global Professional Learning Community Network (GloPLCNet)," UCEA Review, Summer Issue, 2012.

[2] Feger S. & Arruda E., "Professional Learning Communities: Key Themes from the Literature, 2008," Retrieved on Apr 23, 2014, from http://www.alliance.brown.edu/pubs/pd/PBS_PLC_Lit_Review.pdf.

[3] Lavie J. M., "Academic Discourses on School-Based Teacher Collaboration: Revisiting the Arguments," Educational Administration Quarterly, 2006, 42: 773–805.

升学生的学习效果①②,其有效性需要通过学生学习的效果来加以检验。

关于中国香港地区中学学校改进的量化研究表明,在领导实践(包括策略性发展方向和政策环境,教学、学习和课程,领导和教师发展,人事管理,资源原理,质量保证和问责,外部交流7个维度)和学校环境(包括信任、交流、专业学习社群、教师工作负担、资源能力、协调性、连贯性、结构和对学生支持9个维度)两个领域共14个变量中,专业学习社群对学校改进的作用大于其他变量,社群中教师的相互支持和学习能够促进教师教学的有效性,并进一步促进学生学习。③ 对美国学校的研究也表明,在许多甚至是所有学校中,专业学习社群几个要素之间的互动促进了学生学习和学校改进。④

具体而言,既有量化研究,也有质化研究,分别对专业学习社群与学生学习之间的关系进行了探讨。这两方面的文献在探讨专业学习社群,关注其属于学校层面还是学科组层面时,绝大多数量化研究将专业学习社群置于学校层面,而质化研究往往将其置于学科组层面。⑤ 基于这种区分,本文以下分别对量化研究和质化研究以及研究综述进行梳理。

(一) 量化研究

表2—4总结了不同学者关于专业学习社群对学生学习影响的研究,同时呈现出研究的一些关键要素,包括自变量,即专业学习社群的名称(术语)、操作性定义、结果变量、研究工具、数据来源、分析方法以及研究结果。

---

① DuFour R., "Work Together But Only if You Want To," *Phi Delta Kappan*, 2011, 92 (5): 57–61.

② Nehring J. & Fitzsimons G., "The Professional Learning Community as Subversive Activity: Countering the Culture of Conventional Schooling," *Professional Development in Education*, 2011, 37 (4): 513–535.

③ Ko J. Y. C., Hallinger P. & Walker A. D., "Exploring School Improvement in Hong Kong Secondary Schools," *Peabody Journal of Education*, 2012, 87 (2): 216–234.

④ Hipp K. K. & Huffman J. B., *Demystifying Professional Learning Communities: School Leadership at Its Best*, Lanham, Md.: Rowman & Little field Education, 2010, p.27.

⑤ Lomos C., Hofman R. H. & Bosker R. J., "The Relationship Between Departments as Professional Communities and Student Achievement in Secondary Schools," *Teaching and Teacher Education*, 2010, 27: 722–731.

表 2—4　专业学习社群对于学生学习影响量化研究总结

作者	术语（自变量）	操作性定义	结果变量（因变量）	工具	数据	分析方法	结果
Bryk & Driscoll (1988)[1]	作为社群的高中	教师同合作、共享目的、共享价值及具有共同的活动安排	学生的社会参与（逃课、缺课、捣乱、辍学）和学业成绩（学习兴趣、数学成绩）	学校社群指数测量，1个综合指标，23个分指标	高中及以上学生数据库，美国457所学校的教师和校长	相关，HLM（多层线性模型）	合作学校对于学生对学校的社会参与和学业成绩有显著影响
Ross(1992)[2]	教师辅导；教师效能	教师与指导者的合作程度	学生的知识和认知能力（通过测验获得）	4个指标先测试教师运用人事资源的程度，再通过访谈确定其与指导者的合作程度（共5级）	加拿大安大略区36个班级的18个历史教师（实施新的历史课程纲要）和429名学生	前后测试，相关和回归	教师与指导者有更多的接触且教师在教育有效性方面更有自信时，学生的成绩更高

---

[1] Bryk A. S. & Driscoll M. E., "The High School as Community: Contextual Influences and Consequences for Students and Teachers," Madison, WI: National Center on Effective Secondary Schools, University of Wisconsin,1988.

[2] Ross J. A., "Teacher Efficacy and the Effects of Coaching on Student Achievement," *Canadian Journal of Education*,1992,17:51-65.

续表

作者	术语（自变量）	操作性定义	结果变量（因变量）	工具	数据	分析方法	结果
Lee & Smith (1996)①	专业社群	平均教师责任，教师责任差异，教师合作，教师控制	学生的数学、阅读、历史、科学成绩	3个变量,35个指标	美国820所高中的11692名高二学生及9904名教师	HLM	合作和集体责任越高，学生的成绩越高，分布越均衡
Louis, Marks & Kruse (1996)②	教师专业社群	共享价值，关注学生学习，合作，去个人化实践，反思性对话	教师对学生学习的责任（教师在何种程度上认为自己有能力指导学习，并认为自己在指导学生上负责且有效,10个指标测量)	Louis等人的专业社群问卷,1个变量,5个分变量,19个指标	美国24所小学、初中和高中共910名教师	HLM	专业社群显著预测教师对学生学习的责任

---

① Lee V. E. & Smith J. B., "Collective Responsibility for Learning and Its Effects on Gains in Achievement for Early Secondary School Students," *American Journal of Education*, 1996, 104: 103–147.
② Louis K. S., Marks H. M. & Kruse S., "Teachers' Professional Community in Restructuring Schools," *American Educational Research Journal*, 1996, 33(4): 757–798.

续表

作者	术语（自变量）	操作性定义	结果变量（因变量）	工具	数据	分析方法	结果
Marks & Louis (1997)[①]	教师赋权	教师在学校的运行和管理、学生的学校经历、教师的工作生活和教师的课堂教学	以教学为目的的学校组织（包括专业社群和对学生学习的集体责任两方面），真实教学，学生的数学和社会科学成绩	4个变量，14个指标	美国16个州22个学区的24个小学、初中和高中的910名教师和5943名学生	HLM	教师赋权通过影响以教学为目的的学校组织（即专业社群和对学生学习的集体责任）而间接影响教育教学的表现质量和学生的学业表现（即有很强的间接效果）
Louis & Marks (1998)[②]	专业社群	共享价值，关注学生学习，合作，去个人化实践，反思性对话	学生的学业成绩（数学和社会科学）；真实教育教学（中介变量）	1个变量，5个分变量，19个指标	美国24所小学、初中和高中的910名教师和5943名学生	HLM	专业社群，对学生成绩的社会支持都通过一中介变量影响学生的成绩，解释85%的学生成绩变异量

[①] Marks H. M. & Louis K. S., "Does Teacher Empowerment Affect the Classroom? The Implications of Teacher Empowerment for Instructional Practice and Student Academic Performance," *Educational Evaluation and Policy Analysis*, 1997, 19:245–275.

[②] Louis K. S. & Marks H. M., "Does Professional Community Affect the Classroom? Teachers' Work and Student Experiences in Restructuring Schools," *American Journal of Education*, 1998, 106(4):532–575.

续表

作者	术语（自变量）	操作性定义	结果变量（因变量）	工具	数据	分析方法	结果
Goddard, Hoy & Hoy (2000)[1]	教师集体效能	教师关于影响学生成绩的集体能力的信念	学生的数学和阅读成绩	4个变量, 21个指标	美国47所小学的近一半教师和7016名学生	回归分析	教师集体效能显著预测学生的数学和阅读成绩
Yasumoto, Uekawa & Bidwell (2001)[2]	教师的同僚社会关系	学科组特征（规模、生均支出、城市或乡村），专业讨论频率，教学实践，教学实践连贯性及三者的交互变量（学科组层面）	教学实践提高学生学习成绩的影响程度（教学实践可视为中介变量）	1个变量, 11个指标	美国青年纵向研究数据(LSAY)，全国52所公立高中的3000名学生的成绩数据及相应的教师和学校数据	HLM	当学科组进行同僚合作时，教学实践对学生学习的影响增强，学生成绩有所提高

[1] Goddard R. D., Hoy W. K. & Hoy A. W., "Collective Teacher Efficacy: Its Meaning, Measure, and Impact on Student Achievement," *American Educational Research Journal*, 2000, 37: 479 – 508.

[2] Yasumoto J. Y., Uekawa K. & Bidwell C. E., "The Collegial Focus and High School Students'Achievement," *Sociology of Education*, 2001, 74(3): 181 – 209.

续表

作者	术语 (自变量)	操作性定义	结果变量 (因变量)	工具	数据	分析方法	结果
Supovitz(2002)①	团队教学实践	教师与至少一个同事共同探讨教学问题的频率(教师层面)	学生在数学、阅读、科学、写作和公民学科的进步情况	1个变量,7个指标	美国79所学校的2359名教师和不到5000名学生	HLM	教学实践以团队形式展开的程度和学生的成绩之间有明确的关系(β系数)
Visscher & Witziers (2004)②	专业社群	教师共享价值、改进教学并去个体化实践(共识、咨询与合作、政策决策和评价、学校、学科组领导)	学生在全国数学测验的成绩	6个变量,21个分变量,234个指标	荷兰39所学校的169名教师和975名学生	HLM	专业社群的部分特点有利于学生学习成绩的提高

① Supovitz J. ,"Developing Communities of Instructional Practice,"*Teachers College Record*,2002,104(8):1591 – 1626.
② Visscher A. J. & Witziers B. ,"Subject Departments as Professional Communities?" *British Educational Research Journal*,2004,30(6):785 – 800.

续表

作者	术语（自变量）	操作性定义	结果变量（因变量）	工具	数据	分析方法	结果
Bolam et al. (2005)①	专业学习社群	共同价值和愿景，合作，对学生学习的集体责任，个体和群体学习，反思性专业对话	全国学生测验成绩	4个因素，43个指标	英国393所学校的校长	相关分析	专业学习社群与学生的成绩相关
Hughes & Kritsonis (2007)②	专业学习社群	德州被视为专业学习社群的高中	学生于2004到2006年间在德州数学和阅读（英语）学科知识技能测试（TAKS）的变化	无（学校作为单位）	美国德州64所高中	描述分析（学校平均成绩增长水平及比例）	专业学习社群的学校提高了学生的数学、阅读（英语）的成绩

① Bolam R., McMahon A., Stoll L., Thomas S. & Wallace M., "Creating and Sustaining Professional Learning Communities," Research Report Number 637. London, England: General Teaching Council for England, Department for Education and Skills, 2005.
② Hughes T. A. & Kritsonis W. A., "Professional Learning Communities and the Positive Effects on Achievement: A National Agenda for School Improvement," 2007. Retrieved on Dec 31, 2013, from http://www.allthingsplc.info/pdf/articles/plcandthepositiveeffects.pdf.

续表

作者	术语（自变量）	操作性定义	结果变量（因变量）	工具	数据	分析方法	结果
Goddard, Goddard & Tschannen-Moran(2007)①	以学校改进为目的的教师合作	教师合作影响学校改进、课程、教学及专业发展等方面决策的程度	四年级学生在州统一数学和阅读测试的成绩	1个变量，5个指标	美国中西部一个城市学区的47所小学的452名教师和2536名四年级学生	HLM	教师合作显著预测学生阅读和数学成绩，作者推断影响是同接的，通过教师学习（教师学习是可能的中介变量）来进教学实践改
Lomos, Hofman & Bosker(2011)②	数学学科组作为专业社群	教师参与反思对话、合作活动、去个人化实践的频率和教师具有共同愿景的程度	学生TIMSS（国际数学与科学趋势研究项目）-2003数学成绩	2个变量，5个指标	荷兰130所学校的130名教师和3000名学生	聚类分析和HLM	在任何类型的学校中，专业社群都对学生学习有积极影响[ES（效果量）>.20]

① Goddard Y. L., Goddard R. D. & Tschannen-Moran M., "A Theoretical and Empirical Investigation of Teacher Collaboration for School Improvement and Student Achievement in Public Elementary Schools," *Teachers College Record*, 2007, 109(4):877-896.
② Lomos C., Hofman R. H. & Bosker R. J., "The Relationship Between Departments as Professional Communities and Student Achievement in Secondary Schools," *Teaching and Teacher Education*, 2011, 27:722-731.

表2—4中呈现的14个量化研究不仅包括专业学习社群对学生学习影响的研究，还包括与专业学习社群类似的概念，如教师合作、团队教学实践、教师集体效能、教师赋权等对学生学习影响的研究。既包括直接分析专业学习社群及相关概念与学生学习关系的研究，也包括间接分析专业学习社群及相关概念与学生学习关系的研究。这说明，尽管关于专业学习社群对学生学习影响的量化研究跨越了二十几年，但其数量相对有限。而且，大多数研究都基于美国的背景，只有少数研究来自英国、加拿大、荷兰等西方国家，亚洲国家在这方面的研究寥寥无几。也就是说，尽管大家都宣称发展专业学习社群的最终目的是促进学生学习，且认为它对学生学习产生了积极影响，但仍然缺乏相关的实证研究，尤其是量化研究来证明这一关系，而非西方背景的亚洲国家在这方面研究的缺乏尤为突出。尽管如此，我们仍然能从这些研究中得到诸多启示：

首先，从分析单位上看，多数研究把学校作为分析单位，分析学校作为专业学习社群时，对学生学习产生了怎样的影响；少数研究将学科组作为分析单位，凸显学科组的一些特质对学生学习产生的影响。这引起了一些西方学者的重视，如哈里斯等人的研究表明，学科组对于学生学习有显著的作用[1]，但学校改进领域很少涉及学科组层面的改进过程或者探究哪些因素有利于学科组改进（department as a "unit of analysis"）。基于从两个评价研究收集的实证数据，她认为，在学校改进的理论和实践中，学科组是一个重要的缺失环节。若把学科组作为重要的改革单位，与学校层面和课堂层面一致，更有可能对实践社群产生影响，并发展出很强的内部改革的能力。而且，把学科组层面纳入到学校改进理论和实践中，能够进一步保证学校的改进过程和实现组织改革之间的联系。[2] 因而即使在强调跨学科组织的背景下，学科组依然具有其存在的意义。[3] 库勒迈尔（Kuhlemeier）和范·登·伯格（Van Den Bergh）也指出，关于学校效能领域的研究表明，学校的政策仅在一定程度上影响学生成绩，学科组对于教师的

---

[1] Harris A., Jamieson I. M. & Russ J., "A Study of Effective Departments in Secondary Schools," *School Organisation*, 1995, 15: 283–299.

[2] Harris A., "Department Improvement and School Improvement: A Missing Link?" *British Educational Research Journal*, 2001, 27: 477–486.

[3] Little J. W., "Contested Ground: The Basis of Teacher Leadership in Two Restructuring High Schools," *The Elementary School Journal*, 1995, 96 (1): 47–63.

幸福、教学的质量和学生的成绩很重要，但很少有研究探讨学科组是如何影响学生成绩的。但是他们对荷兰中学地理学科组的量化研究表明，学科组特质和学生成绩之间的关系并不明显，因而学科组似乎不能解释缘何学校层面对学生学习的影响较弱。① 这也进一步说明，关于学科组与学生学习之间的关系还有待更多的研究进行验证。此外，还有极少数研究将教师个体作为分析单位，如教师个体与同事的互动程度对学生学习的影响等。分析单位的不同，也带来了具体研究设计的差异。

其次，对于学生学习效果变量的测量，多数研究考察其学科成绩，很少有研究关注学生在社会、心理等非认知领域的发展。而且，学生的学习效果，即学生成绩数据的获得往往来自于大型标准测试的标准化数据。

再次，多数研究收集了学生、教师、学校等不同层面的数据，且多为大规模的调查研究。由于专业学习社群与学生学习之间的关系涉及不同层面的数据，因此收集多个层面的数据能够更加准确地测量教师专业学习社群对学生学习的影响。也因此，多数研究都采用了多层分析如 HLM 的分析方法。

复次，就研究结果而言，所有研究都表明专业学习社群对于学生的学习有积极影响。对专业学习社群与学生学习关系的元分析也显示，专业学习社群对学生学习成绩的效果量（effect size）为 0.25，说明二者之间存在积极的显著性关系。② 关于影响学生成绩的研究综述也表明，帮助学生进行高水平学习的最有效策略是保证教师以团队形式合作工作，从而确立所有学生都必须掌握的学习方式；通过持续评价收集学生学习的数据，并使用数据来讨论、规划及改进教学。③ 可见，专业学习社群对学生学习能够产生切实的影响。

最后，关于专业学习社群对学生学习的影响方式，很少有研究探讨。

---

① Kuhlemeier H. & Van Den Bergh H., "Departmental Effectiveness in the Third Year of Dutch Secondary Education," *Studies in Educational Evaluation*, 2000, 26: 351 – 371.

② Lomos C., Hofman R. H. & Bosker R. J., "Professional Communities and Student Achievement: A Meta-Analysis," *School Effectiveness and School Improvement: An International Journal of Research, Policy and Practice*, 2011, 22 (2): 121 – 148.

③ Hattie J., "*Visible Learning: A Synthesis of Over 800 Meta-Analyses Relating to Achievement*," New York: Routledge, 2009, Cited by DuFour R., "Work Together but Only If you Want to," *Phi Delta Kappan*, 2011, 92 (5): 57 – 61.

路易斯和马克斯①、安本（Yasumoto）等人②以及戈达德（Goddard）等人③的研究表明，专业学习社群对学生学习的影响是间接的，真实教育学、教学实践、教师学习等因素是专业学习社群可能影响学生学习的中介变量，但整体上对这些中介变量影响效果的测量和验证还不够。如罗莫斯（Lomos）等人在元分析中所指，还须进一步研究专业学习社群对学生学习的间接影响机制，探讨可能的中介变量。④

（二）质化研究

除了量化研究，一些质化研究也就专业学习社群对于学生学习的影响进行了分析。有研究表示，初中教师把学生数学成绩的提高以及减少课堂问题行为的原因归结为群体工作。⑤ 利特尔在 1981 年对 6 所小学的研究表明，教师把学校层面学生的学习进步归功于年级层面每周一次的、关于课程与教学的团队活动。⑥ 利特尔在 1982 年通过对 105 名教师和 14 名管理者进行的半结构访谈的研究也发现，在学生成绩方面成功的学校有一些共同特征，包括经常性的教师评价和反馈、教师互相讨论教学、教师一起设计教学、教师相互学习教学方面的内容等。⑦ 菲利普斯（Phillips）的个案研究表明，学校通过建立真正的学习社群，包括高质量的专业发展、基于研究的文献、共享领导、合作过程和背景，使得所有社经背景和成绩段

---

① Louis K. S. & Marks H. M., "Does Professional Community Affect the Classroom? Teachers' Work and Student Experiences in Restructuring Schools," *American Journal of Education*, 1998, 106 (4): 532-575.

② Yasumoto J. Y., Uekawa K. & Bidwell C. E., "The Collegial Focus and High School Students' Achievement," *Sociology of Education*, 2001, 74 (3): 181-209.

③ Goddard Y. L., Goddard R. D. & Tschannen-Moran M., "A Theoretical and Empirical Investigation of Teacher Collaboration for School Improvement and Student Achievement in Public Elementary Schools," *Teachers College Record*, 2007, 109 (4): 877-896.

④ Lomos C., Hofman R. H. & Bosker R. J., "Professional Communities and Student Achievement: A Meta-Analysis," *School Effectiveness and School Improvement: An International Journal of Research, Policy and Practice*, 2011, 22 (2): 121-148.

⑤ Little J. W., "Teachers as Colleagues," In Lieberman A. (Ed.), *Schools as Collaborative Cultures: Creating the Future Now*, Bristol, PA: The Falmer Press, 1990, pp. 165-193.

⑥ Little J. W., "The Power of Organizational Setting: School Norms and Staff Development," A Paper Presented at the Annual Meeting of the American Educational Research Association, Los Angeles, 1981.

⑦ Little J. W., "Norms of Collegiality and Experimentation: Workplace Conditions of School Success," *American Educational Research Journal*, 1982, 19: 325-340.

的学生成绩都在 5 年的改革尝试中有了大幅的提升。① 斯特拉恩（Strahan）对 3 所个案小学进行的纵向研究发现，自 1997—2002 年，学生州测试的成绩从不到 50% 的合格率，到超过 75% 的合格率，原因是学校合作性的专业文化和专业学习社群提升了学生的成绩，促进了教育改革。② 而且团队实践程度高的学校，比程度低的学校的学生成绩好。麦克劳林和塔尔伯特对两所学校的个案研究表明，成熟的社群通过建立和管理知识、共享承诺和实践标准、持续改进学校文化来促进学生学习成绩的提高。③ 而且在教师共同探究学生成绩数据并合作、发展及评价相关措施的学校，学生的成绩更好。欧登（Odden）和阿奇博尔德（Archibald）对于一些学生学习成绩提高一倍的学校和地区进行研究，发现学生成绩提高的原因是合作性的专业学校文化，即专业学习社群的建立。④ 麦肯锡对于学生在学习方面表现优异的学校的系统研究表明，优秀的学校系统通过专业学习社群，使教师共同改进课堂教学。⑤

可以看出，尽管专业学习社群领域的质化研究的数量不少，但探讨其与学生学习关系的研究却十分有限，而且几乎全部是西方背景下的研究。已有研究多以学科组及相关的活动或教师个体为分析单位，分析教师通过社群活动或与同事进行合作对学生学习产生的影响。具体在设计方面，已有研究或通过对个案学校和教师进行纵向研究，分析专业学习社群的建立与发展与学生成绩提高之间的关系；或通过对成绩好的学校和成绩差的学校进行对比，探讨教师合作或集体探究在其中的作用。两种研究都通过对教师进行访谈或对教师活动的观察来获得数据。多数研究对专业学习社群

---

① Phillips J., "Powerful Learning: Creating Learning Communities in Urban School Reform," *Journal of Curriculum and Supervision*, 2003, 18 (3): 240 - 258.

② Strahan D., "Promoting a Collaborative Professional Culture in Three Elementary Schools That Have Beaten the Odds," *Elementary School Journal*, 2003, 104 (2): 127 - 146.

③ McLaughlin M. W. & Talbert J. E., *Building School-Based Teacher Learning Communities: Professional Strategies to Improve Student Achievement*, New York: Teachers College Press, 2006, pp. 16 - 37.

④ Odden A. R. & Archibald S. J., *Doubling Student Performance: And Finding the Resources to Do It*, San Francisco: Corwin Press, 2009, p. 178.

⑤ Barber M. & Mourshed M., "Shaping the Future: How Good Education Systems Can Become Great in the Decade Ahead. Report on the International Education Roundtable," Singapore: McKinsey & Co., July 7, 2009, p. 30. Retrieved on Mar 30, 2015, from http://www.eurekanet.ru/res_ru/0_hfile_1906_1.pdf.

的活动进行了详细的描述，但缺乏其中对学生学习具有关键影响的因素的分析，也很少有研究者基于数据提出结构性强且有效的分析框架。如利特尔指出，我们对于教师同僚合作如何影响学生学习的具体机制了解的还很少。[1] 总体而言，已有的质化研究都是从教学改进的角度，理解专业学习社群与学生学习之间的关系，即教师通过合作探究、共同备课、分享实践等方式改进课堂教学，从而促进学生学习成绩的提高。

此外，还有一篇研究采用了混合研究方法对专业学习社群和学生学习之间的关系进行了探讨。[2] 该研究历时两年半，虽然运用了教师调查来了解专业学习社群建立前后教师观感的变化（主要是描述性分析，如在改变学生学习的专业效能感上，参与社群之前的比例为44%，参与社群之后的比例为50%），但更多的数据收集方法是教师个体访谈、集体访谈、社群活动观察、邮件交流、文件资料收集等质化方式，因此该研究的核心结论是通过质性研究部分得出的。结果表明，尽管建立学习社群的领导者努力调动起实践者的专业知识，并建立起其对学生学习的集体责任，但多数参与者并不认为它们的合作工作和学生的学习之间有关系。因为在教师群体内部，他们把更多的时间花在了建立社群上，而不是批判性反思以改进实践上。这也说明，专业学习社群对学生学习的促进是有条件的，即需要专业学习社群的有效实施。

（三）文献综述

除了实证研究，还有一些研究者通过梳理他人研究的成果，即文献综述的方式对专业学习社群与学生学习之间的关系进行分析。

霍德将专业学习社群对学生学习的影响总结为：降低不及格率，减少旷课率，促进更加平等的学习，促进数学、科学、历史、阅读等学科成绩的提升，促使学生之间的成绩差距缩小等。[3] 其他综述同样表明，社群能

---

[1] Little J. W., "Teachers as Colleagues," In Lieberman A. (Ed.), *Schools as Collaborative Cultures: Creating the Future Now*, Bristol, PA: The Falmer Press, 1990, pp. 165–193.

[2] Wood D., "Teachers' Learning Communities: Catalyst for Change or a New Infrastructure for the Status Quo?" *Teachers College Record*, 2007, 109 (3): 699–739.

[3] Hord S. M., "Professional Learning Communities: Communities of Continuous Inquiry and Improvement," Southwest Educational Development Lab., Austin, TX., 1997.

够增强学生的学习动机①，促进学生学习进步，减少辍学率和旷课率，缩小学生成绩的差距②，减少学生的行为问题③等。

韦肖（Vescio）等人专门对专业学习社群对教学实践和学生学习的影响进行了文献综述。在他们所综述的 11 篇文献中，有 8 篇文献对专业学习社群与学生学习成绩的关系进行了探讨。8 篇研究一致表明，当教师参与专业学习社群时，学生的学习成绩有所改善。因此作者认为，专业学习社群对学生的学习具有积极影响是明确的结论。④

通过对专业学习社群与学生学习关系的研究进行梳理可以发现，研究在总体数量上相对有限，尤其是实证研究的数量还有待提高，这也是不同研究者所反复强调的问题。⑤⑥ 具体而言，在量化研究中，明确以"专业学习社群"为名称的研究数量还不多（这也是韦肖等人在研究综述里指出"已有研究多为质化研究，少部分是量化研究"的原因），而且缺乏关于专业学习社群对学生学习影响的方式，如中介变量的关注；质化研究数量一般，对专业学习社群如何影响学生学习的过程分析不足，需要对教师参与社群的过程进行更多的研究，以揭示专业学习社群促进教师学习的方式，从而找到其促进学生学习需求的方式⑦；混合研究很少，对专业学习

---

① Stoll L., Bolam R., McMahon A., Wallace M. & Thomas S., "Professional Learning Communities: A Review of the Literature," *Journal of Educational Change*, 2006, 7 (4): 221 – 258.

② Coleman C. H., "Teachers' Perceptions of Administrative Leadership Styles and Schools as Professional Learning Communities," Doctoral Dissertation, University of New Orleans, 2005. Retrieved on Apr 18, 2014, from http: //gradworks. umi. com/31/75/3175814. html.

③ Goddard Y. L., Goddard R. D. & Tschannen-Moran M., "A Theoretical and Empirical Investigation of Teacher Collaboration for School Improvement and Student Achievement in Public Elementary Schools," *Teachers College Record*, 2007, 109 (4): 877 – 896.

④ Vescio V., Ross D. & Adams A., "A Review of Research on the Impact of Professional Learning Communities on Teaching Practice and Student Learning," *Teaching and Teacher Education*, 2008, 24: 80 – 91.

⑤ Lomos C., Hofman R. H. & Bosker R. J., "Professional Communities and Student Achievement: A Meta-Analysis," *School Effectiveness and School Improvement: An International Journal of Research, Policy and Practice*, 2011, 22 (2): 121 – 148.

⑥ Feger S. & Arruda E., "Professional Learning Communities: Key Themes from the Literature, 2008," Retrieved on Apr 23, 2014, from http: //www. alliance. brown. edu/pubs/pd/PBS_ PLC_ Lit_ Review. pdf.

⑦ Pella S., "A Situative Perspective on Developing Writing Pedagogy in a Teacher Professional Learning Community," *Teacher Education Quarterly*, 2011, 38 (1): 107 – 125.

社群影响学生学习的机制了解得不够。而且，绝大多数研究都是基于西方背景下的研究。这说明，需要更多的实证研究，尤其是不同教育背景下的实证研究，对专业学习社群与学生学习之间的关系进行分析。

四 小结

从前文的分析中可以看出，专业学习社群对学生学习具有积极的影响，但这种影响的过程是复杂的、间接的。其中的中介因素主要是教师专业发展，具体包括教师教学效能、教师承诺等。斯托尔等人在研究综述中指出，专业学习社群的一个关键目的是促进教师的有效性，从而最终促进学生发展。[1] 它的最终目标必须通过学生来衡量，尽管其中存在教师能力水平这一中介效果。

同时，专业学习社群对于学校层面的发展也具有重要的影响，主要体现为增强学校组织的集体效能，改进学校的专业文化，并促进学校领导，尤其是教师领导的发展。这三方面的专业发展都围绕着教师的发展展开，因而也间接促进了学生学习的改善。关于学校层面领导的研究也指出，领导对学生学习的影响是间接的，主要通过影响教师和组织实践来实现[2][3]，对学生的学习效果具有强烈影响的领导实践是推动并参与教师的学习和发展。[4] 因此，学校组织层面的发展与学生学习之间的关系也主要是通过教师的专业发展来实现的。

综上所述，专业学习社群对学校改进（包括教师发展、学校组织层面发展、学生学习发展）的影响机制可以表示为图 2—3（实线代表直接影响，虚线代表间接影响）。其中矩形框内的部分，是这一影响机制的核心部分。

---

[1] Stoll L., Bolam R., McMahon A., Wallace M. & Thomas S., "Professional Learning Communities: A Review of the Literature," *Journal of Educational Change*, 2006, 7 (4): 221-258.

[2] Leithwood K., Louis K., Anderson S. & Wahlstrom K., "How Leadership Influence Student Learning," Learning from Leading Project, New York: Wallace Foundation, 2004, p. 18.

[3] Timperley H., Wilson A., Barrar H. & Fund I., *Teacher Professional Learning and Development: Best Evidence Synthesis Iteration* (BES), New Zealand: Ministry of Education and the University of Auckland, 2007, pp. 192-196.

[4] Robinson V. M. J., Lloyd C. A. & Rowe K. J., "The Impact of Leadership on Student Outcomes: An Analysis of the Differential Effects of Leadership Types," *Educational Administration Quarterly*, 2008, 44 (5): 635-674.

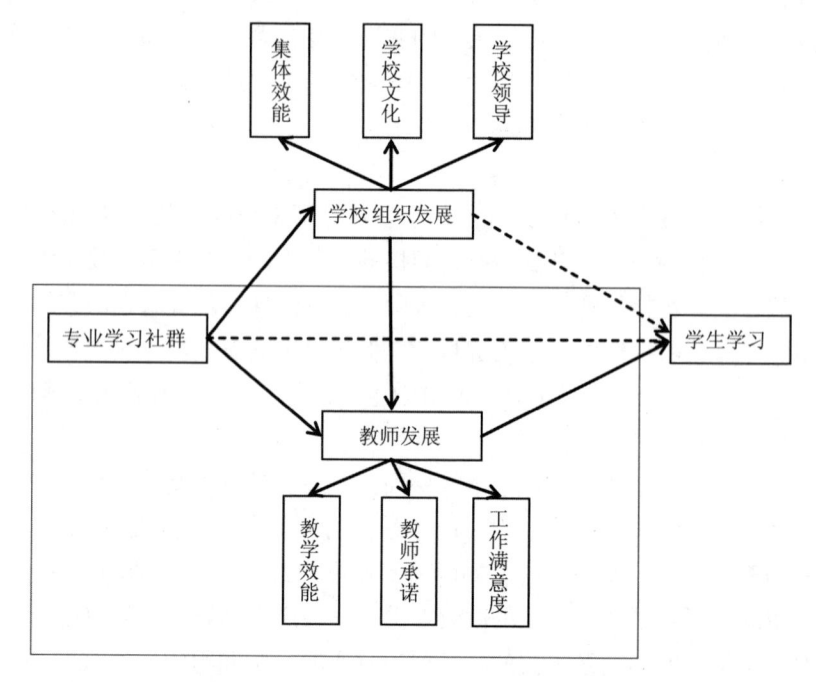

图 2—3 专业学习社群对学校改进的影响机制

第五节 专业学习社群效果的实现

斯皮兰和路易斯指出，专业学习社群的概念对于学校改进如此重要，并非因为它是新的概念，而是因为它提供了一个整合多个教育观念的基础。[①] 例如，教师发展方面的研究认为合作的、基于工作的学习能够最大程度地改进教师表现，从而改进学生的学习效果，这种专业发展要求教师参与关于教学基本问题的讨论（反思对话和共享实践）。关于有效学校的文献表明，学校必须对所有学生有高的期待，教师要相信自己有能力教导所有学生（关注学生学习，对学生学习有集体责任）。对于个体和群体改

[①] Spillane J. P. & Louis K. S., "School Improvement Processes and Practices: Professional Learning for Building Instructional Capacity," In Murphy J. (Ed.), *The Educational Leadership Challenge: Redefining Leadership for The 21st Century*, Chicago, IL: University of Chicago Press, 2002, pp. 83 - 104.

革的半个多世纪的研究表明,如果没有社会性支持和压力性的环境,改革是不可能产生的。因此,专业学习社群不是对已有学校改进行为的附加,而是一个机制,把我们所知道的、关于学校和教师改革如何发生的东西整合到一起。通过这样的机制,专业学习社群对于学校改进的影响才得以实现。

一 专业学习社群促进学生学习的原因

不论是量化研究,还是质化研究,抑或是对若干研究进行的综述都表明,专业学习社群对学生的学习效果具有积极影响。而且,专业学习社群发展得越完善,对学生成绩的提升作用越大。[1][2] 那么问题来了:专业学习社群为什么会促进学生学习的提高呢?或者说,专业学习社群的哪些特点对学生学习的改进起到了关键作用呢?前文初步提到,专业学习社群通过改进教师的教学实践,从而带来学生成绩的提高。此处对专业学习社群影响学生学习的过程进行了更加具体的分析。

关于专业学习社群促进学生发展的原因,霍德在1997年就曾对4个相互关联的因素进行了综合性分析:一是关注学生学习。教师为学生提供真实的、高质量的学习实践,既包括有挑战性的任务,也包括高质量的学习。二是真实的教育学。真实的教育学(包括教学和评价)能使所有社会阶层的学生都有所发展,不论其种族、性别及家庭收入如何。三是组织能力。社群中教师互相帮助,对学生学习拥有集体责任,为改善教学实践而不断努力。四是外部支持。国家、州、地区、改革者及家长等为学校提供必要的财政、技术和政治支持。[3] 可见,这是一个关于专业学习社群促进学生学习的原因的综合性分析,既包括微观的学生学习和教学,也包括中观层面的学校组织能力和外部支持。这些因素在后续的研究中,也不断

---

[1] Bolam R., McMahon A., Stoll L., Thomas S. & Wallace M., "Creating and Sustaining Professional Learning Communities," *Research Report Number 637*, London, England: General Teaching Council for England, Department for Education and Skills, 2005.

[2] Louis K. S. & Marks H. M., "Does Professional Community Affect the Classroom? Teachers' Work and Student Experiences in Restructuring Schools," *American Journal of Education*, 1998, 106 (4): 532–575.

[3] Hord S. M., "Professional Learning Communities: Communities of Continuous Inquiry and Improvement," Southwest Educational Development Lab., Austin, TX., 1997.

被研究者视为影响学生学习的关键。

首先，很多研究表明，专业学习社群对学生学习产生影响的前提是社群中的教师合作以学生学习为中心。①② 杜福尔明确指出，要关注正确的事情，因为只有合作本身无法改进学校。③ 也就是说，有教师合作的社群是不够的，只有聚焦于学生学习的改善④⑤，专业学习社群才能真正提高学生的学习成绩。有的研究认为社群和学生学习效果的关系很弱，而有的研究表明社群对学生的学习有积极影响，其区别就在于专业学习社群是否专注于学生，响应学生的需要。⑥

其次，关于专业学习社群的哪些特点能够促进学生的学习，一些学者做出了探讨。有实证研究表明，社群的三个特点与学生的学习表现相关：一是教师合作准备教学，将备课过程作为学习机会，共同分析和讨论学生的作业，探究如何通过不同的教学策略带来不同的结果；二是社群成员相互带教，相互观课，并且感到安全，会建设性地批评彼此的教学策略；三是社群具有一定的弹性，为了一定的教学目的而重新组织学生。⑦ 在更深的层面上，这些实践反映出了教师在根本上对团队教学实践的参与，反映出教师持续探究怎样改进学生学习。廷珀利（Timperley）等人认为能够促进学生学习的社群特点包括：支持教师发展对教学的新理解，挑战有问题的观念并验证观点的有效性，重视外部专家带来的新视角，持续关注教

---

① Bolam R., McMahon A., Stoll L., Thomas S. & Wallace M., "Creating and Sustaining Professional Learning Communities," Research Report Number 637, London, England: General Teaching Council for England, Department for Education and Skills, 2005.

② Vescio V., Ross D. & Adams A., "A Review of Research on the Impact of Professional Learning Communities on Teaching Practice and Student Learning," *Teaching and Teacher Education*, 2008, 24: 80 – 91.

③ DuFour R., "Work Together But Only if You Want To," *Phi Delta Kappan*, 2011, 92 (5): 57 – 61.

④ Harris A. & Jones M., "Professional Learning Communities and System Improvement," *Improving Schools*, 2010, 13 (2): 172 – 181.

⑤ Visscher A. J. & Witziers B., "Subject Departments as Professional Communities?" *British Educational Research Journal*, 2004, 30 (6): 785 – 800.

⑥ Timperley H., "Teacher Professional Learning and Development," Geneva: International Academy of Education and International Bureau of Education. Booklet, 2008.

⑦ Supovitz J., "Developing Communities of Instructional Practice," *Teachers College Record*, 2002, 104 (8): 1591 – 1626.

学对学生学习的影响。① 这也是韦肖等人（2008）在综述中做出的提醒：社群可能受限于自身成员的视野，因此要扩大社群的边界，寻求外部的观点。② 由此可见，这几个研究的共同结论是，教师合作准备、探究、反思教学的特点是专业学习社群改进学生学习的核心原因。这也说明，确保教师通过合作来改善教学实践是发展专业学习社群的关键因素。

再次，关于专业学习社群促进学生学习的过程，一些研究进行了分析。教学优先是专业学习社群最重要的事情③，因为教学与学生学习具有最直接的关系。而教学实践的改进，取决于高质量的教师和教师学习。④⑤ 因此有研究从教师学习和专业发展的角度来探讨专业学习社群影响学生学习的过程。如麦克劳林和塔尔伯特认为，社群体现出有效的教师专业发展的特点，包括关注特定环境的教学和学生学习，强调持续的、非片段化的发展，提供和校内外同事合作的机会，帮助发展关于所学知识和能力的理解。⑥ 也即，专业学习社群能够促进教师有效地学习，实现高质量的专业发展，从而带来教师教学和学生学习的改进。戈达德等人认为，教师通过合作能够提升自身的效能感，从而改进学生学习。⑦

还有研究从教师群体或组织能力的角度来探讨专业学习社群对学生学习的影响过程。如安本等人认为，学科组的合作活动通过四个机制来增强教学对学生学习的影响，包括更有效地诊断和解决教学问题、不断开放实

---

① Timperley H., Wilson A., Barrar H. & Fund I., *Teacher Professional Learning and Development: Best Evidence Synthesis Iteration* (BES), New Zealand: Ministry of Education and the University of Auckland, 2007, pp. 202 – 203.

② Vescio V., Ross D. & Adams A., "A Review of Research on the Impact of Professional Learning Communities on Teaching Practice and Student Learning," *Teaching and Teacher Education*, 2008, 24: 80 – 91.

③ Visscher A. J. & Witziers B., "Subject Departments as Professional Communities?" *British Educational Research Journal*, 2004, 30 (6): 785 – 800.

④ Darling-Hammond L., "Teacher Quality and Student Achievement: A Review of State Policy Evidence," Seattle: Center for the Study of Teaching and Policy, 1999, pp. 38 – 39.

⑤ Timperley H., *Teacher Professional Learning and Development*, Geneva: International Academy of Education and International Bureau of Education. Booklet, 2008.

⑥ McLaughlin M. W. & Talbert J. E., *Building School-Based Teacher Learning Communities: Professional Strategies to Improve Student Achievement*, New York: Teachers College Press, 2006, pp. 8 – 9.

⑦ Goddard Y. L., Goddard R. D. & Tschannen-Moran M., "A Theoretical and Empirical Investigation of Teacher Collaboration for School Improvement and Student Achievement in Public Elementary Schools," *Teachers College Record*, 2007, 109 (4): 877 – 896.

践带来教学的连贯性、有效利用教学冲突、成员间相互信任等。① 李（Lee）和史密斯的研究也指出，教师对学生学习的集体责任能够影响社群与学生学习的关系。② 尼尔逊（Nelson）等人的研究则认为，专业学习社群对学生学习影响的大小取决于教师对话的本质，用客气礼貌的方式追求达成一致的对话比较肤浅地关注共享经验，深度合作对话才能深化对教师教学和学生学习的理解。③ 威利（Wiley）对美国高中教师间的关系和学生的数学成绩之间的关系的研究表明，专业学习社群与转换型领导相互依赖，从而积极地影响学生的成绩。④ 这说明，专业学习社群能够通过提升组织群体的教学实践、能力和责任，来提升学生的学习。

最后，还有研究突出了外部支持对于专业学习社群与学生学习关系的作用。如伍德（Wood）的研究中，参与社群的教师之所以不认为合作工作与学生的学习之间有关联，其原因在于，尽管地区在促进专业学习社群结构的制度化方面做了很多努力，但教师有效性的提升被要求服从高风险考试的问责政策所限制。⑤ 而且专业学习社群发动者的实践和原则与地区文化背道而驰，社群的持续发展受到质疑。同时，地区为教师提供的时间、自主等支持也不够。可见，尽管外部支持看似并非专业学习社群的决定因素，但它可能具有十分关键的作用，直接影响专业学习社群的效果。

由此，归根到底，专业学习社群对学生学习的影响过程，是通过提升教师个体和组织群体的能力并改进教学实践而实现的。

二 专业学习社群促进教师发展的原因

专业学习社群对学生学习产生效果是通过促进教师的发展来实现的，

---

① Yasumoto J. Y., Uekawa K. & Bidwell C. E., "The Collegial Focus and High School Students' Achievement," *Sociology of Education*, 2001, 74 (3): 181–209.

② Lee V. E. & Smith J. B., "Collective Responsibility for Learning and Its Effects on Gains in Achievement for Early Secondary School Students," *American Journal of Education*, 1996, 104: 103–147.

③ Nelson T. H., Deuel A., Slavit D. & Kennedy A., "Leading Deep Conversations in Collaborative Inquiry Groups," *The Clearing House*, 2010, 83: 175–179.

④ Wiley S. D., "Contextual Effects on Student Achievement: School Leadership and Professional Community," *Journal of Educational Change*, 2001, 2: 1–33.

⑤ Wood D., "Teachers' Learning Communities: Catalyst for Change or a New Infrastructure for the Status Quo?" *Teachers College Record*, 2007, 109 (3): 699–739.

而专业学习社群之所以能够有效促进教师的发展，也内含一定的原因。有研究指出，专业学习社群符合有效教师专业发展的特点，包括具有持续性，植根于具体背景，与改革措施一致，采用合作与探究方式，同时也强调要具有高的学习标准和善于运用学生学习数据来促进教师的教学能力。①

专业学习社群之所以能够促进教师的专业发展，其核心原因在于它为教师提供了有效的学习方式。因为教师学习指的是能够使教师在专业知识、能力、态度、信念或行为等方面带来具体变化的过程，而教师专业发展是通过各种教师学习实现的具体变化的结果。② 对中国香港地区29所中学的1330名教师的量化研究表明，当学校有更多的集体学习机会时，教师的学习就得以改进，且能够对学生在不同方面的发展起到明显的促进作用。③ 专业学习社群这一不同于传统的教师专业发展取向所内含的教师学习特质，是其促进教师学习从而提升教师发展的根本原因。

首先，专业学习社群体现出探究性的教师学习的特质。科克伦-史密斯（Cochran-Smith）和莱特尔（Lytle）将教师知识分为为了实践的知识（knowledge-for-practice）、在实践中的知识（knowledge-in-practice）和关于实践的知识（knowledge-of-practice），并指出当教师在探究性的社群情境中学习时，能够产生适于自己的知识，即关于实践的知识。④ 因此他们认为，探究社群是21世纪教师学习的重要转向。专业学习社群本身就具有重视教师合作探究的特点，如有研究者指出，专业学习社群使得教师重拾杜威的教育哲学，即通过系统观察和分析课堂及学生工作并进行持续的对话，促进教师专业性的发展，使教师不仅是教育学知识的使用者，也是

---

① Annenberg Institute for School Reform, Professional Learning Communities: Professional Development Strategies That Improve Instruction, 2004, Retrieved on Dec 31, 2013, from http://www.annenberginstitute.org/pdf/proflearning.pdf.

② Mitchell R., "What Is Professional Development, How Does It Occur in Individuals, and How May It be Used by Educational Leaders and Managers for the Purpose of School Improvement?" *Professional Development in Education*, 2013, 39 (3): 387 - 400.

③ Lam Y. L. J., "School Organizational Structures: Effects on Teacher and Student Learning," *Journal of Educational Administration*, 2005, 43: 387 - 401.

④ Cochran-Smith M. & Lytle S., "Relationships of Knowledge and Practice: Teacher Learning Community," *Review of Research in Education*, 1999, 24: 249 - 305.

创造者、传播者、保存者。① 麦克劳林和塔尔伯特也认为，专业学习社群使教育者重新关注到学习上，强化了将反思性对话和探究作为专业发展的合法化形式，确认了教师与同事交流的专业地位，反对把教学作为获取狭隘的技术知识的看法，注重其通过专业知识和判断来实现发展。② 而且，教师通过社群中的合作探究，能够实现自身想法与实践的转换，从而促进改革的发生。③

其次，专业学习社群中的教师学习体现出对本土情境和实践的关注。大多数关于教师专业发展的研究关注教师在专业学习社群中的学习，是因为它们看到了社群中教师情境学习的本质。④ 有研究指出，教师学习的关键机制是能够拥有观察并参与社群的核心实践的机会，当教师拥有观察、讨论和参与共享实践的机会时，他们的学习就得以促进。⑤ 专业学习社群使教师的学习发生在自己的学校中，在和自己的同事交流的过程中。⑥ 这不只是任务上的改变，也是教师工作方式的转型。它是对传统的"为了实践的知识"的教师专业发展范式的根本转换，基于"实践中的知识"的基本假设，认为教学知识是不断生成的，教师通过共同探讨、有意识的探究、对材料加以质疑和阐释等过程，实现专业的发展。⑦ 对两所高中数学教师的比较研究表明，教师社群在教师学习中具有重要作用，通过社群规范、实践和制品（artifact）的影响，为教师提供超越个体的教学推理的

---

① Bullough R. V., "Professional Learning Communities and the Eight-Year Study," *Educational Horizons*, 2007, 85 (3): 168–180.

② McLaughlin M. W. & Talbert J. E., *Building School-Based Teacher Learning Communities: Professional Strategies to Improve Student Achievement*, New York: Teachers College Press, 2006, pp. 5–8.

③ Jacobs J. & Yendol-Hoppey D., "Supervisor Transformation Within a Professional Learning Community," *Teacher Education Quarterly*, 2010, 37 (2): 97–114.

④ Pella S., "A Situative Perspective on Developing Writing Pedagogy in a Teacher Professional Learning Community," *Teacher Education Quarterly*, 2011, 38 (1): 107–125.

⑤ Levine T. H. & Marcus A. S., "How the Structure and Focus of Teachers' Collaborative Activities Facilitate and Constrain Teacher Learning," *Teaching and Teacher Education*, 2010, 26: 389–398.

⑥ McLaughlin M. W. & Talbert J. E., *Building School-Based Teacher Learning Communities: Professional Strategies to Improve Student Achievement*, New York: Teachers College Press, 2006, pp. 3–4.

⑦ Vescio V., Ross D. & Adams A., "A Review of Research on the Impact of Professional Learning Communities on Teaching Practice and Student Learning," *Teaching and Teacher Education*, 2008, 24: 80–91.

资源，拓展了教师的日常学习。这是互动式的专业发展，强调专业发展的生态取向。① 利特尔也提出了专业社群促进教师专业发展的框架，认为社群合作能够展示实践（representation of practice）、定位于实践（orientation to practice）、发展互动规范（norms of interaction），从而为教师提供学习资源。②

再次，专业学习社群体现出互动与合作的教师学习的特点。有研究指出，专业社群中的教师学习反映出一系列社会实践的特点，这些实践成为了专业发展项目的核心。③ 它强调教师对同事学习和自己学习的责任，避免教师把自己的教室当成避难所。黄丽锷对中国教研组的研究指出，社群主要通过两种方式促进教师发展：一是教师分享学习资源。社群为教师获取、传播、讨论知识提供了平台，有助于教师从传统的教师中心教学向学生中心教学转换。二是教师创建关于其实践的共享的语言和知识，努力为促进学生提高自己的工作质量。教师变得很开放，愿意接受新观点，并勇于接受挑战。④ 霍恩和利特尔通过对两个效果完全不同的专业学习社群的对比研究也指出，发展共同的概念、原则和术语，教授同样的课程，每个人都拥有领导和责任，是社群促进教师发展的关键因素。⑤ 可见，通过建立共享规范和话语，使教师之间进行有效地互动与合作，是有效的教师学习方式。

最后，专业学习社群体现出重视对话和民主的特点。有研究指出，理想状态下的专业学习社群体现出基于民主取向而非管理取向的专业性，能最大化地促进所有人的学习，而且能够通过持续对话和共享领导来促进双

---

① Horn I. S. , "Learning on the Job: A Situated Account of Teacher Learning in High School Mathematics Departments," *Cognition and Instruction*, 2005, 23（2）: 207 – 236.

② Little J. W. , "Locating Learning in Teachers' Communities of Practice: Opening up Problems of Analysis in Records of Everyday Work," *Teaching and Teacher Education*, 2002, 18: 917 – 946.

③ Lieberman A. & Wood D. , "Untangling the Threads: Networks, Community and Teacher Learning in the National Writing Project," *Teachers and Teaching: Theory and Practice*, 2002, 8（3）: 295 – 302.

④ Wong J. L. N. , "Searching for Good Practice in Teaching: A Comparison of Two Subject-Based Professional Learning Communities in a Secondary School in Shanghai," *Compare: A Journal of Comparative and International Education*, 2010, 40（5）: 623 – 639.

⑤ Horn I. S. & Little J. W. , "Attending to Problems of Practice: Routines and Resources for Professional Learning in Teachers' Workplace Interactions," *American Educational Research Journal*, 2010, 47（1）: 181 – 217.

环学习。① 具体而言，专业学习社群通过促进教师领导的发展，使教师不仅感受到工作的价值，而且得到广泛的支持，同时还能从相互学习中受益，实现领导能力的发展。② 布洛（Bullough）认为，轮流主持和共享领导，使用教师自己的术语，真诚并热情的参与，依据专业知识和判断解决问题，用规范而非标准答案作为工具，社群活动与教师日常工作相连，提出大家共同感兴趣的问题等，是能够促进教师学习的社群特点。③ 可见，专业学习社群强调的教师共享领导促进了社群活动的民主性和专业性，有助于产生高质量的教师学习。

综上所述，专业学习社群活动能够体现出有效教师学习的特点，它使得整个教学文化得以改善。④ 对日本专业学习社群进行的研究就表明，它通过促进个体教师的专业发展、学会关注学生、传播新的知识和方法、将个体教师的实践与学校的目标联系起来、教师不同观点的碰撞、创造改进的要求、影响国家教育政策、尊重教师的核心地位等不同的方式来改进教师的教学实践。⑤

三 信任与冲突的作用

除了专业学习社群这一理想模式本身内含的独特的教师学习的特质之外，专业学习社群促进教师学习和专业发展的关键更在于它的有效实施，尤其是如何在具体活动中有效地进行教师对话与合作，对于专业学习社群的效果有重要影响。莱文（Levine）和马库斯（Marcus）指出，教师合作活动既可能促进教师学习，也可能限制教师学习，这与合作活动的结构和

---

① Mitchell R., "What Is Professional Development, How Does It Occur in Individuals, and How May It Be Used by Educational Leaders and Managers for the Purpose of School Improvement?" *Professional Development in Education*, 2013, 39 (3): 387–400.

② Harris A. T., "Using Professional Learning Communities to Build Teacher Leadership Capacity: Creating Sustainable Change in Education," Master Thesis, Dominican University of California, 2010.

③ Bullough R. V., "Professional Learning Communities and the Eight-Year Study," *Educational Horizons*, 2007, 85 (3): 168–180.

④ Vescio V., Ross D. & Adams A., "A Review of Research on the Impact of Professional Learning Communities on Teaching Practice and Student Learning," *Teaching and Teacher Education*, 2008, 24: 80–91.

⑤ Lewis C., "Lesson Study: The Core of Japanese Professional Development," Eric Reproduction Document no. 444972, 2000.

关注点有关。① 有意识地组织合作并经常性、透明性地开放彼此的实践，关注学生的学习效果及能够达成该目的的合作方法，有策略地选择合作的活动形式等，是能够促进教师学习的社群活动的特点。利特尔也系统分析了能够有效促进教师学习的社群活动的特点，包括：对学生的学习有集体责任；发展社群文化，能够开诚布公地讨论问题，有分歧但能够容忍冲突，同时互相尊重；有足够的资源；在多个层面和地点建立社群；与校外建立联系等。② 值得注意的是，对于专业学习社群活动中产生的冲突的处理方式能够影响教师的专业发展程度，信任与冲突也成为影响专业学习社群有效性的关键因素。

  许多研究表明，教师间的信任是建立专业学习社群的关键，也是其发挥效能的必要条件。③④⑤ 双变量相关分析（bivariate correlationa）和典型相关分析（canonical correlation）都表明，信任水平与学校合作水平具有明显的关系，信任能够预测学校的合作水平。⑥ 多层线性模型（HLM）分析也显示，教师信任是唯一能够显著影响组织学习（organizational learning）的效果的因素。⑦ 它与高水平的学校效能有关，包括学生的成绩和家

---

① Levine T. H. & Marcus A. S., "How the Structure and Focus of Teachers' Collaborative Activities Facilitate and Constrain Teacher Learning," *Teaching and Teacher Education*, 2010, 26, 389 – 398.

② Little J. W., "Professional Community and Professional Development in the Learning-Centered School," National Education Association of the United States, 2006.

③ Bryk A. S., Camburn E. & Louis K. S., "Professional Community in Chicago Elementary Schools: Facilitating Factors and Organizational Consequences," *Educational Administration Quarterly*, 1999, 35: 751 – 781.

④ Cranston J., "Holding the Reins of the Professional Learning Community: Eight Themes from Research on Principals' Perceptions of Professional Learning Communities," *Canadian Journal of Educational Administration and Policy*, 2009, 90: 1 – 22.

⑤ Huffman J. B. & Hipp K. K., *Reculturing Schools as Professional Learning Communities*, Publisher Lanham, Md.: Scarecrow Press, 2003, pp. 148 – 149.

⑥ Tschannen-Moran M., "Collaboration and the Need for Trust," *Journal of Educational Administration*, 2001, 39: 308 – 331.

⑦ Bryk A. S., Camburn E. & Louis K. S., "Professional Community in Chicago Elementary Schools: Facilitating Factors and Organizational Consequences," *Educational Administration Quarterly*, 1999, 35, 751 – 781.

长合作。而且低信任与教师的职业倦怠相关。[1] 这说明，信任对于专业学习社群十分重要。然而，这一重要的元素往往并未得到很好的处理。[2] 路易斯（2006）就指出，建立专业学习社群需要很长的时间，其原因之一在于信任作为组织文化中的元素十分关键，却往往被忽视。[3] 信任是社会互动理所当然的基础，是合作行为的必备要素，也是发展社会资本的基础，但是信任危机问题在教育环境中十分明显。作为发展专业学习社群的先决条件，很少有学校（或许更少有学校管理者）真正考虑如何改进信任这一组织运行的关键要素。

与信任相联系的一个概念就是冲突。有研究者指出，专业学习社群一直强调教师间的相互信任而非冲突，但实际上，太多信任可能会导致极度统一从而功能紊乱。而冲突能够引进多样化，并强调组织学习。[4] 冲突对于学校改进与改革的作用在近年来得到了越来越多的重视，一些研究认为，对于冲突的处理方式能够影响专业学习社群的效能。社群微观政治方面的研究表明，冲突是不可避免的，教师之间会有不同甚至相互冲突的观点[5]，反思过程也不可避免地产生冲突。[6] 从微观政治学和组织理论的视角对两所城市公立中学的个案研究指出，当教师在社群中开展合作性改革时，冲突经常出现。有研究发现，冲突不仅是社群的核心，教师如何处理冲突，是压制还是鼓励彼此的分歧，决定了社群的边界，并在根本上决定了其组织学习和改革的潜力。[7] 因此，社群成功与否的关键在于如何处理

---

[1] Louis K. S., "Changing the Culture of Schools: Professional Community, Organizational Learning and Trust," *Journal of School Leadership*, 2006, 16: 477-489.

[2] Annenberg Institute for School Reform, "Professional Learning Communities: Professional Development Strategies That Improve Instruction, 2004," Retrieved on Dec 31, 2013, from http://www.annenberginstitute.org/pdf/proflearning.pdf.

[3] Louis K. S., "Changing the Culture of Schools: Professional Community, Organizational Learning and Trust," *Journal of School Leadership*, 2006, 16: 477-489.

[4] Watson C., "Effective Professional Learning Communities? The Possibilities for Teachers as Agents of Change in Schools," *British Educational Research Journal*, 2014, 40 (1): 18-29.

[5] Visscher A. J. & Witziers B., "Subject Departments as Professional Communities?" *British Educational Research Journal*, 2004, 30 (6): 785-800.

[6] Hord S. M., "Professional Learning Communities: Communities of Continuous Inquiry and Improvement," Southwest Educational Development Lab., Austin, TX., 1997.

[7] Achinstein B., "Conflict amid Community: The Micropolitics of Teacher Collaboration," *Teachers College Record*, 2002, 104 (3): 421-455.

分歧，欢迎不同的观点对于教师的学习很重要，因为它能促进更加丰富的辩论。① 好的社群应该为教师提供讨论和辩论的环境以解决冲突②，并寻求突破、创新和新的想法。③ 还有研究者指出，教师合作一定要有认知冲突，才能促进改革。因为冲突是承诺的先决条件，若没有冲突，很容易导致服从。④ 从这个角度看，冲突的产生有利于教师发展，而且是学校改革的关键因素。⑤ 但过多的冲突也会带来一定的问题，可能导致政治斗争，从而削弱社会关系并带来不信任。⑥ 因此，寻找合适的冲突水平并有效地处理冲突显得十分必要，同时也成为学校面临的挑战。⑦

由此可见，专业学习社群这一理想模型在实践中有很多复杂的因素要处理，尤其是恰当地处理教师间的信任、冲突关系，对于专业学习社群的发展和效果具有关键影响。从这个意义上说，专业学习社群不是一个事物，而是一种运行方式。它没有终点，需要不断改进。当教师在社群中工作和学习时，持续改进成为其内在价值。⑧

---

① Achinstein B., "Conflict Amid Community: The Micropolitics of Teacher Collaboration," *Teachers College Record*, 2002, 104 (3): 421-455.

② Hord S. M., "Professional Learning Communities: Communities of Continuous Inquiry and Improvement," Southwest Educational Development Lab., Austin, TX., 1997.

③ Wells C. M., "Critical Issues for Leadership: Early Transition of Implementation to a Professional Learning Community, A Conceptual Design," In Beverly I., Betty A., George P. & Luana Z. (Eds.), *Promoting Critical Ideas of Leadership, Culture and Diversity: 2010 NCPEA Yearbook*, 2010, pp. 97-109.

④ de Lima J. A., "Forgetting about Friendship: Using Conflict in Teacher Communities as a Catalyst for School Change," *Journal of Educational Change*, 2001, 2: 97-122.

⑤ Riedlinger B., "One Principal's Story: Building a Community of Inquiry," In Hord S. M. (Ed.), *Learning Together, Leading Together: Changing Schools Through Professional Learning Communities*, New York: Teachers College Press; Oxford, Ohio: National Staff Development Council, 2004, pp. 96-113.

⑥ Watson C., "Effective Professional Learning Communities? The Possibilities for Teachers as Agents of Change in Schools," *British Educational Research Journal*, 2014, 40 (1): 18-29.

⑦ de Lima J. A., "Forgetting about Friendship: Using Conflict in Teacher Communities as a Catalyst for School Change," *Journal of Educational Change*, 2001, 2: 97-122.

⑧ Morrissey M., "Professional Learning Communities: An Ongoing Exploration, 2000," Retrieved on Sep 15, 2013, from http://www.sedl.org/pubs/change45/welcome.html.

四 小结

通过上述探讨可以看出，专业学习社群对于学生学习的影响主要通过改进教师的教学实践来实现，它能通过促进教学过程、提升组织的集体责任与效能、强化外部支持等途径来改进教学实践，从而进一步影响学生学习的效果。而专业学习社群对教师专业发展的促进不仅在于概念上的有效性，即其本身内含的独特的教师学习方式，包括注重教师探究、关注本土的情境和实践、强调教师合作、重视对话与民主等；更有赖于社群活动的有效实施，因为在现实中，专业学习社群中的教师学习受到多种因素的影响，特别是成员间的信任与冲突水平。因此只有运行良好的专业学习社群，才能切实促进教师的专业发展。可以说，专业学习社群的效能最终体现在它的实施过程中。这也在一定程度上解释了为何专业学习社群领域的研究者从关注其内涵、特点转换到关注它在现实情境中的发展与持续问题。

同时可以发现，目前关于专业学习社群促进学生学习和教师发展的原因和过程的探讨还不够，且缺乏理论性的视角和分析框架。有研究指出，关于教师在专业学习社群中进行互动的本质和互动促进教师发展机制的研究进展不大。[①] 因此，对专业学习社群影响教师发展的过程进行研究，能够弥补现有研究的不足。

第六节 中国背景下的专业学习社群

本节聚焦于中国背景下的专业学习社群，首先阐述其含义，即中国学校专业学习社群具有哪些实践形态，接下来将其放置于情境脉络中阐述其独特性质，最后探讨课程改革背景下专业学习社群的发展走向。

一 专业学习社群的涵义

中国在专业学习社群实践方面具有很长的历史，尽管并未对相关实践

---

① Horn I. S. & Little J. W. ，"Attending to Problems of Practice： Routines and Resources for Professional Learning in Teachers' Workplace Interactions，" *American Educational Research Journal*，2010，47（1）：181–217.

冠之以"专业学习社群"的名义。早在20世纪50年代,各中小学便开始建立教学研究组织,即教研组。同时,学校还设有备课组和年级组。除了这些统一的社群形式,一些学校还建立了具有自身特色的社群,如研究小组、课题小组、学习小组、青年教师发展小组等。除了通过这些固定的社群载体进行的教师交流与合作,中国的学校还普遍存在非正式的教师沟通与合作形式。

在正式、统一的专业学习社群中,教研组的历史最为悠久。历经半个多世纪的发展,无论是其组织层次、职能还是活动方式都已自成一体。从组织层次上说,除了本书重点关注的学校教研组外,还有区/县级、省/市级教研组(室),一级受一级领导。从职能上说,各级教研组都要指导第一线教师的教学,并对提高课堂教学质量提供专业的帮助。从活动形式上说,有学校、区/县级、省/市级等不同层面的活动。学校层面的活动包括集体备课、共享材料、教师间互相听课评课、就课堂教学进行讨论、集体学习改革政策、探讨学术文献、共同开展研究课题等。[①] 在某种意义上,这些活动已经嵌入教师的日常工作中,对教师的学习产生重要的影响。[②] 区/县级、省/市级层面的活动包括教育专家讲座、公开课及专家评课、教师研讨等,这些活动能够帮助教师理解课程标准和方案,为其提供教学支持。其中区/县级、省/市级教研室设有教研员,他们从学校的骨干教师(在中国的学校中,骨干教师指的是业务素质较强、具有一定知名度、被大家公认的、具有丰富的教育教学经验的教师)中选拔出来,具有丰富的教学经验和教学水平,同时进行教育教学行动研究,往往在教学期刊上发表过一定数量的论文(近年来上海市的很多教研员具有博士学位)。这些教研员参与到教研组活动中,能够给教师提供有效的指导,因而深受教师的欢迎。可以说,教研员的工作已经深入课堂教学实践中。从这个角度看,他们不是"外部专家",而是学校教研组的一部分,为教研活动带来

---

① 叶娜:《教师对教研组活动期望的调查研究》,《江西教育科研》2007年第5期,第63—65页。

② Wong J. L. N., "What Makes a Professional Learning Community to Be Possible? A Case Study of a Mathematics Department in a Junior Secondary School of China," *Asia Pacific Education Review*, 2010, 11 (2): 131–139.

新的想法和实践。① 由此,从学校教研组到区/县级、省/市级教研室,构成了一个完善的教研体系,为教师提供了丰富的专业发展机会和资源。

除了教研组,一些规模比较大的中小学还在年级层面建立备课组,即由同一年级的相同或相似学科的教师组成的教师专业学习社群。备课组的职能和活动形式与教研组类似,都以改进教学实践为核心任务,可以看作是专业学习社群的最小组织单位。

除了基于学科的社群,中国的中小学还建有年级组。年级组由同一年级不同学科的教师组成,不仅关注学生在学习方面的表现,而且共同探讨学生在身体、社会、审美、道德等方面的发展需求,以促进学生素质的全面发展。相对而言,年级组承担着较多的管理职责,因此往往被视为学校的一级行政组织。②

这三种类型的教师群体构成了中国学校组织结构的基本要素。这种组织结构贯穿中国所有地区的学校教育系统,不论是经济最发达的地区,还是最贫穷落后的地区,都不例外。③④ 因此,它们是中国学校普遍存在且统一的专业学习社群的实践形态。

另外,中国,尤其是上海的中小学还根据自身的发展需要设有一些独特的专业学习社群。这类群体并非因教育行政部门的统一要求和规定而建立,而是由各个学校根据自身的实际情况设立的、反映学校独特环境和文化的社群形式。这类社群的主题内容也比较广泛,既有因为教学经验相似而形成的青年教师小组,也有基于共同兴趣而开展的学习小组、课题小组等。在结构上,这类社群比较松散。活动内容和方式较为多样,教师具有

---

① Tsui A. & Wong J., "In Search of a Third Space: Teacher Development in Mainland China," In Chan C. K. K. & Rao N. (Eds.), *Revisiting the Chinese Learner: Changing Contexts, Changing Education*, Hong Kong: Springer: Comparative Education Research Centre, The University of Hong Kong, 2009, pp. 281–311.

② 胡惠闵:《教师专业发展背景下的学校教研组》,《全球教育展望》2005 年第 34 卷,第 7 期,第 21—25 页。

③ Paine L. W. & Ma L. P., "Teachers Working Together: A Dialogue on Organizational and Cultural Perspectives of Chinese Teachers," *International Journal of Educational Research*, 1993, 19 (8): 675–697.

④ Sargent T. C. & Hannum E., "Doing More With Less: Teacher Professional Learning Communities in Resource-Constrained Primary Schools in Rural China," *Journal of Teacher Education*, 2009, 60 (3): 258–276.

一定的自主权。例如，上海市打虎山路第一小学就存在着学科代表群体、学科教师合作研讨小组、青年教师专业发展小组、教育研究自愿者组合等社群形式，由教师自愿、自主地进行开放式的交流与研讨。①

以上不管是全国统一的教研组、备课组、年级组等社群形态，还是学校自身创建的课题小组、青年教师小组等社群形态，都属于教师之间正式的专业学习社群。除此之外，中国的学校还存在着大量的教师非正式合作学习的形态，例如同一办公室的教师之间的随机交流学习，食堂、咖啡室（笔者在实地考察时发现，上海很多中小学都设有咖啡室，供教师休息或随机交流）、网络等私下场合的互动与合作等。这些非正式的合作学习方式的存在，使得中国学校的"社群"意蕴更加丰富。

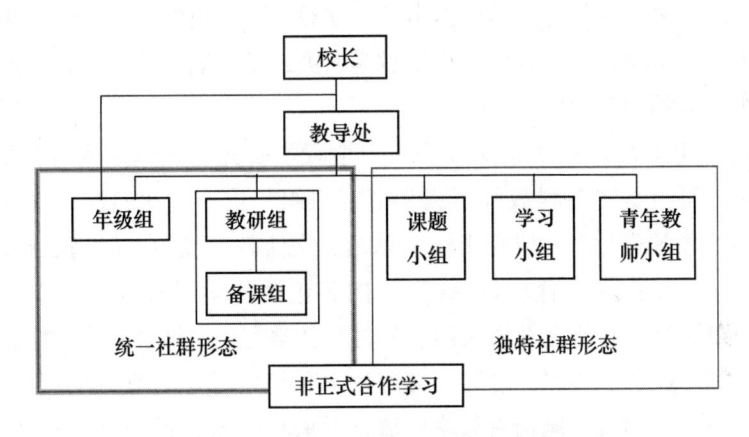

图 2—4　中国专业学习社群的实践形态

图 2—4 显示出我国学校的专业学习社群的基本实践形态。可以看出，我国学校具有丰富的教师群体组织，为教师的合作学习提供了大量的机会。其中，统一的社群形态占主导地位，对于学校教学和教师发展起着主要的作用。而在统一的社群形态中，教研组（备课组）占主导地位，是专业学习社群的核心实践形式。因此，学界对中国的专业学习社群的探讨多指对教研组进行的研究。这种轻重区分也可透过教师组织发展的历史脉络略窥一二。

---

① 胡惠闵：《教师专业发展背景下的学校教研组》，《全球教育展望》2005 年第 34 卷，第 7 期，第 21—25 页。

二 专业学习社群的情境脉络

作为历史最久的教师组织,教研组出现于20世纪50年代。它的缘起在于学习俄国"教学法小组"的做法,希望通过集体来提升教师的业务水平。① 1952年,中国教育部颁布了《中学暂行规程(草案)》,并规定:"中学各学科设教学研究组,由各科教员分别组织之,以研究改进教学工作为目的。每组设组长一人,由校长就各科教员中选聘之。"②③ 同年出台的《小学暂行规程(草案)》规定:教导研究会议"由全体教师依照学科性质,根据本校具体情况,分别组织研究组。各组设立组长一人,主持本组教导研究会议,研究改进教导内容和教导方法,并交流和总结经验"④⑤。这两个规程均对学校提出了建立教学研究组的要求,但并未对其工作内容作出具体说明,而且各地教学研究组织的名称不统一,有的叫教学小组,有的叫学科小组。⑥

1957年1月,教育部发布了《中学教学研究组工作条例(草案)》,明确了教研组是"各科教师的教学研究组织"这一专业属性,其任务在于"组织教师进行教学研究工作,总结、交流教学经验,提高教师思想、业务水平,以提高教育质量",工作内容包括"学习有关中学教育的方法、政策和指示,研究教学大纲、教材和教学方法,结合教学工作钻研教育理论和专业科学知识,总结、交流教学和指导课外活动的经验",并规定教研组长"由校长聘请有教学经验,并有一定威信的教师担任","负责组织领导教研组的工作"⑦。这即是我国学校教研组的起源,一定程度

---

① 胡惠闵、刘群英:《我国中小学教学研究组织的发展及其困境》,《教育发展研究》2012年第2期,第1—8页。

② 教育部:《中学暂行规程(草案)》,《山西政报》1952年第7期,第99—103页。

③ 中国教育年鉴编辑部:《中学暂行规程(草案)》,载《中国教育年鉴(1949—1980)》,中国大百科全书出版社1984年版,第731页。

④ 教育部:《小学暂行规程(草案)》,《山西政报》1952年第7期,第103—107页。

⑤ 中国教育年鉴编辑部:《小学暂行规程(草案)》,载《中国教育年鉴(1949—1980)》,中国大百科全书出版社1984年版,第728页。

⑥ 教育部:《中学教学研究组工作条例(草案)》,载何东昌主编《中华人民共和国重要教育文献1945—1975》,海南出版社1998年版,第720页。

⑦ 教育部:《中学教学研究组工作条例(草案)》,载何东昌主编《中华人民共和国重要教育文献1945—1975》,海南出版社1998年版,第720页。

上也可以说其是我国专业学习社群实践的开始。

在教研组中，除了一般性的学习以外，集体备课慢慢成为其主要活动。这主要出于三方面的需要：一是在当时教师教学完全由个人发挥、具有很大随意性的背景下，集体备课有利于促进教师教学的规范化；二是由于不同教师在教学经验、态度和能力上存在差异，集体备课有助于其互相学习与促进；三是在教育改革的环境下，集体合作更有助于教师应对教学中的问题。[①] 因此，教研组在一定程度上演变成了备课组。

从这个角度看，教研组似乎就如教育部在建立教研组时所强调的那般，"是教学研究组织，不是行政组织的一级"，任务是"提高教育质量，而不是处理行政事务"，"教研组长负责组织领导本组教学研究工作，而不是介乎校长、教导主任和教师之间的一级行政干部"[②]。然而，尽管教育部作出了这样的规定，但教研组"从开始建立起，就不是单纯的教学研究组织，而带有一定的行政组织的属性"[③]。这体现在：教研组并非由教师自愿参与，而是具有一定的强制性；它不像俄国的教学法小组那样结构松散，而具有很大的稳定性；不同于俄国由教师推选出教学法小组组长，教研组长是由校长聘任，即行政任命的，而且要处理教师的日常事务。因此，从表面上看，教研组是通过借鉴俄国的教学法小组而成立的，但本质上，它是中国特定历史条件下的产物。尤其是 20 世纪 80 年代末以来，随着学校环境的变化，教研组的行政属性越来越强。如学校规模的扩大带来了教师管理上的困难，因此校长、教导主任两级行政管理逐渐演变为校长、教导主任、教研组在内的三级行政管理。教育改革、教师职称评定、学校内外交流等活动越来越多，教研组逐渐变成教师事务组。[④] 有研究者指出，教研组成为了集"行政管理、教学研究、专业学习、党派组

---

① 陈桂生：《"中国的教研组现象"平议》，《南通大学学报》（教育科学版）第 22 卷，2006 年第 4 期，第 1—4 页。

② 教育部：《中学教学研究组工作条例（草案）》，载何东昌主编《中华人民共和国重要教育文献 1945—1975》，海南出版社 1998 年版，第 720 页。

③ 陈桂生：《"中国的教研组现象"平议》，《南通大学学报》（教育科学版），2006 年第 22 卷，第 4 期，第 1—4 页。

④ 陈桂生、刘群英、胡惠闵：《关于"教研组问题"的对话》，《上海教育科研》2014 年第 3 期，第 56—59 页。

织等职能为一身的复杂的混合体"①，尤其是"事务性、行政性的工作"占据了相当的比例②，日益成为了"行政的附庸"③。

与此同时，学校办学规模的扩大催生了另一种教师组织——年级组。随着 20 世纪 80 年代学校教师的增多，行政管理的思想在学校中得以强化，因此承担管理教师职责的年级组应运而生。它在一定程度上解决了教师管理上的困难，因此"逐渐取代了学科教研组的地位"④。

20 世纪末 21 世纪初，加速的社会变化以及各种信息技术的涌现使得学校进入持续教育改革阶段。面对改革带来的种种挑战，教研组这一被行政化的专业组织又重回人们的视野。无论是教育领导还是一线教师，都看到了它对于应对课程改革的重要意义，并开始反思教研组存在的问题，致力于教研组专业属性的回归。同时，具有学校自身特色的教师合作群体，如课题小组、学习小组等也慢慢出现。

通过以上对中国的专业学习社群，尤其是教研组发展脉络的分析可以看出，它是基于中国特定的历史情境而产生和发展的，体现出不同于其他国家，尤其是西方国家的独特性质。

首先，与西方国家自下而上建立专业学习社群的方式不同，中国的教研组等专业学习社群是由教育部门以自上而下的方式推动建立的。在教研组成立初期，教育部对其目标、任务、运作及具体活动提出了明确的规定，全国的教研组活动都按统一的规定来开展。从这个意义上讲，教研组等教师组织中的合作是哈格里夫斯所指的硬造合作，它的特点是强制性、固定性和可预测性，而非合作文化所强调的自发性、灵活性和不确定性。⑤ 因此，有研究者认为我国学校的教研组等组织是一种硬造社

---

① 胡艳：《新中国 17 年中小学教研组的职能与性质初探》，《教师教育研究》2011 年第 6 期，第 50—55 页。

② 胡艳：《我国中学教研组性质的实证研究——以北京市城区中学为例》，《教育学报》2012 年第 6 期，第 78—89 页。

③ 蒋福超、刘正伟：《专业学习共同体视角下的教研组改革》，《教育发展研究》2009 年第 10 期，第 83—87 页。

④ 胡惠闵：《教师专业发展背景下的学校教研组》，《全球教育展望》2005 年第 34 卷，第 7 期，第 21—25 页。

⑤ Hargreaves A., *Changing Teachers, Changing Times: Teachers' Work and Culture in The Post-Modern Age*, London: Cassell, 1994, pp. 186 - 209.

群。① 尽管如此，在中国传统的集体观念和文化的影响下，经过了几十年的发展，教研组的常规活动逐渐被合法化和制度化。② 对于中国的教师而言，参与教研组的合作学习活动已经成为一种理所当然的事，并嵌入他们的日常工作实践中，在其学习与专业发展中发挥着重要的角色，同时也形成了一定的制度规范和结构。③ 从这个角度看，教研组等教师群体体现出了专业学习社群的根本特点，可视为一种具有中国特色的专业学习社群，如王婷对中国东北地区两所学校的实证研究就发现，有意安排的组织结构支持了教师的专业学习和集体探究，两所学校体现出教师间真正的、自律的合作和共享责任，也即基于集体责任的协调的（coordinated）、自律的（disciplined）合作系统促进了教学和学生学习的改进。④ 这说明，中国的学校中存在着一种不同于硬造合作的、协调的、系统的教师合作取向。

其次，与西方相比，教研组、备课组等专业学习社群形式不仅承担着教学探究与改进的职能，而且也具有行政管理的功能。这种双重职能使它们在具体活动中显得更加复杂和微妙。如教研组长既具有专业权力，即在专业知识和能力方面得到大家的认可，具有一定的专业权威，而且也具有一定的行政权力，负责教研组的活动安排和任务布置等。在这两种职能中，占主导地位的是专业职能。因为教研组的常规活动，如集体备课、相互听课、公开课、评课议课、课题研究等都属于专业活动。而且，教研组长对教师的影响更多的是依靠其专业能力和经验，而非行政权力。⑤ 也因

---

① Wong J. L. N., "Searching for Good Practice in Teaching: A Comparison of Two Subject-Based Professional Learning Communities in a Secondary School in Shanghai", *Compare: A Journal of Comparative and International Education*, 2010, 40 (5): 623–639.

② Wong J. L. N., "What Makes a Professional Learning Community to Be Possible? A Case Study of a Mathematics Department in a Junior Secondary School of China," *Asia Pacific Education Review*, 2010, 11 (2): 131–139.

③ Sargent T. C. & Hannum E., "Doing More With Less: Teacher Professional Learning Communities in Resource-Constrained Primary Schools in Rural China," *Journal of Teacher Education*, 2009, 60 (3): 258–276.

④ Wang T., "Contrived Collegiality Versus Genuine Collegiality: Demystifying Professional Learning Communities in Chinese Schools," *Compare: A Journal of Comparative and International Education*, 2015, 45 (6): 908–930.

⑤ 胡惠闵：《教师专业发展背景下的学校教研组》，《全球教育展望》2005年第34卷，第7期，第21—25页。

此，它往往被研究者视为专业学习社群，而非单纯的行政组织。

最后，中国的专业学习社群是学科组层面的，而非多数西方学者所倡导的学校层面的社群。一些西方学者认为，专业学习社群应该具有包容性①，即应包含学校的所有成员，包括教师、校长、职员、学生甚至是家长和社区。② 这种将整个学校建设为专业学习社群实践的在中国比较少见。相反，中国的社群主要以学科或年级为单位，而且只包含具有专业身份的教师。

可见，由于历史脉络因素的影响，中国的专业学习社群具有自身独特的性质。这也体现出了专业学习社群的情境依赖性。

三 课程改革背景下的专业学习社群

在课程改革持续、深入发展的背景下，专业学习社群对于改革的作用越来越受到重视，这首先体现在一系列的改革策略，尤其是校本教研策略的提出上。教育部于 2001 年出台的《基础教育课程改革纲要》提出实行国家、地方和学校三级课程管理，学校根据自身的传统与优势以及学生的兴趣与需要来开发适合本校的课程，同时突出了中小学教研机构对于课程改革的作用，要求充分发挥其教学研究、指导及服务等功能。③ 2002 年，教育部在《关于积极推进中小学评价与考试制度改革的通知》中明确表示，要建立"以校为本、自下而上的教学研究制度"，以促进教师的专业发展。④ 上海市教委出台的《上海市普通中小学课程方案》中也强调，学校要根据课程改革与发展的需要，加强教研活动，从而提升教师的整体素质。⑤ 同时明确要求"逐步建立以学校为本的教研制度"，通过校本培训促进教师的专业发展。⑥《上海市基础教育教师队伍建设"十一五"规划

---

① Hord S. M., "Professional Learning Communities: Communities of Continuous Inquiry and Improvement," Southwest Educational Development Lab., Austin, TX., 1997.

② Stoll L., Bolam R., McMahon A., Wallace M. & Thomas S., "Professional Learning Communities: A Review of the Literature," *Journal of Educational Change*, 2006, 7 (4): 221–258.

③ 教育部：《基础教育课程改革纲要 (试行)》，2001 (http: // www. moe. edu. cn/publicfiles/business/htmlfiles/moe/moe_ 309/200412/4672. html)。

④ 教育部：《关于积极推进中小学评价与考试制度改革的通知》，教基〔2002〕26 号。

⑤ 上海市教委：《上海市普通中小学课程方案》，上海市教育委员会，2004。

⑥ 上海市教委：《上海市普通中小学课程方案说明》，上海市教育委员会，2004。

纲要》中进一步提出，要"强化校本研修和专业支持工作"①。建立校本教研制度，在本质上反映出学校教师的共同研讨与探索对于课程改革实施的意义，希望通过学校教研组，即专业学习社群来促进教师整体的专业发展，从而推动改革的发展。

实际上，校本教研与专业学习社群之间具有内在的联系，二者在核心理念和内容上具有共同之处。它们均强调植根于具体的学校场景，强调教师基于具体实践进行集体学习与探究。李子建和宋萑从国家课程和校本课程两个层面探讨了建立专业学习社群对于课程改革的意义②：专业学习社群能够激发教师的集体智慧，通过教师共享实践和共同反思，为课程改革的推进提供实时反馈和专业意见，实现专业学习社群所构建的共同愿景与课程改革专家愿景之间的沟通并达成共识，从而促进国家课程在学校和教师层面的转换，使课程改革理念为教师所认可。专业学习社群还为教师共同实践课改理念提供了支持，通过合作学习新课程的理念，共同探索、解决课程发展中出现的问题，互相分享课程发展方面的实践，能够使课程改革真正落实到教师中。关于专业学习社群对于中国的课程改革影响的实证研究也表明，它能够通过影响教师对新课程特征的认知，并通过改革学校管理来提升教师的改革价值感，进而影响其课改认同感。③专业学习社群还能够通过支持教师的赋权增能，为课程改革的实施提供有力支持。④因此，在校本教研中发展教师专业学习社群，是推进课程改革发展的有效策略。⑤

中国包括上海的课程改革通过校本教研，即鼓励教师合作学习与探究这一策略，有效推动了教师与学校的发展，并改进了学生的学习效果。尤

---

① 上海市教委：《上海市教育委员会关于印发〈上海市基础教育教师队伍建设"十一五"规划纲要〉的通知》，2007（http：//www.chinalawedu.com/news/1200/22598/22615/22792/2007/10/li7041663316201700216860.htm）。

② 李子建、宋萑：《专业学习共同体与课程发展》，《课程·教材·教法》2006年第26卷，第12期，第24—28页。

③ 宋萑、魏鑫：《教师课改认同感与教师专业学习社群的关系研究》，《教育发展研究》2011年第10期，第69—73页。

④ 宋萑：《课程改革、教师赋权增能与教师专业学习共同体——上海市四所小学的个案研究》，《教育学报》2011年第3期，第63—74页。

⑤ 杨小微：《在校本教研中发展教师专业学习社群》，《湖北教育（教育教学）》2013年第3期，第59—61页。

其是上海的学生连续两次在 PISA 测试中夺冠，教研组等专业学习社群被国内外学者视为其获胜的重要原因。如 OECD 指出，独特的教学框架和体系是上海教育系统最为独特且关键的部分，这尤其体现在教师通过学科教研组进行集体学习、备课并不断改进教学实践上。① 同时，教师互相观课（包括被新教师、有经验的教师、校长等观课）、上公开课或展示课并集体讨论的过程也是其专业发展的主要平台，对于教师教学和学生学习产生了重要影响。延森等人也表示，除了教学以外，上海的教师还通过教研组一起研究、讨论什么样的教学方式最适合学生学习，他们将教学视为一种研究取向的职业，教研组、备课组中的教师相互观课并提供有价值的反馈等合作活动对于学生的学习有着至关重要的影响。② 另外，上海具有系统、完善的带教系统，即让年轻教师和有经验的教师结成师徒关系，师徒之间进行经常性的观课，并提供建设性的意见。这种带教关系关注教师教学和学生学习，注重培养教师的核心教学能力，包括备课、学科教育学知识、课堂管理和研究技能等。它不仅使优秀教师有更多的机会进行专业探究，而且使年轻教师实现了快速地成长，从而显著改进了学生的学习。③ 国内的研究者也发现，在校本教研政策的引领下，上海的教师集体备课并创造性地设计教学，定期开展听评课、同课异构及集体研讨活动，建设合作文化并培养团队凝聚力等，是上海的学生在 PISA 测试获得高分的重要原因。④ 正如麦肯锡报告中所说，专业学习社群（包括上海的教研组）的合作实践是优秀教育系统的共同特点，它使得系统得以持续改进。⑤

需要指出的是，教研组等专业学习社群中的教师合作实践离不开一系

---

① OECD, "Shanghai and Hong Kong: Two Distinct Examples of Education Reform in China, 2010," Retrieved on Dec 20, 2013, from http://www.oecd.org/dataoecd/34/45/46581016.pdf.

② Jensen B., Hunter A., Sonnemann J. & Burns T., "Catching up: Learning From the Best School Systems in East Asia," Melbourne: Grattan Institute, 2012.

③ Tan C., *Learning from Shanghai: Lessons on Achieving Educational Success*, Dordrecht: Springer, 2013, pp. 185-197.

④ 王婷婷、郑朝晖：《上海学生 PISA2009 阅读高分原因探析——以建平中学为例》，《教育发展研究》2012 年第 8 期，第 31—36 页。

⑤ McKinsey and Company, "How the World's Most Improved School Systems Keep Getting Better, 2010," Retrieved on Nov20, 2013, from http://mckinseyonsociety.com/how-the-worlds-most-improved-school-systems-keep-getting-better.

列的支持条件。在时间上,上海教师的教学工作量相对较少,因此有充足的时间参与其他一些对学生学习有关键影响的活动,包括备课、教师合作、听课及反馈等。① 在空间上,同一教研组或年级组的教师被安排在同一个办公室,且几乎所有的学校都设有一个或多个特殊教室供教师开展公开课,这使得教师间的交流与探究非常普遍。② 此外,为鼓励教师参与合作活动,上海的学校在制度安排上提供了一些激励,如参与带教和合作活动作为教师专业学习要求的一部分,若教师参与社群学习,可以减少其他培训活动。这为教师积极参与合作活动提供了制度支持。③ 实际上,对于上海的几乎所有学校而言,教师互相听课、开展公开课等活动作为一种要求,已经被制度化。④ 除了明确的、正式的结构性框架的支持,集体主义文化也对教师合作起到了重要的支持作用。受集体主义观念的影响,上海的教师不太注重私人空间,很容易相互合作和分享,这使得教师在冷冰冰的工作关系中产生了仁爱、温暖、相互关心和负责等感受,在情感上互相联系起来。⑤

尽管上海的学校的专业学习社群具有较为完善的支持系统,并形成了系统、协调的教师合作形式⑥,但其依然面临着一定的挑战。这具体包括:学生学习的变化主要来自于组织化和结构化的自上而下的改革,学生

---

① Jensen B., Hunter A., Sonnemann J. & Burns T., "Catching up: Learning From the Best School Systems in East Asia," Melbourne: Grattan Institute, 2012.

② Tsui A. & Wong J., "In Search of a Third Space: Teacher Development in Mainland China," In Chan C. K. K. & Rao N. (Eds.), *Revisiting the Chinese Learner: Changing Contexts, Changing Education*, Hong Kong: Springer: Comparative Education Research Centre, The University of Hong Kong, 2009, pp. 281 – 311.

③ Jensen B., Hunter A., Sonnemann J. & Burns T., "Catching up: Learning From the Best School Systems in East Asia," Melbourne: Grattan Institute, 2012.

④ Tan C., *Learning from Shanghai: Lessons on Achieving Educational Success*. Dordrecht: Springer, 2013, pp. 185 – 197.

⑤ Tan C., *Learning from Shanghai: Lessons on Achieving Educational Success*. Dordrecht: Springer, 2013, pp. 185 – 197.

⑥ Wang T., "Contrived Collegiality Versus Genuine Collegiality: Demystifying Professional Learning Communities in Chinese Schools," *Compare: A Journal of Comparative and International Education*, 2015, 45 (6): 908 – 930.

的学习自主性不高。①② 尽管新的评价体系关注了学生的全面发展，但升学率依然占据着重要位置，因而它并没有缓解考试中心的实践；相反，学校现在既要有好的考试成绩，又要努力达到其他方面的标准。也因此，校长和教师的工作不但没有减少，反而变得更有挑战性。③ 另外，上海的教师评价体系也存在着一定的问题，包括评价工具过度量化，过于强调学生成绩，教师参与有限，对教师专业自主不够尊重等④，这不利于推动教师的发展。有研究曾指出，与中国香港相比，上海的教师更倾向于遵从上级提出的标准，且很少表达对国家政策的不认同，他们对自身专业性的认识相对薄弱。⑤ 在这种制度与实践环境下，教研组等专业学习社群实践面临着诸多的问题与困境，具体体现在：强调考试成绩的问责制度使得教师过度追求学生的考试分数，并加剧了教师之间的竞争，使其表面合作而暗地里竞争⑥⑦；教研组越来越成为行政的附庸，主要负责安排考试、传达学校指令等管理工作⑧⑨；教研组追求所有教师在教学目的、教学进度和学生考试上的统一化和标准化，从而压制了教师的主动性和创造性⑩；教研

---

① OECD, "Shanghai and Hong Kong: Two Distinct Examples of Education Reform in China, 2010," Retrieved on Dec 20, 2013, from http://www.oecd.org/dataoecd/34/45/46581016.pdf.

② Cheng K., "Shanghai: How a Big City in a Developing Country Leaped to the Head of the Class," In Tucker M. S. (Ed.), "Surpassing Shanghai": *An Agenda for American Education Built on the World's Leading Systems*, Cambridge: Harvard University Press, 2011, pp. 21–50.

③ 张佳、彭新强：《上海 PISA 夺冠与课程改革之间的关系》，《复旦教育论坛》2015 年第 2 期，第 25—31 页。

④ Zhang X., "The Role of Teacher Appraisal in Teacher Professional Development: A Case Study in Schools in Shanghai," Doctor's thesis, University of Hong Kong, 2008.

⑤ Lai M. & Lo L. N. K., "Teacher Professionalism in Educational Reform: The Experiences of Hong Kong and Shanghai," *Compare: A Journal of Comparative and International Education*, 2007, 37 (1): 53–68.

⑥ 蒋福超、刘正伟：《专业学习共同体视角下的教研组改革》，《教育发展研究》2009 年第 10 期，第 83—87 页。

⑦ 阴祖宝、倪胜利：《走向专业学习共同体的教研组改革》，《现代中小学教育》2013 年第 8 期，第 54—57 页。

⑧ 操太圣、乔雪峰：《理想与现实：教研组作为专业学习社群的批判反思》，《全球教育展望》2013 年第 12 期，第 51—59 页。

⑨ 姜洪章：《教研组运行中不良倾向的消解与专业角色的重建》，《教学与管理》2008 年第 4 期，第 19—21 页。

⑩ 潘涌：《论中小学教研组建设与学科带头人的使命》，《全球教育展望》2010 年第 9 期，第 79—82 页。

组活动流于形式，尚未建立起真正的合作学习的文化，难以进行有效的教研活动，因此效果大打折扣①②；对教师的统一考核和量化评价在制度上束缚了教师，不利于其进行有意义的探索③；课题研究与教师的教学实践脱节，无法起到教学研究的效果④；教研组长缺乏专业领导者的素质等。⑤这说明，与西方的专业学习社群一样，中国的教师专业学习社群也面临着严峻的挑战。

然而，在课程改革深入发展的背景下，教研组等专业学习社群对于学校，尤其是教师的发展到底产生了怎样的影响？它是否对课程改革起到了促进作用？这些问题还无法在已有研究中得到答案。因此，本书希望能够对这一影响进行实证研究，从而弥补现有研究的不足。

四 小结

综上所述，中国具有丰富的专业学习社群实践，其中教研组等统一的社群形态对于学校教学和教师发展发挥了至关重要的作用。植根于独特的历史脉络与情境，中国的专业学习社群体现出了一些独特的性质，包括有意安排的合作、专业与行政双重属性、以学科层面为基础等。在课程改革持续深入的背景下，教研组等专业学习社群既发挥着关键的作用，也面临着一定的挑战。在这样的背景下，探究教研组等本土实践作为专业学习社群所体现出的独特特点及其对教师发展的影响和过程，具有重要的意义，这也成为本书研究的核心目的。

---

① 刘明华、王必闩：《教研组建设现状及功能思考》，《上海教育科研》2008年第4期，第47—48页。

② 胡艳、高志雄：《当前北京市中学教研组长素质状况及其影响因素研究》，《教师教育研究》2012年第6期，第73—80页。

③ 潘涌：《论中小学教研组建设与学科带头人的使命》，《全球教育展望》2010年第9期，第79—82页。

④ 毛齐明：《教研组"教""研"的丧失与回归》，《中国教育学刊》2012年第2期，第32—35页。

⑤ 胡艳：《专业学习共同体视角下的教研组建设——以北京市某区中学教研组为例》，《教育研究》2013年第10期，第37—43页。

第 三 章
专业学习社群的实证研究

在研究背景和文献综述的基础上，本章将提出本书所研究的具体问题，并阐述这一实证研究的研究方法与设计，同时阐述研究的可靠性和研究伦理。

第一节 研究问题与理论框架

一 研究问题

学校外部、内部生态的不断变化，在全球范围内掀起了一系列的教育改革浪潮。如何提升学校的改革能力，成为目前各国面临的最大挑战。研究一再证明，专业学习社群能够有效提升学校的改革能力，从而推动教育改革的发展。①②③ 然而专业学习社群的概念产生于西方，已有关于专业学习社群的研究也主要针对西方的教育情境，对于具有丰富的教师群体合作实践的中国学校的研究很少。由于专业学习社群具有较大的情境依赖性，而中国的文化背景和教育制度与西方具有明显的不同，所以探讨中国背景下的专业学习社群，能够深化我们对于专业学习社群内涵的理解。

在中国课程改革持续深入发展的背景下，教研组等专业学习社群得到了校本教研政策的支持，这对于教师的专业发展和学生的学习发挥着关键的作用。尤其是在上海这一中国的改革先锋地区，通过专业学习社群开展

---

① Pyhalto K., Soini T. & Pietarinena J., "A Systemic Perspective on School Reform: Principals' and Chief Education Officers' Perspectives on School Development," *Journal of Educational Administration*, 2011, 49 (1): 46-61.

② Fullan M., *Change Forces With a Vengeance*, London; New York: RoutledgeFalmer, 2003, p.43.

③ Harris A., "Leading System Transformation," *School Leadership and Management*, 2010, 30 (30): 197-207.

校本培训成为了提升教师整体素质的重要策略。① 更重要的是,上海在2009年和2012年的PISA测试中两次取得世界第一,专业学习社群对学生的PISA测试结果的作用被反复强调。② 因此,探究上海学校的教师专业学习社群对教师发展的影响,有助于丰富已有关于专业学习社群效果的研究,回应国际学术界关于专业学习社群与教育改革之间关系的讨论。

鉴于此,本书关注课程改革背景下我国中小学教师专业学习社群的特点及其对教师发展的影响及过程,具体可分解为以下几个问题:

1. 我国中小学教师专业学习社群的核心特点及其对教师发展的影响体现在哪些方面?

(1) 我国中小学教师专业学习社群在教师个体和学校组织层面分别体现出哪些特点?

(2) 我国中小学教师专业学习社群对教师发展的效果体现在哪些方面?

2. 课程改革背景下,我国中小学教师专业学习社群的发展水平和对教师发展的影响是怎样的?

(1) 我国中小学教师专业学习社群整体上的发展水平如何?

(2) 我国上海地区不同类型学校的教师专业学习社群的发展水平有何不同?

(3) 我国中小学教师专业学习社群对教师发展有怎样的影响?

3. 我国中小学教师专业学习社群对教师发展的影响是如何实现的?

(1) 我国中小学教师专业学习社群是如何影响教师发展的?

(2) 我国中小学教师专业学习社群影响教师发展的关键因素是什么?

这三个问题之间具有内在的逻辑联系。问题1是对专业学习社群概念的本土化,通过探索我国中小学教师专业学习社群在个体和组织层面分别有哪些特点以及其对教师发展的效果体现在哪些方面,从而建构上海学校教师专业学习社群的特点及影响的概念框架。在此基础上,问题2关注上海学校教师专业学习社群的发展水平及其对教师发展产生了怎样的影响。问题3则是对问题2的进一步深化,分析教师专业学习社群对于教师发展

---

① 上海市教委:《上海市普通中小学课程方案》,上海市教育委员会,2004。
② Tan C., *Learning from Shanghai: Lessons on Achieving Educational Success*, Dordrecht: Springer, 2013, pp. 185 – 198.

影响的实现过程。

二 研究的理论框架

第二章第二节在文献综述的基础上，提出了专业学习社群的概念框架（见图2—2），本书研究将文献所探讨的专业学习社群变革障碍（见第二章第三节）纳入该概念框架，作为组织层面的特点加以考察，以从正、反两个角度探究专业学习社群在组织层面的表现。关于专业学习社群对教师发展的影响，本书主要通过文献中所体现的教师教学效能、教师承诺及教师工作满意度三大方面进行考察（见图2—3）。由此，本书的理论框架可通过图3—1来表示。

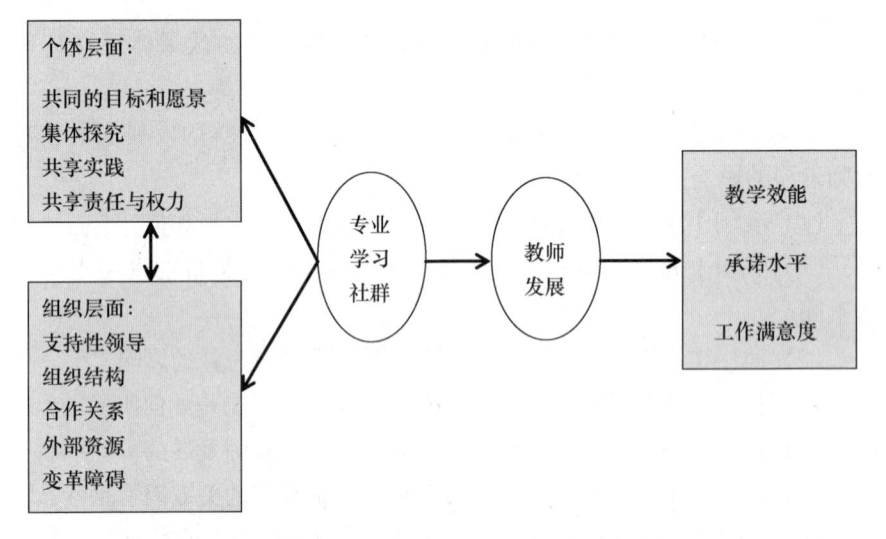

图3—1 理论框架：专业学习社群及其对教师发展的影响

需要指出的是，本书所涉及的概念分属学校组织、教师个体两个层面。其中，专业学习社群的概念框架涉及教师个体和学校组织两个层面，教师教学效能、承诺水平、工作满意度属于教师个体层面。同时需要说明的是，本书可能会对该框架进行一定的调整和修订，从而实现专业学习社群特点及影响的本土化，这也将成为本书的贡献之一。

三　主要概念的说明

1. 专业学习社群

第二章对专业学习社群的定义和特点进行了概括和总结，此处需厘清的是分析单位的问题，即将专业学习社群置于学校层面还是学科组层面。从实践情况来看，上海的学校普遍存在统一性的群体（如教研组、备课组、年级组）和特色性的群体（如课题组、项目组）两种类型。尽管教研组、备课组等统一性群体起着主导作用，且不同教研组在活动内容、信任与开放程度等方面存在着一定的差异，但总体来说，教师之间的交流并非局限于教研组内，如年级层面的交流、课题组内的交流、青年教师团体内的交流等也十分常见，尤其是办公室内的非正式交流十分普遍。由于不同学校的办公室设置不同，一些学校将同一个教研组的教师安排在一个办公室，另一些学校则将同一个年级或不同学科的教师安排在一个办公室，这种多向交流在一定程度上打破了学科教师之间的壁垒，使不同学科、不同类型的教师之间有了丰富的交流空间。因此，若只关注教研组这一学科层面的交流，就可能会忽视这些重要的跨学科与非正式交流。基于此，本书将专业学习社群置于学校层面，这同时带来了操作上的可行性。

综上所述，本书中的专业学习社群指的是教师在学校层面（包括学科、年级、项目等不同层面）通过合作学习、集体探究等方式来改进学生学习的过程。

2. 课程改革

上海市的课程改革与中国课程改革在目标、理念及做法上存在着许多共通之处，也具有一定的差异。如上海市课程改革开展的时间更早，包括一期课改和二期课改两个阶段，具有单独的课程方案等。本书中的课程改革主要指自 1998 年开始实施的上海市第二期课程改革（简称二期课改）。

3. 教师发展

本书中的教师发展指的是教师在专业能力、态度及情意等综合方面的影响，具体概念化为教师在教学效能、承诺水平和工作满意度三方面的发展。

第二节 研究方法

一 混合研究取向

混合研究指的是将质化方法和量化方法整合在一个研究中①，其发展经历了特定的历史阶段。早在20世纪前60年，同时包含量化和质化数据的方法就已出现在一些文化人类学者，尤其是从事田野研究的社会学者的研究中，但是当时并未出现混合方法这一术语。实际上在当时，受逻辑实证主义和科学主义的影响，社会心理学的研究以量化方法为主导。② 20世纪60年代以后，后实证主义如现象学、阐释学等理论的兴起，为质化研究的发展提供了土壤。③ 尤其是到了20世纪八九十年代，质化研究范式得到了更为广泛的探讨和使用。作为社会科学中完全不同的两种研究范式，量化方法和质化方法之间存在着激烈的争论，二者之间的分歧和冲突给人以不可调和，水火不容的感觉。在这样的背景下，一些研究者引入了三角验证的概念，认为使用多种方法有助于强化研究的效度。④⑤ 此后，质化研究和量化研究相互兼容的观点开始出现。同时，实用主义和实践导向的兴起也为量化方法和质化方法的结合提供了范式基础。⑥ 由此，混合研究取向被提出，并在近些年得到了越来越多的探讨和应用，被视为第三大研究取向或研究范式。⑦

---

① Teddlie C. & Tashakkori A., "Mixed Methods Research: Contemporary Issues in an Emerging field," In Denzin N. K. & Yvonna S. L. (Eds.), *The Sage Handbook of Qualitative Research*, Thousand Oaks: Sage, 2011, pp. 285–300.

② Johnson R. B., Onwuegbuzie A. J. & Turner L. A., "Toward a Definition of Mixed Methods Research," *Journal of Mixed Methods Research*, 2007, 1 (2): 112–133.

③ 陈向明:《质的研究方法与社会科学研究》，教育科学出版社2000年版，第33—38页。

④ Campbell D. T. & Fiske D. W., "Convergent and Discriminant Validation by the Multitrait-Multimethod Matrix," *Psychological Bulletin*, 1959, 56: 81–105.

⑤ Bouchard T. J., "Unobtrusive Measures: An Inventory of Uses," *Sociological Methods and Research*, 1976, 4: 267–300.

⑥ Denscombe M., "Communities of Practice: A Research Paradigm for the Mixed Methods Approach," *Journal of Mixed Methods Research*, 2008, 2 (3): 270–283.

⑦ Johnson R. B., Onwuegbuzie A. J. & Turner L. A., "Toward a Definition of Mixed Methods Research," *Journal of Mixed Methods Research*, 2007, 1 (2): 112–133.

通过综合使用量化方法和质化方法,混合研究能够同时吸收二者的长处。[①] 它将更多类型的数据组合到一起,从而对复杂的现实进行更加细致的、真实的解释。[②] 具体而言,它能够提供更加多样化的观点,提供更有力的推论,使研究者同时回答验证性或探索性的问题,从而在同一个研究中既验证、又生成理论。与单纯的质化研究或量化研究相比,它能更有效地回答问题,因而越来越流行。[③] 有研究指出,作为第三种研究范式,混合方法提供了最丰富、完整、平衡和有价值的研究结果。[④]

就专业学习社群领域的研究而言,量化方法、质化方法及混合方法均有被运用。其中量化研究主要关注专业学习社群的特点或影响,如通过问卷来探索或验证专业学习社群的特点,从而形成概念框架;或测量专业学习社群与教师发展水平(如教师承诺、教师对学生学习的集体责任、教师的集体效能)或学生学习效果之间的关系。质化研究则主要关注专业学习社群特点在具体个案中体现出来的意义,如教师在专业学习社群中的互动过程,及如何在特定情境下发展专业学习社群等。混合研究在总体上数量较少,比较有代表性的是路易斯和克鲁斯等人在1995—1996年关于城市高中校本专业社群的长期研究和霍德、希普和霍夫曼等从1995—2007年的包括5个阶段的专业学习社群研究项目。路易斯和克鲁斯的研究首先基于理论和文献提出专业社群的特点、支持条件和效果,从而形成了一个系统的理论框架,然后通过量化方法对该框架进行验证,再通过个案研究具体分析专业社群的发展过程和对学校改革的影响。[⑤] 希普和霍夫曼等人的项目同样首先基于文献综述提出专业学习社群的理论构想,即特

---

① Johnson R. B. & Onwuegbuzie A. J., "Mixed Methods Research: A Research Paradigm Whose Time Has Come," *Educational Researcher*, 2004, 33 (7): 14–26.

② Day C., Sammons P. & Gu Q., "Combining Qualitative and Quantitative Methodologies in Research on Teachers' Lives, Work and Effectiveness: From Integration to Synergy," *Educational Researcher*, 2008, 37 (6): 330–342.

③ Teddlie C. & Tashakkori A., "Mixed Methods Research: Contemporary Issues in an Emerging Field," In Denzin N. K. & Yvonna S. L. (Eds.), *The Sage Handbook of Qualitative Research*, Thousand Oaks: Sage, 2011, pp. 285–300.

④ Johnson R. B., Onwuegbuzie A. J. & Turner L. A., "Toward a Definition of Mixed Methods Research," *Journal of Mixed Methods Research*, 2007, 1 (2): 112–133.

⑤ Louis K. S., Marks H. M. & Kruse S., "Teachers' Professional Community in Restructuring Schools," *American Educational Research Journal*, 1996, 33 (4): 757–798.

点维度，然后进入学校进行访谈、观察，了解每个特点的意义和关键特征，从而形成专业学习社群的测量工具，即问卷。在此基础上，研究者在学校中大规模实施问卷调查，从整体上了解专业学习社群的发展情况。最后选择代表性的个案，通过访谈、文件分析、非正式观察等方法来深入阐释具体学校在发展专业学习社群过程中的做法。① 在这样的混合方法中，既能够通过质化方法来帮助发展专业学习社群的概念框架，又能通过量化方法对概念框架进行验证，并对专业学习社群的发展情况有一个整体性的把握，还能够通过后续个案研究来深入挖掘学校在专业学习社群实践发展方面的情况及具体过程。

无论是路易斯和克鲁斯的研究，还是霍德等人的研究，其目的都是在教育领域中引入专业学习社群的概念，都属于探索性研究。而本书研究的目的是将在西方背景下提出的专业学习社群的概念引入中国的教育情境中，同属探索性研究。因此，运用混合研究方法，既能从整体上了解上海学校专业学习社群的特点及其对教师发展的影响，又能通过个案深入分析其特点背后所蕴含的意义，并探究其对教师发展的影响过程，兼具广度和深度两个维度。正如关于教师工作、生活和有效性的混合研究所指，混合方法的使用深化了对教师工作的理解，混合方法所力求达到的概念和方法上的整合能够促进整个研究领域的发展，实际上概念发展上的贡献超越了方法上的贡献（三角验证以及量化与质化数据的整合）。② 从这个意义上来看，混合研究有利于深化对我国上海地区专业学习社群的理解，从而实现概念发展上的贡献，即达成本书的理论价值。

然而，一项研究究竟采用什么样的方法，最终是由具体的研究问题所决定的。在本书的问题中，既有"什么"（what）的问题，也有"为何"（why）和"怎样"（how）的问题，因而混合方法能够有效地回答研究问题。具体而言，针对本书提出的每个问题，其所采用的相应的研究方法可通过表3—1显示：

---

① Hipp K. K. & Huffman J. B., *Demystifying Professional Learning Communities: School Leadership at Its Best*, Lanham, Md.: Rowman & Little field Education, 2010, pp. 23–27.

② Day C., Sammons P. & Gu Q., "Combining Qualitative and Quantitative Methodologies in Research on Teachers' Lives, Work, and Effectiveness: From Integration to Synergy," *Educational Researcher*, 2008, 37 (6): 330–342.

表 3—1　　　　　　　　研究问题与对应的研究方法

总体研究问题	具体研究问题	研究方法
我国中小学教师专业学习社群的核心特点及其对教师发展的影响体现在哪些方面？	我国中小学教师专业学习社群在教师个体和学校组织层面分别体现出哪些特点？	质化（访谈）＋量化（问卷调查）
	我国中小学教师专业学习社群对教师发展的效果体现在哪些方面？	质化（访谈）＋量化（问卷调查）
课程改革背景下，我国中小学教师专业学习社群的发展水平和对教师发展的影响是怎样的？	我国中小学教师专业学习社群整体上的发展水平如何？	量化（问卷调查）
	中国上海地区不同类型学校的教师专业学习社群的发展水平有何不同？	量化（问卷调查）
	我国中小学教师专业学习社群对教师发展有怎样的影响？	量化（问卷调查）
我国中小学教师专业学习社群对教师发展的影响是如何实现的？	我国中小学教师专业学习社群是如何影响教师发展的？	质化（访谈、文本收集、观察）
	我国中小学教师专业学习社群影响教师发展的关键因素是什么？	质化（访谈、文本收集、观察）

二　研究程序、数据收集与分析

基于对前人关于混合方法研究设计讨论的总结和自己的发现，克雷斯韦尔（Creswell）和克拉克（Clark）（2011）根据混合研究中量化部分和质化部分的互动水平（先后实施或同时实施）、优先性（量化主导或质化主导）、何时及如何整合（研究设计阶段，或数据收集阶段，或数据分析阶段，或数据解释阶段）等维度，将混合研究设计分为平行设计（convergent parallel design）、解释性序列设计（explanatory sequential design）、探索性序列设计（exploratory sequential design）、嵌套设计（embedded design）、转换性设计（transformative design）和多重阶段设计（multiphase design）。[①] 每个研究有其特定的设计方式，具体采用何种设计，即质化方

[①] Creswell J. W. & Clark V. L. P. , *Designing and Conducting Mixed Methods Research*, Los Angeles: SAGE Publications, 2011, pp. 68–105.

法和量化方法应如何整合,应本着优势互补的原则。① 本书首先探讨的是我国中小学教师专业学习社群所表现出来的特点和效果,由于中国的教育情境与西方存在着较大差别,因此须发展出适用于其特定情境的框架,而非直接搬用西方的概念。其中涉及的对上海教育情境的探究,需要通过质化方法来获取数据。在质化数据和基于研究综述所获得的理论框架的基础上,形成上海情境下专业学习社群的概念框架。而这一框架还需要通过大规模的问卷调查和分析来加以验证和修订,从而得到符合上海背景的概念框架。同时,量化研究还可以测量专业学习社群与教师发展之间的关系,而关于这一关系是如何具体实现的,还需要通过深入的质化研究来加以阐述和理解。因此,本书的整个研究需要经历一个从质到量再到质的过程,也即探索性序列设计和解释性序列设计的结合,具体如图3—2所示。其中量化研究(对31所学校的1067位教师进行问卷调查)是主体部分,因为第一个质化研究(对10所学校的12位教师进行半结构访谈)的主要目的是确立量化研究的框架,第二个质化研究(对4所学校的27位教师进行半结构访谈,并辅以文本收集和非参与式观察)的主要目的在于具体分析量化研究所显示的专业学习社群的效果是如何实现的。

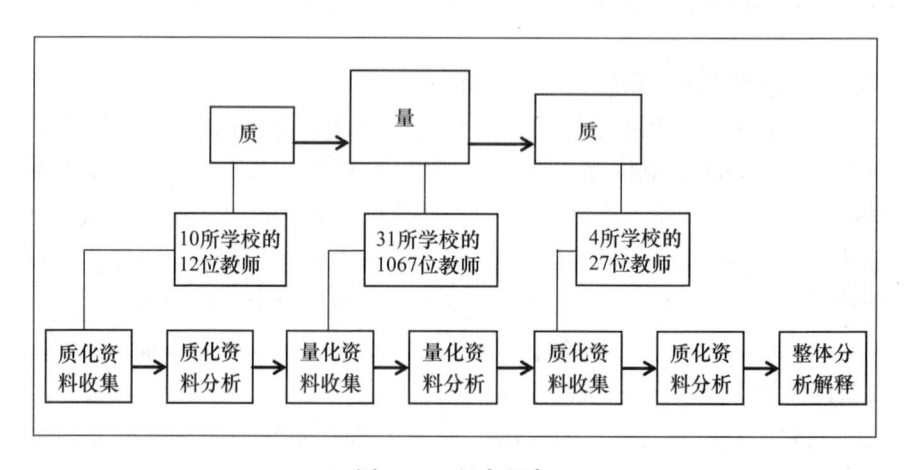

图3—2 研究程序

---

① Johnson R. B. & Turner L. S., "Data Collection Strategies in Mixed Methods Pesearch," In Tashakkori A. & Teddlie C. (Eds.), *Handbook of Mixed Methods in Social and Behavioral Research*, Thousand Oaks, CA: Sage, 2003, pp. 297–319.

在具体阐述质化、量化的各部分数据收集与分析过程之前，本书聚焦于我国中小学进行研究，而对哪个学段的学校进行研究也须加以说明。一方面，小学、初中和高中之间存在明显的差异，这体现在学校的教育价值与目标、教师的工作内容、专业学习社群的活动、学校规模、男女教师的比例等方面。例如，与小学、初中相比，高中更看重学生的成绩，在升学、考试方面具有更大的压力；教师更加集中于与教学和学生学习（考试）相关的工作，学科界限更大，专业性更强；教研组、备课组等专业学习社群的集体活动频率更低；学校规模往往更大；男性教师的比例更高等。正因为这些差异，已有研究发现，中学，尤其是高中在发展专业学习社群上的困难要大于小学。[1] 另一方面，上海的小学、初中和高中在学校结构上具有本质上的相似性，它们都具有教研组、备课组、年级组这些正式的教师组织，且这些组织都在教师的教学与专业发展方面发挥了重要的作用。鉴于此，本书将上海的小学、初中、高中全部纳入研究范围。

（一）第一个质化部分

此质化研究的目的是考察我国中小学教师专业学习社群所表现出来的特点及其对教师发展的影响，并据此形成我国中小学教师专业学习社群的特点及效果的总体框架以及相应的问卷题库（item pool）。

为了能够较为全面、具体地了解我国中小学教师专业学习社群的特点和影响，笔者于2013年7—8月对上海市10所学校的12位教师进行了个案研究。希望通过该研究，了解通过文献综述得出的专业学习社群个体和组织层面的特点是否出现在上海学校，以及上海的学校有无其他的特点，上海学校的专业学习社群对教师发展的影响体现在哪些方面，上海学校的专业学习社群的发展情境与西方有哪些不同，这些独特的情境对于专业学习社群的概念有哪些影响等。

1. 研究对象的选取

本质化研究采用便利抽样策略，选取能为研究问题提供丰富信息的学校作为个案。[2] 研究综述表明，学段、学校规模、教师性别比例、历史、

---

[1] Louis K. S., Marks H. M. & Kruse S., "Teachers' Professional Community in Restructuring Schools," *American Educational Research Journal*, 1996, 33 (4): 757–798.

[2] Yin R. K., *Case Study Research: Design and Methods*, Thousand Oaks, Calif.: Sage Publications, 2003, pp. 39–56.

地理位置等学校背景因素能够对专业学习社群实践产生一定的影响，因此这些因素在抽样时得到了充分的考虑。研究共选取了 10 所学校（其中 1 所学校包含两个校区）作为个案，10 所学校均具有丰富的专业学习社群实践，能够为研究提供丰富的信息。10 所学校的基本信息具体如表 3—2 所示。

表 3—2　　　　　　　　　　学校基本信息

学校	学段	地理区域	创办时间	办学性质	学校规模	办学水平	学校特色
S1	小学	闵行区	1905	公办	大型	很强	长期与高校保持合作关系；热衷改革
S2	小学	闵行区	1997	公办	大型	较强	双语教学；与高校具有合作关系
S3	小学	松江区	2010	区政府与大学合作办学	中等	一般	外语教学
S4	小学	徐汇区	1958	公办	中等	很强	计算机教学
S5	小学	金山区	1970	公办	小型	一般	小班化；外来务工子弟多
S6	小学	松江区	1904	公办	中等	较强	倡导五育和谐发展
S7	小学	金山区	1905	公办	小型	很强	区改革基地
S8	小学	闵行区	1905	公办	大型	很强	与高校具有合作关系
S9	小学	闵行区	1928	公办	中等	较强	与高校具有合作关系
S10	初中	黄浦区	1933	公办	小型	较强	心理辅导实验校

如表 3—2 所示，10 所学校中有 9 所是小学，1 所为中学，也就是样本学校在学段上不具备广泛的代表性（这是本书研究的一个限制），但 10 所学校在地理区域、历史、学校规模、办学水平、学校特色等可能影响专业学习社群特点的背景因素上具有明显的差异，这能为研究提供较为多样、丰富的信息。具体而言，10 所学校分布于闵行区、松江区、徐汇区、金山区、黄浦区 5 个行政区域，既包括上海市中心城区（如徐汇区、黄浦区），也包括近郊（如闵行区），还包括远郊（如金山区、松江区）。从创办时间上看，既包括创办于 20 世纪初的百年老校，也有近几年才成立的年轻学校。从办学性质上看，主要为公办学校，只有 1 所学校为区政府

和高校合作办学，这与上海市的实际情况相符合。从学校规模上看，10所学校的分布较为广泛，既有大规模学校（学生人数在1600人以上），也有中等规模学校（学生人数在800—1600人），还有小规模学校（学生人数在800人以下），且班额具有一定的差异（班级学生人数在30—50人）。从办学水平上看，根据区教育部门的评估结果，4所学校具有很强的办学水平，4所学校办学水平较强，2所学校办学水平一般。同时，10所学校也具有自己本身的独特性和办学特色。可以说，这10所学校具有较大的差异性和丰富性，能够帮助我们充分理解上海学校的教师专业学习社群的特点及影响。

在每所学校中，研究者选取了1—2名教师参与研究，作为学校个案所包含的子单位。① 在教师的选取上，尽可能充分考虑教师在性别、教学经验、学科、学历、职务等方面的多样性，从而呈现出更多角度、更加全面的图景。教师基本信息如表3—3所示。

表3—3　　　　　　　　访谈教师基本信息

教师	所在学校	性别	教学经验	任教学科	学历	是否教研组长	是否班主任
T1	S1（A校区）	女	2年	数学	硕士	否	否
T2	S1（B校区）	女	1年	数学	硕士	否	是
T3	S2	女	1年	数学	硕士	否	是
T4	S3	女	2年	英语	硕士	否	否
T5	S4	男	17年	语文	硕士	是	是
T6	S5	男	4年	数学	本科	否	否
T7	S6	男	8年	语文	硕士	否	是
T8	S7	女	4年	数学	本科	否	否
T9	S8	女	18年	英语	本科	是	否
T10	S9	女	6年	语文	本科	否	是
T11	S10	男	30年	数学	本科	是	否
T12	S10	女	2年	英语	硕士	否	是

---

① Yin R. K., *Case Study Research*：*Design and Methods*, Thousand Oaks, Calif.：Sage Publications, 2003, p. 45.

由表3—3可见，被访的12名教师分别来自10所学校，包括8名女性教师、4名男性教师。在教学经验上，7名教师的工作经验在5年以下，2名在6—10年，3名在11年以上。在学科方面，主要为语文、数学、英语这3门重点学科。之所以只选取了语文、数学、英语等主科教师，是因为在我国，语数外3门学科作为重点学科，其受重视程度远高于其他"副"科，且课程改革关注的核心也是这3门学科。在学历方面，7位教师具有硕士学位，5位教师具有本科学位。同时，12名教师中有3名是教研组长，有6名为班主任。教师在其他维度上的分布较为广泛，能够为研究提供尽可能丰富的信息。需要指出的是，参与本书研究的教师多为年轻教师，有经验教师的数量相对较少，因而相关的研究发现主要来自年轻教师，对有经验教师的观点和看法的关注不够，这是本书的限制之一。

2. 数据收集

本书主要通过半结构访谈的方法获得数据。根据研究问题，在访谈前确定了四个方面的研究主题：课程改革对教师工作的影响，学校教师群体的常规专业活动及其开展，影响教师群体活动的因素，教师所感知的这些活动的意义（访谈提纲详见附录1）。这为访谈提供了一个大致的方向。在访谈过程中，研究者保持一定的灵活度，并非局限于访谈之前所列出的研究问题，而是对其他可能出现的与研究问题相关的信息保持开放性。尤其是受访者谈到比较重要的话题时，研究者会让其详细阐述，如通过举例的形式来充分了解具体事情的发生过程。

每个访谈的时间持续60—70分钟，主要安排在教师空闲课时或者中午、放学之后等时间，从而保证整个访谈过程不被打扰。在访谈之前，研究者向受访者出示知情同意书，介绍研究目的与研究问题，并说明其自愿参加及隐私受到保护等。在获取受访者的同意之后，研究者对访谈进行了录音。

3. 数据分析

在正式的数据分析开始之前，研究者先将访谈录音转录成文字稿，并依次采用开放编码（open coding）、主轴编码（axial coding）和选择性编码（selective coding）的方式对数据进行分析。[①]

[①] Corbin J. & Strauss A., *Basics of Qualitative Research: Techniques and Procedures for Developing Grounded Theory* (4th edition.), Thousand Oaks: Sage, 2015, pp. 215–308.

具体而言，研究者首先采用开放编码方式，反复阅读文字资料，并将其分解为一个个具有独立含义的小节。对每一小节的含义用核心词汇加以概括，形成最初的编码。将所有数据进行一轮编码之后，对各个编码的相似与不同之处进行反复检视与比较，并删掉重复的编码。随后，将含义相似的小节组合成一个类别，从而形成不同的类别。在此基础上，研究者进行主轴编码，在每个类别下面建立子类别。在这个过程中，研究者同时结合已有理论，使数据与理论文献之间进行沟通与对话，从而确定最后的类别及其之间的关系。在主轴编码的基础上，研究者进一步进行选择性编码，确定核心类别，为其赋予概念，并以此为中心将其他类别联系起来，形成最后的数据结构。该质化研究的研究发现具体呈现于本书的第四章。

（二）量化部分

此量化部分的研究目的在于形成我国中小学教师专业学习社群的特点及影响的概念框架，并对其发展水平及对教师发展的影响效果进行测量。

1. 测量工具

根据本书的理论框架（图3—1）和第一个质化研究的发现（详见第四章），需要对专业学习社群个体和组织层面的特点和专业学习社群的效果，即教师发展两大概念进行测量。同时，本书对学校和教师的背景变量也进行了测量。结合文献综述以及第一个质化研究所发现的我国中小学教师专业学习社群的特点及对教师发展的影响，进行自编问卷（详见附录2），并对上述概念进行测量。各概念所涉及的变量及指标数目情况如表3—4所示。

表3—4　　　　　　　　专业学习社群发展及效果问卷概况

概念	维度	变量	题数
专业学习社群特点	个体层面	共同的目标和愿景	7
		集体探究	8
		共享实践	7
		共享权力与责任	7
	组织层面	支持性领导	8
		组织结构	9
		合作关系	8
		外部资源	8
		变革障碍	10

续表

概念	维度	变量	题数
教师发展		教师教学效能	21
		教师承诺	13
		教师工作满意度	10
总题数			116

各个概念所涉及的变量的操作性定义和说明如下：

专业学习社群个体层面特点包括：共同的目标和愿景、集体探究、共享实践、共享权力与责任4个变量。其中共同的目标和愿景指的是教师具有共同的、以促进学生学习为目标的愿景，持续关注学生学习的改进，并体现在具体的教育教学工作中（通过7个指标来测量）。在该变量取得的数值越高，代表社群中教师对于目标和愿景的共享程度越强。集体探究指的是教师之间分享信息和观点、共同策划和探究、集体反思并解决教学问题，从而不断改进教学实践（通过8个指标来测量）。在该变量取得的数值越高，代表教师合作学习与探究的能力和意识越强。共享实践指的是教师之间互相开放、观摩彼此的课堂，并提供教学方面的反馈（通过7个指标来测量）。在该变量取得的数值越高，代表教师之间互相分享实践的程度越高。共享权力与责任指的是学校领导和教师之间分享权力、共同决策，并达成成员间的相互负责和共同承诺（通过7个指标来测量）。在该变量取得的数值越高，代表社群领导和成员之间对于责任和权力的共享程度越高。由此，对专业学习社群个体层面的特点通过4个变量、29个指标加以测量。

专业学习社群组织层面的特点。它包括支持性领导、组织结构、合作关系、校外资源、变革障碍5个变量。其中支持性领导指的是校长等学校的领导者对社群的发展给予专业支持，包括了解教师的学习需求，为教师提供教学资源、培训机会，赋权于教师开展相关活动，对社群及教师学习进行监督、评价等（通过8个指标来测量）。在该变量取得的数值越高，代表校长对专业学习社群的专业支持程度越强。组织结构指的是学校在结构上对专业学习社群的发展提供支持，包括提供合作时间、空间、资源、经费、设备等（通过9个指标来测量）。在该变量取得的数值越高，代表学校在结构上对专业学习社群的支持越强。合作关系指的是学校在人际文化上对专业学习社群的发展提供支持，即形成相互信任、尊重、支持、关心和合作的关系（通过8个指标来测量）。在该变量取得的数值越高，代表学校在关系与文化上对专业学习社群的支持越强。校外资源指的是区级教育部门、家长、社区、大学及其他校外机构对专业学习社群的发展提供支持（通过8个指标来测量）。在该变量取得的数值越高，代表学校的外部资源对于专业学习社群的支持程度越强。变革障碍指的是阻碍专业学习社群发展的因素，包括不利于改革的观念与文化、学校制度及领导方式等（通过10个指标来测量）。在该变量取得的数值越高，代表专业学习社群的限制性因素越强，越不利于专业学习社群的发展。由此，对专业学习社群组织层面的特点通过5个变量、43个指标加以测量。

教师发展。教师发展主要通过三个方面加以考察，包括教师教学效能、教师承诺、教师工作满意度这3个变量。其中教师教学效能量度的是教师相信自己在课堂教学，包括教学方法、教学能力、教学设计、教学艺术等方面的专业能力，并相信自己能够对学生的学习效果产生积极影响的程度（通过21个指标来测量）。在该变量取得的数值越高，代表教师的教学和促进学生学习的能力越强。教师承诺量度的是教师认同学校的价值和目标、对学校具有归属感与责任、承诺于提升所有学生的学习水平的程度（通过13个指标来测量）。在该变量取得的数值越高，代表教师对学校和学生的付出和责任感越强。教师工作满意度量度的是教师对于自身的教学以及学校的工作环境、条件和人际关系等满意的程度（通过10个指标来测量）。在该变量取得的数值越高，代表教师对学校的满意程度越高。由此，教师发展量表共包括44个指标。

综上所述，本书设计的专业学习社群的特点及效果问卷共包含116个指标，每个指标均考察教师对各变量的观感。之所以包含数目较多的指标，是因为考虑到本书是对我国中小学教师专业学习社群的探索性研究，若指标过少，可能会导致因素分析后相应变量的信度系数降低，因此在原始问卷中设置了较多的题目。问卷采用李克特六分量表的形式，教师需要对每个量句作出"完全不同意、不同意、略不同意、略同意、同意、完全同意"的选择。同时，问卷也将对学校和教师的背景进行测量。学校背景包括学校所在学段、所在区域、学校历史、学校规模等因素。教师背景包括教师的学历、教学经验、职称、职务、性别等因素。

2. 研究对象

本书的研究于 2014 年 11 月开展，采用了便利抽样的取样方式，共抽取上海市 31 所学校参与研究（第一个质化研究的 10 所学校中的 8 所参与了此次研究）。为尽可能提高样本的代表性，研究抽取了上海市不同类型的学校，使样本学校在学段、地理位置、学校规模、历史、办学水平等变量的分布上具有较大程度的广泛性。在教师层面，也充分考虑了教师的性别、教学经验、学科（以语数外为主）、学历、职务等因素，力求达到较为广泛的分布。研究者在同一时段将初始问卷发放给 31 所学校的教师。由于学校规模不同，每所学校抽取了不同人数的教师，其中最少的有 14 名，最多的有 48 名。研究共发放问卷 1500 份，回收 1207 份，其中有效问卷 1067 份，有效回收率为 88.4%。样本学校和教师的基本情况如表 3—5 所示。

表 3—5　　　　　　　　样本学校和教师的基本情况

类型	内容	样本学校数量（所）	样本教师数量（个）	样本教师所占百分比（%）（N=1067）
学段	小学	13	424	39.7
	初中	7	240	22.5
	小学初中一贯制	3	104	9.7
	高中	4	153	14.3
	完全中学	4	146	13.7
区域	市区	13	396	37.1
	近郊	13	465	43.6
	远郊	5	206	19.3
规模	小规模	5	165	15.5
	中等规模	16	508	47.6
	大规模	10	394	36.9
历史	年轻	5	163	15.3
	中等	10	297	27.8
	古老	16	607	56.9
性别	男	—	246	23.1
	女	—	816	76.5

续表

类型	内容	样本学校数量（所）	样本教师数量（个）	样本教师所占百分比（%）（N=1067）
学科	主要学科	—	757	70.9
	其他主要学科	—	151	14.2
	艺术类学科	—	143	13.4
教学经验	5年及以下	—	228	21.4
	6—15年	—	332	31.1
	16—25年	—	327	30.6
	26年及以上	—	167	15.7
学历	大专及以下	—	64	6.0
	本科	—	878	82.3
	硕士及以上	—	124	11.6
职称	无职称	—	70	6.6
	小学二级	—	5	.5
	小学一级	—	170	15.9
	小学高级	—	269	25.2
	中学二级	—	141	13.2
	中学一级	—	244	22.9
	中学高级	—	163	15.3
职务	校领导	—	47	4.4
	社群领导（教研组长、备课组长与年级组长）	—	349	32.8
	普通教师	—	670	62.8

注：在学段上，小学指的是一年级到五年级阶段，小初一贯制指的是一年级到九年级阶段，初中指的是六年级到九年级阶段，完全中学指的是六年级到十二年级阶段，高中指的是十年级到十二年级阶段。在区域上，市区包括静安区、徐汇区、黄浦区、卢湾区、长宁区和普陀区，近郊包括浦东新区、闵行区、宝山区，远郊包括嘉定区、青浦区、松江区和崇明县（本书共涉及上海市13个行政区，具体区域的划分以样本学校所处的位置为依据）。在学校规模上，小型学校指学生人数在800人以下的学校；中型学校指学生人数在800—1600人的学校；大型学校指学生人数在1600人以上的学校。在学校历史上，年轻学校指历史在20年以下的学校；中等学校指历史在20—60年的学校；古老学校指历史在60年以上的学校。

由于样本数据中存在缺失值，各组别数据总量可能小于样本数据总量。各百分比的计算以样本数据总量为基数，因此各组别的百分比总和可能小于100。

如表 3—5 所示，抽取的 31 所学校在学段、区域、规模、历史等方面具有广泛的分布性。就学段而言，共有 13 所小学、7 所初中、3 所小学初中一贯制学校、4 所高中及 4 所完全中学。就学校所在地理位置而言，共有 13 所学校位于上海市市区（包括徐汇区、黄浦区、静安区、普陀区等），13 所学校位于近郊（包括闵行区、宝山区等），还有 5 所学校位于远郊（包括松江区、青浦区、嘉定区、崇明县等）。就学校规模而言，有 5 所为小规模学校，学生人数在 800 人以下；有 16 所为中等规模学校，学生人数在 800—1600 人；还有 10 所学校为大规模学校，学生人数在 1600 人以上。就历史而言，有 5 所年轻学校，即近 20 年成立的学校；有 10 所学校具有 20—60 年的发展历史；其他 15 所学校的历史较为悠久，在 60 年以上。同时，31 所学校在各个行政区域的办学水平也具有一定的差异。总体而言，这 31 所学校在很大程度上能够代表上海的学校总体。

得到的 1067 个样本教师在性别、学科、教学经验、学历、职称、职务等方面的分布符合上海市教师的总体情况。就性别而言，有 23.1%（246）的教师为男教师；76.5%（816）的教师为女教师。就学科而言，有 70.9%（757）的教师是语文、数学、英语这 3 个主要学科的教师；14.2%（151）的教师是历史、地理、政治、自然、物理、化学、生物等其他主要学科的教师；还有 14.3%（143）的教师是音乐、美术、体育、书法、劳动技术等艺术类学科教师。就教学经验而言，有 21.4%（228）的教师任教年限在 5 年及以下；31.1%（332）的教师已任教 6—15 年；30.6%（327）的教师任教年限在 16—25 年之间；有 15.7%（167）的教师已任教 26 年及以上。就学历而言，有 6.0%（64）的教师是大专及以下学历；82.3%（878）的教师学历为本科；还有 11.6%（124）的教师学历为硕士及以上。就职称（上海学校小学教师的职称从低到高包括小学二级、小学一级、小学高级、中学高级，中学教师的职称从低到高包括中学二级、中学一级、中学高级）而言，有 6.6%（70）的教师尚未进行职称评定；0.5%（5）的教师职称为小学二级；15.9%（170）的教师职称为小学一级；25.2%（269）的教师职称为小学高级；13.2%（141）的教师职称为中学二级；22.9%（244）的教师职称为中学一级；15.3%（163）的教师职称为中学高级。就职务而言，有 4.4%（47）的教师担任副校长、教导主任等领导职位；32.8%（349）的教师担任教研组长、备课组长、年级组长等团队领导职位；其余62.8%（670）的教师为普通教师。样本教师在性别、学科、教学经验、学历、职称、职务上的分布符合上海市中小学教师的总体分布，具有很好的代表性。

3. 数据分析

由于本书属于对我国中小学教师专业学习社群的探索性研究，在数据回收之后，首先进行了探索性因素分析，对专业学习社群的特点及其对教师发展影响的结构组成进行了探索；之后再进行同属性分析（one set of congeneric measures）和验证性因素分析，以验证由探索性因素分析得出的变量及其指标，并得到修订后的理论框架。

在此基础上，首先通过描述性分析对上海学校教师专业学习社群的整体发展水平进行探究；接下来通过单因素方差分析，对不同类型学校的专业学习社群发展水平的差异进行考察；最后通过相关分析、结构方程全模型分析，对专业学习社群的特点与教师发展之间的关系进行探究。需要指出的是，对于专业学习社群的特点与教师发展之间的关系，理想方式是采用多层线性模型的方式进行分析。因为研究涉及学校层面和教师个体层面两个层面的数据，所以若要体现出这两层数据的嵌套关系，需要采用多层分析的数据方法。然而，多层分析方法对于样本数量提出了一定的要求（即所包含的学校数量和每个学校的教师数量都需达到30或50以上），鉴于本书的数据有限，因此采用结构方程模型的分析方法。该量化研究的具体结果呈现在本书的第五章和第六章。

（三）第二个质化部分

此部分质化研究的目的在于揭示专业学习社群对教师发展的影响是如何实现的，即对量化研究的结果进行进一步的解释。

1. 研究对象的选取

研究采用目的性抽样策略，选择能够深化关于研究问题和核心现象的理解的对象。[①] 根据量化分析结果，此部分以专业学习社群的发展水平和学段两个维度作为个案选取的原则，选取4所学校作为个案（如表3—6所示，其中A校、B校、D校这3所学校也参与了第一个质化研究），从而在不同背景下的个案中获得资料，来互相补充和验证。具体而言，首先

---

① Miles M. B., Huberman A. M. & Saldana J., *Qualitative Data Analysis: A Methods Sourcebook* (3th edition), Thousand Oaks: Sage, 2014, p.31.

根据量化研究部分得到的专业学习社群特点的变量、相应指标以及它们之间的因子载荷，通过加权平均的方式计算出专业学习社群特点各变量的得分，再根据这些变量在专业学习社群特点上的因子载荷，通过加权平均的方式计算出专业学习社群发展水平的得分，并转化为标准分。在此基础上，对参与量化研究的 31 所学校的专业学习社群发展水平的得分进行计算，从而选取具有高专业学习社群发展水平的小学和中学各 1 所以及具有低专业学习社群发展水平的小学和中学各 1 所。

表 3—6　　　　　　　　　　　个案选择

	小学	中学
高专业学习社群发展水平	A 校	C 校
低专业学习社群发展水平	B 校	D 校

如表 3—6 所示，A 校为具有高专业学习社群发展水平的小学；B 校为具有低专业学习社群发展水平的小学；C 校为具有高专业学习社群发展水平的中学；D 校为具有低专业学习社群发展水平的中学。具体到每所学校中，研究者将分别选取教导主任、教研组长、普通教师等不同层次的教师进行研究，以尽可能获取更为丰富的信息。4 所学校及其教师的具体背景信息在第七章有详细的介绍。

2. 数据收集

研究主要通过半结构访谈、文件收集、非参与式观察等方法获得数据，希望通过多重数据来源，形成完整的数据链。[①]

首先，通过半结构化访谈来收集数据。作为质化研究中最重要的资料收集方式，访谈是指通过口头谈话的方式获取第一手资料的方法。[②] 通过访谈，能够获得研究对象关于研究问题的经验、观感及其背后的意义。在访谈前确定了五个访谈问题，即专业学习社群对教师发展的影响有哪些，是如何影响教师发展的，其对教师的影响是如何体现在学生学习上的，这一影响过程中的关键因素有哪些，以及教师合作中的困难是什么（访谈

---

① Yin R. K. , *Applications of Case Study Research*, Thousand Oaks: Sage Publications, 2003, p.14.

② 陈向明：《质的研究方法与社会科学研究》，教育科学出版社 2000 年版，第 165 页。

提纲详见附录3）。这为访谈提供了一个大致的方向。在访谈过程中，研究者保持一定的灵活度，并非局限于访谈之前所列出的研究问题，而是对其他可能出现的与研究问题相关的信息保持开放性。每个访谈的时间持续40—50分钟，主要安排在教师空闲课时或者中午、放学之后等时间，从而保证整个访谈过程不被打扰。在访谈之前，研究者向受访者出示知情同意书，介绍研究目的与研究问题，并说明其自愿参加及隐私受到保护等。在获取受访者的同意之后，研究者对访谈进行了录音。

其次，研究者通过文件收集法来了解专业学习社群活动的内容和细节，其中涉及的文本主要是教研组、备课组的工作计划、详细活动记录、教师的期末小节等。在征得学校的同意后，笔者对这些材料进行复印收集，以了解专业学习社群的活动实施情况、学校支持情况以及教师对这些活动的感受和收获等。这些文本不仅帮助研究者了解更多关于学校的信息，而且能补充和验证访谈中所收集的数据。

最后，作为访谈法的辅助，本书采用非参与式观察的方法收集数据。研究者进入学校专业学习社群之中，对集体备课、公开课及研讨等正式活动和在办公室、咖啡厅的非正式活动进行观察，以局外人的视角了解专业学习社群活动中教师互动的过程及产生的变化。

综上所述，本书的数据收集以访谈法为主，同时辅以文本收集和观察法。这3种方法能够互相补充，三角互证。[①]

3. 数据分析

数据分析并非等到数据收集结束之后才开始进行，而是伴随着整个数据收集过程。其中既包括正式的数据分析，也包括非正式的数据分析（如反思、暂时解释、田野日志等）。在正式的数据分析开始之前，研究者先将访谈录音转录成文字稿，并整理观察记录和文件资料，从而将所有的数据以文字的形式呈现出来。

质化数据的分析过程是一个从编码（code）到分类（category），再到概念（concept）的过程，也即首先将原始的访谈数据和观察数据进行编码，再根据编码对数据文稿进行分类，最后形成能够反映数据的相关概

---

① Gillham B., *Case Study Research Methods*, London, New York：Continuum, 2000, p.13.

念。① 其主要方式是将杂糅在一起的原始数据进行归类整理。本书依次采用开放编码（open coding）、主轴编码（axial coding）和选择性编码（selective coding）的方式对数据进行分析。② 具体步骤与第一个质化研究，即先导质化研究相类似。该质化部分的具体发现呈现在本书的第七章。

第三节 研究的可靠性与研究伦理

一 研究的可靠性

质化研究和量化研究属于不同的研究范式，在可靠性上具有不同的标准。因此，本节分别介绍本书中质化部分和量化部分的可靠性。

（一）质化部分

质化研究中的"效度"问题指的是对研究发现的准确程度的考量。③ 本书主要通过以下策略来提高质化研究部分的效度。

首先，通过三角验证的方法提高研究的可靠性。研究者通过访谈、文件收集和观察等多种途径收集数据，不同类型的数据之间可以相互佐证，从而提升研究资料的可信任性。

其次，通过研究对象的检查来提高研究的可靠性。在完成转录和分析之后，研究者将结果发给部分研究对象，询问其是否反映其所表达的真实含义。若有不符之处，研究者邀请研究对象进行修改或补充。这能够提升研究资料的可靠性。

最后，研究者在研究过程中力求避免个人偏见，提升研究的可靠性。在质化研究中，研究者本身成为了重要的研究工具，因此避免研究者的身份背景、研究经历等可能对研究产生的影响，十分重要。在本书中，研究者不断地对研究过程进行反思，并反复思考可能影响数据解释的因素，将先后进行的研究脉络进行梳理，尽可能呈现出研究资料所反映的真实含义。

---

① Corbin J. & Strauss A., *Basics of Qualitative Research: Techniques and Procedures for Developing Grounded Theory* (4th edition.), Thousand Oaks: Sage, 2015, pp. 6 - 7.

② Corbin J. & Strauss A., *Basics of Qualitative Research: Techniques and Procedures for Developing Grounded Theory* (4th edition.), Thousand Oaks: Sage, 2015, pp. 215 - 308.

③ Corbin J. & Strauss A., *Basics of Qualitative Research: Techniques and Procedures for Developing Grounded Theory* (4th edition.), Thousand Oaks: Sage, 2015, p. 342.

(二) 量化部分

首先是效度问题。在内容效度方面，主要通过专家评估的方式来保证。研究者在问卷编制及实施的整个过程得到专业学习社群领域方面的专家的指导，有利于保证效度。同时，通过第一个质化研究，研究者对于我国中小学情况有了充分的了解，在编制问卷过程中能够将教师所理解的专业学习社群的特点有效地融入问卷指标中，这也有利于增强内容效度。在结构效度方面，本书的几个维度是通过系统的研究综述所得，已有研究对于问卷的结构已进行了验证。本书属于对我国中小学教师专业学习社群的探索性研究，在问卷回收后将对数据进行因素分析，有助于结构效度的保证。

其次是信度问题。一方面，在发放问卷之前，研究者对各个学校的调查员进行了简单的培训，使其熟悉问卷内容和测试程序，在问卷发放过程中能为受测教师提供及时、准确的指导。同时，请调查员告知受测教师认真阅读问卷指导语，按照要求填写问卷。另一方面，在数据回收之后，研究者将对问卷的内部信度，即内部一致性进行检验，测试各个变量的 α 系数，从而保证问卷具有较好的信度。

最后，混合研究本身，即同时使用质化研究和量化研究方法就能够提高研究的可靠性。因为两种方法相互补充，能够进行三角验证。[①]

二 研究伦理

无论是质化研究，还是量化研究，都十分注重研究的伦理问题。在整个研究过程中，研究者始终将该问题铭记于心。

首先，尊重学校及教师个人的参与意愿。不论是量化研究还是质化研究，研究者首先征得学校的同意，在获准之后才开展研究。在访谈、观察及发放问卷的过程中，教师均自愿参与其中。在质化研究中，研究者首先向参与教师出示知情同意书，介绍研究的目的，并告知其权利和义务，同时教师可在任何时候停止参与研究。而且，研究者在录音前，首先征得教师的同意。在量化研究中，研究者在问卷指导语中明确表明研究的目的，

---

① Teddlie C. & Tashakkori A., "Mixed Methods Research: Contemporary Issues in an Emerging Field," In Denzin N. K. & Yvonna S. L. (Eds.), *The Sage Handbook of Qualitative Research*, Thousand Oaks: Sage, 2011, pp. 285–300.

并告知问卷的用途,由教师自愿决定是否参与。

其次,遵循保密原则。在整个研究过程中,研究者对于收集到的数据做到绝对保密,避免向任何他人透漏与被研究者相关的信息。在质化研究部分,研究者对所有受访教师的材料进行匿名处理。在量化研究部分,问卷采用匿名方式,不涉及教师的个人隐私,并强调对一切资料绝对保密。

最后,给予参与教师充分的尊重,并对学校有所回馈。一方面,在研究过程,尤其是访谈过程中,研究者充分尊重教师,站在其角度考虑问题,尊重其所提出的意见,进行平等、开放的对话。另一方面,研究者争取学校和教师对本书研究的支持,并给予一定的回馈。研究者尽量减少对学校造成不必要的麻烦,与学校和教师保持良好的关系,并且向学校保证,在书籍完成后为其提供一份独立的研究报告,旨在为学校专业学习社群的发展提供建议,作为对学校提供研究支持的回报。

第四章
专业学习社群的初步探索

本章对我国中小学教师专业学习社群进行初步探索，即通过呈现第一个质化研究的发现，来回答第一个研究问题，具体阐述专业学习社群的特点及其对教师发展的影响表现在哪些方面。

第一节 专业学习社群的特点

通过对上海市10所学校12位教师的半结构访谈发现，上海学校的教师专业学习社群具有西方文献所强调的基本特点，但受中国特定教育制度及文化传统的影响，其具体特点所蕴含的意义表现出一定的不同。

一 专业学习社群个体层面的特点

上海学校的教师专业学习社群在个体层面体现出共同的目标和愿景、集体探究、共享实践、共享责任等西方文献所显示的基本特点，同时每个特点背后的意义具有一定的独特性。

1. 共同的目标和愿景

共同的愿景和目标被西方学者视为专业学习社群的基本要素，主要指全体教师都能以促进学生的学习为工作目标。其中学生学习是一个综合性的概念，包括学习成绩、学习兴趣、学习行为等，即学生的综合学习素养。而在中国包括上海，受高风险问责制度和传统的应试教育的影响，学生学习的内涵往往被窄化为考试成绩。如一位小学语文教师在访谈中指出：

> 四年级有区统考，各个学校要排名的，最后有个一年的对学校的考核，这个比重很大，占二十几分呢，会看你整体的平均分、及格率、优秀率。五年级是毕业考，这个也有成绩压力的。低年级没有成

绩压力，但学校的一些考核也是按成绩来的，比如给你评ABC档，然后评优也是按成绩来的，开总结大会要报的，会前比后比左比右比的，现在和你一年前接班的时候你的成绩相比怎么样，进步了没，及格率进步了没，优秀率进步还是倒退了，还有标准差等等的。还有和你的平行班级也要比，这个班多少分，那个班多少分，都要报的。所以我们必须得关注学生的成绩。(R1S6T7)

这种将提高学生的考试成绩作为主要目标的现象在大多数受访谈的学校中都有所体现。这说明，过去长期累积的应试教育制度和传统依然对学校产生深远的影响，区教育部门和学校依然主要通过考试成绩对教师进行评价，因而提高学生的考试成绩依然是很多教师工作的核心目标。另一方面，持续深化的课程改革强调培养学生的综合素质，要求教师转变教学方式，通过学生自主、合作、探究等方式来优化其学习过程，这一要求也在渐渐地影响、改变着教师。在一些学校，教师认为学生的学习过程和方法而非考试成绩，是其更加重视的工作：

现在，就是因为课程改革有绿色评价，它希望学校老师去关注学生的成长，关注学生学习过程中的心理状况的发展。要求老师不能仅仅教孩子应该这样做，而更多主张在教学上带学生去思考，去探索。这样的一个理念，从上面到下面一直在要求，然后老师们也在慢慢改变。(R1S5T6)

可以看出，教师的价值观念和目标在很大程度上也受到了课程改革的影响。在强调考试成绩的同时，一些教师开始关注学生的学习过程和综合素质的培养。一位英语教师表示：

老师们的工作目标大致都相同吧，可能第一个是成绩，大家都放的比较重要。然后成绩和综合素质是息息相关的，光弄成绩也不行，上课时也要培养学生各方面能力，比如他的倾听能力、表达能力、思考能力、注意力，等等。这个不矛盾，也不排斥。这种目标应该都是差不多的。(R1S3T4)

这说明，一些学校既关注学生的成绩，又关注其综合素质的培养，这也成为教师的共享目标和愿景。这与其他研究的结论一致：上海的课程改革在保留中国教育传统特点的同时，强调学生的个性发展，强调课程学习中的体验、感悟和应用；减少死记硬背的教学内容，注重在课堂上开展各种解决问题的教学活动等。① 同日本、新加坡等国家的改革一样，上海的课改既关注对学生创造性、实践能力的培养，也关注其学科知识的学习。② 对学生考试成绩和综合学习素养的共同关注，特别是对学生成绩的高度关注，体现出了上海教师在共享目标上的独特内涵。

2. 集体探究

西方文献表明，集体探究是专业学习社群的特点之一，包括教师一起合作设计教学、反思与解决教学问题，从而改进学生的学习等。③ 实际上，这种合作学习的方式在西方学校的历史并不长；相反，教师独立教学、单独作业是其传统的实践方式。因此，在个人主义文化盛行的西方学校中发展专业学习社群，需要文化上的根本改革。④ 与此不同的是，受集体主义文化的影响，我国教师在合作学习方面具有长远的历史，集体备课、公开课等集体探究实践已经被制度化并嵌入教师的日常工作中，形塑着教师的专业学习与发展。

首先，集体备课作为备课组、教研组的常规活动，让教师共同探讨如何优化教学设计和过程，以提高课堂教学的有效性。几乎所有受访教师都提到了这一学校常规的集体探究活动：

> 我们每周二下午都会有一次集体备课，每个年级都一起来。先是开一个大会，把我们英语教学的共性问题、共性的要求做一个说明。之后再分年级组，就是自己备课组的活动。我们是一周的教学

---

① 时芸：《中国上海学生 PISA 夺冠的归因分析》，《南昌教育学院学报》2011 年第 9 期，第 195—196 页。

② Tucker M. S., "How the Top Performers Got There," In Tucker M. S. (Ed.), *Surpassing Shanghai*: *An Agenda for American Education Built on the World's Leading Systems*, Cambridge: Harvard University Press, 2011, pp. 169 - 210.

③ Hipp K. K. & Huffman J. B., *Demystifying Professional Learning Communities*: *School Leadership at Its Best*, Lanham, Md.: Rowman & Little field Education, 2010, p. 13.

④ Louis K. S., Marks H. M. & Kruse S., "Teachers' Professional Community in Restructuring Schools," *American Educational Research Journal*, 1996, 33 (4): 757 - 798.

内容会在开学初就安排好，哪些人分配几个单元的课，排好之后这个人就提前一周开始备课，把这个单元的内容怎么设计怎么样的想法，自己先想，然后在会上和同年级组的成员一起交流，大家一起讨论，最后确定教学内容，要补充哪些啊这样的……然后我们下周上课的时候，就根据你的这个内容进行自己的修改，可能我觉得你的思路不太适合我的学生的层次，我自己再做一个修改和调整。（R1S3T4）

在上述学校中，所有的课程内容都由教师集体备课。首先进行分工，由教师各自备课，准备基本的教学设计与流程；其次进行集中讨论，对教学的内容和方法进行调整、修改；最后由各个教师根据自身班级情况进行再修改，即"二次备课"。在另外一些学校，为了使教师在集体备课的过程中有更加充分、深入的讨论，由教师共同选择出部分重点课程进行集体备课：

我们大家会商讨一下本学期重点要上哪些课文，做完哪些东西。再一个是就具体的重点课文，因为没有那么多时间，不可能每节课都一起弄，可能每个单元有一篇课文大家在一起解读一下，比如一起备下课，怎么上课，重点是什么。有时还会有跟进的，比如这一课大家研讨之后我先来上，上完之后大家再一起研讨，研讨后再有一个老师跟进。就是看看上完之后，研讨的东西哪些达到了，哪些没达到。没达到这个目标，为什么，然后大家自己采取一些策略，再有一个老师跟进。然后大家再来商讨，共同交流。（R1S6T7）

尽管不同学校在具体操作上有所差异，但不论是将备课任务分工给不同的教师，还是选择重点内容进行集体备课，其共同之处是都有教师交流、讨论这样一个集体探究的过程，这是社群学习的关键。[1] 值得注意的是，与有些地区教师所指的"一言堂"的集体备课不同[2]，这些学校的教

---

[1] Wenger E., *Communities of Practice: Learning, Meaning, and Identity*, Cambridge, U. K.; New York: Cambridge University Press, 1998, p. 73.

[2] 周湘辉：《如此集体备课，还是"革"掉好》，《中国教育报》2005年3月22日第7版。

师做到了相互协商、参与及互动。尤其是集体讨论基础上的个人"二次备课",并未要求全体教师"整齐划一",而是将教学设计的最终决定权交给上课的教师,使其根据学生的特点进行再完善。这正是学者所倡导的,组织计划要从传统的单纯追求组织目标而忽视个人观点的理性规划模型,转向社会——政治取向的规划,重视个人价值观、信念、协商、合作、参与、意愿、冲突、共识等。① 这种互动取向在课程改革的背景下尤为重要。

其次,各种类型的公开课"磨课"、开课及评课的过程为教师集体探究提供了空间。上海市有不同级别的公开课,包括市级、区级、片级、校级等。开课教师在正式上课之前,往往在教研组或备课组内经历"设计—试教—评课—修改—再试教—评课"这样一个磨课过程,该过程得到了很多教师的认可:

> (你觉得哪种方式对你专业能力的帮助最大呢?)公开课之前的试教吧,因为试教可能问题会很多,这些问题出来之后你必须得管,不像平时有问题出来了,有时候可能就把它忽略掉了。这个公开课是真枪实弹的,不好的地方肯定要改。这个过程中你的成长其实是蛮明显的。(R1S5T6)

> 我觉得试教的帮助还是蛮大的。一个是等于去验证那个预设。就一节课上课之前老师肯定有一些预设什么的,比如小孩子的反映之类的,这个可以验证一下,有的预设是有的,有的预设到的东西是没有的。第二个,其他老师确实会从旁观者的角度给你提建议,有的老师比上课的老师更有经验一些,然后看一看这个课这样设计,试教的过程中问题就会出现啊,然后提出来,至少是可以帮助他去完善这个教学过程的。(R1S2T3)

在教师看来,不断就教学实践进行研讨、反思、改进与试验的磨课过程对其专业成长有着明显的促进作用,而且"上课的级别越高,学校

---

① Hamilton D. N. ,"An Alternative to Rational Planning Models," In Carlson R. V. & Awkerman G. (Eds.), *Educational Planning*: *Concepts*, *Strategies*, *and Practices*, New York: Longman, 1991, pp. 21 – 47.

领导或者全校老师的参与度越高，给你提出的意见越好，收获越多"（R1S7T8）。除了磨课，公开课之后还有评课过程，上课的教师会收到所有听课教师及专家的评价和意见，这种专业探究同样有助于教师教学的改进：

> 像我们赛课的时候，都是全校的老师来听，包括评委，就是评分的，全体老师都评，叫作多角度评课。（大家）分一下工，比如说这几个老师看你的教学技术，这几个老师看你的语言风貌怎么样，分工评分，最后汇总算分的。这是口头的评课。
> 我们评课还要落实到笔头上的。比如我上完一节公开课，就到我们学校的网站上面发一个帖子，把教案附在上面。然后就是（大家）跟帖，这是规定到人的，比如分组评分当中有一个是组长，那这个组长负责汇集你们这一小组的人的意见。当时评分是有一个统一的评价单的，会有一些开放式的回答。由这个组长负责汇总，汇总之后就把大家的意见，比如说你是在教学管理这一块的，大家的意见就跟帖跟在上面。（R1S4T4）

可见，公开课后的评课过程十分具体、细致。而就评课的内容，多数教师表示会收到学校领导及同事的专业意见，包括指出课堂的不足和需要改进的地方，这在校内公开课中体现得尤为明显：

> 学校里面（公开课评课），基本上会点到，会委婉地把你的不足点出来。尤其是初级职称课的时候，我们平时大家都熟嘛，一个办公室的老师哪个地方上的不行，肯定一针见血地给你点出来。不点的话，你自己可能不知道。然后校长也是的，毫不留情地说你，呵呵。说完之后，还会告诉你，这个地方应该怎么上会更好，是这样的。（R1S6T7）
> 我们（评课）是都讲缺点，优点少讲，"新基础教育"（某高校与中小学合作开展的研究项目）的要求嘛，但是这是（学校）内部的。（R1S1T2）

可见，无论是公开课前的组内磨课与讨论，还是公开课后更大范围的交流与研讨，都为教师提供了丰富的集体探究的空间，让教师有了集体探讨、反思与改进教学实践的机会。

最后，除了集体备课和公开课等以课堂为载体的集体探究形式之外，上海学校（本书中提到的所有"上海学校"均指参与本书研究的学校）还存在其他的教师集体探究活动，包括集体学习教育政策，尤其是市、区的改革文件，如"每个双周的星期二，我们教研组，整个学校的数学老师，要在一起学习新课标的"（R1S5T6）；集体学习、交流教育理论，如"我们有学思论坛，主要是读一些书，比如教育名著啊、一些名师写的书，大家一起看，看完之后会经过一两次的学思论坛，大家来交流对这些书的看法"（R1S6T7）；集体开展行动研究，包括"一起讨论案例"（R1S2T3）、"合作撰写研究报告"（R1S1T1；R1S10T12）等。

除了以上通过教研组、备课组、学思论坛等途径开展的集体探究，上海的学校还存在着大量的教师之间的非正式交流与合作学习，一些学校将其称为"无痕教研"：

> 由于集中统一的时间有限，所以我们平时提倡无痕教研。（这指的是？）就是日常的、随机的教研，利用早晨的时间或者课间，有什么问题及时解决。可以说它是随时随地、随处可见的。（R1S8T9）
>
> 交流分享我觉得还是比较多的，就是我们没有刻意地去交流什么东西，但是其实随机的在办公室里的交流我觉得是无所不在的，其实是非常频繁的。（R1S4T5）

可见，上海学校的教师集体探究活动非常丰富，既包括教研组、备课组等传统组织中以课为载体的集体备课、公开课研讨等活动，也包括新型组织如课题小组、论坛、沙龙中教师集体学习教育理论与开展行动研究，还包括日常的、随机的非正式合作学习。因此，上海的学校充分体现出了集体探究这一教师专业学习社群的核心特点。

3. 共享实践

共享的个人实践是专业学习社群的特点之一，指的是教师之间互相开放彼此的课堂，定期进行相互观课。但实际上，西方学校在建立专业学习社群的过程中，共享实践是其难以克服的障碍。有研究指出，经过3年的改革尝试，教师在共享实践上几乎没有任何改进①。但在上海学校中，教师间相互分享实践与经验的现象却十分普遍。除了前文提到的备课组、教研组以及各级公开课中的实践共享，还存在着其他形式的分享，如很多学校都有相互听课的制度：

> 我们还有一种形式叫相约课，一个年级里面，我们三个老师每个学期有三节左右的相约课。就是选出一节课来，三个老师一起同时上同一节课，但是各自上各自的，然后上的时候三个老师互相听课。这样每个人的思路不一样，就互相学习。这是我们小规模的，还有一种相约课是全校的，我们每个学期也会有一批，青年教师一个月展示课，中青年教师一个月展示课，就是全校的老师每个学期必须有一节课拿出来，供全校的老师观摩。基本上每个月都有一个主题，有的时候一个月甚至有两个主题，每个人都跑不掉。（R1S7T8）
>
> 我们有一些相互听课什么的，常规性的听课比如推门课、邀请课之类的。我们学校是这样一种氛围，比如这个老师要开课了，他（她）会试教，同一个备课组里的老师，你是空课的有时间的，一般都会去听。（R1S2T3）
>
> （你们经常相互听课吗？）对的，我们一个学期，听课有要求的呀，普通老师至少要听15节课。其实不止的，每个老师每个学期会听大概二十几节，差不多一个学期至少听二十六七节吧。我第一年听的更多，第一年一个学期听了三十几节课，区里面啊等等的。到外区的，包括到杭州啊之类的都不算的，都有二十几节课。（R1S6T7）

可以看出，共享实践在上海的学校中极为普遍，既包括备课组内同年级教师之间的互相听课、学习，也包括整个学校范围内的课堂展示，还包括到校外甚至是其他地区听课等。教师听课活动具有不同层次、不同形式，且频率很高。这蕴含着教师之间的开放和信任关系，对于改进教学实

---

① Capers M., "Teaching and Shared Professional Practice – A History of Resistance; A Future Dependent on Its Embrace," In Hord S. M. (Ed.), *Learning Together, Leading Together: Changing Schools Through Professional Learning Communities*, New York: Teachers College Press; Oxford, Ohio: National Staff Development Council, 2004, pp. 151–162.

践十分重要。除了这些共享性的实践，上海学校还有一个十分完善的实践共享体系，即师徒带教制度，它指的是让刚入职的年轻教师和有经验的教师结成师徒关系，师徒之间常规性地互相听课，并且由师父对徒弟定期进行指导：

> 比如第一年，基本上除了上自己的课，其他时间都是去听师父的课。所以我第一年，两个听课笔记本写的满满的，基本上我每星期平均至少要听三四节课。你去听师父的课还好，然后我们学校有规定，每周师父至少要听徒弟两节课，这才是最可怕的。还有，比如你要上区里面的展示课，刚开始的时候肯定是组内老师一起商量，师父肯定是带头的了，有什么想法建议都会说。（R1S7T8）

> （你觉得师父对你帮助大吗？）非常大。刚开始一个月好像没来得及安排，我就像无头苍蝇一样。有了师父后多问问，就知道特别多。（R1S1T2）

在上海，几乎所有的学校中都存在师徒带教制度。通过师徒结对，教师之间有了大量的共享实践的机会，不论是徒弟对师父课堂的观摩学习，还是师父对徒弟的指导、引领，都为双方，尤其是徒弟的专业发展提供了重要的机会。实际上，师徒带教已超越了实践共享这一层面，因为新教师能够获得来自师父的全方位指导，包括帮助完善教学设计、解答专业问题等。这种带教关系既是情感上的支持，更是专业上的支持。它注重培养教师的核心教学能力，包括备课、学科教学知识、课堂管理和研究技能等，使得新教师在师父的指导下实现快速地成长。[①]

除了课堂实践的共享，教师之间还会互相分享与课堂相关的信息、资源、材料，如集体备课过程中相互分享教案、课件、素材等：

> 我们学校有一个自己的内部的网站，所有的老师上过的公开课，就是经过大家的研讨、集合大家的智能出来的这种课程，相关的数据比如教案、课件、参考数据等所有东西放上去。然后明年哪个老师要

[①] Jensen B., Hunter A., Sonnemann J. & Burns T., "Catching Up: Learning from the Best School Systems in East Asia," Melbourne: Grattan Institute, 2012.

上课,也要放到这里,可以进行借鉴,然后再次改进,这样子。(R1S7T8)

可见,共享实践在上海的学校中十分常见,它构成了师徒带教、集体备课、公开课等教师专业学习活动的基础。有研究指出,上海学校的教学实践共享能够培训教师,因为听课教师被要求关注教学如何影响学生学习的过程,而非仅关注教学方式,这能够帮助教师改进学生的学习。[1]

4. 共享责任

共享权力与责任也是专业学习社群个体层面的特点之一,它指的是社群成员分享权力,共同进行学校重要事务的决策,并形成对学生学习的集体责任。在上海学校中,社群成员之间共享权力的现象并不明显,权力主要集中在学校的领导,尤其是校长身上,由校长进行学校事务的决策。副校长、中层管理人员和教师等会参与决策的咨询过程,但更多的是回应校长的要求,负责实施具体的决策。[2] 尽管如此,上海的教师仍旧体现出了共享责任这一特点。很多学校的教师表示,整个备课组、教研组甚至是整个学校都具有一种集体的、促进学生学习的责任:

(你觉得我们学校的老师对学生学习有一种集体责任吗?)这个一般出现在期中、期末考试的时候,既希望班级好,又希望整个年级好。这个跟学校的奖励机制非常相关。像我们学校,得整个年级第一的人奖励200元,但是整个年级都跑到全区前三的,每个人奖励1000元。这个跟评价机制就非常相关了,它看重什么,大家就往哪里走。所以到最后其实是我们整个年级的(成绩好),我们反而觉得比较重要。像我们连续几次拿了1000元,就比较开心。(R1S3T4)

其实荣誉是一个年级的,比如我的初级评比课得了一等奖,但也是我们一个办公室的成绩,也算是大家的荣誉吧,是大家一起弄出来的。备课组考核的时候也看整个备课组取得的成绩,会把所有的老师

---

[1] Jensen B., Hunter A., Sonnemann J. & Burns T., "Catching Up: Learning from the Best School Systems in East Asia," Melbourne: Grattan Institute, 2012.

[2] Wong K., "Conditions and Practices of Successful Principalship in Shanghai," *Journal of Educational Administration*, 2005, 43 (6): 552 – 562.

的成绩调出来的……其实我们学校非常重视团队精神。可能单个老师拿出去，非常有名的并不是很多，但是整体实力是很强的。（R1S6T7）

可以看出，尽管上海学校的权力相对集中，但是教师之间形成了非常强的团队意识，产生了共同的责任。这种共享责任主要是由于学校"重集体而非个体"的考核机制，因为学校关注的是学生或教师的整体成绩，因此教师之间形成了一种为提升全体学生的成绩而努力的共同目标，从而使整个教师群体产生了一种集体责任。当教师为集体荣誉而共同奋斗时，会进一步促成彼此之间的分享、探究和互相帮助，从而促进整个专业学习社群的发展。这也说明，以上的共享目标和愿景、集体探究、共享实践和共享责任之间是互相联系、密不可分的，它们共同构成了专业学习社群个体层面的特点。

二 专业学习社群组织层面的特点

专业学习社群的发展需要学校组织层面的一系列支持因素，这构成了专业学习社群组织层面的特点。在上海的学校中，这体现在支持性领导、组织结构、合作关系、校外资源及变革障碍五个方面。

1. 支持性领导

共享和支持性的领导被西方学者视为专业学习社群的必备要素之一，它具有共享领导和支持社群实践两方面的含义。在共享领导上，与西方民主制度不同，中国的领导者，包括校长等教育领导者受到等级制度与观念及尊重权威文化的影响，往往采用自上而下的领导方式。研究者访谈的10所学校中，仅有1所学校的教师谈到校长有下放权力的行为：

学校给我们这样一个平台，就是重心下移，把很多事情交给教研组长去决定。首先它的主旋律是定在那里的，他告诉你我们的教研活动主旋律就是要真诚、开放，在这个基础上，他不规定你要怎样。你在这个主旋律下，可以搞你自己的教研活动。因为每个教研组的老师配备都不一样，你可以根据自己的情况来。应该是主旋律定好以后，又给了我们充分的空间，你可以自己去试。当然他中间还会提供很多支持，比如我们的英语教导，你随时有需要随时都可以去找他的，包

括各个层面的，比如信息技术部或是校长那里，都可以的，有后续的支持。(R1S8T9)

在上述学校中，校领导将"重心下移"，即把部分权力分享给各个教研组长，由其负责教研组的专业学习活动，这是分布式领导的一种体现。但是在其他9所学校中，并未出现这样的情况。也就是说，在更多的学校中，权力集中在领导层，校长采用自上而下的领导方式，因此共享领导这一特点并不明显。尽管如此，几乎所有学校的受访教师都反映，校长等学校领导对专业学习社群的活动给予了极大的支持，这体现在不同的层面。首先，鼓励教师参加读书会、培训、公开课、行动研究等专业发展活动，并主动了解教师的学习情况：

比如我刚开始来的时候，校长会从我的带教师父、学科教导那里，会了解你这个老师的情况。有什么计划，有什么比赛，他会支持你去参加。(R1S2T3)

姐姐（校长）经常在大会上，尤其是教科研节的总结大会或者是启动会议的时候，就跟我们讲，愿意我们经常做课题啊什么的……然后姐姐就建议，学校的骨干老师必须要有课题，其他老师她就鼓励你尝试去做课题。(R1S7T8)

在学校7中，校长与教师之间形成了朋友般的关系，因而教师亲切地称呼校长为"姐姐"。在这种亲密关系的影响下，校长主动了解教师的学习需求，鼓励、帮助其获取专业发展机会，这是专业学习社群发展的重要推动力量。[①] 其次，学校领导还通过时空支持、制度保障、组织专业学习活动等方式，为教师提供合作学习与发展的机会：

校长支持是肯定有的了。他管一个学校，教师发展要的东西，比

[①] Lindahl R. A., "Professional Learning Communities: A Feasible Reality or a Chimera?" In Alford J., Perreault G., Zellner L. & Ballenger W. (Eds.), *Blazing New Trails: Preparing Leaders to Improve Access and Equity in Today's Schools*, The 2011 Yearbook of the National Council of Professors of Educational Administration. ERIC: ED523595, 2011, pp. 47–58.

如你要开这个读书会，需要书，他当然要支持的。公开课也是需要时间的，它是打破日常教学的这种，校长肯定要支持的。比如你们数学组需要场地做个什么事情，他肯定都支持的，而且有机制的一些保障吧。还有其他的，比如我们学校请了一个退休的区教研员，请这个教研员完全是出于校长跟他的个人关系，校长就很想把教师的水平拉上去，所以请他过来。(R1S1T1)

我们学校有校本研修这样一种培训形式。每年暑假8月份，人家都在休息，我们7月份休息，8月份就要来上班了。就是开始给我们组织一些讲座，请全国各地的特级教师、特级校长做报告，比如讲课程改革、成才之路，就是这个人怎么成为优秀教师的，一些专题性的讲座。然后看一些录像，比如魏书生、窦桂梅这些名师的录像。然后下午组织区教研员给我们做实践性的案例分析，从理论和实践方面进行引导。还有我们前一段时间出去考察，就是文化之旅，去孔子、孟子的故乡、周恩来故居，去寻求教育根源。从各个方面让我们老师对学校文化有一个共同的认同，对创办我们这所优质学校有共同的追求和奋斗吧，培养教师的一种共同的凝聚力和意识，每年暑假都有。(R1S3T4)

提供结构和机制上的支持，邀请教育专家开展讲座，邀请教研员进行案例分析，开展外出教育考察活动等为教师的专业学习提供了丰富的信息和资源。[1][2] 而且，这些活动有助于培养教师对学校的"共同的认同"以及"共同的凝聚力和意识"，对于专业学习社群的发展有着巨大的促进作用。

最后，校长等领导还直接参与到教师的专业学习活动中，包括常规听课并提供反馈，参与公开课研讨，帮助教师磨课等，为教师提供专业的指导和帮助：

---

[1] DuFour R., "Help Wanted: Principals Who Can Lead Professional Learning Communities," *NASSP Bulletin*, 1999, 83 (614): 12-17.

[2] Harris A. & Jones M., "Professional Learning Communities and System Improvement," *Improving Schools*, 2010, 13 (2): 172-181.

推门课我们是分的，每个学校不是都有分管领导嘛，比如我们语文是校长听，因为校长是教语文的；然后英语是一个副校长，他教英语的；然后数学是一个教导主任，这样分的，就是分管领导加上同年级的老师去听的。就这样每学期开一节推门听课。说是推门，校长也会提前一到两天告诉你。听完课当场会告诉你，这个课哪地方上的不行，哪些地方该怎么改进。(R1S6T7)

校长会参加公开课的，因为我们现在的校长正好是数学老师出身，所以基本上数学开课他应该都会去。他也会给一些意见和建议什么的。(R1S5T6)

你有问题校长也愿意帮你弄的，她也愿意帮你出谋划策。前段时间我这边有个学姐上课，然后一个晚上两三个小时，姐姐（校长）就陪在办公室里面给她试讲。(R1S7T8)

可见，校长等领导对于专业学习社群的实践给予了多个层面的支持，不仅主动了解教师的学习情况，鼓励其参与专业发展活动，还在制度上为教师的合作学习提供便利，并邀请校外教育专家，为社群活动提供专业的引领。更重要的是，校长还直接参与到教师的专业学习活动中，为其提供指导和帮助，这与西方学者所倡导的领导支持行为一致。然而，上海的学校领导较少分享权力和责任，即缺乏分布或共享的领导。比如有研究指出，尽管上海课程改革要求采用扁平化的管理方式，校长也有一些放权行为，但其并非像西方国家那样完全放手，而是有一些操控和管制，对教师进行严密的监测。① 因此，在学校领导方面，上海学校的教师专业学习社群具有不同于西方国家的特点。

2. 组织结构

支持性的组织结构是专业学习社群建立和发展的基础，这指的是学校为教师合作学习提供足够的时间、空间、资源、条件等。缺乏合作时间及共同的课程基础在西方国家被视为学校建立专业学习社群的困难之处②，

---

① Law W., "Culture and School Leadership in China: Exploring School Leaders' Views of Relationship-and-result-based Governance," *Educational Leadership: Global Contexts and International Comparisons* (*International Perspectives on Education and Society*), 2009, 11: 303 – 341.

② Fernandez C., "Learning from Japanese Approaches to Professional Development: The Case of Lesson Study," *Journal of Teacher Education*, 2002, 53: 393 – 405.

这样的结构障碍在上海的学校几乎不存在。这是因为，上海的专业学习社群如教研组、备课组、年级组等都是通过行政要求的方式自上而下建立的，主管教育部门在相应的时间、空间、资源上对学校提出了明确的要求，因此学校在组织结构上为专业学习社群的发展提供了充分的支持。首先，所有受访教师都表示，学校每周安排固定的时间供教师进行集体研讨：

> 每周二下午，我们英语老师基本上是没有课的，那么这是一个时间上的保证。如果没有时间上的保证，我们几个人也凑不到一起，有的课都不一样的嘛。(R1S10T11)

在时间上，上海的教师每周有至少1个小时的集体学习时间，这为教师的集体探究活动提供了重要支持。OECD指出，与西方国家相比，上海的班额相对较大，平均每个班级有40个学生（美国为23个）[①]，因此教师教的班级相对较少。[②] 上海的教师每周上课的时间相对较少，为10—12个小时（美国为30个小时）。因此，与西方国家相比，上海的教师有更多的时间参与教学以外的其他一些对学生学习有很大影响的活动，包括备课、教师合作、互相听课及反馈等。

其次，在空间上，不同于西方国家的一些教师将自己孤立于教室的情况，上海的学校设有教师集体办公室，即教师与同事分享共同的工作空间。其中最常见的是以教研组或备课组为单位来划分办公室，也有的学校以年级组为单位进行划分。不论是何种办公室安排方式，都为教师提供了充分的交流空间：

> 我们一个教研组的都在一个办公室，可以随时交流 (R1S8T9)。
> 因为大家都在一个办公室里，然后教同样的内容。有什么问题提出来了大家会说，我是怎么办的。或者碰到哪一类，就应该怎么办。

[①] OECD, "PISA 2009 Results: What Makes a School Successful? Resources, Policies and Practices (Volume IV), 2010," Retrieved on Dec 20, 2013, from http://dx.doi.org/10.1787/9789264091559-en.

[②] Jeynes W., "What We Should and Should Not Learn from the Japanese and Other East Asian Education Systems," *Educational Policy*, 2008, 22 (6): 900–927.

（R1S4T5）

共同的空间不仅有利于正式研讨活动的开展,还为教师之间的非正式交流提供了极大的便利。同时,受访教师还提到,共同的教学内容也为教师之间的探究提供了基础,这也是学者所强调的专业学习社群发展的必要条件。①

最后,参与本书研究的所有学校都在经费、设备、资源等方面为教研组提供了坚实的保障,而且每所学校都建立了校园网,教师能够进行实时在线交流。受访教师一致认为,学校在资源方面对专业学习社群活动给予了很大的支持:

> 外出考察,学校会给你经济支持。比如你要做课题的话,他会给你500元钱科研经费。(R1S4T5)

> 一般来说上公开课这种事,我们学校是全力支持的。就是学校所有的资源都可以用,比如说器具啊、教学上的设备啊,只要你提出来的是合理的要求,学校能够帮你做的都准备好。比如说要去买一些材料什么的,基本上也都没有问题。(R1S5T6)

> 有一些常规活动的,比如例会,会在QQ群里发的,大家会去交流、研究。(R1S9T10)

系统的资源支持,为专业学习社群活动提供了基础和保障。总体上看,上海学校的专业学习社群实践背后具有强有力的结构支持,为教师的集体探究提供了便利。

3. 合作关系

合作关系的建立对于专业学习社群的发展至关重要。在西方国家,传统的教师间互相孤立的关系以及强调个人隐私的文化难以为专业学习社群提供有力的支持。② 而在集体主义文化传统下的中国,合作学习和集体探

---

① Paine L. W. & Ma L. P. ,"Teachers Working Together: A Dialogue on Organizational and Cultural Perspectives of Chinese Teachers," *International Journal of Educational Research*, 1993, 19 (8): 675 – 697.

② Nehring J. & Fitzsimons G. ,"The Professional Learning Community as Subversive Activity: Countering the Culture of Conventional Schooling,"*Professional Development in Education*, 2011, 37 (4): 513 – 535.

究对于教师而言十分容易。上海的学校普遍具有比较强的互相分享的文化，这种文化为教师间共享实践和材料提供了支持：

> 我觉得整体来说，我们学校还是可以的，大家都还比较开诚布公。能这样集体备课就说明有一种分享的意识在里面了呀。包括最后考试的时候出练习题，有什么好的资源都是集体印出来一起做的。（R1S3T4）

> （如果你想听哪个老师的课，能够比较自由地去听课吗？）比如说去年，像我跟我们的教导是一个年级的，他的课很好，因为他是市里面的名师。所以有一段时间我就跟他讲，我说：方老师，我有时间就来听下你的课。他说：好的，你随便可以来。（所以是）可以的，就是说好就可以了。（R1S7T8）

可以看出，教师对于互相分享和集体探究这种学习方式十分习惯，并且乐于分享资源、材料和教学实践。在上海的学校，教师已经习惯了听课或被听课，很多学校都有随堂听课的形式，这在文化上是可以接受的。[①] 而且，大家有一个基本共识：听课活动关注的是课，而非上课的人，听课是为了上课的教师能有进一步的改进。对于教师而言，这是重要的专业发展机会。因此他们认为共享实践是理所当然的事情，都具有很强的分享意识。[②]

另外，教师之间相互关心、帮助，建立起了较强的合作关系。教师在中国被视作是开放的职业，各种类型的带教和合作制度使得上海的学校形成了专业合作的文化。[③] 如有教师指出：

> 东西也是分享的，你要是有事情的话，大家也会帮你一起做，尤

[①] Tan C., *Learning from Shanghai: Lessons on Achieving Educational Success*, Dordrecht: Springer, 2013, pp. 185 – 198.

[②] OECD, "PISA 2009 Results: What Makes a School Successful? Resources, Policies and Practices (Volume Ⅳ), 2010," Retrieved on Dec 20, 2013, from http://dx.doi.org/10.1787/9789264091559 – en.

[③] Jensen B., Hunter A., Sonnemann J. & Burns T., "Catching Up: Learning from the Best School Systems in East Asia," Melbourne: Grattan Institute, 2012.

其是一个办公室的，会帮你一起弄。(R1S6T7)

  我们大家都是只要有时间，就在一起研讨。比如针对近期的情况，我们进行小规模的（研讨）。比如有的老师有些困惑，我们就一起帮他解答。经验丰富的帮他解答，那年轻老师可以学习。教研组人员层次是不一样的，但是大家都在这个过程中有所收获。（如何使不同层次的人收获呢？）比如一个老师出现了问题，他提出来之后，我们教研组一起出谋划策。那有些班级没有出现这样的问题，基础比较好，但是这种情况以后可能发生。所以大家都很有热诚地去参与。(R1S8T9)

可见，教师之间形成了较强的合作与互助的关系，习惯于共同解决问题。在他们看来，教师集体能够促进个体的发展。① 因此，教师之间的合作交流非常普遍，这也是专业学习社群能够持续发展的根本动力。

4. 外部资源

教师专业学习社群并非是封闭的、具有明确边界的组织，其发展离不开校外专业资源的引进与支持。上海学校专业学习社群的发展得到了一系列外部资源的支持，包括来自区级教育部门、高校及其他兄弟学校的资源等。首先，作为教研体系的一部分，上海的所有区教育学院定期开展教研活动，将不同学校的教师聚集在一起进行交流、研讨。区层面的教研活动每两周举行一次，具体的内容"有些时候是听课研讨，有些时候是请专家讲座，还有就是布置一些接待性的任务"（R1S9T10）。这些听课、研讨活动是校内教研活动的进一步延伸，得到了受访教师的高度认同：

  我们出去听课的话是两周一次，或者是一节课，或者是两节课，我们可以学到很多的。现在的公开课跟平时的课还是比较接近的，比如很多的教学方法、手段，我们都是能够用的。而且他们的公开课都是，我们现在基本上教到哪一课就是哪一课，或者是你上过的没上过

---

① Paine L. W. & Ma L. P., "Teachers Working together: A Dialogue on Organizational and Cultural Perspectives of Chinese Teachers," *International Journal of Educational Research*, 1993, 19 (8): 675–697.

的，非常深有体会的。上过的你也可以想到自己怎么上的，反思一下，我上的时候如果这样上可能会更好。如果没有上过的话，因为我们也是备好课的嘛，那我们就可以改进，就及时应用到，选择你需要的适合学生的像因材施教一样的那种，应用到自己的课堂中。然后出去听课，肯定是教研员把好关的，基本上质量也比较有保证，思路是跟着上海市方向的一个备课，是非常好的。（R1S1T2）

区公开课上完之后第一步是教研员评课，还要接受全区人的评课，会安排一个小时左右的时间进行评课。就是你坐在上面，先讲一下你这节课是怎么设计的，思路是什么，想要达到的预期是什么，包括你上完这节课的反思是什么，你要临场说出来。说完之后全区的老师，就是给他们时间，让他们自由地讲解对于这节课他们有什么想法，有什么建议，都要临场讲的。（R1S7T8）

区层面的教研活动，尤其是听课研讨活动得到了教师们的高度评价，为教师专业发展提供了良好的平台，同时也成为学校专业学习社群的支持力量。在区层面的教研活动中，教研员这一教学专家发挥了重要的作用，承担着引领、指导教师的角色。因此，一些学校会主动邀请教研员参与校内的集体研讨活动：

我们学校请了一个退休的闵行区的教研员……然后他们（学校同事）5人一个小组，教研员会定期来指导他们上课，一学期有两次。除了带5人徒弟之外，他每次来要听2节课。然后也有其他青年教师一起要跟着上课，他也要来听。所以这样一学期下来之后，我们总共有13个老师都被听过课，包括他的徒弟在内。然后听课评课都是当场要做的，这还是蛮有意义的。（R1S1T1）

可见，区教育学院和教研员促成了教师更大范围且更加深入的交流与研讨，为学校专业学习社群的发展提供了重要的支持。除了区教育学院这一校外资源外，一些学校还与高校建立起了合作关系，主动挖掘、利用高校的学术资源：

我们学校跟"新基础（教育）"理念很紧的，我们是一群受益者。我们学习新基础后,课堂更有活力了。因为"新基础(教育)"是立足学生立场,老师们基本上有这样的思维,怎么把课堂还给学生,怎么让学生创造一个丰富多彩、享受幸福的课堂。这样学生就成为了课堂的主体,就很主动地学习,甚至会迸发出让我们老师都觉得意外的惊喜。(R1S8T9)

在受访的10所学校中,有4所学校像上述学校一样与高校建立了合作关系,引进高校的优秀专业资源。具体而言,教师通过向高校学习前沿教育理论,与大学教师一起参与实践改革,在研讨活动中与大学教师互动等方式来改进教育教学。可以说,学校的教师专业学习社群成为了大学与中小学合作项目的"受益者"。当学校和教师保持开放的心态,善于从"专家"身上学习有益于自身发展的理念,并巧妙地将其整合、转换为学校自身的发展资源,他们无疑将成为专业学习社群的重要支持。

除了寻求教研员、高校教师等"专家"资源,还有很多学校与兄弟学校之间建立起了伙伴合作关系,从而实现资源共享,如有教师谈道:

我们学校经常去给下面的一些乡镇学校上示范课,已经形成惯性了。(这个课的目的主要是示范是吗?)有示范的性质吧,也有交流。就是每次我们学校有老师过去上课,上完之后他们学校的老师和我们学校的负责老师都会坐下来,一起研讨这节课。对这节课有什么看法,有什么改进,有什么可以借鉴的优点或缺点,大家一起摊出来,一起去共同交流。(R1S7T8)

我们原来是五校共同体,现在是七校共同体,就是一个区里面的一些学校组成的。一个共同体他会有自己的东西,比如研究关注的点。每个学期会有一个学校承担整个共同体的课题、研究的东西或者上课这方面。然后共同体还会有一些教学评比、案例评比、反思、课堂评比等等的。除此之外,各个区还有那种分片的,比如东北片,都在松江区的东北部,这一片大概有9所学校,然后9所学校在一起,每年都要搞一次教学评比。(R1S6T7)

实际上,这种兄弟学校之间的联系在上海是比较常见的,不仅包括同一区域内的学校,如教师所提到的学校共同体,还包括不同区域学校之间的联动（R1S8T9）。在某种意义上，这些跨校交流打破了学校专业学习社群的界限，使社群吸收到不同的、有意义的观点和信息。[①] 不同学校的专业学习社群之间发展合作关系，也有助于互相学习优秀的实践，吸收更多的发展资源。[②]

5. 变革障碍

学习型组织不可避免地存在一些障碍，影响组织学习的效果。[③][④][⑤][⑥] 上海学校的专业学习社群同样存在着一些障碍，主要体现在制度和文化两个方面。一方面在制度上，上海学校专业学习社群的变革障碍包括强调高风险考试的问责制度，缺乏财政权而导致教师合作学习时间不足，自上而下的教研体系等方面。

首先，强调考试成绩的问责体系不利于专业学习社群中的教师合作学习。几乎所有受访教师都表示，尽管课程改革要求重视学生的综合素养以及实践与创新能力的发展，但是区级教育部门依然主要通过考试成绩对学校进行评价，尤其是根据学生的考试成绩来为学校排名，给教师带来很大的压力：

> 有很多区级层面的考试，有一些区级统测，而且要进行一些评比，学校和学校之间有评比，那就必然是老师把这个负担扛上去了。（R1S4T5）
>
> 当然有（成绩压力）。虽然现在弱化学生成绩，但是区里面有自己的评估，而且我们所有考试的分数是录入网络的，这个不可能没有

---

① Little J. W., "Inside Teacher Community: Representations of Classroom Practice," *Teachers College Record*, 105 (6): 2003: 913 – 945.

② Hopkins D., "Realising the Potential of System Reform," *Companion in Education Series*, 2006, Retrieved from http://siteresources.worldbank.org/INTINDIA/4371432 – 1194542398355/21543223/RealisingthePotentialofSystemReform.pdf.

③ 彭新强、蔡爱玲：《学校的组织学习障碍：探索与跨越》，高等教育出版社2012年版，第1页。

④ 张兆芹、徐炜：《教师组织学习的障碍分析与对策研究》，《教育发展研究》2008年第12期，第8—12页。

⑤ 尹志红、杨楠：《组织学习的障碍因素分析与组织学习力的提升》，《哈尔滨商业大学学报》（社会科学版）2011年第2期，第55—80页。

⑥ Argyris C., *Overcoming Organizational Defense: Facilitating Organizational Learning*, Boston: Allyn and Bacon, 1990, p. 1.

压力的。(R1S9T10)

可见，尽管区教育部门对学校考试成绩的排名是内部的，但会将评比结果通知区内所有的学校和教师，并以此为考核标准，因此对学校造成很大的压力。也因此，学校也主要根据学生的考试成绩对教师进行评价。在上海的学校中，所有教师在期中、期末考试后都要进行考试质量分析，撰写"考试质量分析报告"，这对于教师工作起着关键性的调节作用。它详细记录了学生的平均分、优秀率、及格率等，并以此作为教师考核的主要指标，深受教师重视：

> 我们有一个叫考试质量分析，会把你们这个班的平均分，然后这个班的老师是谁，写下来。表现好的老师，是谁谁谁。这种东西，它会打出来的。这个对于老师来说是很重要的，是个人的一个成就吧。(R1S10T12)

由于高风险的问责体系和教师评价制度，一些教师不得不以提高学生的考试成绩为中心，教学工作也围绕着学生的成绩来展开。而且，对考试成绩的过度关注，可能会强化教师之间的竞争，而非合作意识：

> 其实竞争比合作更高，这个合作是显性的，竞争是隐性的。因为你有共同的东西，你也必须有自己特色的东西，特色的东西就是隐性的。比如这节课我上什么东西，大致的是一样的，但是我可以调整是吧，我同样讲这道题，可能我讲的方法跟他讲的方法就不一样，我的效果就可能更好。就是合作是显性的东西，竞争是隐性的东西。(R1S10T11)

事实上，教师如何根据自己班级的学生情况对教学的内容和方法进行调整的过程是其专业知识和智慧的重要组成部分，对于学生的学习效果有着重要的影响。但在上海的学校中，教师很少就这一过程进行分享，而将其视为自己的"知识产权"和竞争力。因此，虽然表面上教师之间有很多分享与合作，但是在根本意义上，竞争是不可避免的。这种为了提高学生的成绩而产生的隐性竞争会阻碍专业学习社群的发展。

可见，长期形成的应试教育制度和文化传统根深蒂固，很难在短时间内得到全面、彻底的改变。如有研究指出，尽管上海课改强调要避免以考试为中心，鼓励素质教育，培养高级思考能力和主动学习能力，但实际上它依然保留着对高风险考试的持续控制。① 这种专断的标准化教育模式是改革的根本障碍。②

其次，合作学习时间的不足也是上海学校专业学习社群发展的障碍。尽管在区教育部门的要求下，所有学校必须每周为教师的集体学习提供一定的时间（通常为 1 小时），但在规定的时间以外，教师很难找到其他共同学习的时间。这主要是由于过于繁重的工作负担使教师无法将时间和精力花在集体探究与合作上。在访谈中，几乎所有教师都表示，工作任务过于烦琐，自己过于忙碌而缺乏专业合作的时间：

> 怎么说呢，现在感觉太烦琐了，一个人同时干好几样，就很难保证特别专。因为学校都是很小，所以班主任的工作就很碎了，但是只有这么多人手，有这么多工作要做，所以有时觉得非常累。我们很多工作是没法在学校完成的，因为老师要教学工作，我们班主任还要处理班级事情，各种矛盾，孩子之间的问题，根本没有一个安静的时间或者课比较少的情况，很少的，只能回到家里。我觉得整个教育界都是这样，老师的压力和负面情绪也得不到关注。(R1S9T10)

> 形式的东西太多，留给自己研究教学的时间少，应付一个个领导、专家，搞各种活动。我基本上 90% 的时间都在搞班主任的事情，只有 10% 是教学。总有临时的事情要做，比如收餐费、校服费、报纸费，发各种学校的通知，处理学生矛盾，弄黑板报，检查卫生……（R1S1T2）

教师不仅承担着繁重的教学任务，还要完成一系列琐碎的行政事务，因而参与专业学习社群活动的时间十分有限。这类现象在西方背景中也同

---

① Tan C., "The Culture of Education Policy Making: Curriculum Reform in Shanghai," *Critical Studies in Education*, 2012, 53 (2): 153 - 167.

② Levin B. & Riffel J. A., "Changing Schools in a Changing World," In Bascia N. & Hargreaves A. (Eds.), *The Sharp Edge of Educational Change: Teaching, Leading and the Realities of Reform*, London: Routledge, 2000, pp. 178 - 194.

样存在：教师感到事情太多、任务过重，有超负荷及碎片化的感觉[①]，几乎找不到时间处理教学方面的事务。[②] 然而，上海的教师为何承担如此繁重的教学与行政任务，学校又为何不聘请专门的行政或后勤人员来分担教师的工作负担呢？对于这个问题，教师给出了这样的解释：

> 学校这样做是因为学校没有财务权，去花一大笔钱，请这么多教师来做，因为他们的财务权也是在区里的嘛。然后老师这个编制也是有限的，他可以去申请，但是什么时候下来说不定的。(R1S1T1)

这说明，教师合作学习时间的不足的根本原因在于学校财务权与人事权的缺失。尽管学校能够意识到教师具有繁重的工作负担，但是学校缺乏财政支持，无法聘请更多的人员来分担教师的工作。在这样的情况下，教师不得不同时承担教学与行政工作，从而没有充足的时间花在集体探究与合作上。

同时，为了减轻教师的工作负担和压力，使其在专业学习上有更多的时间和精力，上海的学校做出了一些努力。例如，很多学校提倡教师之间进行非正式交流或无痕化教研，鼓励其开展"日常化的交流"(R1S9T10)，"随时解决问题"(R1S4T5)，并在空间上为教师的非正式交流提供支持。此外，有教师表示，学校尽量整合不同的工作，以减轻教师的工作任务：

> 我们校长还是比较体谅我们的，会尽量帮我们减轻压力。（如何减轻呢？）比如这个学期随笔要写4篇。以前是8篇，现在是4篇……还比如我们在教研活动时当场评一节课，评好后就作为一次随笔，那么不就等于减轻我们的压力了。学校还会想尽办法关怀我们，尽量在帮我们做整合，减轻压力，尽量双赢。(R1S9T10)

[①] Goldenberg C., "School Settings for Teacher and Student Learning," In Goldenberg C. (Ed.), *Successful School Change: Creating Settings to Improve Teaching and Learning*, NY: Teachers College Press, 2004, pp. 73-91.

[②] Baukey B., "The Impact of Mandated Change on Teachers," In Bascia N. & Hargreaves A. (Eds.), *The Sharp Edge of Educational Change: Teaching, Leading and The Realities of Reform*, London: Routledge, 2000, pp. 113-127.

还有一些学校通过组织一些放松身心的活动,来缓解教师的工作压力(R1S7T8)。这说明,学校认识到了教师工作负担过重、压力太大、专业合作时间有限这些现象,并在努力克服这些障碍。

最后,自上而下的教研体系也成为了学校专业学习社群发展的障碍。中国包括上海具有一套系统的教研体系,对学校、市/区级和省/市级教研组(室)的职责、任务有明确的规定。这种精细的教研体系为教师之间的合作探究提供了丰富的机会,但它自上而下的、行政命令式地落实集体教研活动的方式使得教师合作探究的专业性大打折扣。这尤其体现在,学校教研组、备课组的工作目标及活动内容根据区教育部门的规划和要求来落实,而区教研活动的目标和方向根据市级教育部门的要求来落实,从而可能削弱教师学习活动的专业性。比如一些教师指出,学校教研活动的内容完全根据区教育部门的活动计划来具体设计:

> 我们教研活动有几类,一是行政传达,比如去区里面开会,先对小学阶段的要求进行一个布置安排。一般在学期初,会把整个学年计划进行传达。到中间段每次教研活动也是结合区里计划来设计学校教研活动的内容。比如9月份区里计划是学习新课标,然后我们落实到学校里面去,就是先解读课标,全部英语老师坐在一起,有哪个主讲人,来把课标读给大家听,来学习一下。(R1S3T4)

> 区里的(要求)就是方向性的东西,你得跟着区里走,那区里就是跟着市里走的。市里跟着国家走,教育部走。(R1S8T9)

学校的教研活动以行政要求的方式,而非基于教师的真实发展需要来加以落实,不利于教师之间进行真正的、有意义的对话。这是因为,若教师都以上一级的要求作为专业学习与对话的标准,则难以出现不同的、多样化的观点。而且,教师的集体教研很容易变成行政任务,而非专业探究。这将导致专业学习社群中的对话与交流停留于表面,而非深层次的专业互动。如有研究所指,"行政组织体制压制了教研组内学科领导者和其他成员率先提出自己所创新或感受到的教育教学观念及其行为方式"①。而且，在这种自上而下的体制下，教师的课堂教学也可能会受到影响：

> 在我们这个区里面，比如说语文这一块有语文的教研员，他要负责你上课的方式等，都要有一些公开课示范，那就是一种风向标喽。因为他还要不断地评估，你必须要走他的路子吧。（R1S4T5）

当教师必须根据教研员的要求及公开课的范本进行教学时，教师的专业自主性在很大程度上被削弱了。而且，自上而下的要求可能会带来教师思维和课堂的统一化和僵化，不利于专业学习社群的改革和改进。②

由此可知，上海学校的专业学习社群在制度上的障碍，包括高风险的问责制度、缺乏财政权而导致教师负担过重且合作时间不足、自上而下的行政色彩过强的教研体系等，它们与区层面的制度是紧密联系在一起的。可以说，这些障碍是区级教育制度在学校层面的进一步反映和体现。这也说明学校的专业学习社群不仅受校内制度及条件的影响，还受到整个教育系统的条件的影响。

另一方面，除了制度障碍，上海学校的专业学习社群还面临着文化上的障碍。中国具有不同于西方的文化特点，具体体现在集体主义、权力距离较大、注重长期定向等方面。③ 这种文化既在某种意义上促进了专业学习社群的发展，又在某种程度上给专业学习社群的改革带来了障碍。海林杰（Hallinger）对于亚洲国家教育改革的研究表明，儒家传统文化使亚洲国家的教育改革面临着不同于西方的障碍，如权力距离较大、强调尊重权威、长者、有地位和身份的人④，这导致了教师之间被动的、礼貌的对话，并进一步导致教师对于改革目标的理解不充分、对改革缺乏情感支持

---

① 杨炎轩：《教研组文化改革：组织文化改革理论的视角》，《教育发展研究》2010年第10期，第74—78页。

② Paine L. W. & Ma L. P., "Teachers Working Together: A Dialogue on Organizational and Cultural Perspectives of Chinese Teachers," *International Journal of Educational Research*, 1993, 19 (8): 675 – 697.

③ Hofstede G., Hofstede G. J. & Minkov M., *Cultures and Organizations: Software of the Mind*, New York: McGraw-Hill, 2010, p.6.

④ Hallinger P., "Making Education Reform Happen: Is There an 'Asian' Way?" *School Leadership and Management*, 2010, 30 (5): 401 – 418.

等。通过对上海教师的访谈发现，传统的儒家文化对于专业学习社群的发展也产生了一些障碍，具体表现在以下三个方面。

首先，权力距离大这一传统中国文化的特征，使得校长往往采用自上而下，而非分布式的领导方式[1]。李和海林杰对34个国家和地区的5927名校长的研究发现，在权力距离大的社会，校长的教学领导被视为对教师教学的监督，给教师带来了压力[2]。有教导主任在访谈中表示，学校领导对教师教学进行严密地监控：

> 我们属于监控一类。讲是讲随堂听课，实际上说透了，它真正的本质就是监控，就是对学校整个教学，平时是这样做的，进行一个监控。因为我不通知你，我提前两分钟告诉你，并不是告诉你，是对你老师的一个尊重，不然的话我进教室里一句话都不讲，（老师会觉得）完全不尊重我啊，是吧。实际上它的主要目的是监控，就是监控你平时做的按没按照我通知的做。(R1S4T5)

若学校领导过度干预教师的教学，要求教师按照"通知"来做，将导致课堂教学缺乏活力，也会削弱教师的专业自主性，降低教师专业探讨的积极性。这体现出了学校领导与教师之间的不平等关系。这种不平等在区层面的专业学习活动上也有所体现：

> 有一次区级公开课，我觉得那堂课很有问题。但是评课的时候所有的老师都是一边倒，都说好。我后来就跟一个同事说：啊？这难道没有问题吗，我怎么觉得问题这么多，他们怎么都不说呢。然后那个同事就说他也觉得有问题，而且问题很明显的，每个人都看得出来。但是为什么不说呢，就是因为那个主持人他定了这样一个基调，他都说好了，那你还敢……而且那个主持人是区级层面的一个什么人啦，是一个领导。所以你也不好……而且他作为一个前辈，他这样说了你

---

[1] Wong K., "Conditions and Practices of Successful Principalship in Shanghai," *Journal of Educational Administration*, 2005, 43 (6): 552-562.

[2] Lee M. & Hallinger P., "National Contexts Influencing Principals' Time Use and Allocation: Economic Development, Societal Culture and Educational System," *School Effectiveness and School Improvement: An International Journal of Research, Policy and Practice*, 2012, 23 (4): 461-482.

再说他不好的话,好像是在……所以嘛,对吧。(R1S1T1)

区级公开课说白了,有一点作秀的成分,因为毕竟是大层面,而且这个课是教研员把关的,基本上教研员说好,你这个课就差不多了。不管怎么说教研员的面子还是要给的。(R1S10T12)

可见,对权威的尊重不仅体现在校长等校内领导上,还体现在区领导、教研员等教育系统的领导身上。这种明确的上下级等级意识使教师不愿表达自己的观点,不敢挑战领导与专家的权威,从而不利于社群内教师的专业探讨。

其次,在权力距离大的社会,也形成了一种尊重和敬畏长辈的观念。这在学校专业学习社群中体现为,年轻教师往往尊重甚至服从老教师的意见,即使内心存在着不同的看法,也会将其隐藏。有受访教师表示,年轻教师不敢在有经验的老教师面前直抒己见:

听课的时候,我还算比较年轻的,我长期以来都属于我们组里比较小的,因为后面也没有招什么新人,所以听别的老师的课的试讲什么的,按理说也是要提出一些意见的,考虑到他们总归比我有经验一点,教书时间比我长一点,可能会不是很愿意提,就是有点怪怪的。或者实在要紧的,我可以先跟备课组长说,那么他给转述一下,我直接说呢就有点别扭。这是我的情况吧,比较年轻一点,有这种情况。(R1S6T7)

在尊老、敬老的文化传统的影响下,年轻教师不敢或不愿提出自己的意见。这说明,身份和年龄的作用超过了教学专长的作用[1]。在这种情况下,专业学习社群中很难出现平等的、有意义的专业对话,不利于专业学习社群的发展。

最后,儒家文化注重维持和谐的人际关系,强调避免冲突,给专业学习社群的发展和改革带来了困难。这尤其体现在公开课,特别是区级公开课的评课过程中,教师往往只说好话,而不指出问题,使得公开课这一专

---

[1] Hallinger P. & Pornkasem P., "Educational Change in Thailand: Opening a Window onto Leadership as a Cultural Process," *School Leadership and Management*, 2000, 20 (2): 189–205.

业学习活动流于形式化：

> （公开课）其实主要是专家评课。一线老师，你让他评，他也不会评，很多也不愿意评的。因为大家都习惯了呀，中国的文化就这样……一般来讲都是先谈好的吧，比如有的时候甚至9分优点1分缺点，或者再差一点7分优点3分缺点。（R1S4T5）
>
> 我问另外一些学校的老师，他们就跟我说，区域层面的公开课都是这样的，只说好话不说坏话，只有"新基础教育"的这种公开课才有人敢提出不同的意见。所以我觉得，他是出于怕伤自尊还是什么，原因还是蛮多的，但是这个现象是有的。（R1S1T1）

同样的，若教师为了维护"面子"和表面的和谐关系，不愿提出自己内心真实的、不同的甚至是互相冲突的观点，则很难进行有深度、有质量的对话。这不利于教师的改变及专业学习社群的发展。

除了上述的制度和文化方面的障碍，上海学校的专业学习社群还可能因为受到具体学校的环境、条件的限制，而面临一些其他的困难。例如，一些学校领导的工作方式难以激发教师的工作热情和动力（R1S1T1），教师被动地参与专业学习社群活动（R1S4T5），家长参与度低（R1S2T3），缺乏高校的专业资源支持（R1S10T12）等。

综上所述，专业学习社群的顺利发展需要学校组织层面具备相应的特点，它离不开学校在领导、结构、关系和外部资源等方面的支持，同时需要克服制度和文化两方面的障碍。

第二节　专业学习社群对教师发展产生的效果

通过对10所学校12位教师的半结构访谈发现，上海学校的专业学习社群对教师发展产生的效果与西方文献的研究发现类似，同样表现在教学效能、承诺及工作满意度等方面，但在具体表现上带有鲜明的中国本土教育制度与文化传统的印记。

一　对教师教学效能的影响

上海学校的教师专业学习社群对于教师的教学效能具有明显的促进作

用，具体表现在教师对教学实践的理解、教学方法与策略、综合教学素养及课堂教学与学生学习等方面。

首先，专业学习社群促进了教师对教学实践的理解，促进了其教学知识的增长。在西方文献中，这具体包括对教师角色的理解、对于成功教学实践的认识、关于课堂教学和学习的知识等。[1][2] 它指的是通过对话与探讨，使教师产生了对教与学的新的、更加深刻的认识，这种新知识是通过教师的集体协商建构出来的。而在中国包括上海，知识往往被视为一种既定的、基于文本的认识，教学知识就是一套既定的、立足于教材的、关于教与学的认识。[3] 因此，专业学习社群中的集体探究与共享对于教师教学效能的改进也更多地体现在这种对于既定的一套关于教与学的、系统认识的"学习"上。例如，很多受访教师谈到，集体备课与研讨能够增强教师对文本，即教材的解读能力，能使其更准确地把握教学的重点与难点：

> 作为语言教学来说，难的就是第一步，就是文本的处理。因为我们拿到手的是以课文，以一个 teaching material 作为教学材料的……第一步是文本怎么解读，怎么样处理这个其实是蛮难的，就好比我给你一个材料，你怎么样烧一个菜出来。那我们怎样做（集体备课）呢，主备的人已经把课文进行了第一次的解构，他其实已经帮我拆开了，我看到的就不是课文，看到的是很多知识点。我在处理的时候呢，可能跟他前后排列不一样，可能侧重点不一样，那我们就可以再探讨。所以我觉得这其实是把课前的对这篇课文的文本解读的这个宽度和深度，都有了一定的加强了。（R1S3T4）

> 尤其我觉得可能对工作时间不长的老师来说，这样的话就更加好一些。因为像我们这个备课组一共三个人，有 1 个是比较年轻的……她教材都是第一遍上，我们起码都是第二遍，那我们可以告诉她这节

---

[1] Andrews D. & Lewis M., "The Experiences of a Professional Community: Teachers Developing a New Image of Themselves and Their Workplace," *Educational Research*, 2002, 44 (3): 237–254.

[2] Hord S. M., "Professional Learning Communities: Communities of Continuous Inquiry and Improvement," Southwest Educational Development Lab., Austin, TX., 1997.

[3] Paine L. W. & Ma L. P., "Teachers Working Together: A Dialogue on Organizational and Cultural Perspectives of Chinese Teachers," *International Journal of Educational Research*, 1993, 19 (8): 675–697.

课上的重点。虽然她是比较认真的备课，但是重点不一定把握得好，那我们可以跟她讲，这些东西是重点；哪些东西不是我们初中学段的重点就不要再扩展啦，因为这个扩展是无止境的，是吧。（R1S10T11）

可以看出，上海的教师非常强调对教材的解读，尤其是对教材中蕴含的知识点、重点、难点的把握。在教师看来，课程就是学科，学科就是教材，教材就是知识点，因而教学被狭隘地定义为传授知识点的过程。[①] 相应地，教师的教育也非常重视学科知识和技能的培养。[②] 通过专业学习社群中的集体探讨、经验分享和反思，教师对"文本解读的深度和宽度"得以加强，能更好地把握教材的"重点"，从而增强其教学效能。也因此，教师普遍认为，专业学习社群中的合作学习对于年轻教师的成长作用更大。除了对年轻教师文本解读能力的提升，专业学习社群还能帮助其熟悉"教学规范"和"上课流程"：

> 收益最大的是年轻老师，因为如果老师相互之间是一种封闭（状态）的话，他不可能这么快地上路，他要靠自己去摸索……一个年轻人最关键的就是在教学程序上先要规范，然后就具体落实到点，比如这道题目在讲的过程中，应该抓住哪几个点，然后延伸过去。发散过程中，哪些问题是必须要讲清楚的，哪些东西是可以带过去的，这个就是到实际过程中去落实到点了。他们这些年轻人一般真正一步一步落实的时候，是他们的公开课。每个人都必须上公开课，这个时候有试讲，有第二次试讲，然后最后的时候上公开课，这个过程实际上就是他磨合的一个过程，他的整体思路、基本格式、语言表达，包括如何衔接这些东西（都能得到锻炼）。（R1S4T5）

> 一个是备课能力，还有如何评价一堂课，特别是对于新教师来说，一些上课流程，老教师的经验分享还是很有作用的。（R1S8T9）

[①] Tan C., *Learning from Shanghai: Lessons on Achieving Educational Success*, Dordrecht: Springer, 2013, pp. 33–41.

[②] Liu P. & Qi C., "Examining Teacher Preparation in P. R. China and the US: A Preliminary Comparative Study," *International Education*, 2006, 35（2）: 5–26.

以上两位教师所强调的教学"程序""规范""流程"等,也被其他的受访教师所强调。教师的专业发展过程,在很大程度上被看作是熟悉这些规范、流程的过程。而且,关于教学的"整体思路、基本格式、语言表达"等,有一套相对完善的既定体系,教师对这个体系越熟悉,就意味着其教学效能越强。这种对于文本解读能力和教学规范的强调,是上海专业学习社群不同于西方国家的地方。

其次,专业学习社群促进了教师的教学方法与策略的改善。相关文献表明,专业学习社群对于教师的教学方法的改进体现在教学中更关注学生,更有策略性,更加开放,更能借鉴好的教学技巧等。[1][2] 这些在上海学校的专业学习社群中都有充分的体现,如有教师表示,集体研讨使其更加关注学生,更能从学生的角度思考教学的过程:

> 以前是讲教法的,怎么教、如何教。现在讲学法的更多,就是你用什么方法让学生能学,能学有收获,所以一般都体现在集体备课上。你通过什么渠道、什么切入点、什么突破口去把这个学生教好,那它这个学法,你完全靠自己来琢磨,那只是一方面。因为每个学生有不同的地方,也有共性的地方。那么每个老师都有成功的地方,也有不足的地方,如果(别人)成功的地方正好和我们需要做的那件事情对上,那我们就有必要学他人的长处了。我们工作中肯定,就年纪再大,经验再丰富,他也有失误的地方,那么肯定也需要他人避免,对吧。(R1S10T11)

> 过去是自己做自己的,我觉得可能是避免不了走弯路,还有失败。那现在这样做我觉得有什么好处呢,就是在还没上之前,大家已经经过了充分的讨论和酝酿,上过的人我会告诉你,我以前上过这篇课文,可能会出现哪些问题,这样处理也许学生更容易接受。没上过的人他可能说我有好多想法,那么这个想法是不是合理呢,那我们大家可以探讨。(R1S8T9)

---

[1] Hollins E. R., McIntyre L. R., DeBose C., Hollins K. S. & Towner A., "Promoting a Self-Sustaining Learning Community: Investigating an Internal Model for Teacher Development," *International Journal of Qualitative Studies in Education*, 2004, 17 (2): 247–264.

[2] Lewis C., "Lesson Study: The Core of Japanese Professional Development," Eric Reproduction Document no. 444972, 2000.

通过集体讨论和经验分享，教师能够在促进学生的学习上有所收获，能从同事身上学习如何从学生的角度设计教学过程，以及采用什么样的教学方法更有助于学生学习。这种对于学生学习或"学法"的强调，是课程改革的要求。《上海市普通中小学课程方案》指出，"要关注学生的学习兴趣和经验；促进教学方式的改变，以改善学生学习方式，倡导主动、探究性的学习和自主、合作学习"①。对学生兴趣和经验的强调，使得教师从关注教转向关注学。关于"什么是对学生学习最好的教学方式"的对话，说明上海教师一起进行了关于学生学习的探究。②

专业学习社群不仅使教师更加关注学生的学习过程，还切实提升了其对学生学习的判断能力：

> 我觉得公开课还是蛮那个的，像我们以前刚来的时候，很多事情都是很想当然的，觉得这样好像可以。但是你会的东西学生不一定会的，你觉得可以，但学生其实不会的。就是通过上这个公开课，我觉得对学生的把握更准了。（R1S10T12）

这位教师通过公开课的学习，对"学生的把握更准"，这有助于促进其教学过程和学生学习效果的改进。除了对学生学习的关注和把握，专业学习社群还使教师互相借鉴、学习好的教学方法：

> 因为每个人的教学特点肯定都各不相同，所以在一起集体备课就是一个取长补短的过程。取他人之长，比如说像语文课，有的老师属于那种感性特点的，能够把那种记叙文讲的慷慨激昂的，或者是语言丰富的；有的老师可能就属于比较沉稳的，慢慢来的，那么在不同的教材、不同的学生的时候，其实就可以考虑人家用什么方法提起学生的兴趣了，这是一个。二就是譬如说有一些年轻老师，是照着参考书把这个教材照本宣科都讲下来，还是怎样对教材进行分割取舍，那只有在一起讨论的时候，像咱们平常上课一样，听他回答或听她回答，

---

① 上海市教委：《上海市普通中小学课程方案》，上海市教育委员会，2004。
② Jensen B., Hunter A., Sonnemann J. & Burns T., "Catching Up: Learning from the Best School Systems in East Asia," Melbourne: Grattan Institute, 2012.

总归对自己是有启发的。同一篇课文不同老师讲出来是不一样的。（R1S9T10）

上述教师表示专业学习社群中的相互分享和交流能够使大家"取长补短"，互相借鉴好的教学方法。若教师保持开放的心态，主动学习他人身上的好的方法和策略，其教学能力将得到提升。因为当教师有机会一起进行学习方面的探究时，很多教学上的智慧得以广泛的分享。[1]

再次，专业学习社群促进了教师综合教学素养的提高，并进一步提升了课堂效率和学生的学习效果。相关文献显示，专业学习社群能够促进真实教育学的发展，能够提升教师的教学艺术，并改进学生的成绩。[2] 在上海的学校中，专业学习社群同样促进了教师的综合素质的提高，这体现在不同层面：

这个公开课呢，无论如何对他来说是一种提升，无论是驾驭教材，还是在上其他班，等于不是你的学生，那你面对陌生的学生的时候，如何调控这些预设与生成。你预设的东西和你在课堂上生成的是不一样的，那不是你的学生，你怎么能了解的那么清楚呢，这对老师来说也是一种挑战吧。其实我觉得，从公开课的角度来说，它是加速一个人成长的学习的过程。所以说，现在越是年轻的（老师），越希望上公开课，就是因为你可能磨过这一节课以后，立刻就知道比原来提高了一个层次，原来你不就是按部就班上课嘛……但是公开课不是，你总不能照本宣科，面对那么多人是要体现你各方面的，其实更像你综合素质的展现。（R1S10T11）

我们在一起研究文本的时候，他（年轻老师）的一种专业能力也在提升。还有公开课、集体备课，包括一些公开教学展示的时候，我觉得能让他的发展周期缩短一点吧，少走弯路嘛。那么对我们教了

---

[1] McLaughlin M. W., "What Matters Most in Teachers' Workplace Context," In Little J. W. & McLaughlin M. W. (Eds.), *Teachers' Work: Individuals, Colleagues, and Contexts*, New York: Teachers' College Press, 1993, pp. 79–103.

[2] Louis K. S. & Marks H. M., "Does Professional Community Affect the Classroom? Teachers' Work and Student Experiences in Restructuring Schools," *American Journal of Education*, 1998, 106 (4): 532–575.

几年的老师来说呢，教研组合作也可以激活一些新的东西。技术上的，方法上的，资源上的，我觉得都可以有一种新的激活，其实是一个双赢局面。(R1S5T6)

可以看出，专业学习社群中的公开课、集体备课等活动，对于教师教学素养的提升是综合的、多方面的，既包括对于教学内容，即教材的把握，也包括教学方法、技术上的更新，还包括对于课堂教学过程中生成的不确定性的驾驭和处理。而且通过集体合作，教师还可能激活"新的东西"。例如，在公开课试教和磨课的过程中，教师基于特定的教学实践进行集体对话及教学反思，形成"新"的改进方案。这与舍恩(Schön)提倡的"反思性的实践者"(Reflective Practitioner)概念相呼应，即专业者遇到了特殊的问题情境，无法依赖已有的理论和技术来解决问题。在这样的情况下，教师会重构他们对于问题的理解，尝试不同的方法，以达到预期目标。[1] 在这个过程中，思考、行动和实验、探究密不可分。[2] 而且，评课、反思及改进的过程能够使教师实现双环学习[3]，即不仅改变教学行为策略和内在假设，而且实现了其背后价值观念的变化。

最后，专业学习社群中的集体讨论与探究能够进一步提升教师的课堂效率和质量，从而促进学生的学习效果。当教师定期和同事交流、学习具体的课程或教学主题及与改革相关的内容时，能够增强教师之间的专业关系，产生高质量的互动，获得高质量的内容，并对课堂教学有积极的影响。[4] 在访谈过程中，很多教师都认为，集体性的合作探究与学生的学习

---

[1] Schön D. A., *Educating the Reflective Practitioner*: *Toward a New Design for Teaching and Learning in the Professions*, San Francisco; London: Jossey – Bass, 1987, pp. 44 – 79.

[2] Tsui A. & Wong J., "In Search of a Third Space: Teacher Development in Mainland China," In Chan C. K. K. & Rao N. (Eds.), *Revisiting the Chinese Learner*: *Changing Contexts, Changing Education*, Hong Kong: Springer: Comparative Education Research Centre, The University of Hong Kong, 2009, pp. 281 – 311.

[3] Argyris C. & Schon D., *Organizational Learning*: *Theory, Method, and Practice*, Addison-Wesley Publishing Company, 1996, pp. 20 – 24.

[4] Goldenberg C., "School Settings for Teacher and Student Learning," In Goldenberg C. (Ed.), *Successful School Change*: *Creating Settings to Improve Teaching and Learning*, NY: Teachers College Press, 2004, pp. 73 – 91.

之间存在着正向关系:

> 学习成绩我觉得还是有一定的效果,尤其是因为我们每个班的学生层次是不一样的,那么我们在这个(集体)备课的过程中,就是他前面是主备人员,那我在后面可以根据自己班的内容,我可以再补充……我觉得对学生来说,他可能受到的教育的适切性,可能更加强一些吧。那他的课堂效率相对来讲就高了。因为教学的主要阵地还是在课堂上对吧。这种集体讨论出来的课,肯定质量要比自己备的好。那学生也是受益的,对吧。(R1S6T7)

> (您觉得对学生学习有帮助吗?)最明显的就是课堂效率的提高。研讨过程中,大家清楚重点、难点是什么,你在课堂上就会绕着这方面去,就会有侧重点,对于课堂教学提高是有好处的,这个很明显。然后你的课堂效率提高了,无形中学生的学习负担减轻了。如果你都不清楚你的重、难点在哪里,学生只能通过大量的习题来理解。但当老师的思路非常清楚时,学生接受的就很清楚、很快。整个学习效率提高,无形中就减轻了学习压力。(R1S8T9)

可见,专业学习社群能够促进课堂质量和效率的提高,这不仅有助于学生学习成绩的提高,也有助于减轻学生的学习压力。有学者指出,上海的教师在备课组中共同备课、检视学生的进步情况、准备教学内容等,有助于克服学生学习的不平等问题,因为后进生的学习问题得到了及时的发现和解决[①],这也就是教师所谈到的,学生受教育的"适切性"有所提高,从而使不同层次学生的学习都能有所改进。

二 对教师承诺的影响

研究发现,上海学校的专业学习社群对于教师承诺具有明显的促进作用,这体现在教师对于提升所有学生的学习效果的承诺以及对学校的归属感和责任意识上。

首先,专业学习社群能够促进教师对于所有学生的学习产生较强的责

[①] Jensen B., Hunter A., Sonnemann J. & Burns T., "Catching Up: Learning from the Best School Systems in East Asia," Melbourne: Grattan Institute, 2012.

任感和承诺水平，有助于其对教育教学工作保持高度的热情和奉献意识。在上海的学校中，由于区教育部门以备课组为单位对学校进行考核，考察学校整个年级的学生在某一学科的成绩，因而同一备课组的教师具有很强的集体责任意识，希望备课组所有教师都取得好成绩。前文提到学校对教师的考核也主要以教师集体，即备课组为单位，这进一步强化了教师对于学生学习的集体责任。在访谈中，几乎所有教师都提到了这种集体的、促进学生成绩的责任意识，以及由此而带来的高度承诺：

> 区里是班级、年级（成绩）都看。因为年级捆绑上去，其实也是看班级。每个班级的分数都在上面的呀，他想看你哪个班也能看得到，学校也可以，学校的哪个年级也能看到。等于全是公开化的。他有个平台是监督所有学生的成绩的，哪科老师哪门课。而且家长也会给你施加压力，上次考得好这次没考好，家长更多把责任推在老师身上。（R1S9T10）

可见，上级教育部门的问责压力使得教师不得不关注全体学生的学习成绩，而且教师还面临来自家长的压力。从这个意义上看，教师对于学生学习的集体责任和承诺水平主要源自外在的压力，即由于区教育部门和学校都对整个年级的学生成绩进行考核，因而教师必须努力提高全体学生的学习水平。而全年级的学生成绩压力进一步分解到各个班级，即教师为了使全年级的学生取得好成绩，就必须保证自己所教班级的成绩达标：

> 区里也有一个排名的，就是告诉你，你这个学校这个年级、这个学科是全区排第几名。所以如果你做得特别好，当然是在一定程度上会把平均分往上拉一点，但是做得特别差的会把平均分拉低。比如你区里面排名下降了，那要找原因的啊。比如说我们平均分，高分90分以上的有多少个人，然后每个班分担多少个，如果你这个班特别差，那就是有问题的，有问题嘛就要去找找什么原因，那肯定要分析的。比如说我考的特别差，那我还理直气壮的，面子上也过不去的。你总是会，就是也不能差太多，比如说我控制在4、5分以内，好像也没什么，但是你要差个十几、二十分，那有点过分了。你肯定要找

自己的原因，人家不告诉你，说你多少名，你看那个平均分，你也知道呀，对吧。(R1S10T12)

由上面可以看出，对于班级学生学习成绩的高水平承诺，也受到了中国传统的"面子"文化的影响，即教师为了不丢"面子"，而努力提高本班学生的成绩。这能够促使教师之间开展更多的分享与合作，从而既实现本班级学生成绩的改进，又提升全年级学生的整体水平。在一些学校中，为了提升全年级学生的整体水平，同一备课组的教师将不同班级的学生（主要是差生）聚在一起，对其进行额外指导：

一般情况下各自管各自的学生。我们几个人集中交流的时间也有，比如星期五，星期五他们（其他学科老师）不是教研活动嘛，我们（备科组）不是前面（星期四）就做过了嘛，这里面有一个小时的空闲，我们倒经常会把六个班那些不好的学生，弄到刚刚那个教室里面，我们三个（老师）轮流上一节课，就是老师对整体（学生）的。但我们正好是因为有时间。(R1S10T11)

可见，为了提升整个年级学生的学习成绩，教师甚至打破班级，共同对学生进行指导。这种重新组织班级以改进学生成绩的做法具有重要的意义。① 这样，教师不仅对本班级的学生负责，还对同年级其他班级，即备课组其他教师的学生产生了一种责任意识。这充分说明，专业学习社群使教师提升了对学生的承诺水平。②

其次，专业学习社群促进了教师对学校价值的认同感，并提升了其对学校和教育事业的承诺水平。如有教师谈道：

老师是个良心活。如果你真的是很用心去做的话，你就会觉得很累。我们还是热爱这个事业的，所以我们就很累，对吧呵呵。我们学

---

① Supovitz J., "Developing Communities of Instructional Practice," *Teachers College Record*, 2002, 104 (8): 1591-1626.
② Lee J. C., Zhang Z. & Yin H., "A Multilevel Analysis of the Impact of a Professional Learning Community, Faculty Trust in Colleagues and Collective Efficacy on Teacher Commitment to Students," *Teaching and Teacher Education*, 2011, 27: 820-830.

校就是这个氛围。如果我们想简单一点，也有别的选择的，可以很省力的。但是我们都不愿意放弃，这批孩子到了我们手里，我们就想尽力地把他教好，让他学好。

（主要来自自己内部的动力?）内动力、外动力都有。自己内心不想干，学校再怎么样也不会动。但是你自己再怎么想干，学校不给你平台，你也没办法。所以是相辅相成的。你要是没有内动力，学校就激发你的内动力。

（怎么激发呢?）项目呀。一开始你不会做，（那就）抱团做，让你做出味道来了，尝出甜头来了，你下次就主动做了，对吧。每个老师都有教育梦想的呀。你觉得这个东西对学生有用，你就想做了呀，对吧。（R1S8T9）

从上面的对话中可以看出两层含义：其一，教师通过专业学习社群中的集体探究，即"抱团做项目"，提升了自身的教育教学效能，即"对学生有用"，这进一步促进了教师对学校工作的热情和动力。这也是教师所指的"外动力"，即学校通过搭建教师合作学习的平台，激发教师的积极性。这种外动力又进一步强化了教师的内动力，从而提升了教师的承诺水平。其二，教师在自身内动力的基础上，通过学校的专业学习社群共同营造一种努力向上的氛围，互相影响与鼓励，从而进一步激发其工作活力，也就是教师所说的"我们学校就是这个氛围"，"我们都不愿意放弃"。因此，学校通过专业学习社群所提供的"外动力"和教师自身的"内动力"互相激发，"相辅相成"，从而对教师的承诺水平产生了持续的影响。可见，专业学习社群使教师对学校使命有了更多的付出，促进了其对学校乃至教育事业的承诺水平[①]。

三 对教师工作满意度的影响

研究发现，上海学校的专业学习社群对于教师的工作满意度也有积极的影响，这体现在改善人际关系、强化情感支持、促进共同面对问题及承担压力等方面。

---

① Hausman C. S. & Goldring E. B., "Sustaining Teacher Commitment: the Role of Professional Communities," *Peabody Journal of Education*, 2001, 76 (2): 30–51.

首先，教师在教学上有相同的课程内容和进度安排，并且互相分享教案、课件、学生习题等教学材料，常规性地开展教学探究，使得不同教师在教学上的差异较小，不同班级学生的成绩差距也很小。这保证了全年级学生的整体水平，也就是所有教师都能达到一定的要求，教师，尤其是年轻教师不会因为经验、能力不足而烦恼。这种集体意识有利于教师之间形成和谐的人际关系：

> 集体备课有个好处是，大家的进度和上课内容是一致的，能保证整个年级各个班的水平都差不多，不会说哪个老师因为教学特别优秀，他提前教了很多内容，其他老师不知道。所以大家关系都还蛮好的。（R1S3T4）

> 我们人际关系还是比较和谐的吧，交流分享我觉得还是比较多的。（R1S4T5）

高度的分享和交流，使得所有教师都能保证一定的教学效果，不同班级学生的学习成绩没有明显的差距，从而强化了教师之间的和谐关系，并进一步提升其对工作的满意度。

其次，集体探究的传统以及集体主义文化使得上海的教师对学校有一种归属意识，容易获得来自同事的专业、心理及情感上的支持。很多教师表示，在自己遇到"事情"，如公开课、教学问题时，都会寻求同事的帮助：

> 那当然有归属感了，比如我们经常开课的，我们一有事情，那肯定会想到备课组，找他们帮忙的。比如说我开课，那么这次整个备课组的活动就围绕着我这节课展开，都是有重点的。比如我开课，你要把你的班级给我上的，这是无条件的，因为我那个班肯定要留着上（公开）课用对吧。甚至是我说：哎呀不行了，我在这个班（别的班）上太多了，上的不真实了，没有感觉了。那么甚至有人说：你要不在我们初一的平行班来上一次，会主动支持你的。（R1S10T12）

这种帮助不仅为教师提供了专业支持，也能在情感上对其形成支持力量①。相较于教师单打独斗、孤立无助的情况，来自专业学习社群的支持和帮助无疑更能提升其对工作的满意度。

最后，在课程改革的背景下，上海的教师需要不断改变、提升自己，从而普遍具有较大的工作压力。而这种巨大的工作压力能够通过教师集体得以缓解：

> 我们就是抱成一个团，压力很大，但是我们是球形的，压力相对小一点。因为没有完美的个人，但是有完美的集体。（R1S8T9）

可见，专业学习社群的调节有助于缓解教师的工作压力，也能够促进其工作满意度的提升。

综上所述，上海学校的专业学习社群对于教师发展的影响与西方学校类似，体现在教学效能、承诺水平和工作满意度等方面，具体的表现则受到了课程改革、学校教育制度和传统文化的影响。同时，三种影响之间是相互联系与作用的，专业学习社群对教师教学效能的作用能够影响其对学校和学生学习的承诺水平，并进一步影响其工作满意度。值得指出的是，无论是专业学习社群对于教师的教学效能，包括对教学实践的理解、教学方法与策略、综合教学素养及课堂教学与学生学习的改进，还是对其承诺水平，包括对学生学习的集体责任和对学校归属感和认同感的提升，抑或是对其工作满意度的促进，包括改善人际关系、强化情感联系及共同应对课改压力等，都进一步促进了课程改革的推进与发展。也就是说，专业学习社群通过推动教师的发展和改进学生的学习，为课程改革提供了有效的支持。

第三节　小结与讨论

通过对上海学校的专业学习社群的初步探索发现，上海的教师专业学习社群具有西方文献所强调的基本特点，其中个体层面的特点包括共同的目标和愿景、集体探究、共享实践、共享责任，组织层面的特点包括支持

---

① Tan C., *Learning from Shanghai: Lessons on Achieving Educational Success*, Dordrecht: Springer, 2013, pp. 185 – 198.

性领导、组织结构、合作关系、校外资源及变革障碍，但是这些特点所蕴含的意义具有独特性。其一，在共同的目标和愿景上，受应试教育传统和课程改革的双重影响，上海的教师既关注学生的考试成绩，也关注其综合学习素养的发展，将二者同时作为工作追求的目标。尤其是在功利主义和技术主义的文化氛围下，教师的工作体现出对学生学习成绩的强烈支持。[①] 其二，在集体探究上，受集体主义文化的影响，上海的学校具有丰富的教师集体学习活动，教师认为共同探究是可接受且理所当然的。而且，集体备课、公开课等合作实践已被制度化，体现在教师的日常工作中。其三，在共享实践上，与西方国家强调个人隐私的文化不同，上海的教师可以相对自由地观摩其他教师的课堂，彼此互相开放。[②] 学校存在多样化的实践共享形式，包括师徒互相听课，各种层面的公开课以及常规的"推门课""邀请课"等。其四，在共享责任上，受问责体系和学校教师评价制度的影响，教师形成了共同的、改进全体学生学习成绩的责任意识，并互相问责。其五，在支持性领导上，受等级制度及尊重权威文化的影响，上海的校长往往采用自上而下，而非分布式的领导方式，但其对教师的专业合作给予了极大的支持，包括了解教师学习情况，鼓励其参与专业发展活动，提供制度支持，邀请校外专家提供指导，直接参与专业学习活动并提供帮助等。其六，在组织结构上，在教研系统的要求下，上海的学校具有正式的结构性框架[③]，在时间、空间、资源等方面为专业学习社群提供了充分的支持。其七，在合作关系上，受集体主义文化的影响，上海学校的教师普遍形成了较强的互相分享与合作的关系，教师之间能够互相关心、帮助。其八，在外部资源上，上海的学校普遍重视外部专业资源的引进与吸收，教师专业学习活动得到了来自区级教育部门、高校及其他兄弟学校的资源支持。其九，在变革障碍上，上海学校的专业学习社群主要面临制度和文化两方面的障碍，其中制度上的障碍包括强调高风险考试

---

① Tan C., "Framing Educational Success: A Comparative Study of Shanghai and Singapore," *Education, Knowledge and Economy*, 2011, 5 (3): 155 – 166.

② Ryan J., Kang C., Mitchell I. & Erickson G., "China's Basic Education Reform: An Account of an International Collaborative Research and Development Project," *Asia Pacific Journal of Education*, 2009, 29 (4): 427 – 441.

③ Tan C., *Learning from Shanghai: Lessons on Achieving Educational Success*, Dordrecht: Springer, 2013, pp. 185 – 198.

的问责制度、财政权缺失而导致教师合作学习时间不足、自上而下的教研体系等，文化上的障碍包括尊重权威与长者、强调和谐关系并避免冲突而带来的教师表面合作等。

上海的专业学习社群对教师发展的作用体现在促进其教学效能，包括提升教师对教学实践的理解、教学方法与策略、综合教学素养及课堂教学与学生学习；增强教师承诺，包括强化教师对促进所有学生学习效果的责任意识及学校归属感；提升教师的工作满意度，包括改善人际关系、增强情感支持、减轻工作压力等。通过对教师发展产生积极的影响，专业学习社群促进了课程改革的实施。①

总体来看，该先导质化研究关于专业学习社群的特点及对教师发展的影响的结论支持了图3—1所呈现的基于文献得出的理论框架。然而，缘何上海学校的教师专业学习社群会表现出这样的特点，对于教师的发展会产生这样的影响？这可以通过三大因素加以解释，即上海的学校教育体系、传统社会文化和关于教育概念的潜在假设。这也反映出了中国上海地区特定教育背景所带来的影响，证明了专业学习社群的情境依赖性。②

第一，学校教育体系，尤其是自上而下的教研系统能够在一定程度上解释上海专业学习社群的特点与影响。中国包括上海具有一套严密的教研体系，在学校、区/县级、省/市级等不同层面设立教研组（室），并通过集体备课、公开课、实践共享等常规活动，要求教师进行集体合作，因而"集体探究"与"共享实践"这两个特点在上海的学校中十分明显。这种基于行政要求而非教师个人意愿而开展的合作，被一些研究者称为硬造合作。③ 然而，正是这种人为的合作，为专业学习社群提供了坚实的结构支持。④ 具体包括：教师具有共同的教学内容和目标；每周安排固定的合作

---

① Sargent T. C. & Hannum E., "Doing More With Less: Teacher Professional Learning Communities in Resource-Constrained Primary Schools in Rural China," *Journal of Teacher Education*, 2009, 60 (3): 258–276.

② Wenger E., *Communities of Practice: Learning, Meaning, and Identity*, Cambridge, U.K.; New York: Cambridge University Press, 1998, p. 245.

③ Hargreaves A., "Contrived Congeniality: The Micropolitics of Teacher Collaboration," In Blase J. (Ed.), *The Politics of Life in Schools: Power, Conflict, and Cooperation*, Thousand Oaks, Calif.: Sage, 1991, pp. 46–72.

④ 宋萑：《课程改革背景下的教师专业学习社群与教师发展：上海的个案研究》，香港中文大学博士学位论文，2007。

活动时间；班额较大，因而课时较少，工作量相对较小；有共同的办公室和供集体活动使用的空间等。① 因此，教师有充分的时间和空间参与集体活动，包括备课、教师合作、听课及反馈等。② 同时，作为中国最发达的地区，上海在经费、资源、设备等方面对学校给予了高度的支持。可以说，不同于西方国家，中国包括上海在教师合作上具有明确的、正式的、支持性的结构性框架。③

同时，强调教师合作的教研体系也对校长等学校领导提出了一定的要求，要求其对专业学习社群给予充分的支持。而且，区教育部门会依据全体学生的成绩，即教师的集体表现对学校进行考核，因此学校领导十分注重通过教师合作来提升学生学习的整体水平。校长往往采用奖励教师集体而非个人的评价方式来鼓励教师开展合作，并促成教师共同促进学生学习的目标和责任意识。此外，校长等学校领导还直接参与教师的专业学习活动，提供培训和指导，并努力吸收校外专业资源，如邀请教研员和大学教师参与教师专业活动等。④

可以说，自上而下的、精细化的教研体系促进了学校领导和组织结构对于专业学习社群的支持，从而促成了教师之间的集体探究、实践分享以及目标与责任的共享。但是这种自上而下的、行政主导下的教师合作也对专业学习社群带来了一些负面的影响。例如，学校的财政权与人事权集中于区教育部门，导致一些学校人事不足而产生教师负担过重的现象，从而使教师缺乏合作学习的时间，不利于专业学习社群实践的开展。再如，学校教研组、备课组的目标与活动内容根据上级的要求来落实，这导致教师只注重达成共识而非开展真正的、深入的对话，从而使集体探究变成行政

---

① Paine L. W. & Ma L. P., "Teachers Working Together: A Dialogue on Organizational and Cultural Perspectives of Chinese Teachers," *International Journal of Educational Research*, 1993, 19 (8): 675–697.

② Jensen B., Hunter A., Sonnemann J. & Burns T., "Catching Up: Learning from the Best School Systems in East Asia," Melbourne: Grattan Institute, 2012.

③ Sargent T. C. & Hannum E., "Doing More With Less: Teacher Professional Learning Communities in Resource-Constrained Primary Schools in Rural China," *Journal of Teacher Education*, 2009, 60 (3): 258–276.

④ Wong J. L. N., "Searching for Good Practice in Teaching: A Comparison of Two Subject-Based Professional Learning Communities in a Secondary School in Shanghai'," *Compare: A Journal of Comparative and International Education*, 2010, 40 (5): 623–639.

任务，停留于表面。而且，它还导致教师的思维和课堂的统一化和僵化，不利于专业学习社群的发展与改革。①

第二，中国传统的儒家文化，尤其是集体主义文化使得上海学校的专业学习社群具有其自身的独特特点与影响。受集体主义文化的影响，上海的教师很容易一起工作，他们认为集体探究是可接受的，甚至是理所当然的。② 与西方国家不同，中国的教师可以相对自由地观摩其他教师的课堂，彼此互相开放。③ 而且，教师很容易相互合作和分享，不太注重私人空间。因此，集体探究和实践共享在上海学校的专业学习社群中十分常见。经过长时间的发展，集体探究与分享得以制度化，体现在教师工作的方方面面。更重要的是，教师之间形成了一种集体责任，彼此问责。④ 从这个角度来看，集体主义的文化传统能够解释上海学校专业学习社群个体层面的特点。

另外，集体主义的文化传统也为上海学校的专业学习社群提供了关系上的支持，教师普遍具有很强的分享意识，并形成了一种相互理解、信任、互助与合作的关系。这使得教师之间冷冰冰的工作关系中增加了仁爱、温暖、相互关心等因素，使教师在情感上联系起来。⑤ 这种专业和情感联系有利于专业学习社群的发展。因此，不同于西方教师在分享与合作上存在着较大的障碍，上海的教师很容易展开集体活动。

然而，传统的儒家文化也可能对专业学习社群的发展产生一定的障碍。例如，尊重权威的文化使得校长很少分享权力和领导，而采用自上而

---

① Paine L. W. & Ma L. P.，"Teachers Working Together: A Dialogue on Organizational and Cultural Perspectives of Chinese Teachers," *International Journal of Educational Research*，1993，19（8）：675-697.

② Tan C.，*Learning from Shanghai: Lessons on Achieving Educational Success*，Dordrecht: Springer，2013，pp.185-198.

③ Ryan J.，Kang C.，Mitchell I. & Erickson G.，"China's Basic Education Reform: An Account of an International Collaborative Research and Development Project," *Asia Pacific Journal of Education*，2009，29（4）：427-441.

④ Paine L. W. & Fang Y.，"Reform as Hybrid Model of Teaching and Teacher Development in China," *International Journal of Educational Research*，2006，45，279-289.

⑤ Tan C.，*Learning from Shanghai: Lessons on Achieving Educational Success*，Dordrecht: Springer，2013，pp.185-198.

下的领导方式。① 这削弱了教师的专业自主性，不利于真正的专业探讨。另外，尊重和敬畏长辈的观念、强调表面和谐的人际关系和避免冲突等文化对学校产生了一定的影响，使教师倾向于服从集体的统一意见，哪怕是在牺牲个人利益的情况下。②③④ 这使得专业学习社群中很难出现平等的、有意义的专业对话，并导致教师专业探究的形式化和保守化，阻碍了专业学习社群的发展。

第三，中国包括上海关于教育概念的潜在假设具有其特定的含义，这对于上海学校的专业学习社群的特点和对教师发展产生的影响也有一定的影响。与西方国家强调的教师个体所具有的专业自主和权威不同，在中国乃至东亚的教育系统中，教学被视为一个开放的职业。⑤ 也即，不同于重视教师私人空间的西方国家，相互分享与开放实践在中国的学校是很正常、普遍的事情。⑥ 因此，上海的学校充分体现出了集体探究、共享实践、合作关系等特点。

更重要的是，上海的教师对于集体合作具有高度的认可，将其作为专业发展的重要方式。与美国教师认为"集体会削弱个体"的观念不同，中国的教师认为"集体能够帮助个体的发展"⑦。对于上海的教师而言，参与集体活动与发挥个体能动性之间是不相矛盾的；相反，他们认为与同事之间的合作有助于改善自身的教学效能。正是这种对于教师合作的高度认可，使得上海教师之间的合作交流非常普遍。也因此，不同于西方一些

---

① Wong K., "Conditions and Practices of Successful Principalship in Shanghai," *Journal of Educational Administration*, 2005, 43 (6): 552–562.

② Chang H. & Holt G. R., "More than Relationship: Chinese Interaction and the Principle of Kuan-Hsi," *Communication Quarterly*, 1991, 39 (3): 251–327.

③ Cheng K. & Wong K., "School Effectiveness in East Asia: Concepts, Origins and Implications," *Journal of Educational Administration*, 1996, 34 (5): 32–49.

④ Hwang K., "Guanxi and Mientze: Conflict Resolution in Chinese Society," *Intercultural Communication Studies*, 1997, 7: 17–37.

⑤ Jensen B., Hunter A., Sonnemann J. & Burns T., "Catching Up: Learning from the Best School Systems in East Asia," Melbourne: Grattan Institute, 2012.

⑥ Tan C., *Learning from Shanghai: Lessons on Achieving Educational Success*, Dordrecht: Springer, 2013, pp. 185–198.

⑦ Paine L. W. & Ma L. P., "Teachers Working Together: A Dialogue on Organizational and Cultural Perspectives of Chinese Teachers," *International Journal of Educational Research*, 1993, 19 (8): 675–697.

教师主要依靠自身来实现专业发展，上海的教师普遍希望通过多参与集体活动来提升个人的专业素养。对上海的教师而言，集体探究，如共同备课、公开课等过程不仅是学校组织上的安排，而且是自己专业成长的重要途径。他们从心底里欢迎并喜欢这种工作方式，愿意花费额外的时间来进行共同探讨，并且有很高的承诺。[1]

同时，在中国传统的教育观念中，学生的教育成就由考试结果来衡量，考试成功被视为唯一真正意义上的教育成功。[2][3] 这种强烈重视考试成绩的传统也对今天的学校教育产生了深远的影响。很多学校、教师、家长乃至社会都将考试成绩作为衡量教育的唯一指标，一切以考试为中心。因此，教师往往以提高全体学生的考试成绩，而非学生学习的综合素养为共同的目标和责任。即使是在新课程改革要求开展素质教育的背景下，这种观念依然明显存在。[4] 这不利于教师之间的深入合作与探究，给专业学习社群的发展带来了负面的影响。

综上所述，上海的学校教育体系、传统社会文化和关于教育概念的潜在假设对专业学习社群实践有着重要的影响。需要注意的是，它们不仅能够促进专业学习社群的发展，还可能给其发展造成障碍。因此，在发挥其对社群发展的积极作用的同时，如何削弱其消极影响，是值得考虑的问题。

---

[1] Ryan J., Kang C., Mitchell I. & Erickson G., "China's Basic Education Reform: An Account of an International Collaborative Research and Development Project," *Asia Pacific Journal of Education*, 2009, 29 (4): 427–441.

[2] Cheng K., "Shanghai: How a Big City in a Developing Country Leaped to the Head of the Class," In Tucker M. S. (Ed.), *Surpassing Shanghai: An Agenda for American Education Built on the World's Leading Systems*, Cambridge: Harvard University Press, 2011, pp. 21–50.

[3] Sellar S. & Lingard B., "Looking East: Shanghai, PISA 2009 and the Reconstitution of Reference Societies in the Global Education Policy Field," *Comparative Education*, 2013, 49 (4): 464–485.

[4] Tan C., "The Culture of Education Policy Making: Curriculum Reform in Shanghai," *Critical Studies in Education*, 2012, 53 (2): 153–167.

第 五 章
专业学习社群特点及影响的概念框架

本章的目的是对我国中小学教师专业学习社群的概念框架进行验证，通过呈现量化研究的部分结果，来进一步回答第一个研究问题。具体而言，研究者根据文献综述及由此形成的理论框架，并结合第四章对专业学习社群的特点和效果的初步探索，形成教师专业学习社群特点及效果的初始问卷，选取上海市31所学校进行调查。数据回收后，依次通过探索性因素分析、同属性分析和验证性因素分析对专业学习社群的特点及效果的测量指标进行探索和验证，得到最终的专业学习社群概念框架，同时获得修正后的专业学习社群及其效果问卷。

第一节 专业学习社群特点的结构组成

为了探究上海学校教师专业学习社群特点的结构组成，研究者依次对这部分量化数据进行了探索性因素分析（exploratory factor analysis）、同属性分析（one set of congeneric measures）和验证性因素分析（confirmatory factor analysis）。

一 探索性因素分析

由于本书的专业学习社群指标分属个体和组织两个层面，因此探索性因素分析（通过主成分分析方式）分别在这两个层面进行，分析结果见表5—1和表5—2，其中相应指标的结构、载荷、特征值和被解释的方差百分比均在表中显示出来。

表 5—1　教师专业学习社群个体层面特点指标的探索性因素分析结果

序号	指标	主成分		
		1	2	3
1	我和其他教师共同讨论教学设计。	**0.781**	0.030	-0.123
2	我和其他教师经常进行教学方面的反思性的对话。	**0.746**	0.102	0.082
3	我与其他教师之间互相听课、评课。	**0.695**	-0.231	-0.034
4	我与其他教师之间相互分享教案或课件等教学材料。	**0.636**	-0.051	0.204
5	我校教师对学生学习负有集体的责任。	**0.549**	-0.173	0.091
6	师徒之间定期互相听课。	**0.536**	-0.259	0.129
7	我和其他教师互相学习好的教学方法。	**0.502**	-0.112	0.269
8	学校的发展目标是经教师共同讨论后形成的。	-0.001	**-0.908**	-0.104
9	教师参与到学校重要事务的决策过程中。	-0.108	**-0.902**	-0.019
10	校领导和全体教师对于学校的发展方向有广泛的认同。	0.116	**-0.796**	0.024
11	教师在在职进修与培训方面有话语权。	-0.047	**-0.777**	0.043
12	学校领导与教师共同进行与课程和教学相关的决策。	0.187	**-0.749**	0.012
13	学校领导与教师共同承担学校改革的结果。	0.053	**-0.748**	0.125
14	我校绝大多数教师更加关注学生综合学习能力的发展，而非单纯的考试成绩。	0.189	**-0.552**	0.102
15	教师之间会非正式地（如私底下）交流彼此的课堂教学。	0.108	0.066	**0.850**
16	教师之间会非正式地（如私底下）交流教学上的观点和想法。	0.093	0.094	**0.822**
17	教师有权力根据教学的实际情况开展相应的改革。	-0.150	-0.169	**0.757**
18	我校绝大多数教师以促进学生学习为工作的根本目标。	0.260	-0.208	**0.453**
	特征值	8.734	1.730	1.035
	被解释的方差（百分比）	48.524	9.610	5.748

注：(1) 采用主成分分析和斜交旋转方法进行因子提取。
(2) 因子载荷的绝对值大于 0.4 的变量为显著变量。
(3) 根据分组指标的含义，将第一个主成分定义为"集体探究与分享"；第二个主成分定义为"共享目标与责任"；第三个主成分定义为"非正式合作学习"。

如表 5—1 所示，原教师专业学习社群个体层面的 4 个变量，即共同的目标与愿景、集体探究、共享实践、共享权力与责任经过主成分分析后，显示出了 3 个明显的成分，我们分别将其命名为"集体探究与分享"

"共享目标与责任"和"非正式合作学习"。之所以显示出这 3 个成分，首先是因为原"共同的目标与愿景"变量中的指标与"共享权力与责任"变量中的指标显示为同一个成分，且表示共享权力的指标消失，而表示共同责任的指标得以保留。这说明在上海的学校中，教师之间较少分享权力，但会共享责任，而且教师的共同目标与价值观和共享责任之间具有紧密的联系。其次，原"集体探究"变量中的指标与"共享实践"变量中的指标显示为同一个成分，说明上海教师的集体探究活动伴随着教学实践的共享，二者合并为一个变量。这与希普和霍夫曼的研究结果类似，即"集体学习和运用"与"共享的个人实践"两个变量之间高度相关。[①] 最后，原"集体探究"变量中的部分指标形成了一个新的变量"非正式合作学习"，说明上海的教师存在着正式合作学习与非正式合作学习两类集体学习方式，二者之间存在一定的区别，这与第一个质化研究的结论相符合。同时，研究剔除了包含两个成分、不符合变量含义以及影响信度水平的指标。最终，专业学习社群个体层面的指标从原来的 29 个减少为 18 个。

表5—2 教师专业学习社群组织层面特点指标的探索性因素分析结果

序号	指标	主成分				
		1	2	3	4	5
1	家长为学校的改革与发展提供支持和资源。	0.851	0.043	0.018	-0.026	-0.129
2	社区为学校的改革与发展提供支持和资源。	0.834	0.077	-0.042	0.016	-0.061
3	学校为我们的专业学习活动提供充足的经费。	0.717	0.083	-0.117	0.108	0.075
4	学校的教师评价体系鼓励我们进行不断地学习。	0.690	-0.031	0.002	0.081	0.106
5	学校领导根据我们的学习情况给予相应的指导或帮助。	0.683	-0.057	-0.007	0.143	0.128
6	学校领导定期对我们的学习情况进行评价。	0.675	-0.074	0.053	0.058	0.193
7	学校为所有成员（包括校领导、教师）之间提供良好的信息交流平台。	0.628	-0.012	-0.048	0.092	0.275
8	学校领导鼓励我们在教学上进行创新（如运用新的方法）。	0.600	-0.097	0.019	0.072	0.243

① Hipp K. K. & Huffman J. B., *Demystifying Professional Learning Communities*: *School Leadership at Its Best*, Lanham, Md.: Rowman & Little field Education, 2010, p. 27.

续表

序号	指标	主成分				
		1	2	3	4	5
9	学校对能够发动同事共同开展课题研究的教师给予奖励。	**0.541**	-0.115	0.027	0.057	0.189
10	学校领导为我们提供培训与进修的机会。	**0.497**	-0.009	-0.070	0.253	0.218
11	学校领导为我们提供教学方面的信息和资源。	**0.477**	-0.052	-0.053	0.268	0.191
12	遇到问题时，我们会把责任推给别人。	0.124	**0.702**	0.082	-0.034	-0.012
13	学校不鼓励我们进行创新性的教学。	-0.151	**0.643**	0.010	-0.060	0.139
14	年长教师不尊重年轻教师的意见。	0.009	**0.606**	0.055	-0.052	-0.195
15	我不敢提出与他人不同的意见。	-0.041	**0.549**	0.083	0.111	-0.155
16	我和其他教师之间不愿分享教学资源。	0.079	**0.538**	-0.056	-0.034	0.017
17	我和其他教师缺少共同的空余时间来进行交流与合作。	0.141	0.065	**0.729**	0.012	-0.212
18	学校主要依据学生的考试成绩对我们进行评价。	-0.020	-0.069	**0.683**	-0.131	0.033
19	我每天要处理很多与教学无关的事务。	-0.229	0.168	**0.562**	0.055	0.215
20	学校邀请校外专家（教研员或大学教授等）为我们进行讲座或培训。	-0.090	0.116	-0.117	**0.853**	-0.027
21	学校邀请校外专家（教研员或大学教授等）定期参与并指导我们的学习、研讨活动。	0.024	0.056	-0.091	**0.779**	-0.004
22	学校有常规的时间供我们进行交流和研讨。	0.011	-0.064	-0.019	**0.725**	0.021
23	学校有固定的地点供我们进行交流和研讨。	-0.026	-0.134	0.060	**0.682**	0.112
24	学校领导会参与我们的研讨活动（如公开课）。	0.168	-0.096	0.028	**0.644**	0.079
25	学校领导会不定期地进入教师的课堂听课。	0.191	-0.198	0.185	**0.557**	-0.106
26	我们有机会与其他学校的教师进行交流和研讨。	0.144	-0.072	0.016	**0.550**	0.157
27	外出培训或学习的教师会与我们分享重要的信息和资源。	0.267	-0.005	-0.015	**0.527**	0.074
28	我和其他教师能够通过学校的网络平台进行交流。	0.150	-0.067	0.049	**0.506**	0.192
29	教师之间互相关心和帮助。	0.090	-0.087	-0.009	0.024	**0.735**

续表

序号	指标	主成分				
		1	2	3	4	5
30	我和其他教师的讨论和分享是坦白和真诚的。	0.017	-0.078	-0.006	0.149	**0.724**
31	教师之间能够妥善处理意见上的分歧。	0.276	-0.029	0.018	-0.022	**0.694**
32	教师之间愿意进行互动与合作。	0.128	-0.029	-0.037	0.162	**0.682**
33	我和其他教师对于教学中遇到的问题能够公开讨论。	0.094	-0.084	0.003	0.156	**0.675**
	特征值	14.077	2.107	1.512	1.280	1.023
	被解释的方差（百分比）	42.657	6.384	4.581	3.878	3.101

注：（1）采用主成分分析和斜交旋转方法进行因子提取。
（2）因子载荷的绝对值大于0.4的变量为显著变量。
（3）根据分组指标的含义，将第一个主成分定义为"支持性领导"；第二个主成分定义为"文化障碍"；第三个主成分定义为"制度障碍"；第四个主成分定义为"组织结构"；第五个主成分定义为"合作关系"。

如表5—2所示，原教师专业学习社群组织层面的5个变量，即支持性领导、组织结构、合作关系、外部资源和变革障碍经过主成分分析后，显示出5个明显的成分，我们分别将其命名为"支持性领导""文化障碍""制度障碍""组织结构"和"合作关系"。需要指出的是，当研究者将原变革障碍变量的指标进行反向转换后再进行探索性因素分析时，得到的是同样的结果，即上述的5个成分及其相应的指标。之所以显示出这5个成分，首先是因为原"外部资源"变量中的部分指标与"组织结构"变量中的指标显示为同一个成分，这说明在上海的学校中，校外资源作为组织结构的一部分，体现为学校在结构上对专业学习社群的支持作用。其次，部分"组织结构"变量的指标从属于"支持性领导"变量，说明学校领导对于教师专业学习活动提供了较大的资源支持和相应的激励措施，这与第一个质化研究的结论相符。再次，原"变革障碍"这一变量经过主成分分析后，显示出两个明显的成分，根据指标含义分别将其命名为"文化障碍"和"制度障碍"。这说明，在上海的学校中，专业学习社群的发展障碍包含文化和制度两大方面的障碍，这与第一个质化研究的结论一致。同时，原"合作关系"变量得到了证实。研究剔除了包含两个成分、不符合变量含义以及影响信度水平的指标。最终，专业学习社群组织层面的指标从原来的43个减少为33个。

表5—3　　　　主成分分析前后各变量所含量句数目比较

专业学习社群变量		各变量所含的指标数目	
		主成分分析之前	主成分分析之后
个体层面	共同的目标和愿景	7	0
	集体探究	8	0
	共享实践	7	0
	共享权力与责任	7	0
	集体探究与分享	0	7
	共享目标与责任	0	7
	非正式合作学习	0	4
组织层面	支持性领导	8	11
	组织结构	9	9
	合作关系	8	5
	校外资源	8	0
	变革障碍	10	0
	制度障碍	0	3
	文化障碍	0	5
指标总数		72	51

通过探索性因素分析删除非显著的变量之后，专业学习社群的初始架构中的9个变量减少为8个，初始问卷的72个指标减少为51个（具体如表5—3所示）。其中个体层面的变量中，原集体探究变量与共享实践变量合并为共享探究与实践变量，包含7个指标；共同的目标和愿景变量与共享权力与责任变量合并为共享目标与责任变量，包含7个指标；同时生成一个新的非正式合作学习变量，包含4个指标。组织层面的变量中，原组织结构变量和合作关系变量得到证实，删除了载荷较低及影响信度水平的指标，指标分别从9个和8个变为9个和5个；原校外资源变量在主成

分分析中不明显，部分指标与组织结构变量指标同属一个因子，故而将其删除，指标减少为 0；原支持性领导变量指标增加了原组织结构变量的部分指标，由 8 个变为 11 个；原变革障碍变量分解为制度障碍和文化障碍两个变量，指标数分别为 3 个和 5 个。最终得到的所有指标的含义都符合相应变量所测量的内容，并且具有较大的载荷。探索性因素分析得出的概念架构与初始架构不同，包含两个层面、8 个变量，对原有的架构进行了修正。

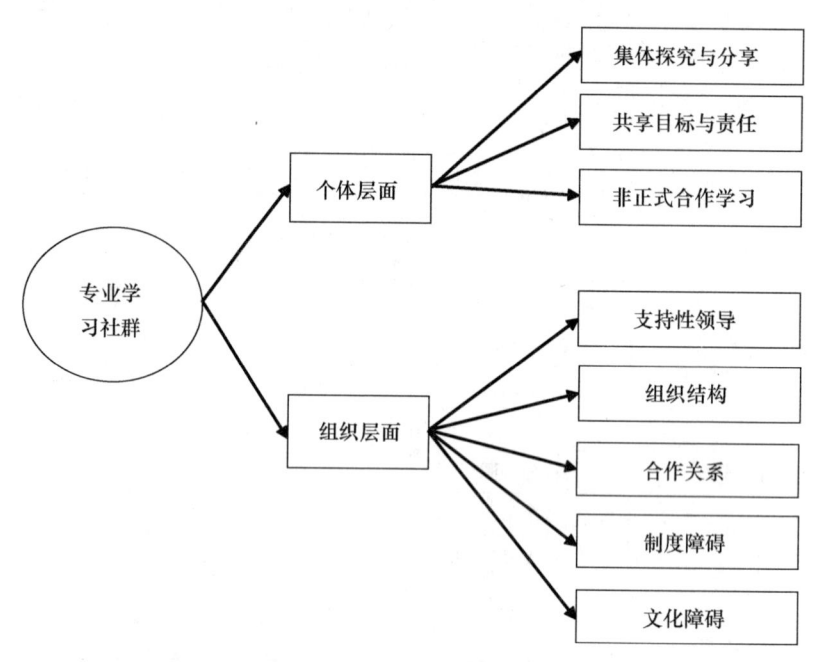

图 5—1　专业学习社群概念架构（修正后）

修正后的概念架构如图 5—1 所示。其中"集体探究与分享"变量指的是教师之间共同策划和探究、分享实践和材料、集体反思与解决问题，从而不断改进教学。"共享目标与责任"变量指的是教师具有共同的、以促进学生学习为目标的愿景，并以改进学生学习和学校发展为共同的责任。"非正式合作学习"变量指的是教师通过办公室、餐厅、咖啡室、私下随机交流等方式进行探讨与合作。"支持性领导"变量指的是校长等学校领导对社群的发展提供一定的支持，包括了解教师的学习情况，为教师提供制度与资源支持，参与教师的专业学习活动并提供指导，对社群及教师的学习进行监督与评价等。"合作关系"变量指的是学校教师之间形成了一种相互信任、尊重、支持、关心和合作的关系，为集体探究提供支持。"组织结构"变量指的是学校在组织结构上对专业学习社群的发展给予支持，包括提供合作时间、空间、网络交流平台以及与校外同行、专家交流的机会等。"文化障碍"变量指的是不利于专业学习社群发展的文化因素，包括尊老、敬老及强调表面和谐而避免冲突的传统文化、保守的学校价值观及缺乏真诚合作的专业文化等。"制度障碍"变量指的是不利于专业学习社群发展的制度因素，包括强调高风险考试的问责制度、合作学习时间不足及充满行政色彩的学校教育体系等。

二 同属性分析

在探索性因素分析的基础上，研究者运用 LISREL8.8 软件，以最大似然（maximum likelihood）估计方法对获得的 8 个专业学习社群变量进行同属性分析（one set of congeneric measures），以得到更加高质量的变量测量指标。

第一，对"集体探究与分享"变量的 7 个指标进行同属性分析，结果如表 5—4 所示。该表列出了"集体探究与分享"变量模型的拟合优度指数，其中 RMSEA = 0.066，小于 0.08，而 NNFI = 0.98，CFI = 0.99，均大于 0.90，这说明 7 个指标与"集体探究与分享"变量之间具有很好的拟合，同属这一变量，也就是这 7 个指标均得到了验证。该表同时显示出了 7 个指标的标准化因子载荷（λ）和残差（θ）。

表 5—4　"集体探究与分享"变量的参数估计值和拟合优度指数

编号	指标内容	λ	θ
1	我和其他教师共同讨论教学设计。	0.56	0.69
2	我和其他教师经常进行教学方面的反思性的对话。	0.64	0.59
3	我与其他教师之间互相听课、评课。	0.79	0.38
4	我与其他教师之间相互分享教案或课件等教学材料。	0.75	0.44
5	我校教师对学生学习负有集体的责任。	0.67	0.55
6	师徒之间定期互相听课。	0.74	0.45
7	我和其他教师互相学习好的教学方法。	0.71	0.49

续表

```
Chi-Square with 14 Degrees of Freedom = 79.26（p = 0.000）
Goodness of Fit Index（GFI）   = 0.98
Adjusted Goodness of Fit Index（AGFI）= 0.96
Root Mean Square Residual（RMR）= 0.017
Standardized RMR = 0.026
Normed Fit Index（NFI）= 0.99
Non-Normed Fit Index（NNFI）= 0.98
Comparative Fit Index（CFI）= 0.99
Incremental Fit Index（IFI）= 0.99
Relative Fit Index（RFI）= 0.98
Root Mean Square Error of Approximation（RMSEA）= 0.066
90 Percent Confidence Interval for RMSEA = （0.052;0.081）
P-Value for Test of Close Fit（RMSEA < 0.05）= 0.028
```

第二，对"共享目标与责任"变量的7个指标进行同属性分析的结果发现，NNFI = 0.96，CFI = 0.97，而 RMSEA = 0.12，大于0.08，说明拟合程度不够。根据同属性分析的结果，研究者删除了影响误差均方根（RMSEA）大小的指标（"学校的发展目标是经教师共同讨论后形成的"），对其余6个指标再次进行同属性分析。分析结果显示，NNFI = 0.98，CFI = 0.99，RMSEA = 0.096，说明拟合程度有所改善，但还不够完美。研究者再次删除影响误差均方根（RMSEA）大小的指标（"我校绝大多数教师更加关注学生综合学习能力的发展，而非单纯的考试成绩"），对剩余的5个指标进行同属性分析，结果如表5—5所示。可以发现，RMSEA = 0.065，小于0.08，而 NNFI = 0.99，CFI = 0.99，均大于0.90，说明5个指标与"共享目标与责任"变量之间具有很好的拟合，同属这一变量，也就是这5个指标得到了验证。该表同时显示出"共享目标与责任"变量最终包含的5个指标的标准化因子载荷（λ）和残差（θ）。

表5—5 "共享目标与责任"变量的参数估计值和拟合优度指数

编号	指标内容	λ	θ
8	教师参与到学校重要事务的决策过程中。	0.76	0.42
9	校领导和全体教师对于学校的发展方向有广泛的认同。	0.88	0.22
10	教师在在职进修与培训方面有话语权。	0.69	0.52
11	学校领导与教师共同进行与课程和教学相关的决策。	0.84	0.30
12	学校领导与教师共同承担学校改革的结果。	0.84	0.30

Chi-Square with 5 Degrees of Freedom = 27.84 （p = 0.000）
Goodness of Fit Index （GFI） = 0.99
Adjusted Goodness of Fit Index （AGFI） = 0.97
Root Mean Square Residual （RMR） = 0.026
Standardized RMR = 0.016
Normed Fit Index （NFI） = 0.99
Non-Normed Fit Index （NNFI） = 0.99
Comparative Fit Index （CFI） = 0.99
Incremental Fit Index （IFI） = 0.99
Relative Fit Index （RFI） = 0.99
Root Mean Square Error of Approximation （RMSEA） = 0.065
90 Percent Confidence Interval for RMSEA = （0.043; 0.090）
P-Value for Test of Close Fit （RMSEA < 0.05） = 0.12

第三，对"非正式合作学习"变量的4个指标进行同属性分析的结果发现，NNFI = 0.98，CFI = 0.99，RMSEA = 0.080，存在进一步提升拟合的空间。因此，研究者删除了影响误差均方根（RMSEA）大小的指标（"教师有权力根据教学的实际情况开展相应的改革"），对其余的3个指标再次进行同属性分析，结果如表5—6所示。可以发现，RMSEA = 0.000，小于0.08，而NNFI = 1，CFI = 1，得到了一个饱和模型，说明3个指标与"非正式合作学习"变量之间具有很好的拟合，同属这一变量，也就是这3个指标得到了验证。表5—6同时显示出了3个指标的标准化因子载荷（λ）和残差（θ）。

表5—6 "非正式合作学习"变量的参数估计值和拟合优度指数

编号	指标内容	λ	θ
13	教师之间会非正式地（如私底下）交流彼此的课堂教学。	0.91	0.17
14	教师之间会非正式地（如私底下）交流教学上的观点和想法。	0.76	0.42
15	我校绝大多数教师以促进学生学习为工作的根本目标。	0.63	0.61

Chi-Square with 0 Degrees of Freedom =0.00 （p=1.000）

Goodness of Fit Index （GFI） =1

Adjusted Goodness of Fit Index （AGFI） =1

Root Mean Square Residual （RMR） =0.000

Standardized RMR =0.000

Normed Fit Index （NFI） =1

Non-Normed Fit Index （NNFI） =1

Comparative Fit Index （CFI） =1

Incremental Fit Index （IFI） =1

Relative Fit Index （RFI） =1

Root Mean Square Error of Approximation （RMSEA） =0.000

第四，对"支持性领导"变量的11个指标进行同属性分析的结果发现，NNFI=0.97，CFI=0.97，而RMSEA=0.11，大于0.08，说明拟合程度不够。根据同属性分析的结果，研究者依次删除了影响误差均方根（RMSEA）大小的5个指标（"学校领导为我们提供培训与进修的机会"；"学校对能够发动同事共同开展课题研究的教师给予奖励"；"学校为我们的专业学习活动提供充足的经费"；"家长为学校的变革与发展提供支持和资源"；"社区为学校的变革与发展提供支持和资源"），对其余的6个指标再次进行同属性分析，结果如表5—7所示。可以发现，RMSEA=0.072，小于0.08，而NNFI=0.99，CFI=0.99，均大于0.90，说明6个指标与"支持性领导"变量之间具有很好的拟合，同属这一变量，也就是这6个指标得到了验证。表5—7同时显示出了6个指标的标准化因子载荷（λ）和残差（θ）。

表 5—7　　"支持性领导"变量的参数估计值和拟合优度指数

编号	指标内容	λ	θ
16	学校领导为我们提供教学方面的信息和资源。	0.80	0.37
17	学校领导根据我们的学习情况给予相应的指导或帮助。	0.86	0.25
18	学校领导鼓励我们在教学上进行创新（如运用新的方法）。	0.81	0.35
19	学校领导定期对我们的学习情况进行评价。	0.83	0.31
20	学校为所有成员（包括校领导、教师）之间提供良好的信息交流平台。	0.86	0.26
21	学校的教师评价体系鼓励我们进行不断地学习。	0.79	0.38

Chi-Square with 9 Degrees of Freedom = 59.24　（p = 0.000）
Goodness of Fit Index（GFI）= 0.98
Adjusted Goodness of Fit Index（AGFI）= 0.96
Root Mean Square Residual（RMR）= 0.017
Standardized RMR = 0.016
Normed Fit Index（NFI）= 0.99
Non-Normed Fit Index（NNFI）= 0.99
Comparative Fit Index（CFI）= 0.99
Incremental Fit Index（IFI）= 0.99
Relative Fit Index（RFI）= 0.99
Root Mean Square Error of Approximation（RMSEA）= 0.072
90 Percent Confidence Interval for RMSEA = （0.055；0.090）
P-Value for Test of Close Fit（RMSEA < 0.05）= 0.016

第五，对"合作关系"变量的 5 个指标进行同属性分析，结果如表 5—8 所示。可以发现，RMSEA = 0.035，小于 0.08，而 NNFI = 1.00，CFI = 1.00，说明 5 个指标与"合作关系"变量之间具有很好的拟合，同属这一变量，也就是这 5 个指标均得到了验证。表 5—8 同时显示出了 5 个指标的标准化因子载荷（λ）和残差（θ）。

表5—8　"合作关系"变量的参数估计值和拟合优度指数

编号	指标内容	λ	θ
22	我和其他教师的讨论和分享是坦白和真诚的。	0.82	0.33
23	教师之间愿意进行互动与合作。	0.85	0.28
24	我和其他教师对于教学中遇到的问题能够公开讨论。	0.83	0.31
25	教师之间互相关心和帮助。	0.79	0.38
26	教师之间能够妥善处理意见上的分歧。	0.78	0.39

Chi-Square with 5 Degrees of Freedom = 11.4（$p = 0.044$）

Goodness of Fit Index（GFI）= 1.00

Adjusted Goodness of Fit Index（AGFI）= 0.99

Root Mean Square Residual（RMR）= 0.0048

Standardized RMR = 0.0090

Normed Fit Index（NFI）= 1.00

Non-Normed Fit Index（NNFI）= 1.00

Comparative Fit Index（CFI）= 1.00

Incremental Fit Index（IFI）= 1.00

Relative Fit Index（RFI）= 1.00

Root Mean Square Error of Approximation（RMSEA）= 0.035

90 Percent Confidence Interval for RMSEA =（0.0053；0.062）

P-Value for Test of Close Fit（RMSEA < 0.05）= 0.80

第六，对"组织结构"变量的9个指标进行同属性分析的结果发现，NNFI = 0.94，CFI = 0.96，而RMSEA = 0.13，大于0.08，说明拟合程度不够。根据同属性分析的结果，研究者依次删除了影响误差均方根（RMSEA）大小的4个指标（"学校邀请校外专家定期参与并指导我们的学习、研讨活动"；"学校有固定的地点供我们进行交流和研讨"；"我和其他教师能够通过学校的网络平台进行交流"；"外出培训或学习的教师会与我们分享重要的信息和资源"），对其余的5个指标再次进行同属性分析，结果如表5—9所示。可以发现，RMSEA = 0.073，小于0.08，而NNFI = 0.98，CFI = 0.99，均大于0.90，说明5个指标与"组织结构"变量之间具有很好的拟合，同属这一变量，也就是这5个指标得到了验证。表5—9同时显示出了5个指标的标准化因子载荷（λ）和残差（θ）。

表 5—9 "组织结构"变量的参数估计值和拟合优度指数

编号	指标内容	λ	θ
27	学校有常规的时间供我们进行交流和研讨。	0.66	0.57
28	学校领导会不定期地进入教师的课堂听课。	0.65	0.57
29	学校领导会参与我们的研讨活动(如公开课)。	0.85	0.27
30	学校邀请校外专家(教研员或大学教授等)为我们进行讲座或培训。	0.62	0.61
31	我们有机会与其他学校的教师进行交流和研讨。	0.75	0.44

Chi-Square with 5 Degrees of Freedom = 33.28 (p = 0.000)
Goodness of Fit Index (GFI) = 0.99
Adjusted Goodness of Fit Index (AGFI) = 0.96
Root Mean Square Residual (RMR) = 0.027
Standardized RMR = 0.026
Normed Fit Index (NFI) = 0.99
Non-Normed Fit Index (NNFI) = 0.98
Comparative Fit Index (CFI) = 0.99
Incremental Fit Index (IFI) = 0.99
Relative Fit Index (RFI) = 0.98
Root Mean Square Error of Approximation (RMSEA) = 0.073
90 Percent Confidence Interval for RMSEA = (0.051; 0.097)
P-Value for Test of Close Fit (RMSEA < 0.05) = 0.046

第七,对"文化障碍"变量的 5 个指标进行同属性分析,结果如表 5—10 所示。可以看出,NNFI = 0.96,CFI = 0.98,均大于 0.90,RMSEA = 0.057,小于 0.08,说明 5 个指标与"文化障碍"变量之间具有很好的拟合,同属这一变量,也就是这 5 个指标均得到了验证。表 5—10 同时显示出了 5 个指标的标准化因子载荷(λ)和残差(θ)。

表 5—10　"文化障碍"变量的参数估计值和拟合优度指数

编号	指标内容	λ	θ
32	我和其他教师之间不愿分享教学资源。	0.33	0.89
33	遇到问题时,我们会把责任推给别人。	0.53	0.72
34	我不敢提出与他人不同的意见。	0.50	0.75
35	年长教师不尊重年轻教师的意见。	0.69	0.52
36	学校不鼓励我们进行创新性的教学。	0.53	0.72

Chi-Square with 5 Degrees of Freedom = 22.31 （p = 0.000）
Goodness of Fit Index （GFI） = 0.99
Adjusted Goodness of Fit Index （AGFI） = 0.98
Root Mean Square Residual （RMR） = 0.037
Standardized RMR = 0.028
Normed Fit Index （NFI） = 0.97
Non-Normed Fit Index （NNFI） = 0.96
Comparative Fit Index （CFI） = 0.98
Incremental Fit Index （IFI） = 0.98
Relative Fit Index （RFI） = 0.94
Root Mean Square Error of Approximation （RMSEA） = 0.057
90 Percent Confidence Interval for RMSEA = （0.034; 0.082）
P-Value for Test of Close Fit （RMSEA < 0.05） = 0.28

第八,对"制度障碍"变量的 3 个指标进行同属性分析,结果如表 5—11 所示。可以看出,RMSEA = 0.000,小于 0.08,而 NNFI = 1.00,CFI = 1.00,得到了饱和模型,说明 3 个指标与"制度障碍"变量之间具有很好的拟合,同属这一变量,也就是这 3 个指标得到了验证。表 5—11 同时显示出了 3 个指标的标准化因子载荷（λ）和残差（θ）。

表 5—11　"制度障碍"变量的参数估计值

编号	指标内容	λ	θ
37	我和其他教师缺少共同的空余时间来进行交流与合作。	0.59	0.65
38	我每天要处理很多与教学无关的事务。	0.42	0.82
39	学校主要依据学生的考试成绩对我们进行评价。	0.41	0.83

续表

Chi-Square with 0 Degrees of Freedom = 0.00 （p = 1.000）
Goodness of Fit Index （GFI） = 1
Adjusted Goodness of Fit Index （AGFI） = 1
Root Mean Square Residual （RMR） = 0.000
Standardized RMR = 0.000
Normed Fit Index （NFI） = 1
Non-Normed Fit Index （NNFI） = 1
Comparative Fit Index （CFI） = 1
Incremental Fit Index （IFI） = 1
Relative Fit Index （RFI） = 1
Root Mean Square Error of Approximation （RMSEA） = 0.000

通过同属性分析对专业学习社群个体和组织层面8个变量的指标进行进一步地验证和修订，进一步优化了测量模型。探索性因素分析得到的51个指标（其中个体层面18个，组织层面33个）中有39个得到了证实和确定，也就是说专业学习社群的特点最终包含39个指标，其中个体层面有15个指标，组织层面有24个指标，具体如表5—12所示。

表5—12　　　　同属性分析前后各变量所含量句数目比较

专业学习社群变量		各变量所含的指标数目	
		同属性分析之前	同属性分析之后
个体层面	集体探究与分享	7	7
	共享目标与责任	7	5
	非正式合作学习	4	3
组织层面	支持性领导	11	6
	组织结构	9	5
	合作关系	5	5
	制度障碍	3	3
	文化障碍	5	5
量句总数		51	39

三 验证性因素分析

在探索性因素分析和同属性分析的基础上,研究者对专业学习社群个体层面的特点和组织层面的特点分别进行验证性因素分析,以对其测量模型进行验证。

首先,研究就专业学习社群个体层面的3个变量,即集体探究与分享、共享目标与责任、非正式合作学习是否从属于同一个二阶变量进行了验证。通过LISREL8.8进行验证性因素发现,这3个变量同时从属于专业学习社群个体特质这一二阶变量,然而一阶变量与二阶变量之间的路径系数出现了负数。经过模型调试后发现,非正式合作学习变量的3个指标对于模型拟合具有负面影响,该变量与另两个变量,即集体探究与分享和共享目标与责任不在同一个层次,这也符合第一个质化研究的发现,即非正式合作学习是教师集体探究的组成部分,与集体探究与分享变量之间并非并列关系。因此,笔者删除了非正式合作学习变量及其附属的3个指标,将另外两个变量,共12个指标进行验证性因素分析,得到了拟合较好的专业学习社群个体层面特质的二阶因子模型,如图5—2所示。图5—2中Y_1到Y_{12}共12个指标的具体内容见表5—13。

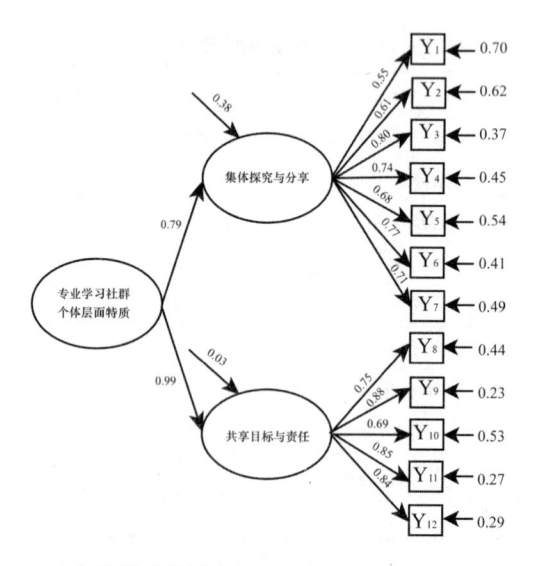

图5—2 专业学习社群个体层面特点验证性因素分析模型

表 5—13　　专业学习社群个体层面变量所含指标及内容

指标编号	指标内容
Y_1	我和其他教师共同讨论教学设计。
Y_2	我和其他教师经常进行教学方面的反思性的对话。
Y_3	我与其他教师之间互相听课、评课。
Y_4	我与其他教师之间相互分享教案或课件等教学材料。
Y_5	我校教师对学生学习负有集体的责任。
Y_6	师徒之间定期互相听课。
Y_7	我和其他教师互相学习好的教学方法。
Y_8	教师参与到学校重要事务的决策过程中。
Y_9	校领导和全体教师对于学校的发展方向有广泛的认同。
Y_{10}	教师在在职进修与培训方面有话语权。
Y_{11}	学校领导与教师共同进行与课程和教学相关的决策。
Y_{12}	学校领导与教师共同承担学校改革的结果。

　　图 5—2 显示出所有估计的参数值,包括 12 个指标对两个一阶变量"集体探究与分享"和"共享目标与责任"的载荷与残差,两个一阶变量对二阶变量"专业学习社群个体层面特质"的载荷及残差等。可以看出,12 个指标在两个一阶变量上的载荷都较大,在 0.55 到 0.88 之间,残差均较小,说明 12 个指标与两个变量之间具有较好的从属关系。另外,两个一阶变量在二阶变量上的载荷也很大,分别为 0.79 和 0.99,说明"集体探究与分享"和"共享目标与责任"这两个一阶变量与"专业学习社群个体层面特质"这一二阶潜变量之间具有较好的从属关系。

　　该模型的拟合指数如表 5—14 所示。可以发现,NNFI = 0.97,CFI = 0.98,均大于 0.90,而 RMSEA = 0.076,小于 0.08,说明该模型与数据之间具有很好的拟合程度,无须对模型进行进一步改良。

表 5—14 专业学习社群个体层面特点验证性因素分析模型的拟合指数

Chi-Square with 52 Degrees of Freedom = 359.23 （p = 0.000）
Goodness of Fit Index （GFI） = 0.95
Adjusted Goodness of Fit Index （AGFI） = 0.92
Root Mean Square Residual （RMR） = 0.039
Standardized RMR = 0.038
Normed Fit Index （NFI） = 0.98
Non-Normed Fit Index （NNFI） = 0.98
Comparative Fit Index （CFI） = 0.98
Incremental Fit Index （IFI） = 0.98
Relative Fit Index （RFI） = 0.97
Root Mean Square Error of Approximation （RMSEA） = 0.074
90 Percent Confidence Interval for RMSEA = （0.067; 0.082）
P-Value for Test of Close Fit （RMSEA < 0.05） = 0.00

其次，研究就专业学习社群组织层面的5个变量，即支持性领导、合作关系、组织结构、制度障碍、文化障碍是否从属于同一个二阶变量进行了验证。通过验证性因素分析得到专业学习社群组织层面特质的二阶因子模型，如图5—3所示。图5—3中 Y_1 到 Y_{24} 共24个指标的具体内容见表5—15。

图5—3显示出所有估计的参数值，包括24个指标对5个一阶变量"支持性领导""合作关系""组织结构""制度障碍""文化障碍"的载荷与残差，5个一阶变量对二阶变量"专业学习社群组织层面特质"的载荷及残差。可以看出，24个指标在5个变量上的载荷都较大，在0.33到0.86之间，残差均较小，说明24个指标与5个变量之间具有较好的从属关系。另外，5个一阶变量在二阶变量上的载荷也很大，分别为0.92、0.87、0.92、-0.62和-0.35，残差均较小，说明5个一阶变量与"专业学习社群组织层面特质"这一二阶潜变量之间具有较好的从属关系。同时，"支持性领导""合作关系"和"组织结构"这3个一阶变量与"专业学习社群组织层面特质"之间的载荷为正数，说明这3个变量与二阶变量之间具有正向从属关系。而"文化障碍""制度障碍"两个一阶变量与"专业学习社群组织层面特质"之间的载荷为负数，说明这两个变

量与二阶变量之间具有负向从属关系。

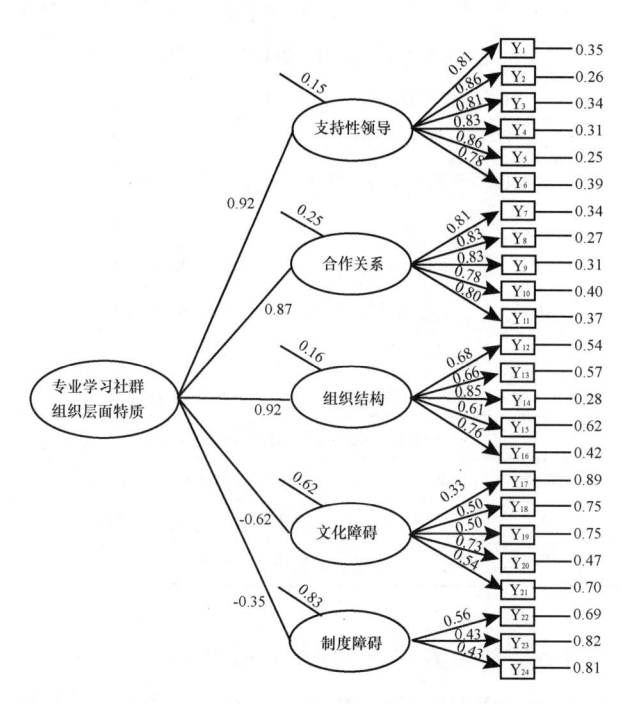

图5—3 专业学习社群组织层面特点验证性因素分析模型

表5—15	专业学习社群组织层面变量所含指标及内容
指标编号	指标内容
Y_1	学校领导为我们提供教学方面的信息和资源。
Y_2	学校领导根据我们的学习情况给予相应的指导或帮助。
Y_3	学校领导鼓励我们在教学上进行创新（如运用新的方法）。
Y_4	学校领导定期对我们的学习情况进行评价。
Y_5	学校为所有成员（包括校领导、教师）之间提供良好的信息交流平台。
Y_6	学校的教师评价体系鼓励我们进行不断地学习。
Y_7	我和其他教师的讨论和分享是坦白的和真诚的。
Y_8	教师之间愿意进行互动与合作。
Y_9	我和其他教师对于教学中遇到的问题能够公开讨论。
Y_{10}	教师之间互相关心和帮助。
Y_{11}	教师之间能够妥善处理意见上的分歧。

指标编号	指标内容
Y_{12}	学校有常规的时间供我们进行交流和研讨。
Y_{13}	学校领导会不定期地进入教师的课堂听课。
Y_{14}	学校领导会参与我们的研讨活动（如公开课）。
Y_{15}	学校邀请校外专家（教研员或大学教授等）为我们进行讲座或培训。
Y_{16}	我们有机会与其他学校的教师进行交流和研讨。
Y_{17}	我和其他教师之间不愿分享教学资源。
Y_{18}	遇到问题时，我们会把责任推给别人。
Y_{19}	我不敢提出与他人不同的意见。
Y_{20}	年长教师不尊重年轻教师的意见。
Y_{21}	学校不鼓励我们进行创新性的教学。
Y_{22}	我和其他教师缺少共同的空余时间来进行交流与合作。
Y_{23}	我每天要处理很多与教学无关的事务。
Y_{24}	学校主要依据学生的考试成绩对我们进行评价。

该模型的拟合指数如表 5—16 所示。可以发现，NNFI = 0.98，CFI = 0.98，均大于 0.90，而 RMSEA = 0.053，小于 0.08，说明该模型与数据之间具有很好的拟合程度，无须对模型进行进一步改良。

表 5—16 专业学习社群组织层面特点验证性因素分析模型的拟合指数

Chi-Square with 247 Degrees of Freedom = 992.86（p = 0.000）

Goodness of Fit Index（GFI） = 0.93

Adjusted Goodness of Fit Index（AGFI） = 0.91

Root Mean Square Residual（RMR） = 0.050

Standardized RMR = 0.039

Normed Fit Index（NFI） = 0.98

Non-Normed Fit Index（NNFI） = 0.98

Comparative Fit Index（CFI） = 0.98

Incremental Fit Index（IFI） = 0.98

Relative Fit Index（RFI） = 0.98

Root Mean Square Error of Approximation（RMSEA） = 0.053

90 Percent Confidence Interval for RMSEA = （0.050; 0.057）

P-Value for Test of Close Fit（RMSEA < 0.05） = 0.061

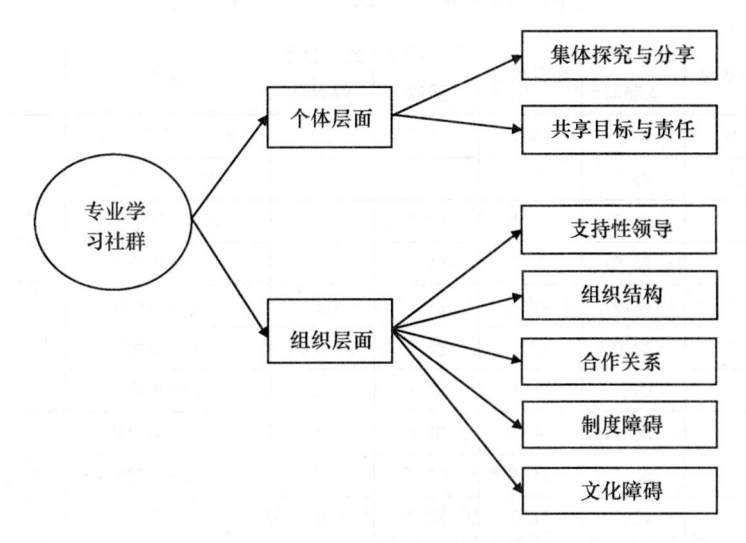

图 5—4　专业学习社群概念架构（最终）

通过验证性因素分析，笔者删除了"非正式合作学习"变量及其附属的 3 个指标，同时保留并验证了同属性分析得到的其他变量及其指标。因此，专业学习社群的特点最终由两个层面共 7 个变量、36 个指标构成，其中个体层面的特点包括集体探究与分享、共享目标与责任两个变量共 12 个指标，组织层面的特点包括支持性领导、组织结构、合作关系、制度障碍、文化障碍 5 个变量共 24 个指标。也就是说，图 5—1 中的专业学习社群概念框架得到了进一步的修正，修正后的框架如图 5—4 所示。

第二节　专业学习社群效果的结构组成

为了探究上海学校的教师专业学习社群的效果，即其对教师发展所产生的影响的结构组成，研究者依次对这部分量化数据进行了探索性因素分析、同属性分析和验证性因素分析。

一　探索性因素分析

通过主成分分析的方式对教师专业学习社群效果的数据进行探索性因

素分析，分析结果见表5—17，其中相应指标的结构、载荷、特征值和被解释的方差百分比均在该表中显示出来。

表5—17　教师专业学习社群效果探索性因素分析结果

序号	指标	主成分		
		1	2	3
1	通过我的努力，学生能够形成一定的探究意识。	**0.917**	0.005	-0.052
2	通过我的努力，学生能够习得较强的自主学习能力。	**0.880**	0.019	-0.004
3	通过我的努力，学生能够习得较强的批判性思考能力。	**0.834**	0.063	-0.048
4	通过我的努力，学生能够习得较强的逻辑推理能力。	**0.834**	0.011	0.044
5	我具有较强的教学艺术。	**0.828**	0.058	-0.111
6	通过我的努力，学生能够习得较强的问题解决能力。	**0.789**	-0.003	0.102
7	我能从不同角度思考教育教学问题。	**0.685**	-0.011	0.211
8	我能较好地架控课堂，能灵活处理课堂突发情况。	**0.675**	-0.080	0.228
9	我很满意现在的工作环境和条件。	0.006	**0.860**	-0.124
10	我很满意校领导的工作方式。	-0.004	**0.834**	-0.003
11	我很满意学校的整体氛围和文化。	-0.015	**0.795**	0.095
12	我对学校有较强的归属感。	-0.088	**0.794**	0.148
13	我觉得我目前的工作内容符合自己的期望。	0.083	**0.793**	-0.088
14	我喜欢这所学校，愿意为学校的发展而付出。	-0.018	**0.730**	0.224
15	我觉得我的价值观和这所学校很契合。	0.112	**0.729**	0.044
16	我喜欢现在的工作。	0.036	**0.707**	-0.010
17	我有责任来提高每一个学生的学习水平。	0.006	0.007	**0.847**
18	我有责任为学校的发展贡献自己的一份力量。	0.043	0.089	**0.800**
19	若不尽我最大所能来帮助学生学习，我会觉得良心上过不去。	0.077	-0.049	**0.774**
20	我愿意为改进学生学习而付出。	-0.005	0.140	**0.736**
21	若学生有需要，我愿意花费额外时间为其提供指导和帮助。	0.093	0.036	**0.635**
	特征值	10.700	2.364	1.262
	被解释的方差（百分比）	50.952	11.257	6.011

注：（1）采用主成分分析和斜交旋转方法进行因子提取。
（2）因子载荷的绝对值大于0.4的变量为显著变量。
（3）根据分组指标的含义，将第一个主成分定义为"教师教学效能"；第二个主成分定义为"教师工作满意度"；第三个主成分定义为"教师承诺"。

如表5—17所示，原教师专业学习社群的效果，即教师发展所包含的"教师教学效能""教师工作满意度""教师承诺"这3个变量通过主成分分析后均得到了证实。研究剔除了包含两个成分、不符合变量含义以及影响信度水平的指标。最终，教师教学效能变量的指标从21个减少为8个，教师工作满意度变量的指标从10个减少为8个，教师承诺变量的指标从13个减少为5个。也就是说，专业学习社群效果的指标从原来的44个减少为21个。

二　同属性分析

在探索性因素分析的基础上，研究者运用 LISREL8.8 软件，以最大似然估计方法对专业学习社群的效果，即教师发展的3个变量进行了同属性分析，以得到更加高质量的变量测量指标。

表5—18　"教师教学效能"变量的参数估计值和拟合优度指数

编号	指标内容	λ	θ
1	通过我的努力，学生能够习得较强的问题解决能力。	0.83	0.31
2	通过我的努力，学生能够习得较强的批判性思考能力。	0.82	0.33
3	通过我的努力，学生能够习得较强的逻辑推理能力。	0.86	0.26
4	通过我的努力，学生能够习得较强的自主学习能力。	0.85	0.28
5	我具有较强的教学艺术。	0.74	0.46
6	我能从不同角度思考教育教学问题。	0.78	0.38

Chi-Square with 9 Degrees of Freedom = 33.83 ($p=0.000$)

Goodness of Fit Index (GFI) = 0.99

Adjusted Goodness of Fit Index (AGFI) = 0.98

Root Mean Square Residual (RMR) = 0.0088

Standardized RMR = 0.014

Normed Fit Index (NFI) = 1.00

Non-Normed Fit Index (NNFI) = 0.99

Comparative Fit Index (CFI) = 1.00

Incremental Fit Index (IFI) = 1.00

Relative Fit Index (RFI) = 0.99

Root Mean Square Error of Approximation (RMSEA) = 0.051

90 Percent Confidence Interval for RMSEA = (0.033; 0.070)

P-Value for Test of Close Fit (RMSEA < 0.05) = 0.43

第一，对"教师教学效能"变量的 8 个指标进行同属性分析的结果发现，NNFI = 0.96，CFI = 0.97，RMSEA = 0.130，大于 0.80，说明存在进一步提升拟合优度的空间。因此，研究者删除了影响误差均方根（RMSEA）大小的指标（"通过我的努力，学生能够形成一定的探究意识"；"我能较好地架控课堂，能灵活处理课堂突发情况"），对其余的 6 个指标再次进行同属性分析，结果如表 5—18 所示。可以看出，RMSEA =0.051，小于 0.08，而 NNFI = 0.99，CFI = 1.00，均大于 0.90，说明 6 个指标与"教师教学效能"变量之间具有很好的拟合，同属这一变量，也就是这 6 个指标得到了验证。表 5—18 同时显示出了 6 个指标的标准化因子载荷（λ）和残差（θ）。

表 5—19　"教师工作满意度"变量的参数估计值和拟合优度指数

编号	指标内容	λ	θ
7	我很满意现在的工作环境和条件。	0.70	0.50
8	我很满意学校的整体氛围和文化。	0.84	0.30
9	我很满意校领导的工作方式。	0.84	0.30
10	我喜欢这所学校，愿意为学校发展而付出。	0.80	0.36
11	我觉得我的价值观和这所学校很契合。	0.83	0.31

Chi-Square with 5 Degrees of Freedom = 31.02　（p = 0.000）

Goodness of Fit Index（GFI）= 0.99

Adjusted Goodness of Fit Index（AGFI）= 0.97

Root Mean Square Residual（RMR）= 0.018

Standardized RMR = 0.015

Normed Fit Index（NFI）= 0.99

Non-Normed Fit Index（NNFI）= 0.99

Comparative Fit Index（CFI）= 0.99

Incremental Fit Index（IFI）= 0.99

Relative Fit Index（RFI）= 0.99

Root Mean Square Error of Approximation（RMSEA）= 0.070

90 Percent Confidence Interval for RMSEA =（0.048；0.094）

P-Value for Test of Close Fit（RMSEA < 0.05）= 0.070

第二，对"教师工作满意度"变量的 8 个指标进行同属性分析的结果发现，NNFI = 0.97，CFI = 0.98，RMSEA = 0.110，大于 0.80，存在进一步提升拟合优度的空间。因此，研究者删除了影响误差均方根（RMSEA）大小的指标（"我喜欢现在的工作"；"我觉得我目前的工作内容符合自己的期望"；"我对学校有较强的归属感"），对其余的 5 个指标再次进行同属性分析，结果如表 5—19 所示。可以看出，RMSEA = 0.070，小于 0.08，而 NNFI = 0.99，CFI = 0.99，均大于 0.90，说明 5 个指标与"教师工作满意度"变量之间具有很好的拟合，同属这一变量，也就是这 5 个指标得到了验证。表 5—19 同时显示出了 5 个指标的标准化因子载荷（λ）和残差（θ）。

表 5—20　　"教师承诺"变量的参数估计值和拟合优度指数

编号	指标内容	λ	θ
12	我愿意为改进学生学习而付出。	0.76	0.42
13	若不尽我最大所能地来帮助学生学习，我会觉得良心上过不去。	0.75	0.43
14	若学生有需要，我愿意花费额外时间为其提供指导和帮助。	0.66	0.56
15	我有责任为学校的发展贡献自己的一分力量。	0.79	0.38

Chi-Square with 2 Degrees of Freedom = 3.51
Goodness of Fit Index (GFI) = 1.00
Adjusted Goodness of Fit Index (AGFI) = 0.99
Root Mean Square Residual (RMR) = 0.0047
Standardized RMR = 0.0083
Normed Fit Index (NFI) = 1.00
Non-Normed Fit Index (NNFI) = 1.00
Comparative Fit Index (CFI) = 1.00
Incremental Fit Index (IFI) = 1.00
Relative Fit Index (RFI) = 0.99
Root Mean Square Error of Approximation (RMSEA) = 0.027
90 Percent Confidence Interval for RMSEA = (0.0; 0.072)
P-Value for Test of Close Fit (RMSEA < 0.05) = 0.75

第三，对"教师承诺"变量的 5 个指标进行同属性分析的结果发现，NNFI = 0.95，CFI = 0.97，RMSEA = 0.130，大于 0.80，存在进一步提升拟合优度的空间。因此，研究者删除了影响误差均方根（RMSEA）

大小的指标（"我有责任来提高每一个学生的学习水平"），对其余的4个指标再次进行同属性分析，结果如表5—20所示。可以看出，RMSEA = 0.027，小于0.08，而 NNFI = 1.00，CFI = 1.00，均大于0.90，说明4个指标与"教师承诺"变量之间具有很好的拟合，同属这一变量，也就是这4个指标得到了验证。表5—20同时显示出了4个指标的标准化因子载荷（λ）和残差（θ）。

通过同属性分析对专业学习社群效果，即教师发展3个变量的指标进行进一步验证和修订，从而进一步优化了测量模型。探索性因素分析得到的21个指标中有15个得到了证实和确定，其中教师教学效能变量包含6个指标，教师工作满意度变量包含5个指标，教师承诺变量包含4个指标。

三 验证性因素分析

在探索性因素分析和同属性分析的基础上，研究者对专业学习社群的效果，即教师发展变量进行了验证性因素分析，以对其测量模型进行验证。

研究者验证专业学习社群效果的3个变量，即教师教学效能、教师工作满意度和教师承诺是否从属于同一个二阶变量。通过验证性因素分析得到教师发展的二阶因子模型，如图5—5所示。图5—5中 Y_1—Y_{15} 共15个指标的具体内容见表5—21。

图5—5同时显示出所有估计的参数值，包括15个指标对3个一阶变量"教师教学效能""教师工作满意度""教师承诺"的载荷与残差，3个一阶变量对二阶变量"教师发展"的载荷及残差。可以看出，15个指标在3个一阶变量上的载荷都较大，在0.67到0.86之间，残差均较小，说明15个指标与3个一阶变量之间具有较好的从属关系。另外，3个一阶变量在二阶变量上的载荷也很大，分别为0.86、0.74和0.92，残差均较小，说明"教师教学效能""教师工作满意度""教师承诺"这3个一阶变量与"教师发展"这一二阶潜变量之间具有较好的从属关系。

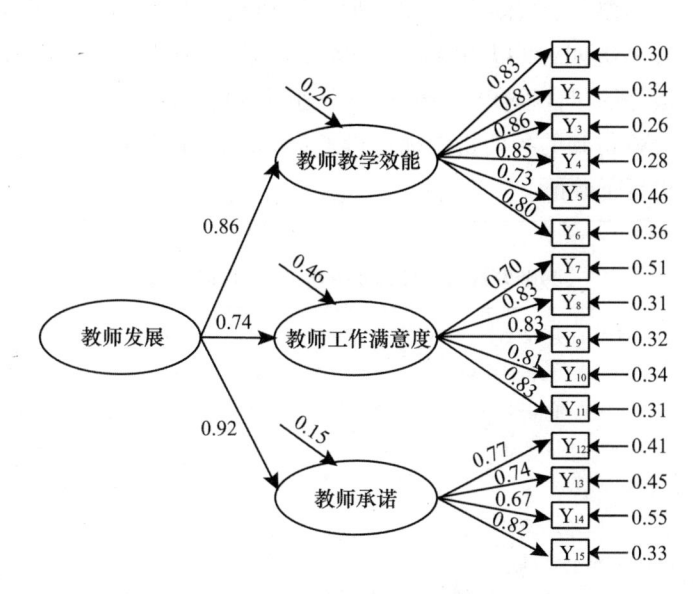

第五章 专业学习社群特点及影响的概念框架 225

图5—5 专业学习社群效果即教师发展验证性因素分析模型

表5—21　　　　教师发展各变量所含指标及内容

指标编号	指标内容
Y_1	通过我的努力，学生能够习得较强的问题解决能力。
Y_2	通过我的努力，学生能够习得较强的批判性思考能力。
Y_3	通过我的努力，学生能够习得较强的逻辑推理能力。
Y_4	通过我的努力，学生能够习得较强的自主学习能力。
Y_5	我具有较强的教学艺术。
Y_6	我能从不同角度思考教育教学问题。
Y_7	我很满意现在的工作环境和条件。
Y_8	我很满意学校的整体氛围和文化。
Y_9	我很满意校领导的工作方式。
Y_{10}	我喜欢这所学校，愿意为学校的发展而付出。
Y_{11}	我觉得我的价值观和这所学校很契合。
Y_{12}	我愿意为改进学生学习而付出。
Y_{13}	若不尽我最大所能地来帮助学生学习，我会觉得良心上过不去。
Y_{14}	若学生有需要，我愿意花费额外时间为其提供指导和帮助。
Y_{15}	我有责任为学费发展贡献自己的一份力量。

该模型的拟合指数如表5—22所示。可以发现，NNFI = 0.99，CFI = 0.99，均大于0.90，而RMSEA = 0.057，小于0.08，说明该模型与数据之间具有很好的拟合程度，无须对模型进行改良。通过验证性因素分析，对同属性分析得到的各变量指标进行了验证，也对图3—1中的教师发展框架部分进行了验证。

表5—22　教师发展验证性因素分析模型的拟合指数

Chi-Square with 87 Degrees of Freedom = 390.83　(p = 0.000)

Goodness of Fit Index（GFI）= 0.95

Adjusted Goodness of Fit Index（AGFI）= 0.94

Root Mean Square Residual（RMR）= 0.026

Standardized RMR = 0.033

Normed Fit Index（NFI）= 0.99

Non-Normed Fit Index（NNFI）= 0.99

Comparative Fit Index（CFI）= 0.99

Incremental Fit Index（IFI）= 0.99

Relative Fit Index（RFI）= 0.98

Root Mean Square Error of Approximation（RMSEA）= 0.057

90 Percent Confidence Interval for RMSEA = (0.052; 0.063)

P-Value for Test of Close Fit（RMSEA < 0.05）= 0.019

第三节　小结与讨论

本章分别对专业学习社群的特点与效果两大主题概念的结构组成进行了探索与验证。首先通过探索性因素分析得出各概念所包含的潜在变量，同时对数据进行清理；接下来运用同属性因素分析对各个潜在变量的指标进行检测，以进一步清理数据，得到更加高质量的测量指标；最后通过验证性因素分析对各个变量的指标，即测量模型进行验证，同时得到3个二阶潜变量，即"专业学习社群个体层面特质"、"专业学习社群组织层面特质"和"教师发展"。通过这一系列的过程，研究得到了新的专业学习社群的特点与效果的理论框架，如图5—6所示，从而对图3—1中的理论框架进行了修订。

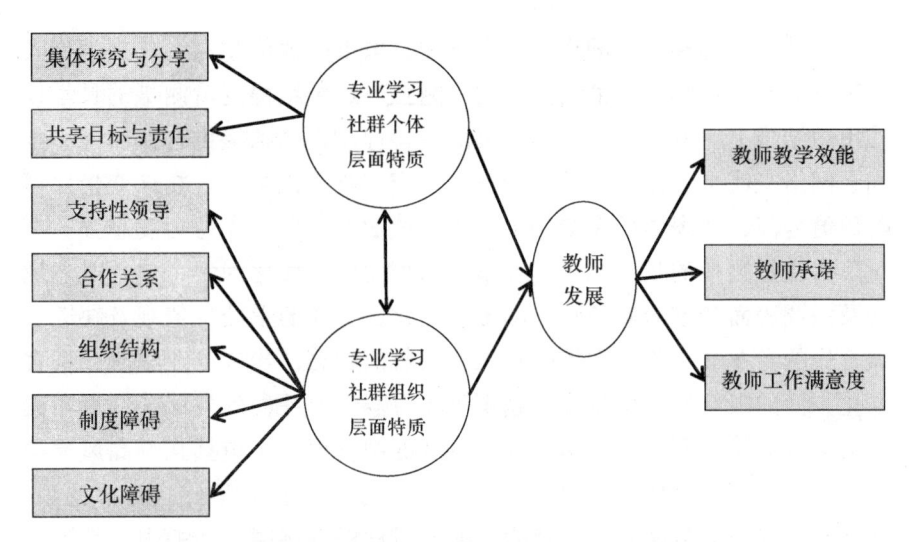

图5—6 专业学习社群特点及其对教师发展影响的理论框架

图5—6中的左半部分为专业学习社群的特点的概念框架,包括个体和组织两个层面,右半部分为专业学习社群的效果,即教师发展的结构框架。研究假设专业学习社群个体层面的特点和组织层面的特点之间具有相关关系,二者均对教师的发展产生一定的影响,具体的影响结果将在第六章做进一步地探究。

可以看出,专业学习社群的特点包括个体和组织两个层面共7个变量,分别是集体探究与分享、共享目标与责任、支持性领导、合作关系、组织结构、制度障碍和文化障碍。其中集体探究与分享变量测量的是教师之间共同策划和探究、分享实践和材料、集体反思与解决问题,从而不断改进教学实践的程度。在该变量取得的数值越高,代表教师共同探究与合作学习的能力和意识越强。共享目标与责任变量测量的是教师具有共同的、以促进学生学习为目标的愿景,并对此负有集体责任的程度。在该变量取得的数值越高,代表教师对于学生学习的目标和责任的共享程度越高。支持性领导变量测量的是校长等学校领导对社群发展提供的支持程度,包括了解教师的学习情况,为教师提供制度与资源支持,参与教师的专业学习活动并提供指导,对社群及教师学习进行监督与评价等。在该变量取得的数值越高,代表学校领导对于专业学习社群的支持力度越强。合作关系变量测量的是学校教师之间相互信任、尊重、支持、关心和合作的程度。在该变量取得的数值越高，代表学校人际关系对于专业学习社群的支持力度越强。组织结构变量测量的是学校在组织结构上对专业学习社群发展的支持程度，包括提供合作时间、空间、网络交流平台以及与校外同行、专家交流的机会等。在该变量取得的数值越高，代表学校在结构上对于专业学习社群的支持力度越强。文化障碍变量测量的是不利于专业学习社群发展的文化因素，包括尊老敬老及强调表面和谐而避免冲突的传统文化、保守的学校价值观及缺乏真诚合作的专业文化等。在该变量取得的数值越高，代表专业学习社群在文化方面的限制性因素越强，越不利于专业学习社群的发展。制度障碍变量测量的是不利于专业学习社群发展的制度因素，包括强调高风险考试的问责制度、合作学习时间不足及充满行政色彩的学校教育体系等。在该变量取得的数值越高，代表专业学习社群在制度方面的限制性因素越强，越不利于专业学习社群的发展。

专业学习社群的效果，即教师发展包括教师教学效能、教师承诺、教师工作满意度3个变量。其中教师教学效能测量的是教师对自己的专业能力以及改进课堂教学和学生学习的水平的认可程度。在该变量取得的数值越高，代表教师在教学和促进学生学习方面的能力越强。教师承诺测量的是教师对学校负有的责任感与奉献意识的水平，以及教师承诺于提升所有学生学习水平的程度。在该变量取得的数值越高，代表教师对学校和学生的付出和责任感越强。教师工作满意度测量的是教师对于学校工作环境、条件和人际关系等满意的程度。在该变量取得的数值越高，代表教师对学校的满意程度越高。

表5—23显示出专业学习社群的特点与教师发展所包含的变量的指标数和Alpha系数。可以看出，专业学习社群的个体和组织层面特点的7个变量共包含36个指标。专业学习社群的效果，即教师发展的3个变量共含15个指标。也就是说，修订后的专业学习社群发展问卷共包含51个指标。

表5—23还显示出各个变量的Alpha系数。专业学习社群个体层面特点的两个变量，即集体探究与分享、共享目标与责任的Alpha系数分别为0.87和0.89，说明它们在测量教师对专业学习社群个体层面特点的观感上具有较好的信度。专业学习社群组织层面特点的3个正向变量，即支持性领导、合作关系、组织结构的Alpha系数在0.83到0.93之间，说明它

们在测量教师对专业学习社群组织层面特点的观感上具有较好的信度，而其他两个负向变量，即制度障碍和文化障碍的 Alpha 系数分别为 0.65 和 0.56，说明它们在测量教师观感上的信度有待提高。专业学习社群的效果，即教师发展的 3 个变量的 Alpha 系数在 0.83 到 0.92 之间，说明它们在测量教师对自身发展水平的观感上具有较好的信度。

表 5—23　　专业学习社群特点与效果变量的信度系数

主题概念	变量	样本数	指标数	Alpha 系数
专业学习社群个体层面特点	集体探究与分享	1053	7	0.87
	共享目标与责任	1048	5	0.89
专业学习社群组织层面特点	支持性领导	1054	6	0.93
	合作关系	1055	5	0.91
	组织结构	1059	5	0.83
	文化障碍	1059	5	0.65
	制度障碍	1055	3	0.56
教师发展	教师教学效能	1056	6	0.92
	教师工作满意度	1058	5	0.89
	教师承诺	1057	4	0.83

将本书研究得出的上海学校教师专业学习社群的特点与基于西方文献总结出的特点（见图 2—2）进行比较后可以发现，上海学校的专业学习社群既具有西方文献所显示的根本特点，又有一些不同表现，具体如表 5—24 所示：

表 5—24　　上海学校专业学习社群特点与西方文献的比较

变量	西方文献（如 Hord, 1997; Stoll et al., 2006）中的专业学习社群特点	本研究得出的上海学校专业学习社群特点
个体层面	共同的目标和愿景； 集体探究； 共享的个人实践； 共享权力与责任	共享目标与责任； 集体探究与分享

续表

组织层面	支持性领导； 组织结构； 合作关系； 外部资源	支持性领导； 组织结构； 合作关系； 制度障碍； 文化障碍

在个体层面，文献中的专业学习社群特点包含4个变量，即共同的目标和愿景、集体探究、共享的个人实践和共享权力与责任。其中，集体探究和共享的个人实践之间具有高度相关的关系。[1] 在上海的学校中，二者之间的高度相关尤其突出，以至于两个变量的指标互相联系在一起，从而合成一个变量，即"集体探究与分享"变量。另外，文献中共享权力部分的指标在上海的学校中并不明显，这说明上海学校的领导很少共享领导和权力。[2] 然而，上海学校的教师在很大程度上形成了一种共同的责任意识，并且与共享目标之间具有紧密的关系，也就是说共享权力与责任变量中的部分指标与共同的目标与愿景变量的指标显示出共同的成分，从而形成了新的"共享目标与责任"变量。因此，文献中专业学习社群个体层面的4个变量在上海的学校中减少为两个。

在组织层面，文献中的支持性领导、组织结构和合作关系变量在上海学校的专业学习社群中得到验证，而外部资源变量的部分指标与组织结构变量的指标显示为共同的成分，这说明在上海的学校中，来自校外的教师专业学习资源属于学校在组织结构上的支持。因此文献中的支持性领导、组织结构、合作关系、外部资源4个变量变成支持性领导、组织结构、合作关系3个变量。同时，本书将"变革障碍"纳入专业学习社群的概念框架，希望从反向角度考察上海学校的教师专业学习社群的表现。研究发现上海的学校中主要存在文化和制度两方面的障碍，即得到文化障碍和制度障碍两个新变量，从而使得专业学习社群组织层面的特点共包括了支持

---

[1] Hipp K. K. & Huffman J. B., *Demystifying Professional Learning Communities: School Leadership at Its Best*, Lanham, Md.: Rowman & Littlefield Education, 2010, p. 27.

[2] Wong K., "Conditions and Practices of Successful Principalship in Shanghai," *Journal of Educational Administration*, 2005, 43 (6): 552–562.

性领导、组织结构、合作关系、制度障碍和文化障碍5个变量。这5个变量包含3个正向变量和两个负向变量,从而能够较为全面地了解上海学校的专业学习社群的特点和表现。

第六章
专业学习社群的发展水平与效果

本章对上海学校的教师专业学习社群的发展水平及其对教师发展产生的效果进行分析,即通过呈现量化研究的发现,来回答第二个研究问题。具体而言,通过描述性分析、单因素方差分析、相关分析、结构方程全模型分析等方法,阐述上海学校的教师专业学习社群的整体发展水平、不同类型的学校的专业学习社群的发展水平及专业学习社群对教师发展产生的影响。

第一节 上海学校专业学习社群的整体发展水平

对上海学校的教师专业学习社群整体发展水平的分析主要通过描述性统计的方式获得,具体结果见表6—1。

表6—1　　专业学习社群各变量的描述性统计

概念	变量	平均值	标准差	样本数
专业学习社群个体层面特点	集体探究与分享	5.29	0.60	1067
	共享目标与责任	4.72	1.02	1066
专业学习社群组织层面特点	支持性领导	4.98	0.86	1067
	合作关系	5.29	0.63	1067
	组织结构	5.12	0.76	1067
	文化障碍	1.81	0.75	1067
	制度障碍	3.88	1.12	1063
教师发展	教师教学效能	5.04	0.66	1064
	教师工作满意度	4.72	0.94	1067
	教师承诺	5.35	0.60	1067

表 6—1 显示出了各个变量的平均值与标准差。可以看出，在专业学习社群个体层面的特点上，样本教师在集体探究与分享上得分很高，为 5.29。这说明，上海的教师具有很强的集体探究与分享意识，在共同策划、分享教学实践和资料、集体反思与探究教学问题上具有很高的水平。教师在共享目标与责任变量上的得分为 4.72，说明上海的教师在以促进学生学习为共同目标、以学校改进为共享责任方面具有很好的表现。需要说明的是，教师在共享目标与责任变量上的标准差偏高，为 1.02，这与第一个质化研究的结论相符，即教师的目标与责任受到了应试教育传统和课程改革的双重影响，一些教师将学生的考试成绩视为核心目标，另一些老师则将学生的综合学习素养作为根本追求，因此教师在共享目标与责任变量上的标准差略高。

在专业学习社群组织层面的特点上，样本教师在合作关系变量上的得分最高，为 5.29，说明教师之间相互信任、尊重、支持、关心与合作的氛围很浓，学校在人际关系上对专业学习社群有很大的支持。其次是教师在组织结构变量上的得分，为 5.12，说明在教师看来，学校在为其提供合作时间、空间、网络交流平台以及与校外同行、专家交流的机会上给予了很大的支持。最后是教师在支持性领导变量上的得分，为 4.98，说明在教师看来，学校领导对专业学习社群给予了很大的支持，如为教师提供教学资源、培训机会并合理评价教师学习等。样本教师在文化障碍变量上的得分较低，为 1.81，说明在上海的教师看来，阻碍专业学习社群发展的文化障碍较小，传统的中国文化、学校价值观及教师的专业文化等对专业学习社群发展的限制作用较小，这有利于社群的发展。教师在制度障碍上的得分为 3.88，说明在样本教师看来，阻碍专业学习社群发展的制度障碍较大，问责体系及相关制度对专业学习社群发展的限制作用较大，这不利于社群的发展。需要说明的是，教师在制度障碍上的标准差偏高，为 1.12，这是由于这一变量的信度 Alpha 较低，为 0.56（见表 5—23），因此在测量教师观感上有一定的偏差。

在专业学习社群的效果，即教师发展上，样本教师在教师承诺变量上的得分最高，为 5.35，说明上海的教师对学校改进和学生学习具有非常高的承诺水平，表现出很强的对学校的责任感，并致力于学生学习的改进。其次是教师在教学效能变量上的得分，为 5.04，说明上海教师在教学上具有很强的效能感，认为自己具有很好的教学能力与艺术，能够对学生的学习效果产生积极的影响。再次是教师在工作满意度变量上的得分，为 4.72，这说明上海的教师对自身的教学以及学校工作环境、条件和人际关系等比较满意。

整体而言，上海的教师在集体探究与分享、共享目标与责任、支持性领导、合作关系和组织结构这 5 个变量上的得分较高，在专业学习社群文化障碍上得分较低，说明具有较好的发展水平。同时，教师在制度障碍上的得分略高，说明专业学习社群的发展存在进一步提升的空间。

第二节 上海不同类型学校专业学习社群发展水平的比较分析

本节通过单因素方差分析的方法，分别对上海不同学段、区域、规模、历史的学校的教师专业学习社群的发展水平进行比较分析，以探讨学校背景因素对教师专业学习社群产生的影响。

一 不同学段的学校专业学习社群发展水平的比较分析

表 6—2 显示出对上海市不同学段的学校教师专业学习社群的发展水平的单因素方差分析结果。

表 6—2 不同学段的学校教师专业学习社群发展水平的单因素方差分析结果

变量	小学	小初一贯制	初中	完全中学	高中	F 值	显著性
集体探究与分享	**5.44**	5.42	5.27	5.17	4.90	27.57	0.000*
共享目标与责任	4.92	**4.96**	4.85	4.35	4.17	24.22	0.000*
支持性领导	**5.16**	5.15	5.06	4.74	4.49	23.24	0.000*
合作关系	**5.44**	5.40	5.24	5.15	4.99	18.57	0.000*
组织结构	5.31	**5.32**	5.16	4.90	4.59	33.24	0.000*
文化障碍	1.72	1.70	1.80	1.85	**2.09**	7.99	0.000*
制度障碍	3.73	3.97	3.76	4.13	**4.17**	7.36	0.000*

注：(1) * 表明 F 检验在 0.05 水平上呈现出显著性差异。

(2) 当不同组别之间具有显著性差异时，最大的数值加粗表示。

(3) 小学指的是一年级到五年级阶段；小初一贯制指的是一年级到九年级阶段；初中指的是六年级到九年级阶段；完全中学指的是六年级到十二年级阶段；高中指的是十年级到十二年级阶段。

如表6—2所示，上海市不同学段的学校教师专业学习社群在个体和组织层面的特点上均呈现出显著性差异。就个体层面而言，在集体探究与分享变量上，小学教师的得分最高，为5.44；其次依次是小学初中一贯制学校教师（5.42）、初中教师（5.27）、完全中学教师（5.17）和高中教师（4.90）。在共享目标与责任变量上，小学初中一贯制学校的教师得分最高，为4.96，略高于小学教师（4.92）；接下来依次是初中教师（4.85）、完全中学教师（4.35）和高中教师（4.17）。

就专业学习社群组织层面的特点而言，在支持性领导和合作关系变量上，均是小学教师得分最高，分别为5.16和5.44，其次依次是小学初中一贯制学校教师（5.15和5.40）、初中教师（5.06和5.24）、完全中学教师（4.74和5.15）和高中教师（4.49和4.99）。在组织结构变量上，小学初中一贯制学校的教师得分最高，为5.32，小学教师的得分与其十分相近，为5.31；接下来依次是初中教师（5.16）、完全中学教师（4.90）和高中教师（4.59）。在文化障碍和制度障碍两个变量上，均是高中教师得分最高，分别为2.09和4.17；其次依次是完全中学教师（1.85和4.13）、初中教师（1.80和3.76）、小学初中一贯制学校教师（1.70和3.97）和小学教师（1.72和3.73）。

整体上看，在集体探究与分享、共享目标与责任、支持性领导、合作关系和组织结构这5个变量上，小学、初中、高中教师的得分呈现出递减的趋势，而在文化障碍和制度障碍两个变量上，小学、初中、高中教师的得分呈现出递增趋势。这说明，不同学段的学校专业学习社群的发展水平之间存在着显著的差异，小学的发展水平最高；其次是初中；最后是高中。

二 不同区域的学校专业学习社群发展水平的比较分析

表6—3显示出对上海市不同区域的学校教师专业学习社群的发展水平的单因素方差分析结果。

表6—3 不同区域的学校教师专业学习社群发展水平的单因素方差分析结果

变量	市区	近郊	远郊	F值	显著性
集体探究与分享	5.27	**5.36**	5.16	8.32	0.000*
共享目标与责任	4.82	**4.83**	4.28	24.46	0.000*
支持性领导	**5.05**	5.04	4.73	11.04	0.000*
合作关系	5.29	**5.33**	5.18	4.26	0.014*
组织结构	5.16	**5.20**	4.87	13.97	0.000*
文化障碍	1.81	1.74	**1.95**	5.85	0.003*
制度障碍	3.71	3.83	**4.31**	21.37	0.000*

注：(1) * 表明F检验在0.05水平上呈现出显著性差异。

(2) 当不同组别之间具有显著性差异时，最大的数值加粗表示。

(3) 市区包括静安区、徐汇区、黄浦区、卢湾区、长宁区和普陀区，近郊包括浦东新区、闵行区、宝山区，远郊包括嘉定区、青浦区、松江区和崇明县（本研究共涉及上海市13个行政区，具体区域的划分以样本学校所处位置为依据）。

如表6—3所示，上海市不同区域的学校教师专业学习社群在个体和组织层面的特点上均呈现出显著性差异。就个体层面而言，在集体探究与分享、共享目标与责任这两个变量上，均是近郊学校教师的得分最高，分别为5.36和4.83；其次是市区教师，得分为5.27和4.82，略低于近郊学校的教师；最后是远郊学校的教师，得分为5.16和4.28。

就专业学习社群组织层面的特点而言，在支持性领导变量上，市区学校的教师得分最高，为5.05；近郊学校的教师得分与其非常相近，为5.04；而远郊学校的教师得分最低，为4.73。在合作关系和组织结构变量上，均是近郊学校的教师得分最高，分别为5.33和5.20；其次是市区的教师（5.29和5.16），略低于近郊学校的教师；最后是远郊学校的教师，为5.18和4.87。在文化障碍变量上，远郊学校的教师得分最高，为1.95；其次是市区学校的教师，为1.81；再次是近郊学校的教师，为1.74。在制度障碍变量上，远郊学校的教师得分最高，为4.31；其次是近郊学校的教师，为3.83；最后是市区学校的教师，为3.71。

整体上看，在集体探究与分享、共享目标与责任、支持性领导、合作关系和组织结构这5个变量上，近郊学校的教师得分最高；其次是市区学校的教师；最后是远郊学校的教师。市区学校与近郊学校的教师之间的得分差距远小于远郊学校与市区学校的教师之间的得分差距。在文化障碍和制度障碍这两个变量上，均是远郊教师的得分最高，明显高于市区和近郊学校的教师。这说明，上海市不同地区的学校教师专业学习社群的发展水平之间存在显著性差异，近郊学校的发展水平最好，远郊学校的发展水平明显低于市区和近郊学校。而在上海，市区和近郊属城市地区，远郊则主要为农村地区。远郊学校的专业学习社群的发展水平不及市区和近郊学校，说明上海农村学校的社群发展水平低于城市学校。

三 不同学校规模的专业学习社群发展水平的比较分析

表6—4显示出对上海市不同学校规模的教师专业学习社群的发展水平的单因素方差分析结果。

表6—4 不同学校规模的教师专业学习社群发展水平的单因素方差分析结果

变量	小型	中型	大型	F值	显著性
集体探究与分享	5.36	5.14	**5.45**	31.93	0.000*
共享目标与责任	**4.96**	4.46	**4.96**	34.64	0.000*
支持性领导	5.13	4.76	**5.21**	36.78	0.000*
合作关系	5.35	5.15	**5.43**	24.22	0.000*
组织结构	5.31	4.90	**5.32**	41.79	0.000*
文化障碍	1.78	**1.89**	1.71	5.95	0.003*
制度障碍	3.52	**3.99**	3.89	10.80	0.000*

注：(1) * 表明F检验在0.05水平上呈现出显著性差异。
(2) 当不同组别之间具有显著性差异时，最大的数值加粗表示。
(3) 小型学校指学生人数在800人以下的学校；中型学校指学生人数在800—1600人的学校；大型学校指学生人数在1600人以上的学校。

如表6—4所示，上海市不同学校规模的教师专业学习社群在个体和组织层面特点上均呈现出显著性差异。就个体层面而言，在集体探究与分享变量上，大型学校的教师得分最高，为5.45；其次是小型学校的教师，为5.36，略低于大型学校教师；最后是中型学校的教师，为5.14。在共享目标与责任变量上，大型学校和小型学校教师得分同为最高，为4.96；中型学校教师得分最低，为4.46。

就专业学习社群组织层面的特点而言，在支持性领导、合作关系和组织结构这3个变量上，均是大型学校的教师得分最高，分别为5.21、5.43和5.32；其次是小型学校的教师，分别为5.13、5.35和5.31，略低于大型学校教师；最后是中型学校的教师，分别为4.76、5.15和4.90。在文化障碍变量上，中型学校的教师得分最高，为1.89；其次是小型学校的教师，得分为1.78；最后是大型学校教师，得分为1.71。在制度障碍变量上，中型学校的教师得分最高，为3.99；其次是大型学校的教师，得分为3.89；最后是小型学校的教师，得分为3.52。

由以上可知，在集体探究与分享、共享目标与责任、支持性领导、合作关系和组织结构这5个变量上，大型学校的教师得分最高；其次是小型学校；最后是中型学校。小型学校与大型学校的教师之间的得分差距小于中型学校与小型学校的教师之间的得分差距。在文化障碍和制度障碍两个变量上，均是中型学校的教师得分最高，明显高于小型和大型学校的教师。这说明，上海市不同学校规模的教师专业学习社群的发展水平之间存在显著性差异，大型学校的发展水平最好，中型学校的发展水平明显低于小型和大型学校。

实际上在上海，教师主要以教研组或备课组为单位进行专业互动。因此，与学校规模相比，教研组或备课组的规模，即教师学习团队的规模对专业学习社群的影响作用往往更大。在小规模学校中，同一学科的所有教师组成一个团队（5人左右）进行常规性的研讨；在中等规模学校中，往往也由同一学科教师，即教研组为单位进行互动，但中型学校的教研组规模大于小型学校，每个教研组大概包括10名左右的教师；而在大规模学校中，教师则以备课组而非教研组为单位进行常规交流，每个备课组由4—5名教师组成，团队规模小于中型学校。因此，大型学校和小型学校的教师学习团队规模比中型学校小，也就是说此处的研究发现意味着学习团队规模小的专业学习社群的发展水平要好于学习团队规模相对较大的专业学习社群。

四　不同学校历史的专业学习社群发展水平的比较分析

表6—5显示出对上海市不同学校历史的教师专业学习社群的发展水平的单因素方差分析结果。

表6—5 不同学校历史的教师专业学习社群发展水平的单因素方差分析结果

变量	年轻	中等	古老	F值	显著性
集体探究与分享	5.29	5.31	5.27	0.40	0.670
共享目标与责任	**5.02**	4.83	4.59	14.06	0.000*
支持性领导	**5.16**	5.05	4.90	7.10	0.001*
合作关系	5.33	5.29	5.27	0.48	0.617
组织结构	**5.24**	5.14	5.07	3.35	0.035*
文化障碍	1.75	1.76	1.84	1.80	0.165
制度障碍	3.89	3.80	3.92	1.12	0.326

注：(1) *表明F检验在0.05水平上呈现出显著性差异。
(2) 当不同组别之间具有显著性差异时，最大的数值加粗表示。
(3) 年轻学校指历史在20年以下的学校；中等学校指历史在20—60年的学校；古老学校指历史在60年以上的学校。

如表6—5所示，上海市不同学校历史的教师专业学习社群的发展水平之间的差异不大，仅在个体层面的共享目标与责任变量、组织层面的支持性领导和组织结构变量上呈现出显著性差异。在这3个变量上，均是历史最短的年轻学校的教师得分最高，分别为5.02、5.16和5.24；其次是中等历史的学校，得分分别为4.83、5.05和5.14；最后是历史悠久的学校，得分分别为4.59、4.90和5.07。不同历史的学校的教师在其他4个变量上的得分均不存在显著性差异。这说明，相对于中等历史的学校和历史悠久的学校，建校时间较短的年轻学校的专业学习社群的发展水平略好一些，主要表现在共享目标与责任、支持性领导和组织结构3个方面。

综上所述，学段、区域、规模、历史等学校背景因素对上海学校专业学习社群的发展具有一定的影响。总体而言，小学的专业学习社群的发展水平高于初中，初中的发展水平高于高中；近郊学校的社群发展水平最好，远郊学校的发展水平明显低于市区和近郊学校；大型学校的社群发展水平最好，中型学校的发展水平明显低于小型和大型学校；年轻学校的社群发展水平略高于中等历史和历史悠久的学校。

第三节　上海学校专业学习社群对教师发展的影响

本章第一节中的表6—1显示出上海的教师在整体上具有良好的发展水平，在教学效能、承诺、工作满意度等方面具有较好的表现。本节探讨教师发展与专业学习社群之间的关系，首先通过相关分析揭示专业学习社群特点各变量与教师发展各变量之间的关系，接下来通过结构方程模型分析专业学习社群对于教师发展产生的影响。

一　专业学习社群与教师发展各变量之间的相关分析

表6—6显示出对上海市教师专业学习社群的特点与教师发展各变量之间的相关分析的结果。

表6—6　专业学习社群特点与教师发展各变量之间的相关分析

	集体探究与分享	共享目标与责任	支持性领导	合作关系	组织结构	文化障碍	制度障碍	教师教学效能	教师工作满意度	教师承诺
集体探究与分享	1.00									
共享目标与责任	0.65	1.00								
支持性领导	0.72	0.84	1.00							
合作关系	0.83	0.62	0.74	1.00						
组织结构	0.72	0.75	0.75	0.67	1.00					
文化障碍	-0.49	-0.33	-0.38	-0.47	-0.40	1.00				
制度障碍	-0.16	-0.25	-0.22	-0.17	-0.21	0.27	1.00			
教师教学效能	0.63	0.54	0.61	0.68	0.49	-0.36	-0.09	1.00		
教师工作满意度	0.63	0.84	0.80	0.63	0.68	-0.33	-0.25	0.57	1.00	
教师承诺	0.71	0.52	0.61	0.77	0.57	-0.47	-0.10	0.69	0.57	1.00

注：所有相关都在0.01水平上显著。

由表6—6可以看出，专业学习社群个体层面的两个变量，即集体探究与分享和共享目标与责任之间的相关系数为0.65，说明二者之间具有很强的正相关。集体探究与分享变量的得分高，则共享目标与责任的得分也偏高；反之亦然。

专业学习社群组织层面的5个变量之间也呈现出显著的相关性。其中，支持性领导变量与合作关系、组织结构变量之间的相关系数分别为0.74和0.75，合作关系与组织结构变量之间的相关系数为0.67，说明三者之间具有很强的正相关。支持性领导变量的得分高，则合作关系、组织结构变量的得分往往也偏高；反之亦然。同理，合作关系变量的得分高，则组织结构变量的得分也偏高，反之亦然。文化障碍与制度障碍之间的相关系数为0.27，说明二者之间具有较强的正相关。文化障碍变量的得分高，则制度障碍变量的得分往往也偏高；反之亦然。而支持性领导、合作关系、组织结构3个变量与文化障碍变量之间的相关系数分别为－0.38、－0.47和－0.40，说明它们之间具有很强的负相关。支持性领导、合作关系、组织结构变量的得分高，则文化障碍变量的得分往往偏低；反之亦然。同理，支持性领导、合作关系、组织结构3个变量与制度障碍变量之间的相关系数分别为－0.22、－0.17和－0.21，说明它们之间存在较强的负相关。支持性领导、合作关系、组织结构变量的得分高，则制度障碍变量的得分往往偏低；反之亦然。

专业学习社群个体层面的两个变量和组织层面的5个变量之间均呈显著相关性。其中，集体探究与分享变量与支持性领导、合作关系和组织结构这3个变量之间的相关系数分别为0.72、0.83和0.72，说明它们之间具有强烈的正相关；与文化障碍、制度障碍两个变量之间的相关系数分别为－0.49和－0.16，说明它们之间具有较强的负相关。共享目标与责任变量与支持性领导、合作关系和组织结构这3个变量之间的相关系数分别为0.84、0.62和0.75，说明它们之间同样具有强烈的正相关；与文化障碍、制度障碍两个变量之间的相关系数分别为－0.33和－0.25，说明它们之间具有较强的负相关。也就是说，学校领导越支持专业学习社群，学校组织的结构和关系越有利于专业学习社群的发展，学校在文化和制度上对专业学习社群带来的障碍越小，则教师在集体探究与分享方面通常具有越好的表现，且越能够共享目标与责任；反之亦然。

表6—6还显示出教师发展各变量与专业学习社群个体和组织层面

的变量之间的相关关系。教师发展的3个变量和专业学习社群个体层面的两个变量之间呈显著正相关。其中,教师教学效能变量与个体层面两个变量之间的相关系数分别为0.63和0.54,说明它们之间具有很强的正相关;教师工作满意度变量与个体层面两个变量之间的相关系数分别为0.63和0.84,说明它们之间同样具有很强的正相关;教师承诺变量与个体层面的两个变量之间的相关系数分别为0.71和0.52,说明它们之间具有强烈的正相关。也就是说,教师之间进行集体探究与分享以及共享目标与责任的程度越高,教师往往具有越强的教学效能、越高的工作满意度及越高的承诺水平;反之亦然。

教师发展的3个变量和专业学习社群组织层面的5个变量之间也呈现出显著相关关系。其中,教师教学效能变量与支持性领导、合作关系、组织结构这3个变量之间的相关系数分别为0.61、0.68和0.49,说明它们之间具有很强的正相关;与文化障碍和制度障碍两个变量之间的相关系数分别为-0.36和-0.09,说明它们之间具有较强的负相关。教师工作满意度变量与支持性领导、合作关系、组织结构的3个变量之间的相关系数分别为0.80、0.63和0.68,说明它们之间的正相关很强;与文化障碍和制度障碍两个变量之间的相关系数分别为-0.33和-0.25,说明它们之间具有较强的负相关。教师承诺变量与支持性领导、合作关系、组织结构3个变量之间的相关系数分别为0.61、0.77和0.57,说明它们之间具有很强的正相关;与文化障碍和制度障碍两个变量之间的相关系数分别为-0.47和-0.10,说明它们之间具有较强的负相关。也就是说,学校领导越支持专业学习社群,学校组织的结构和关系越有利于专业学习社群的发展,学校的文化和制度对于专业学习社群的阻碍作用越小,则教师往往具有越强的教学效能、越高的工作满意度及越高的承诺水平;反之亦然。

综上所述,不仅专业学习社群个体层面的两个变量之间、组织层面的5个变量之间、个体层面变量和组织层面变量之间存在显著的相关关系,而且教师发展的3个变量与专业学习社群个体和组织层面的7个变量之间也存在着显著的相关性。这说明,教师发展与专业学习社群之间具有较强的相关关系。专业学习社群的发展水平越高,则教师的教学效能越强,工作满意度越高,承诺水平越高。

二 专业学习社群与教师发展之间的全模型分析

为了进一步探究教师发展与专业学习社群之间的关系，研究者运用结构方程全模型的分析方法对专业学习社群对于教师发展产生的效果进行探究，结果如图6—1所示。

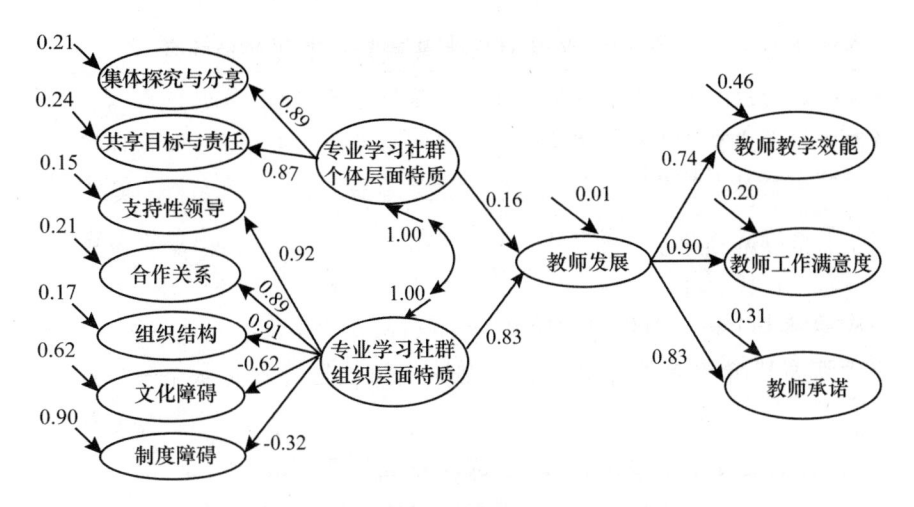

图6—1 教师专业学习社群与教师发展的全模型分析

图6—1中的模型揭示出了3个二阶潜变量，即专业学习社群个体层面特质、专业学习社群组织层面特质和教师发展之间的关系。在允许专业学习社群个体层面特质和组织层面特质相关的情况下，分析结果显示出专业学习社群个体层面特质对教师发展的效应值为0.16，说明教师之间的集体探究与分享以及共享目标与责任能够对教师的教学效能、工作满意度和承诺水平产生一定的促进作用。教师之间的集体探究与分享以及共享目标与责任的程度越高，就越能促进教师的教学效能、工作满意度及承诺水平的提高。

专业学习社群组织层面特质对教师发展的效应值为0.83，说明学校在领导、组织结构、关系、文化和制度上对专业学习社群的支持或阻碍的程度能够对教师的教学效能、工作满意度和承诺水平产生很大的影响。学校的领导越支持专业学习社群，学校的组织结构和人际关系越有利于专业学习社群的发展，学校的文化和制度对于专业学习社群的阻碍作用越小，就越能促进教师的教学效能、工作满意度及承诺水平的提高。因此，上海学校的教师专业学习社群对教师的发展具有显著的促进作用。

专业学习社群对教师发展影响的结构方程全模型的拟合指数见表6—7。可以看出，RMSEA 值为 0.066，小于 0.08，NNFI = 0.98，CFI = 0.98，均大于 0.90，说明模型与数据之间具有很好的拟合。

表6—7　教师专业学习社群与教师发展的全模型的拟合指数

Chi-Square with 1211 Degrees of Freedom = 6470.43（p =　）
Goodness of Fit Index（GFI） = 0.80
Adjusted Goodness of Fit Index（AGFI） = 0.78
Root Mean Square Residual（RMR） = 0.056
Standardized RMR = 0.056
Normed Fit Index（NFI） = 0.97
Non-Normed Fit Index（NNFI） = 0.98
Comparative Fit Index（CFI） = 0.98
Incremental Fit Index（IFI） = 0.98
Relative Fit Index（RFI） = 0.97
Root Mean Square Error of Approximation（RMSEA） = 0.066
90 Percent Confidence Interval for RMSEA =（0.064; 0.067）
P-Value for Test of Close Fit（RMSEA < 0.05） = 0.00

第四节　小结与讨论

本章首先通过描述性统计分析发现上海学校的教师专业学习社群在整体上具有良好的发展水平。这与其他研究的结论一致，即建立专业学习社群，让教师共同探讨和改进教学作为上海教育系统的重要组成部分，是其PISA夺冠的重要原因。[1][2] 这也是世界范围内具有高学生学习水平的优秀

---

[1] Cheng K., "Shanghai: How a Big City in a Developing Country Leaped to the Head of the Class," In Tucker M. S.（Ed.）, "*Surpassing Shanghai*: *An Agenda for American Education Built on the World's Leading Systems*, Cambridge: Harvard University Press, 2011, pp. 21 - 50.

[2] OECD, "PISA 2009 Results: What Makes a School Successful? Resources, Policies and Practices（Volume IV）, 2010," Retrieved on Dec 20, 2013, from http://dx.doi.org/10.1787/9789264091559-en.

教育系统的共同做法。①

尽管上海学校的教师专业学习社群的整体发展水平很高，但不同学段、区域、规模、历史的学校之间存在着一定的差异。其一，就学段而言，小学的专业学习社群的发展水平高于初中，初中的发展水平高于高中。这说明，学段越高，专业学习社群的发展水平越差。这与对西方学校的研究结果一致，即专业学习社群在小学里最常见，在高中里最少见。② 其二，就区域而言，上海近郊学校的专业学习社群的发展水平最好，远郊学校的发展水平明显低于市区和近郊学校。这意味着上海农村（远郊）学校的发展水平低于城市（市区和近郊）学校，这与前人对西方学校的研究结论一致。③ 另外，有研究指出，城市的学校在建立专业联系方面相对较弱，因为其想法与观点更为多样化④，这能够在一定程度上解释缘何上海市区的学校专业学习社群发展水平略低于近郊的学校。其三，就学校规模而言，上海大型学校的专业学习社群发展水平最好，中型学校的发展水平明显低于小型和大型学校。而已有研究普遍认为，规模较小的学校更容易发展专业学习社群实践⑤⑥，因为教师之间能有更多的交流和面对面互动的机会。通过进一步分析可以发现，上海的教师主要以教研组或备课组等学习团队为单位进行专业互动，因此学习团队的规模对于上海学校的教师专业学习社群的影响作用大于学校规模的作用。在上海，大型学校的教师学习团队规模最小；其次是小型学

---

① Darling-Hammond L., "Forward," In Tucker M. S. (Ed.), "*Surpassing Shanghai*": *An Agenda for American Education Built on the World's Leading Systems*, Cambridge: Harvard University Press, 2011, p. x.

② Louis K. S., Marks H. M. & Kruse S., "Teachers' Professional Community in Restructuring Schools," *American Educational Research Journal*, 1996, 33 (4): 757 – 798.

③ Stoll L., Bolam R., McMahon A., Wallace M. & Thomas S., "Professional Learning Communities: A Review of the Literature," *Journal of Educational Change*, 2006, 7 (4): 221 – 258.

④ Louis K. S., Marks H. M. & Kruse S., "Teachers' Professional Community in Restructuring Schools," *American Educational Research Journal*, 1996, 33 (4): 757 – 798.

⑤ Williams L., Cate J. & O'Hair M. J., "The Boundary-Spanning Role of Democratic Learning Communities: Implementing the IDEALS," *Educational Management Administration and Leadership*, 2009, 37 (4): 452 – 472.

⑥ Jackson S. H. & Good R. B., "Looking for the Crossroad: Merging Data Analysis and the Classroom Through Professional Learning Communities Dialogue," National Council of Professors of Educational Administration 2009, 2009: 223 – 230.

校；中型学校的教师学习团队规模最大。这说明，学习团队规模最小的大型学校具有最高的专业学习社群的发展水平；其次是小规模学校；最后是学习团队规模相对较大的中型学校。因此，对上海学校的教师专业学习社群的研究结果与西方国家的一致，都显示出小规模的教师学习团队更有利于专业学习社群实践的开展。有研究所指，只有在规模较小的教师学习团队中，持续的教学改进才得以实现[1]，保持学习团队的小规模也是专业学习社群促进教师学习的关键要素。[2] 其四，学校的历史因素对于专业学习社群的发展水平的影响不大，年轻学校的社群发展水平略高于中等历史的学校和历史悠久的学校，主要体现在共享目标与责任、支持性领导、组织结构3个方面。这可能是由于，在年轻学校中，年轻教师的比例相对较高，教师群体可能具有更高的工作热情和活力，且更愿意投入学校改革中。

本章还对上海学校的专业学习社群与教师发展之间的关系进行了考察。首先通过相关分析发现，专业学习社群的7个变量与教师发展的3个变量之间具有很强的相关关系，也就是说教师集体探究与分享以及共享目标与责任的程度越高，学校在领导、结构、关系上越支持教师之间的合作实践，学校制度和文化因素对专业学习社群的阻碍作用越小时，教师往往具有越高的教学效能、越强的对学生学习和学校发展的承诺水平以及越高的工作满意度。在此基础上，本章对专业学习社群对于教师发展的影响进行了结构方程全模型分析，发现专业学习社群个体层面的特点对教师发展的效应值为0.16，说明教师之间的集体探究、实践分享以及共享目标、共同责任等实践能够有效促进教师的教学效能、承诺水平以及工作满意度的提高。专业学习社群组织层面的特点对教师发展的效应值为0.83，说明学校在领导、结构、关系、文化和制度上支持专业学习社群的实践，能够极大地改善教师的教学效能、承诺水平以及工作满意度。本章丰富了已有关于专业学习社群对教师发展的效果的研究，通过中国教育情境进一步

---

[1] Schmoker M., "Learning Communities at the Crossroads: Toward the Best Schools We've Ever Had," *The Phi Delta Kappan*, 2004, 86 (1): 84 – 88.

[2] Wood D. R., "Professional Learning Communities: Teachers, Knowledge, and Knowing," *Theory into Practice*, 2007, 46 (4): 281 – 290.

证明了专业学习社群能够切实提升教师在教学和促进学生学习方面的效能[1][2]，改进教师对自身工作的满意度[3][4]，并提高教师对学生学习和学校发展的责任感和承诺水平。[5][6]

---

[1] Louis K. S. & Marks H. M., "Does Professional Community Affect the Classroom? Teachers' Work and Student Experiences in Restructuring Schools," *American Journal of Education*, 1998, 106 (4): 532 – 575.

[2] Vescio V., Ross D. & Adams A., "A Review of Research on the Impact of Professional Learning Communities on Teaching Practice and Student Learning," *Teaching and Teacher Education*, 2008, 24: 80 – 91.

[3] Harris A., "Leading System Transformation," *School Leadership and Management*, 2010, 30 (30): 197 – 207.

[4] Hord S. M., "Professional Learning Communities: Communities of Continuous Inquiry and Improvement," Southwest Educational Development Lab., Austin, TX., 1997.

[5] Hausman C. S. & Goldring E. B., "Sustaining Teacher Commitment: The Role of Professional Communities," *Peabody Journal of Education*, 2001, 76 (2): 30 – 51.

[6] Lee J. C., Zhang Z. & Yin H., "A Multilevel Analysis of the Impact of a Professional Learning Community, Faculty Trust in Colleagues and Collective Efficacy on Teacher Commitment to Students," *Teaching and Teacher Education*, 2011, 27: 820 – 830.

第七章
个案中的专业学习社群及其对教师发展的影响过程

本章对上海学校的教师专业学习社群对于教师发展的影响过程进行了探究，即通过个案研究来回答第三个研究问题。具体而言，研究者在第六章量化研究发现的基础上，选择了4所有代表性的个案学校（专业学习社群发展水平高的小学和中学各1所，专业学习社群发展水平低的小学和中学各1所）进行深入的考察，以进一步探究专业学习社群对教师发展的影响是如何实现的，并对影响专业学校社群的效果及发展水平的关键因素进行分析。

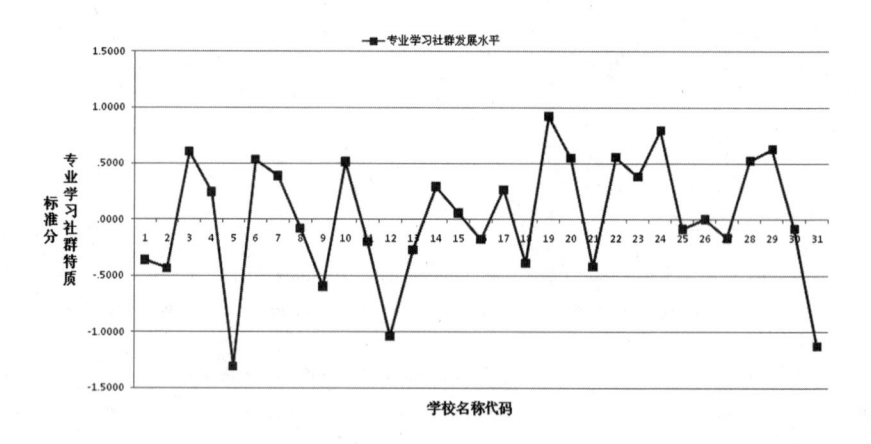

图7—1 学校专业学习社群发展水平分布

图7—1显示出31个样本学校教师专业学习社群发展水平的分布情况。其中专业学习社群发展水平的得分值的计算方法是：首先根据第五章对专业学习社群特点的7个变量，即集体探究与分享、共享目标与责任、支持性领导、合作关系、组织结构、文化障碍和制度障碍的同属性分析得出的各指标与变量之间的因子载荷，对7个变量所对应的指标进行加权平

均得出各变量得分;再根据7个变量与专业学习社群的特点之间的因子载荷,对7个变量进行加权平均得出专业学习社群发展水平的得分;最后将其转换成标准Z分数。

根据图7—1的结果,选取学校19(A校)、31(B校)、29(C校)和12(D校)分别代表专业学习社群发展水平高的小学、专业学习社群发展水平低的小学、专业学习社群发展水平高的中学和专业学习社群发展水平低的中学四类学校,进行个案分析。4所学校在专业学习社群特点的7个变量上的得分情况如图7—2所示:

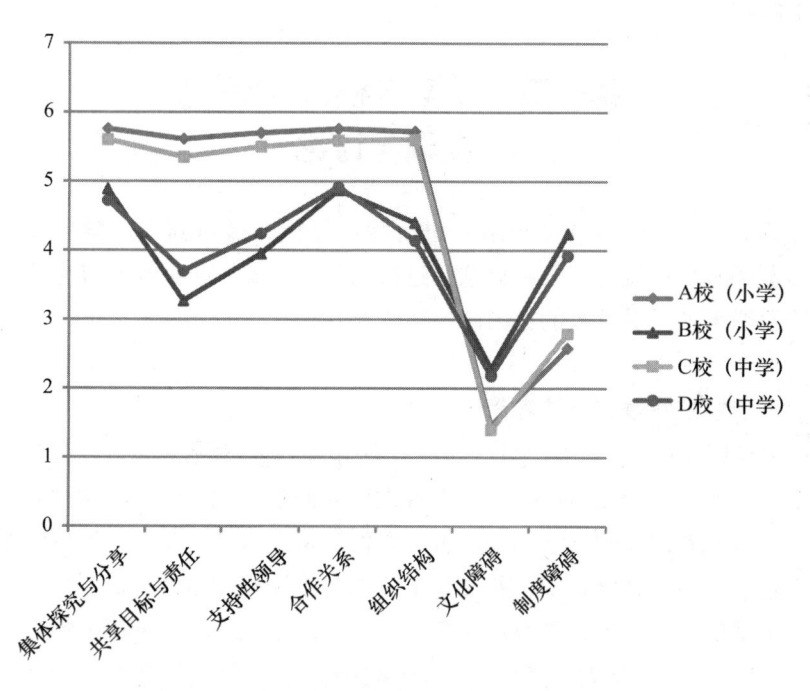

图7—2　4所个案学校专业学习社群发展水平对比

如图7—2所示,专业学习社群发展水平高的A校和C校在集体探究与分享、共享目标与责任、支持性领导、合作关系和组织结构这5个变量上的得分明显高于专业学习社群发展水平低的B校和D校,在文化障碍和制度障碍2个变量上的得分明显低于B校和D校。呈现这4所具有代表性的学校的专业学习社群实践,探究专业学习社群发展水平高和发展水平低的两类学校分别是如何影响教师发展的,以及专业学习社群实践中的哪些因素导致了这样的过程，有助于我们更加深入地理解专业学习社群对于教师发展的影响过程以及影响专业学习社群的效果与发展的因素。需要指出的是，本书主要从教师的视角来考察专业学习社群对其发展的影响过程，因此访谈对象主要为无行政职位的教师（包括教研组长，因为在我国，教研组长更多地被视为专业指导者而非行政领导），未涉及校长等学校领导。另外，由于本质化研究部分中的 A 校、B 校、D 校 3 所学校也参与了第一个质化研究，所以 A 校的 1 位教师和 B 校的 1 位教师同时参与了第一个质化研究和第二个质化研究，即在不同的时间段被访谈了两次。

第一节 个案学校 A 的研究发现与讨论

本节对个案学校 A（小学）进行深入分析，探讨其专业学习社群对教师发展的影响过程，及影响这一过程的关键因素，也即探索其专业学习社群发展水平相对较高的原因。

一 学校背景和被访者简介

A 校创办于 1994 年，是一所由上海市某区教育局领导的公立小学。学校位于上海市中心城区，以立美育人作为办学理念，致力于学生全面发展和个性发展的协同共进和交互融合。作为市艺术特色学校，A 校注重将审美教育渗透在各学科中，并通过丰富的艺术课程和活动培养学生的艺术修养。学校规模不大，现有 5 个年级共 10 个教学班，约 400 名学生。学校在编教职工共 50 人，其中 100% 的教师具有大专及大专以上学历，校级、区级骨干教师占 30%。A 校具有完善、一流的教学设施，尤其是设有画室、琴房、舞蹈房、器乐排练室、心语室等专用教室。

A 校整体上给人一种积极向上的感觉，无论是教师还是学生，都有很好的精神面貌。教师之间的人际关系比较和谐，经常在一起交流、讨论，尤其是经常探讨学生的学习和发展状况等，教研氛围比较浓厚。教师和学生之间也建立起了和谐、友善的关系。而且，学校的三个主要领导，包括校长、副校长和教导主任都比较平易近人，能与其他教师打成一片，比如中午吃饭时间常与教师坐在一起聊天等。

表 7—1　　　　A 校专业学习社群及教师发展水平

概念	变量	个案 A 校样本数	个案 A 校均值	总体均值	个案 A 校标准差	总体标准差
专业学习社群特点	集体探究与分享	36	5.76	5.29	0.34	0.60
	共享目标与责任	36	5.61	4.72	0.49	1.02
	支持性领导	36	5.70	4.98	0.42	0.86
	合作关系	36	5.76	5.29	0.39	0.63
	组织结构	36	5.72	5.12	0.34	0.76
	文化障碍	36	1.46	1.86	0.56	0.81
	制度障碍	36	2.58	3.88	1.20	1.12
教师发展	教师教学效能	36	5.50	5.04	0.50	0.66
	教师工作满意度	36	5.56	4.72	0.54	0.94
	教师承诺	36	5.63	5.35	0.54	0.60

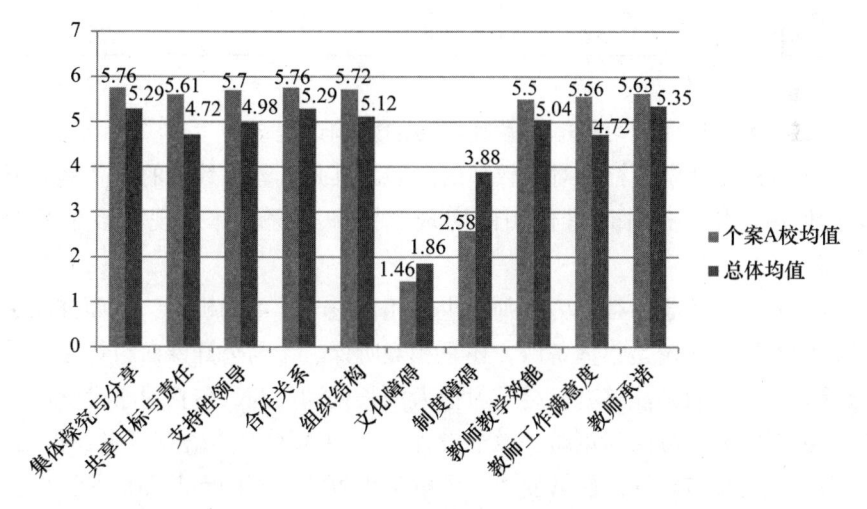

图 7—3　A 校专业学习社群及教师发展水平与样本学校平均水平对比结果

表 7—1 和图 7—3 显示出 A 校专业学习社群与教师发展的水平及其与所有样本学校的平均水平的对比。可以看出，在集体探究与分享、共享目标与责任、支持性领导、合作关系和组织结构变量上，A 校的得分明显高

于总体均值；而在文化障碍和制度障碍变量上，A 校的得分低于总体均值。这说明，相对而言，A 校的专业学习社群具有很高的发展水平。同样，A 校在教师教学效能、工作满意度和教师承诺这 3 个变量上的得分也明显高于总体均值，说明 A 校的教师具有很好的发展水平。因此，A 校能够代表专业学习社群发展水平高以及教师发展水平高的学校。

为了探究 A 校的专业学习社群是如何影响教师发展的，以及其专业学习社群缘何具有很高的发展水平，研究者对 A 校的 6 名教师进行了深度访谈（访谈提纲见附录3），被访者的基本信息如表7—2：

表7—2　　　　　　　　A 校被访者基本信息

被访者	性别	学科	教龄	职务
R2S1T1	女	英语	15	教研组长
R2S1T2	女	体育+心理	3	普通教师
R2S1T3	男	科技	15	普通教师
R2S1T4	女	数学	20	教研组长
R2S1T5	女	语文	25	教研组长
R2S1T6	女	英语	6	普通教师

二　A 校专业学习社群对教师发展的影响过程

A 校的专业学习社群对于教师的发展尤其是其教学效能的提高具有显著的促进作用，这种促进作用的实现方式和过程具体表现在以下几个方面：

首先，专业学习社群为教师提供互相借鉴与学习的机会，从而推动了教师的发展。无论是集体备课，还是相互听课、参与公开课研讨等专业学习活动，都使教师能够有机会学习他人的长处和经验，包括对学生学习情况的把握、教学方法与策略、教学设计等。如 A 校的英语教研组长指出，教师之间的交流与探讨能够使大家了解学生可能出现的问题和情况，增强教师关于学生学习的经验：

> 我觉得（对我们的教学）应该是比较有效的，因为我们每个人其实碰到的是不同的学生，有可能我现在碰到这个群体的学生，有可能另外一个老师没有碰到；或者在他们（其他老师）身上发生的一

些问题，人家是如何解决的，我们可以作为一种经验。(R2S1T1)

教师之间互相交流学生的情况，有助于学习彼此处理学生学习问题的方式，丰富自身的教学经验。除了借鉴学生学习方面的经验，A 校的教师也善于从他人身上学习好的教学方法，一位年轻教师谈及自己参与公开课研讨过程中的感受时说：

> 这个（教研活动）有帮助的，每开一次课就像得了一个宝一样的，因为教学当中总是一个单元、一个单元这样组成起来的，作为我们新教师哪怕是网上查材料，或者看其他材料、自己写教案，远不如活生生的一节课摆在这里，看人家是怎么上的。有活生生的例子在这里，这些学生是这样做的，我来看看在我们学校，是不是可以这样上。每当出去看一堂课回来之后，我们就把这个课结合自己学校的情况，搬到自己课堂上去试，有的方法试下来它就是好的，学生就是喜欢的，然后学生喜欢了，老师就更有劲啊，说实在的。那你自己闷在这个学校里面的话，教学方法，相对来说就是比较少。
> （也就是能看到新的东西、好的东西？）对，很多新的东西，好的东西，还有老的东西人家是新用，上出新花样。动物爬行，我们就以为就像我刚刚给你看的这节课，模仿动物爬行……岂不知人家上的模仿动物爬行是很漂亮的一节课，（看看）人家是怎么上的，怎么设计这堂课的。而且人家既上的美观，又让学生动的好，这是很需要动脑筋的。(R2S1T2)

通过观摩其他教师的课堂教学，这位教师拥有了浸润于"活生生"的教学实践的机会，从而丰富了自身的教学知识，也即科克伦－史密斯和莱特尔所指的在实践中的知识①。这种知识在 A 校具体体现在新的教学方法、策略与设计上，被上述教师称作一个又一个"宝"。通过不断地观摩与试验，教师实现了关于课堂教学的新知识的学习。

---

① Cochran-Smith M. & Lytle S., "Relationships of Knowledge and Practice: Teacher Learning Community," *Review of Research in Education*, 1999, 24: 249–305.

其次，专业学习社群使教师通过对实践的不断参与和探究而实现专业发展。专业学习社群强调对实践的参与和投入，社群中的学习并非是单纯学习既定知识的过程，而是不断参与实践、不断就实践进行协商，并将生成的知识应用于实践的过程。① 在 A 校，专业学习社群中的探讨与分享基于教学实践来展开，公开课等活动为教师提供了丰富的参与实践的机会：

> 公开课事后觉得是帮助大的。事先其实很累的，我们叫磨课。事后你觉得这节课，它逼着你做一些（改进），譬如媒体方面的，你的技术增长了很多。还有就是教学方法上，平时没有注意的地方有人给你提意见……（R2S1T6）
>
> 比如说教学手法上面，教学思路上面，逻辑上面，有没有整个连贯的这种美，教学脉络清不清晰。因为有时候我们想的是很清晰的，但是你真正实施起课堂来不是那样的。因为你会在课堂中遇到很多随时出现的变化，学生不是像我们的思维一样，我们牵着他怎么走，他就怎么走，他会出现什么问题，然后这时候出现问题了，老师怎么解决。（R2S1T2）

上述教师谈到的不断磨课、不断在课堂上尝试与改进等的过程，不仅让教师就教学环节进行了共同参与和协商，还让教师通过亲身经历和体验去尝试、验证教师共同协商出的教学知识。

A 校还有一种特殊的教研活动叫"绿色教研"，几乎所有的受访教师都谈到了这种集体探究方式。它指的是同一教研组的教师针对某一主题，选取共同的教学内容分别进行备课；然后由第一位教师上课，其他教师观课，课后教师进行集体研讨、反思；重建后由第二位教师上课，课后再进行研讨、重建等不断"改进"的过程。

> 我们经常会有就一个主题，譬如说关于互动这个主题，我们集体备一课，一起来讨论，我们称它为绿色教研。一个老师上了这节课，

---

① Wenger E., *Communities of Practice: Learning, Meaning, and Identity*, Cambridge, U. K.; New York: Cambridge University Press, 1998, pp. 84 - 85.

然后我们再经过集体备课，再加以改进，再备课再改进，最后一个就是非常成熟的……就是根据我们学生的情况，不断改进。这个方法是很好的，说不定有更好的，就是我们可以替换掉、可以比较，一起研讨，关于一个主题。（R2S1T6）

教师经过持续的实践、研讨、反思与改进的过程，不断探索好的教学方法，从而实现课堂教学的持续更新。在持续的集体探究过程中，教师不仅深化了对教学过程与问题的理解，还切实提升了教学能力。

再次，A校的专业学习社群通过强化教师对学生学习的关注，从而提升教师的发展水平。专业学习社群对教师的教学和学生的学习产生影响的前提是社群中的合作以学生学习为中心。[1] A校的专业学习活动围绕着学生的学习展开，以学生"学"而非教师"教"的过程为中心，这正是课程改革所强调的教师素养，对于教师的教学效能尤其是改进学生学习的效能产生了重要的价值。如以下两位教师所讲：

比如我们前段时间主题是当堂练习设计的有效性，当时定了这个主题以后，我们在设计这个练习的时候，肯定是从更加适合学生的接受性角度，还有提高学生的学习效率这个角度考虑的。经过这一个阶段的研究以后，好像老师平时在设计教案的时候，也会关注到这一点，就是在设计练习的时候，有意地去看，这个练习对学生是不是有更好的帮助。另外还有我们在设计练习的时候，也会考虑到分层，不同层次的学生是不是有不同层次的练习，相对应的，那对我们平时的教学工作来说，还是有帮助的。（R2S1T4）

我们讨论以后……知道这里是比较难的点，有可能我自己的难点把握的不是很准，或者是这里没有估计到他们（学生）会经常错。但是他们（学生）（实际上）经常说错，那就是有更加好的把握。这样子其实能提高课堂这35分钟的效率，对学生是最好的，因为他们回家负担也小，作业也少，他们学起来又有信心，这35分钟最重要。

---

[1] Vescio V., Ross D. & Adams A., A Review of Research on the Impact of Professional Learning Communities on Teaching Practice and Student Learning, *Teaching and Teacher Education*, 2008, 24: 80–91.

(R2S1T6)

可以看出，A校的教师在教学研讨中尤其注重学生学习的情况，关注如何"从更加适合学生"的角度设计课堂教学，关注学生在学习过程中可能产生的问题，甚至关注学生学习的信心及学习负担等情况。这有助于提升课堂教学的效率，并使教师更有效地回应课程改革的要求。

最后，专业学习社群中的集体探究有助于教师激活新的教学思维、想法与实践。对教学实践的分享、讨论与深入探究不仅使教师学习到更多的经验和方法，还能激活教师新的教学认识，从而实现创造性的学习。例如，A校的集体讨论就促成了教师关于教学的"新的思路"：

> 每个人的思维方式是不一样的，考虑问题的思维方式也不一样。我们现在上课不只是教书匠嘛，用教材来教，有的时候要对教材做一些调整，做一些创造性的改变。这种情况需要我们每个老师都有一些创造力。那么这样的小组讨论，可以启动每个老师的思维，可以互相借鉴好的方法，然后在讨论当中有可能就形成一种新的思路。这个是非常有效的，也是非常必要的。因为现在这个时期的话，光靠一个人来上一节课，新课的话，其实还是力量比较薄弱的。尤其是英语课，因为我们现在要在教材的基础上做适当的拓展。（R2S1T1）

在这位教师看来，教学并非是单纯地传递教材中的知识点，而是教师创造性地使用教材并精心设计教学的过程。社群中的集体探究则起到了激活新思路、新想法的作用。这意味着，通过持续的对话，教师不仅成为了教育学知识的使用者，还能成为知识的传播者和创造者。①

综上所述，A校的专业学习社群通过促进教师互相学习与借鉴，支持教师进行实践导向的参与和探究，强化教师对学生学习的关注，激活教师新的思维与实践等过程，实现对教师发展的改进。这些过程不仅有效提升了教师的教学效能，也有助于强化其对学生学习的承诺，并使其对工作产生较高的满意度。更重要的是，通过促进教师的发展，上述过程还有助于

---

① Bullough R. V., "Professional Learning Communities and the Eight-Year Study," *Educational Horizons*, 2007, 85 (3): 168–180.

课程改革的推进，尤其是 A 校教师对于学生综合学习素养的高度关注与课改的目标一致，这能够为课程改革的发展提供有力的支撑。

三 影响 A 校专业学习社群效果的因素

A 校的专业学习社群之所以对教师的发展产生了显著的促进作用，并具有较高的发展水平，主要因为其表现出以下几个方面的特点：

1. 以学生学习为中心的共享目标与责任

在 A 校的教师身上，充分体现出了以学生学习为中心的共享目标和价值观。教师专业学习社群的所有活动都聚焦于学生学习，将改进所有学生的学习作为教师共同的目标和愿景。如一位语文教师指出，教研组的研讨活动围绕着学生学习过程中的薄弱环节，即课堂朗读来进行，通过大家"群策群力"来组织系列活动，提高学生的朗读能力：

> 比如在两三个学期之前，就是学校领导在听课过程当中，觉得我们孩子们的课堂朗读有点问题。及时反馈以后，我们就在大组里面连续进行了几次交流，就是针对这一问题，进行研讨，看看相关的资料，怎么来把课堂朗读做好。再有呢，大家也群策群力，就是谈谈自己的看法，自己的经验、心得体会。一学年下来，感觉好像学生的朗读能力有所提高了，然后就是相对应新的那个评价体系，就上学期那种零起点的新的评价体系，我们就做了一个朗读比赛。就是根据我们课堂的集体课文朗读比赛，进行那种拉幕考的形式。比赛过程当中，比赛规则的制定、比赛内容就是课文的选取，到底选取哪些课文，比赛的规则都是由老师在教研活动中制定出来的。因为制定这个内容、规则的时候，其实也是我们关于课堂朗读应该到了哪一种程度的一种研讨，对吧。然后那些课文的选取也是这样，因为语文课的课文，太多太多了，课例太多，课型也很多，那么针对各年级段选取不同的课文来进行朗读。（R2S1T5）

从诊断、分析到解决学生的学习问题等一系列的过程都由教师通过集体研讨而完成，而且整个活动全程都以解决学生的学习困难、提升学生的学习能力为目标。这充分体现出了教师对学生学习的集体责任意识。除此之外，课堂练习分层设计和分层作业也是 A 校比较有特色的做法：

> 比如说我们的分层作业，会考虑到课堂上给不同的孩子不同的练习设计，就是照顾到他们的全部。这样对坐在下面的孩子来说，那些能力差的孩子，他也能够听得懂，不至于老师讲的内容听不懂。对那些特别好的孩子，他也不至于吃不饱，因为他也有他感兴趣的需要他动脑子探究的东西，对吧。然后就是说，孩子也是在提高过程中的。我们的回家作业设计也是如此，有基础作业，有拓展作业，也是给不同的孩子不同的（作业）。因为有的孩子其实，像我们两个人教的有一对双胞胎都很差，你如果让他做那些稍微有点难度的，真的是怎么样也做不出来，那还不如给他一些切合他实际的东西，就是把基础夯实了。那么这样的话，对他来说觉得，我做作业还是能够完成的，不至于一点信心都没有，那么他也愿意做，也不觉得痛苦。……孩子有一个横向的提高，还有一个是他个人的纵向的，就是说我们现在较多的就考虑他们纵向的。（R2S1T4）

教师不仅为不同层次的学生提供不同的课堂练习，还在回家作业上进行分层设计。教师花费时间、精力设计分层作业的初衷是"照顾全部学生"，让每个层次的学生都能充分发挥自己的潜能，在原有基础上有所进步。如上述教师所指，学校更多关注的是学生与自身的过去相比有哪些提高，而非学生之间的横向比较。在访谈、观察等整个研究的过程中，研究者很少听到A校的教师讨论学生成绩排名的情况，而是更多地谈论学生的综合学习素养，包括学习信心、学习兴趣、学习习惯等。

对学生学习的共同关注，使得A校的教师产生了一种改进学生学习的集体责任，他们经常一起讨论学生的学习情况，共同出谋划策：

> 在学校内就是我们学生差不多的情况下，我们能讨论，或者说有些学生不是我教的，他是需要个别关注的，那我们也可以一起讨论，即使不是我教的，我也清楚他的情况。因为我们学校比较小，学生我们基本上都能叫上名字的。（R2S1T6）

教师不仅关注自己的学生，还了解其他教师的学生的学习情况，并对其产生责任。也就是说，教师形成了共同的对所有学生的学习负责的意识。这种教师共享的、以改进学生学习为目标的价值观和责任感，是专业学习社群促进学生学习和教师发展的重要原因。

2. 主题式的集体探究与分享

A校有上海学校普遍存在的集体学习教育理论、集体备课、听课研讨、公开课听评课等集体探究与分享活动。值得注意的是，这些活动有一个鲜明的特色，即围绕着同一个主题进行，呈现出系列化的设计。具体而言，A校每学期根据学校的发展情况确定一个研究主题，由教导主任拟订具体的工作计划，然后各个学科的教研组经过讨论形成自己的研究主题，从而使整个学期的活动都围绕该主题进行，实现层层深入：

> 我们每个学期有一个研究的主题，就是学校有一个总的课题，比如说现在的是领导力课题，然后我们根据自己学科的特点，结合我们学校的艺术特色，每个学期定一个研究的主题，比如说这个学期我们是单元整体设计下的文本再构，文本内容调整……我们活动是关于一节课，做一个案例分析，对这堂课进行同课异构。就是对于一节课，每个人有不同的设计方案，之前我们可能会布置一下，然后过了两周之后，我们会每个人谈一下对这堂课的设计方案。然后我们会在课堂里面进行下去。每个人进一个班级，就用不同的方法进行课堂实践。实践完了之后我们还会研讨，就是根据上下来的效果，我们再修正出来一套比较好的方案。（R2S1T1）

> 我们会定一个主题，比如说这个阶段我们是课堂中的互动，或者是几何教学在我们课堂中怎么开展的，会定一个主题，然后根据主题，我们把各个年级的课例拿出来，大家进行分析评价。（R2S1T4）

> 我们开学初，根据学校的安排定一学期的教研主题。比如说我们这次是评价迁移教学设计那个主题，就是教研组内学习相关的资料，再是选取相对应的课例，老师各自回家先去看课，看课以后大家准备，准备以后一起说课，说课以后大家一起研讨，研讨以后就是完成一份案例或者教案设计。那么在说课的过程中，有互相的补充。研讨过程中，每个老师对这一系列的东西肯定最开始是很茫然的，因为是比较新颖的内容，但是一路走下来，应该说对它比较清晰了，清晰了

以后肯定就是教学相长了，课堂的效益提高了，老师的能力也有提高。(R2S1T5)

以上语文（T5）、数学（T4）和英语（T1）教师都谈到，主题化的研讨活动，也即不同的探究活动之间并非是割裂的，而是前后呼应、层层推进的。这种序列化的活动能够使集体探究不断深化，使活动的价值最大化。如教师所说，一系列的活动走下来之后，教师对新知识从茫然走向不断清晰，从而提高了"课堂效益"和"教师能力"。在很大程度上，主题式的研讨活动使教师实现了持续的、非片段化的发展，这说明高质量的专业学习活动能够带来教师教学和学生学习的改进。①

3. 共享且支持性的领导

第一个质化研究，即第四章关于专业学习社群的探索研究发现，受传统的等级观念和尊重权威文化的影响，上海的校长整体上主要采用自上而下的领导方式，较少分布权力。而在A校中，这种等级式的领导并不明显，3位校领导与教师之间建立了相对平等的关系。如有教师表示：

上面的人比较没有架子，这样像我们新老师的话就比较容易交流进步。因为有人随时可以帮你解决一些困难，主动地给你提出一些东西。

（主动提出？）主动提出帮助你，是这样子，呵呵。

（帮助什么呢？）譬如你遇到什么问题，她不是觉得自己懂了很多就不愿告诉你，她很愿意帮助别人。(R2S1T6)

在教师看来，领导"没有架子"，会主动帮教师"解决困难"。这说明，校领导并未进行传统的、专断式的等级领导，而是关注教师的学习，努力改善其学习环境。另外，对于领导听课这一上海学校典型的活动，教师并不认为其目的是对他们进行严密监控，而是认为校长等领导通过听课来强调对学生的关注：

---

① McLaughlin M. W. & Talbert J. E., *Building School-Based Teacher Learning Communities: Professional Strategies to Improve Student Achievement*, New York: Teachers College Press, 2006, pp. 8 – 9.

> 这个学期（校长听课）是定好的，譬如这个星期是听一班，然后他星期一的时候会发一张她是听第几课的，比如星期二的第几节是听美术课的，老师这个星期是知道的，不是推门课。那个随便进去的是推门课，是监督老师的，这个是关注学生为目标的。推门课我们学校不太有。
>
> （课后校长会跟老师沟通吗？）会沟通的。我们如果是听老师的课，会给你提的意见比较多，因为他们关注的是学生嘛。如果你忽略了一些学生，校长也会跟你说，更多的是关注学生的特点。某一个年级组啊，他们也会进行研讨。（R2S1T4）

在教师看来，校长听课的主要目的是关注学生的学习，帮助教师一起分析学生学习的状况，而非对教师进行控制。而且校长会就课堂中学生的学习情况提出自己的专业意见，从而帮助教师更好地理解学生。在听课和反馈的过程中，校领导将关注学生的价值观分享给教师，也就是校长通过共享愿景和价值观，而非规则和程序来领导学校。① 这种领导方式也体现在公开课等研讨活动中：

> 有的时候讨论的话，因为我们副校长也是负责英语的，她就会参与进来，跟我们一起讨论。譬如说有公开课什么的，我们在讨论的过程中，她也会一起提一些建设性的意见。（R2S1T1）

校领导参与到公开课等活动中，与教师"一起讨论"，而非专断式地提要求，说明领导与教师之间建立了相对平等的关系，这有助于学校专业学习和研讨氛围的形成。

除了参与教师的专业学习活动并提供意见和帮助，A 校的领导还通过引进外部专业资源，如不定期地邀请专家型教师为专业研讨活动提供支持：

> 我刚进校的时候，学校就外聘上海市一个特级教师秦老师，然后

---

① Huffman J., "The Role of Shared Values and Vision in Creating Professional Learning Communities," *NASSP Bulletin*, 2003, 87 (637): 21 – 34.

> 他就带我们，一个星期来一到两次，比如参与我们的教学研讨。教学任务比较重的时候，或者是我有教学比赛或怎样的，他就会一周来好几次。平时呢一周来一到两次，就是直接到课堂里面了，他看整堂课，看完之后利用一节课的时间，就逐个提出，纠正动作，还有你教学当中应该注重哪些仪表，对学生应该用什么语言，这是一个带教师傅。（R2S1T2）

> 我们语文大组有的时候有这种请专家老师进来，像昨天我们就是，因为校长资源嘛，她就请了一个市名师基地的老师来为我们上课。然后讲座结束以后，我们根据他的讲座进行内化交流，然后也会有相应的跟进的教研活动。（R2S1T5）

优秀外部资源的引进，能够打开教师的视野，为专业学习社群带来新的观念和实践，因为社群可能受限于自身成员的认识。这说明，A校的领导具有较强的开放和学习意识，这有助于促进专业学习社群实践的发展。

4. 有力的结构支持

A校为教师专业学习社群提供了有力的结构支持，尤其体现在时空支持上。一方面，学校通过合理的课程安排，为教师提供共同的空余时间，从而提供了时间支持：

> 每周二下午，我们英语老师基本上是没有课的，那么这是一个时间上的保证。如果没有时间上的保证，我们几个人也凑不到一起，有的课都不一样的嘛。（R2S1T1）

> 官方的每个礼拜五上午两节课共同教研，定时间、定地点、定人的。非官方的嘛，吃饭的时候聊两句。（R2S1T3）

可见，教师不仅在正式的教研活动时进行集体探究，而且会在吃饭等场合进行非正式的交流。另一方面，A校为教师的非正式研讨提供了充分的空间，如食堂内安排公共空间，并为教师设立咖啡室等。笔者在A校进行访谈和观察时，经常发现有教师在食堂、咖啡室等场所随机交流教学和学生学习的情况。而且，办公室也为教师之间进行非正式交流提供了空间支持：

> 办公室的交流肯定是很多的，这个就是随时随地的了。碰到什么问题都是及时就沟通的，不一定是规定的时间段，像大组交流必须要规定时间，因为人多嘛。一般来说小组就是年级组的话，随时随地都可能碰到问题，大家就一起研讨。或者还有那种（分享）自己的心得体会，比如说今天一堂课我觉得，哎，我这样上，很得意的，感觉蛮好的，那么就跟人家分享一下；或者说今天碰到问题了，那么大家就一起研讨一下，哎，你怎么弄的。（R2S1T5）

A校以学科为单位划分教师办公室，除了语文学科在每个年级层面设置办公室，即同一备课组教师共享一间办公室外，其他学科均是所有年级的教师，即整个教研组的教师在同一个办公室，这使教师能够"随时随地"地探讨教学问题，共享与反思教学实践。时间与空间上的安排，为教师之间的专业探讨提供了有力的结构支持。

5. 合作、进取的学校文化

A校合作、进取的学校文化，也是专业学习社群具有较高发展水平和较好效果的重要原因。教师表示，学校形成了一种团结合作的氛围，彼此间的合作"无处不在"：

> 其实这个东西（教师间的合作）呢，你是把它抽出来了，我们平时一直在这么做，这种合作的模式其实是无处不在的。（R2S1T3）
>
> 我觉得教研组之内组员之间的氛围，就是和谐性，这种团结是很重要的。如果不是很团结，气氛不是很和谐的话呢，我们开展起来都会有障碍，就会有困难。
>
> （您觉得整体氛围是什么样的呢？）应该说是比较上进，还有就是比较和谐，有什么事情就是，反正大家都能够齐心协力地把它做好吧。也不会，我们组里不会斤斤计较的，比如说你做得多啊，谁做得少啊，这些都不会的。谁有什么困难，大家都会一起帮忙，有什么事情的话，我们大家就齐心协力地做好。（R2S1T1）

教师之间不仅团结协作，而且十分上进，具有很强的学习和发展意识，这是学校改进的根本动力。而且，教师之间经常互相帮助、共同承担，形成了很强的集体意识，从而为专业学习社群的发展提供了强大的文化支持。

值得注意的是,在经常性的合作和探讨中,教师之间难免会产生不同的观点。① 对于这种不同的意见,A校的教师是这样处理的:

> 如果是这样(有不同意见)的话,大家也会探讨吧,然后也会毫不保留地把自己的意见或建议都提出来,一起来看怎么处理。(R2S1T5)

> 刚刚我们正好在数学组里面讨论一道五年级的题目,然后大家就会有自己不同的想法,然后想,这道题怎么解,从哪个角度看更好。(R2S1T4)

可以看出,教师对不同的意见持尊重的态度,认为出现不同的想法是正常的,也就是说教师有表达自己观点的权力。在表达各自的意见之后,教师会通过集体协商来达成一个比较好的解决方案。也就是说,教师通过营造互相讨论的环境来处理分歧,这是好的专业学习社群社群所具有的特点。② 尽管受到传统和谐文化的影响,A校很少出现教师冲突的局面,但学校对于教师具有不同观念的现象是理解、欢迎的,并努力促成新的、好的想法的产生,这有助于专业学习社群发挥促进教师发展的价值。

6. 专业学习社群的发展障碍

A校的专业学习社群对教师的发展产生了重要的作用,但它并不是完美的,同样面临着一定的发展障碍。这突出体现在,A校的规模很小,教师的数量不多,且彼此非常熟悉,从而可能在某种程度上导致教师的同质化:

> 困难的话,可能就是我们学校几个人讨论到现在,可能大家上课的形式基本上是差不多,就是在校内的话,我们几个人。然后思维方

---

① Visscher A. J. & Witziers B. , "Subject Departments as Professional Communities?" *British Educational Research Journal*, 2004, 30 (6): 785-800.

② Hord S. M. , "Professional Learning Communities: Communities of Continuous Inquiry and Improvement," Southwest Educational Development Lab. , Austin, TX. , 1997.

式就是差也差不多，有可能我们需要引进更多一些比较好的外校的专家，还有就是课堂实践方面比较有经验的那种优秀的老师，到我们学校来指导一下，点拨一下，可能我们能够上更高层次的发展。（R2S1T1）

可见，学校的教师已经充分意识到彼此"上课形式差不多""思维方式差不多"等问题，并且希望通过更多地引进校外资源来克服这一障碍。

综上所述，A校以学生学习为中心的共享目标与责任、主题式的集体探究与分享、共享且支持性的领导、有力的结构支持及合作和进取的学校文化是其专业学习社群具有较高发展水平并且发挥对教师发展的促进作用的关键因素。这些特点也反映出A校专业学习社群所面临的制度障碍较小，包括未形成以考试为中心的问责体系，等级行政色彩较弱，在课程教学安排上为教师的合作提供便利等。而A校专业学习社群面临的主要挑战在于教师同质化、外部资源支持有待加强等方面。

第二节 个案学校 B 的研究发现与讨论

本节对个案学校B（小学）进行深入分析，探讨其专业学习社群对教师发展的影响过程，及影响这一过程的关键因素，也即探索其专业学习社群发展水平相对较低的原因。

一 学校背景和被访者简介

B校创办于1904年，其前身分别是某县县立高等小学、乡立初等小学和私立养正小学，现为某区公办小学，位于上海远郊的一个古镇中心。在百年的办学实践中，B校不断推进素质教育，努力促进学生五育和谐发展，为学生的终身幸福奠定基础。学校现有5个年级共30个教学班，学生1500人，教职工98人，属中等规模学校。学校的教师队伍呈现出年轻化的特点，教师的平均年龄为32岁，95%的教师学历在本科及以上。B校共有区学科名师7人，区教坛新秀9人，区中心组成员4人。学校设施完善，拥有塑胶跑道、人工草坪足球场、篮球场、室内体育馆和舞蹈房、音乐室、计算机、多媒体等专用教室。

表 7—3　　B 校专业学习社群及教师发展水平

概念	变量	个案 B 校样本数	个案 B 校均值	总体均值	个案 B 校标准差	总体标准差
专业学习社群特点	集体探究与分享	36	4.89	5.29	0.60	0.60
	共享目标与责任	36	3.27	4.72	1.29	1.02
	支持性领导	36	3.95	4.98	1.03	0.86
	合作关系	36	4.87	5.29	0.70	0.63
	组织结构	36	4.40	5.12	0.68	0.76
	文化障碍	36	2.28	1.86	0.79	0.81
	制度障碍	36	4.24	3.88	0.77	1.12
教师发展	教师教学效能	36	4.66	5.04	0.70	0.66
	教师工作满意度	36	3.47	4.72	1.14	0.94
	教师承诺	36	5.04	5.35	0.66	0.60

表 7—3 和图 7—4 显示出 B 校专业学习社群与教师发展的水平及其与所有样本学校的平均水平的对比。可以看出，在集体探究与分享、共享目标与责任、支持性领导、合作关系和组织结构等变量上，B 校的得分明显低于总体均值，而在文化障碍和制度障碍变量上，B 校的得分高于总体均值。这说明，B 校专业学习社群的发展水平相对较差。同样，B 校在教师教学效能、工作满意度和教师承诺这 3 个变量上的得分也低于总体均值，说明 B 校教师的发展水平一般。因此，B 校能够代表专业学习社群发展水平低以及教师发展水平一般的小学。

```
 6
         5.29                    5.29
   4.89        4.72  4.98 4.87        5.12              5.04       5.04 5.35
 5
                3.95                              4.66         4.72
 4           
       3.27                                    4.24
                                                  3.88        3.47
 3
                                       2.28
 2                                          1.86                          ■ 个案B校均值
                                                                          ■ 总体均值
 1
 0
   集体探究与分享 共享目标与责任 支持性领导 合作关系 组织结构 文化障碍 制度障碍 教师教学效能 教师工作满意度 教师承诺
```

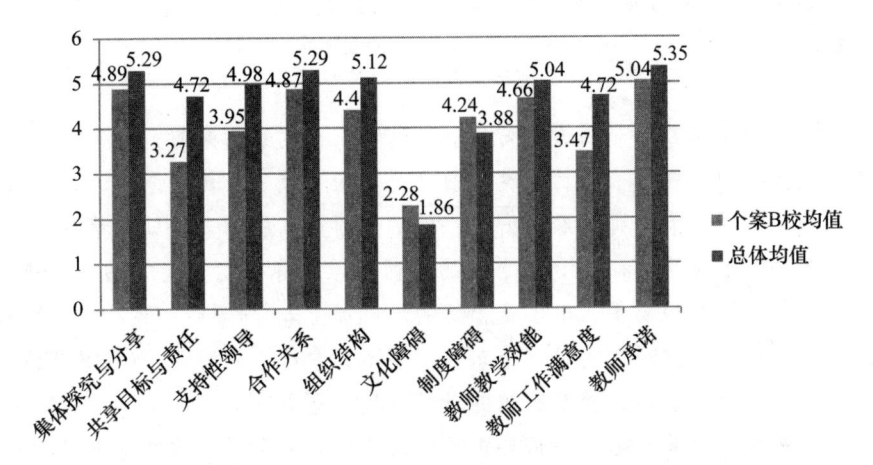

图7—4　B校专业学习社群及教师发展水平与样本学校平均水平对比结果

为了探究 B 校的专业学习社群是如何影响教师发展的，以及其专业学习社群缘何具有较低的发展水平，研究者对 B 校的 6 名教师进行了深度访谈（访谈提纲见附录3），被访者的基本信息如表7—4：

表7—4　　　　　　　　B 校被访者基本信息

被访者	性别	学科	教龄	职务
R2S2T1	男	语文	8	普通教师
R2S2T2	女	英语	2	普通教师
R2S2T3	女	英语	4	普通教师
R2S2T4	男	数学	31	教导主任
R2S2T5	男	英语	19	教研组长
R2S2T6	女	语文	30	教研组长

二　B 校专业学习社群对教师发展的影响过程

B 校的专业学习社群对于教师发展的影响方式与过程体现在以下几个方面：

首先，专业学习社群中的教师合作减轻了教师的工作负担。集体备课是 B 校的传统活动，所有的课程内容都由教师分工进行备课，然后再进行集体讨论。而且，教师会将教案、材料等分享给下一级的同事。也就是说，教师只需在已有教案的基础上进行修改。这大大减轻了教师的工作量：

> 减少工作量是很大的好处。从这种正面的影响来看，不需要每个老师再单独搞一套东西。这个教案是原来一级一级传下来的，就是从很早的时候有老师已经备好了，然后后面第二届的老师就在第一届老师的基础上修改，没有一个新的东西。但是你会发现，哪怕它很老，但是它还是很有用，确实是很好的。再加上老师这样一层一层修改下来，后面你发现你去搞一个东西，还不如拿这个来得快。（R2S2T2）

> 后面到了第二轮第三轮的时候，我就觉得这个集体备课，相对来说还是一种减负啦。不需要重复劳动，他只要在原有的基础上修改就可以了。因为这个什么教学目标啊，重点、难点啊，说的透一点的话，都是上面已经定好了的，不是我们定的，不可能把他这个重点、难点改掉，是吧。（R2S2T4）

在教师看来，集体备课等探究活动避免了教师的"重复劳动"。尤其是在教学目标与重点、难点确定不变的情况下，互相分享与合作能够减轻教师的负担。

其次，专业学习社群促进了教师之间的互相借鉴与学习。在集体备课与研讨的过程中，教师之间能够交流彼此的观点与意见，即共享智库，从而互相学习好的教学方法：

> （集体研讨）不仅对青年教师，对所有老师都有用的。因为你一个人单兵作战是不行的，要求是团队合作。一个人想的教学方法可能是一方面的，几个人碰在一起嘛，会有很多想法。当然有些方法是适合你班级的，那你拿过来就可以用，而且效果比较好的，不适合自己呢，你就放弃掉。（R2S2T5）

> 备课组里各讲各的意见，因为每个人有每个人的观点，最后听下来他可能都觉得有道理，但是他要把所有的观点都吸收进去是不可能的。实际上对他来说是一个交流，很多观点谈出来了，他知道是有道理的，但是他这节课如果用不到的话，说不定下一节课能用得到。他就觉得，这个方法蛮好的，虽然这节课用不上，但是下一节课，相类

似的东西可能就用上了。(R2S2T4)

可见，教师分享与合作促成了更加多样的教学方法的出现，这对于教师当下和未来的教学而言都是重要的财富，能够促进教师学习更多的教学知识。

再次，专业学习社群能够帮助教师，尤其是年轻教师改正教学中存在的问题，并激发其进行更多的专业思考。有教师表示，在公开课研讨过程中，其他教师的意见能够帮助其认识并解决自己的问题：

> 我觉得对上（公开）课的老师来说，肯定是有收获的，因为他们（听课老师）或多或少会指出你的一些问题，然后你会进行一些改正。而且你在听别人课的时候，也能收获一些东西，比不上课的人去听课更有感触，因为你作为一个参赛的人，也会看到为什么他（她）能得一等奖，为什么他（她）能得二等奖，你得三等奖，这样的问题你会不自觉地去进行思考，然后对自己是有帮助的。(R2S2T2)

这种通过上公开课改正教学问题，通过观摩他人课堂而触发自己思考的现象主要出现在年轻教师身上，对年轻教师的发展起到了促进作用。在对B校的其他教师进行访谈的过程中笔者也发现，教师所指的专业学习社群的价值更多的是针对年轻的教师，而对于老教师的影响，有教师是这样理解的：

> （那你觉得对于老教师有帮助吗？）就没有了，年纪比较大的老师他们就遇到了瓶颈，就是没有人给他们指导，这是他们最大的问题。因为下面都是年轻人，年轻人根本看不出门道的，都觉得你上的很好，给你的意见也基本上很少。但是老教师他们经验很丰富，我听他任何一节课都找不到问题，真的是很好，那他们自身想听到的肯定不是好话，他们也需要成长。所以他们经常在抱怨，谁来做我们的老师，带我们。(R2S2T3)

有经验的老教师无法获得他人的专业意见，这不利于他们的专业发展与突破。其面临发展困境的部分原因在于 B 校年轻教师的比例过高，有经验的教师的数量相对较少，而学校又更加关注和重视年轻教师的发展，在一定程度上忽视了对有经验教师的引领和提高。因此，老教师产生了一些"抱怨"，在发展上遇到了"瓶颈"。

最后，有教师表示，与集体探究相比，自己在教学上的钻研更能促进自己的发展：

> （你觉得整个流程对你有哪些帮助呢？）我觉得是在研讨这个课怎么上的过程，对老师的帮助最大。就是上课之前的思考，去研究，去收集各方面的资料。
>
> （是你自己做的还是一起做的？）主要是我自己钻研，怎么去弄，遇到困惑的时候再问问同事，大家再帮你出出主意，这个时候帮助挺大的。其实真正上课的时候倒没什么，其实就是把你平时最好的一面拿出来上。（R2S2T1）

一些教师倾向于自己思考和解决教学问题，而非与其他教师进行合作探究。只有在产生"困惑"的时候，才会与同事进行非正式的交流。这说明，B 校的专业学习社群中教师之间的开放程度是有限的，教师集体探究的广度和深度也受到了一定的限制，因此其对教师发展的促进是有限的。

综上所述，B 校专业学习社群对教师发展的过程体现在减轻工作负担、互相学习教学方法、改正教学问题并激发专业思考等方面，它对于教师的发展，特别是有经验教师的专业发展的影响十分有限。可以发现，B 校的教师专业学习社群在一定程度上体现出了任务导向的运行方式，关注教师工作任务的完成，比如把减轻教师的工作负担作为社群的主要目的之一。而且，尽管专业学习社群对教师的发展起到了促进作用，但主要针对的是年轻教师，希望年轻教师学习老教师身上所形成的、关于教学的既定认识。而老教师却面临着一定的发展瓶颈，难以实现专业突破。这既无法支持年轻教师的创新，也不利于老教师的进一步发展，因此对学校课程改革的影响是有限的。

三 影响 B 校专业学习社群效果的因素

B 校的专业学习社群之所以对教师发展的影响有限，且发展水平有待提高，主要因为其具有以下几个方面的特点：

1. 以提高学生成绩为中心的共享目标

B 校的教师具有较高程度的共享目标和价值观。在他们看来，专业学习社群，尤其是备课组内的教师是一个整体，需要"打统仗"，因此教师形成了"一荣俱荣、一损俱损"的集体责任意识：

> （区考核）它是考核一个年级，一般是以备课组为单位。你这三个人，算你总体排名。比如四年级，最后你的均分排名在统考中排第几。所以说那要求备课组内部是打统仗，不是单打独斗，一荣俱荣、一损俱损呀。（R2S2T4）

> 能这样集体备课就说明有一种分享的意识在里面了。包括最后考试的时候出练习题，有什么好的资源都是集体印出来一起做的，因为跟我们学校捆绑的这样一个奖励机制有关嘛，所以我觉得这方面做的可以的。比如英语，要考到全区总分第一，那肯定需要六个班的老师共同努力啦，这个跟捆绑式的评价有关，所以我们比较愿意分享。（R2S2T2）

B 校的教师在学生的学习上具有共享的目标和愿景，愿意彼此分享并共同努力，这与学校的奖励集体而非个人的"捆绑式"评价方式有关。教师关注的核心是狭隘的以考试成绩为中心的学生学习，尽管课程改革要求教师培养学生的综合素质，但教师认为，这只是一个"空头文件"，学生的成绩依然占主导：

> 哎呀说到底还是成绩，说是要培养学生的综合素质，培养学生的思维能力。讲的是不怎么与分数挂钩，那只是官方的一个空头文件罢了，其实最后上面所考核的和评比的，还是看你排名第几，对吧。
> （也就是区里还是会排名的是吗？）区里面内部排，只是不公布罢了。内部排，那么压力就都转嫁到老师身上来了呀。

(那我们知道排名结果?)当然知道。所以这样一来,没办法的,你也要抓啊。(R2S2T5)

在教师看来,尽管课程改革要求培养学生的综合素质,但是区教育部门依然根据考试成绩对教师进行考核,这给学校和教师带来了压力,因此他们不得不将工作目标聚焦于学生考试成绩的提高上。

2. 广泛但有待进一步深化的集体探究

B校具有丰富的教师集体探究形式,其中集体备课是其传统的特色活动,已开展了10余年。在B校,所有学科、所有年级的全部课程内容都由教师分工合作进行集体备课:

集体备课是这样的,每节课有一个主备人员,主备人先讲。他有一个思路,他把主要的课都备好了,发给每个人,每个人都看了以后,就可以进行交流。就这个星期的五节课的教案,都在手上。然后这个时候呢,其他人就补充意见。

(所有的课都是这样大家一起备课的吗?)基本上,对,都是这样的。

(大家一起讨论形成教案?)对,在这个基础上你可以调整,比如我这个班好,我可以把一些简单的题目划掉,如果我这个班不好,我可以把一些难题目划掉。因为主备的人他准备的内容是比较多的,包含了好中差,所有的东西都在里面,包括课外的一些练习,他都选好了。你在里面可以选,我不要的我可以划掉,主备后面一栏里面还有一个自备,自己备,备课以后的建议。备课之后还有一个整理,就是我上课要用的东西。还有教后反思,就是我自己上完课以后,我觉得哪里是成功的,哪里是不好的,简单地写一下。写一下以后,这个教案呢,我就可以相应地稍微修改一下,修好后,后一年的人还可以拿我这个做调整。(R2S2T6)

B校的集体备课已经形成了一个成熟的体系,包括主备人员初备、教师讨论、教师自备(即二次备课)、上课、教后反思等过程。而且学校根据此过程制定了教案模板,如图7—5显示出教案模板的部分内容。由图可以看出，除了确立教学目标、重难点、最低达成度之外，教师要就教学的过程进行详细的探讨，其中左边一栏为主备人员的备课，右边一栏为“个人见解及备课组讨论建议”，最后还有经过集体研讨后教师自己的教学思路，以及教学后的反思。这种探讨和参与共享实践的机会能够促进教师的学习。①

教　案

主备教师________

周次			日期	
课次			班级	
课题				
教学目的				
重点				
难点				
最低达成度				
教学过程		个人见解及备课组讨论建议（含建议人）		

板书设计	
综合后本节课你的教学思路	
教后反思	

图 7—5　B 校集体备课教案模板

然而，经过十多年的发展，B 校的教师集体备课出现了形式化的倾向，尤其是在教后反思这一环节上，有教师认为它不够深入：

比如说像教学或者教后反思，这个反思到底希望它达到什么目的，那就我个人而言啊，应该是你就反思不足的地方，然后在下一次的教案或教学过程中去尝试改掉它，或者提醒给其他的人。有的时候（我们的反思）可能不一定（是这样），比如说今天我这个课教成这样了，我教成那样了，那这个反思就变成形式上的了。形式上呢，它的作用就起的比较小了。（R2S2T6）

① Levine T. H. & Marcus A. S.，“How the Structure and Focus of Teachers' Collaborative Activities Facilitate and Constrain Teacher Learning，” *Teaching and Teacher Education*，2010，26：389 - 398.

集体反思或反思性的专业探究对于专业学习社群和教师的发展十分重要[①]，若教师反思变成一种形式，则难以促进教师的深入对话，不利于教学实践的改进。因此，B 校教师的集体探究，尤其是集体反思还有待于进一步深化。

3. 高度支持并严密监控的领导

B 校的领导对于专业学习社群十分支持，为教师之间的合作探究提供了许多机会和资源。该校教导主任表示，校领导不仅在专业上指导、引领教师的发展，还引进校外资源，为教师提供接触外部信息的机会：

> （领导）肯定是有影响的，如果某一个领导在这个学科里面有一定的号召力和团队能力，那这个学科肯定是强势学科。他既有专业性的东西，有引领性的东西，还有号召性的东西。第一，他自身的这种能力，他可以引导（其他老师）。第二，他在外界的信息，因为他肯定和外界有接触的，外面来的信息肯定是对教师有帮助的。
>
> （比如哪些外界信息呢？）比如市里搞什么活动，他会通知我，我自然就会带人出去。如果你没有这个东西，他不可能通知你啊，你也不可能带人出去。这种外界的，你见的东西多了，想的东西多了，看的东西多了，自然视野就开阔了。你如果没有这种平台，就不会搞的。（R2S2T4）

这位领导不仅发挥自身的引领作用，还充分认识到保持开放的学习心态的重要性，因此努力争取校外的专业资源，来促成本校教师的发展。除此之外，校领导也积极参与到教师的研讨活动中，提供自己的专业意见，并邀请教研员等专家教师给予指导：

> 每节公开课后都有评课的，包括他们领导来听课，听完课以后也反馈的，这节课你亮点是哪些，不足之处是哪些，他反馈给你。尤其像我们区级公开课，像 X 教师开了一节区级公开课，我要陪着她试讲大概五六次，讲了修改，不行再修改。还有学校请了一些市级教研

---

① 胡惠闵：《如何在教研组活动中运用教师反思机制》，《全球教育展望》2003 年第 8 期，第 60—62 页。

员、区教研员，不仅是我们英语组的老师去听课，帮她提出一些建议，而且有专家、教学专家来指导。(R2S2T5)

同时，B校的领导还通过鼓励教师参与课题、阅读专业书籍等途径来支持教师的专业学习：

> 比如支持做课题，课题是肯定支持的，而且很多是校长要求弄的。课题基本上校长不直接参与，每个学校都有科研室主任嘛，直接和科研室主任交流，然后由科研室主任具体实施。还有我们每学期都要读一到两本书，这个是校长规定的。这些书都是由学校统一买，然后发给老师。再有一个，大概每学期，都会组织一次与外校的交流活动，各个（教研）组都要有一次。
> （一般是交流些什么呢？）一个是学校管理的，一个是教学方面的，一个是班级管理方面，一般就教学方面和班级管理这两方面最多。
> （怎么交流呢？有哪些形式呢？）我们过去可能会去先听听课，然后对方学校做个报告之类的，就是一进那个学校，各个方面的一些好的东西，是怎么做的，这些。(R2S2T1)

可以看出，B校与其他兄弟学校建立了联系，通过学校之间的定期交流来学习和借鉴好的经验。这说明，B校的领导具有开放的心态，善于向外界，包括上级教育部门、教研员等专家教师及兄弟学校学习。

B校的领导对于专业学习社群给予了强大的支持，然而他们却很少分享权力，而是对教师进行严密的监控。例如，上海的很多学校都存在的领导听课活动在B校成为了监控教师教学的途径。教导主任表示，推门听课的本质是"监控"，监控教师"是否按照通知的做"：

> 我们平时的一些随堂课，就是我不跟你打招呼，提前几分钟进去（课堂），我要听你的课，这个课就性质不一样，就有点监督性的这个味道。我对哪些课程哪些老师，包括学生平时反映出来的这些问题，就是等于去督促他。

> （您会不定期地听课?）一个星期一到两节课，这个也是有要求的，我们属于监控一类。讲是讲随堂听课，实际上说透了，它真正的本质就是监控，就是对学校整个教学，平时是这样做的，进行一个监控。因为我不通知你，我提前两分钟告诉你，并不是告诉你，是对你老师的一个尊重，不然的话我进教室里一句话都不讲，完全不尊重我啊，是吧。实际上它的主要目的是监控，就是监控你平时做的按没按照我通知的做。比如后期，他不用这个（教案）的是吧，那经常会有这种情况，你去听他的备课组活动，他在这里讲得头头是道，一套一套的，到时候上课的时候他把这个完全丢到一边去，对不上号。（R2S2T4）

可见，学校领导强制要求教师采用集体备课的教案，并通过推门听课的方式进行监督。当校领导对教师的教学进行严格的监控时，教师很难做到真正的专业自主，这不利于课堂教学和学生学习的改进。而且，不同于其他学校（如 A 校，R2S1T6）将教研组长视为专业引领者和服务者的角色，B 校的教师认为教研组长是行政领导，即"行政上的一个指派，并非教学水平强的人，而更多的是做事，要把关系搞好"（R2S2T3）。这说明，B 校的行政等级色彩较浓。这种强调控制的、自上而下的领导方式会限制教师的专业性，从而不利于专业学习社群的发展。

4. 需进一步完善的结构支持

B 校为专业学习社群提供了诸多的结构支持，每周安排固定的时间和地点，让所有的教师进行集体备课活动。在人员安排上，学校也保证每个备课组都有不同经验和层次的教师，力求使所有教师都有所收获：

> 每周一般星期五的下午，三点一刻到四点一刻，所有教师都坐在一起集体备课。那么我们采取的方法是，每个组里面都要有一个成熟一点的，对整个教学过程比较熟悉的。通用的话就是一个领头羊的作用，他能够整体把控整个教材的，那么在这个过程中，年轻人呢他就不需要过多自己去摸索这些，他可以听，听你的这种多年来的积累下来的经验，他至少会有一个思路，他看见你这个总体思路，然后在自己摸索的过程中，各人有各人的办法。（R2S2T5）

每个备课组都安排一个成熟型的教师，并且承担"领头羊"的角色，这有助于年轻教师快速学习教学知识，尤其是既定的教学知识，但也可能导致备课组教师的统一化。①

除了时间和人员安排上的支持，B校也为教师的专业学习活动提供了充足的资源，包括书籍、设施、材料等（R2S2T2）。然而，B校以年级为单位划分教师办公室，这在一定程度上限制了同学科教师之间的专业交流，尤其是非正式交流：

> 我们是一个年级一个办公室，不是学科分的，按学科的话可能会好一点。按班级分的，一二三班的语数外。我一个人教两个班，这个办公室可能只有一两个人是这个学科的。
>
> （随机交流不多？）对的。除非我最近发现什么问题比较困惑的，会过去问一问。私下里平时的话，不会有事没事就讨论的。
>
> （空间因素是否有影响？）有影响的，虽然就上下楼，但是蛮影响的。而且我们在一个办公室的就两个人，但其实两个人的小合作是有的。（R2S2T3）

尽管以年级为单位划分办公室能够为同年级的教师之间交流学生的情况提供便利，但是它不利于同学科教师之间的专业探讨。虽然教师之间的空间距离不远，但是如教师所指，它对教师之间的合作，尤其是非正式合作产生了负面影响。因此，B校应进一步思考如何在空间上支持同学科教师之间的交流。

5. 分享与合作程度有待提高的学校文化

B校的教师之间建立了一定的分享与合作的关系和文化，如教师之间分享教案、学生习题等材料，并且互相分享教学想法和教学设计，定期进行集体探究活动等。有教师指出，彼此之间的"开放程度很高，几乎没有什么保留"：

---

① Paine L. W. & Ma L. P., "Teachers Working Together: A Dialogue on Organizational and Cultural Perspectives of Chinese Teachers," *International Journal of Educational Research*, 1993, 19 (8): 675–697.

> 老师们之间的开放程度是很高的，几乎没有什么保留。他这个开始的时候可能有点（保留），但现在基本上没有。即使两个人有不同的看法，比如我跟你的看法不一样，也没关系。就是你按照你的去教，我按照我的去教，但是总体的这个，大体的思路是不会有什么变化的。就比如这道题，我觉得这样弄好，那道题你觉得那样弄好，那两个人都去弄啊，不要紧的。最后，下一次坐在一起的时候，哎，我那个我觉得效果蛮好的，你那个，我觉得上下来不行。（R2S2T4）

在上述教师看来，教师之间善于分享彼此的想法和实践，有助于专业学习社群的发展。同时，这位教师也谈到了对于不同看法的处理，他认为不同的意见是正常的、可接受的。然而教师之间并未对不同的意见进行深入的交流和探讨，而是搁置差异，让教师各自按照各自的想法进行实践，这在根本上反映出了教师之间的割裂而非合作的关系。若教师能够就彼此的分歧展开深入探究，思考其背后的深层意义，则更有助于发挥集体合作的作用。

还有教师指出，在教研活动，尤其是就具体的课堂实践进行研讨时，教师不太"顾及面子"，而是较为开诚布公地交流：

> 现在我们就是公开说的，好要提出来，不足之处也要提出来。现在老师一般不是特别顾及面子，以前是顾及面子，最好是都说好，现在我们是把丑话说在前头。有时候我们不说好，就说不好，因为你只有把他不足之处给提出来，才有利于他的改变。所以现在我们组的英语老师基本上素质都很好的，就是不管你说的再不好，但是他们就是虚心接受，不是说什么表面上的虚心接受，而是实际上的。而且我们组青年教师都是蛮好的，都是能够虚心学习的。这点很好，包括××（一位年轻教师）有时候不到位的地方，我就直接说她的。（R2S2T5）

上述教师认为，教师能够虚心接受他人的意见，有助于教师的改进。然而进一步分析这段话却可以发现，这位教师所说的"虚心接受"更多地是针对年轻的教师，即年轻教师能够接受有经验的教师的意见和批评，

来将其作为自身发展的机会。而关于年轻教师是否会向有经验的教师提出自己的看法,有教师给出了这样的回答:

> (年轻老师他们也会提出自己的意见是吗?)会的,但是相对来讲,可能还不是那么多。因为他毕竟还会考虑,我提这个是不是对啊,是吧。而且相对来说,他提的不足的地方可能尽可能会委婉一些,好的地方可能就会多讲一些,我在你这里学到了什么。那么年纪大的人对年轻的人,他也知道我即使讲的不到位,也不会过多地提出反对意见,所以他可能就会放松一点。再加上总归他经验比较老到,很多东西他是能够看得出来的,这么多年的经验,走得到哪一步,哪一步走不上去了,是吧。(R2S2T4)

可以看出,尽管年轻教师会在有经验的教师面前提出自己的意见,但是他们更多地讲优秀的地方,即自己的收获。而且,在 B 校教师的观念中,老教师比年轻教师经验多,更能看出问题,因而专业发展水平更高。这说明,在 B 校的教师中普遍存在着年轻教师不如有经验的教师这种潜在的假设。这种认识不利于老教师的突破,也可能会框住年轻教师的思维,从而不利于教师的发展。

此外,尽管教师之间会共同探讨问题,但很少主动地进行探究,也很少主动地与他人分享、交流。如有教师所指:

> 老师之间关系都是很微妙的,备课组长他是有权利和义务去分配给下面的人说,这个方法好,我们去用一用,这是他的权利和义务。但是下面的人都是平等的,不会说我这个挺好的,我推荐给你们用一用。除非大家在办公室聊起来某个话题的时候,大家会说一说,但是不聊这个话题的话,都是各自忙得要死,没有时间再去怎么样的,都是比较随机的。(R2S2T3)

在教师看来,自己没有权利和义务将好的想法分享给他人。这反映出教师之间的合作是较为肤浅的,没有形成真正的、深入的专业合作关系。

综上所述，B 校的教师具有共享的目标和愿景，但主要以提高学生的成绩为中心；教师之间具有广泛的集体探究形式，但有待于进一步深化；校领导对于教师的集体研讨给予了很大的支持，但对教师进行严密地监控，很少分享权力；学校为教师的专业学习与合作提供了时空、资源上的支持，但空间支持还可进一步加强；教师之间形成了一定的合作关系，但分享程度有待进一步提高。这些特点同时揭示出了 B 校的专业学习社群面临的制度障碍和文化障碍，包括以考试为中心的问责体系，等级行政色彩过强，尊老敬老的文化导致年轻教师与老教师之间的对话不够深入等，从而反映出了专业学习社群对于教师发展的影响效果一般的原因。

第三节　个案学校 C 的研究发现与讨论

本节对个案学校 C（中学）进行深入分析，探讨其专业学习社群对教师发展的影响过程，及影响这一过程的关键因素，也即探索其专业学习社群发展水平相对较高的原因。

一　学校背景和被访者简介

C 校创办于 1972 年，是一所公办初级中学。学校位于上海近郊，现有 24 个教学班级共 1300 多名学生，106 位教职工，属中等规模学校。学校占地近 80 亩，具有现代化的教育教学设施，建有 400 米标准塑胶跑道、5 个标准篮球场和一个标准棒球场。C 校以促进全体师生的主动、健康发展为办学理念，强调学生的自信、自律、自觉和自主发展。C 校是上海市棒、垒球特色项目学校，尤其重视培养学生主动进取、自强不息的人生态度。同时，C 校也是上海市一期、二期课改的实验学校，并且与高校建立了合作关系，具有较强的办学水平。

在对 C 校进行个案研究的过程中，校长对研究者给予了很大的支持，不仅提供专门的访谈场所，而且尽量满足研究者的各种研究需求。笔者能够感受到，校长具有开放的心态，并且十分平易近人，很愿意帮助研究者。C 校的教师也很积极向上，具有良好的精神面貌。在学校自育自强的文化氛围下，教师普遍形成了较强的自觉发展的意识。

表 7—5　　　　　　　　C 校专业学习社群及教师发展水平

概念	变量	个案 C 校样本数	个案 C 校均值	总体均值	个案 C 校标准差	总体标准差
专业学习社群特点	集体探究与分享	34	5.60	5.29	0.39	0.60
	共享目标与责任	34	5.35	4.72	0.63	1.02
	支持性领导	34	5.50	4.98	0.50	0.86
	合作关系	34	5.59	5.29	0.49	0.63
	组织结构	34	5.60	5.12	0.51	0.76
	文化障碍	34	1.40	1.86	0.39	0.81
	制度障碍	34	2.79	3.88	1.23	1.12
专业学习社群效果即教师发展	教师教学效能	34	5.25	5.04	0.67	0.66
	教师工作满意度	34	5.31	4.72	0.60	0.94
	教师承诺	34	5.73	5.35	0.41	0.60

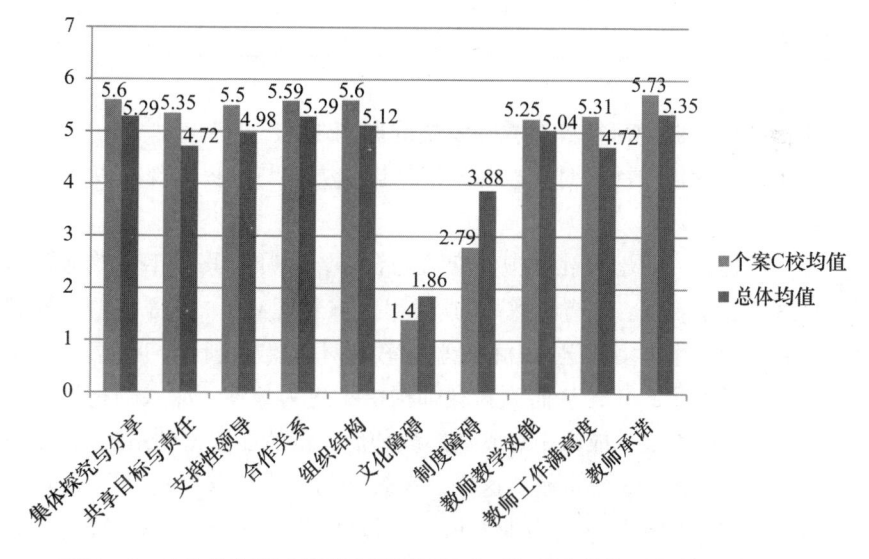

图 7—6　C 校专业学习社群及教师发展水平与样本学校平均水平对比结果

表 7—5 和图 7—6 显示出了 C 校专业学习社群与教师发展的水平及其与所有调查学校的平均水平的对比。可以看出，在集体探究与分享、共享目标与责任、支持性领导、合作关系和组织结构等变量上，C 校的得分明

显高于总体均值，而在文化障碍和制度障碍变量上，C 校的得分低于总体均值。这说明，相对而言 C 校的专业学习社群具有很高的发展水平。同样，C 校在教师教学效能、工作满意度和教师承诺这三个变量上的得分也明显高于总体均值，说明 C 校教师具有很高的发展水平。因此，C 校能够代表专业学习社群发展水平高以及教师发展水平高的学校。

为了探究 C 校的专业学习社群是如何影响教师发展的，以及其专业学习社群缘何具有很高的发展水平，研究者对 C 校的 5 名教师进行了深度访谈（访谈提纲见附录3），被访者的基本信息如表7—6：

表7—6　　　　　　　　C 校被访者基本信息

被访者	性别	学科	教龄	职务
R2S3T1	男	数学	28	教导主任
R2S3T2	女	英语	9	年级组长
R2S3T3	女	语文	19	教研组长
R2S3T4	女	英语	2	普通教师
R2S3T5	男	英语	11	德育主任

二　C 校专业学习社群对教师发展的影响过程

C 校的专业学习社群对于教师发展的影响方式与过程体现在以下几个方面：

首先，通过专业学习社群中的交流与合作，教师尤其是年轻教师能够学习良好的教学规范。在青年教师的培养上，C 校建立了一套系统的带教制度。不同于上海市大多数学校由有经验的教师对新教师进行 1 年带教，C 校将带教时间延长为 3 年，从而为新教师提供了更为长期、深入的指导。新教师经过 3 年的发展，成为相对成熟的教师后，依然能够得到系统的指导，即由骨干教师再进行 3 年带教。这样，在教师的"求生与发现期"[①]，其能通过师父的指导实现快速的专业发展。有教师表示，年轻教师能够从师父身上学习到教学的规范和技巧，如对课堂的掌控、师生互动等：

首先他有一个模仿，至少教师的规范，像骨干教师的规范、掌

---

① 王建军：《课程变革与教师专业发展》，四川教育出版社 2004 年版，第 92—93 页。

控,他的把握、师生交流,这些都能学到。我们还有师徒带教制度,我们不是1年,是3年。然后到成熟教师了,由骨干教师来教。那又有3年,就是两个3年。这样的话哪个师傅带出来的徒弟多多少少有他身上的影子的。

(骨干教师带教是指?)就是一个教师已经比较成熟了,差不多已经3年、5年了,那么我们想让他发展成为骨干教师,那这个时候有一个比较好的骨干教师再带他,把他再推一把。

(师徒带教有哪些学习方式呢?)有规定的。我们新教师有成长手册,一年徒弟要听师父20节课,师父要听徒弟20节课,然后要一次全校展示课,辅导一篇论文,我们协议上都有的。我们每年在9月教师节的时候会聘的,开一个师徒结对仪式,签个协议,讲清楚各自的权力义务。实际上我们做的远远不止成长手册,基本上师徒都在一个办公室的,交流更多一点。(R2S3T1)

可以看出,C校的带教制度十分完善,具体的带教方式不仅包括师徒互相听课、师父指导徒弟完成校级公开课,还包括辅导论文等。而且,徒弟可以在遇到困难的时候,随时像师父请教,及时解决问题。这说明,学校课程和教学组织为师徒之间提供了丰富的带教与学习机会[1],为青年教师的发展提供了重要的专业支持。

其次,专业学习社群中的交流与合作使得教师互相学习教学方法与策略。在教学研讨与集体反思的过程中,教师互相分享经验、交换意见,学习他人的好的教学方法:

每个人都有一个自己的特长嘛,就是发挥每个人的特长,等于是互通有无啦,然后把一节课的设计,大家一起来规划,包括上了以后的效果的反思,大家一起来规划。这样的话,集众人的力量,形成最后的教学方案,包括教学之后的反思,包括之后的再反思、再深化呢,可能就能优化一些。(R2S3T5)

---

[1] Wang J., "Learning to Teach With Mentors in Contrived Contexts of Curriculum and Teaching Organization: Experiences of Two Chinese Novice Teachers and Their Mentors," *Journal of In-Service Education*, 2002, 28 (2): 339-374.

> 我现在这个师父有些课是上的很扎实的,比如像英语学习单词,上课之前要回顾单词,回顾单词有很多种方法的,像我以前就是比较省事也比较古板的那种,把音标打出来,然后让学生写这个英语单词,然后告诉它的意思。但是我师父他就是两种方法都用,综合用的,一个是(像我)这样的,还有一个就是他会把一个句子写出来,然后让你根据这个句子,把这个词填出来,拼出来,然后告诉他什么意思。我觉得这个方法可能更好一点,学生不光知道它的意思,还知道怎么用它,在什么语境下用它。这个方法挺好的。(R2S3T4)

集体备课、共同反思及师徒带教等过程促进了教师之间的互相学习。上述第二位教师通过具体的课堂实例表示,自己从师父身上学到的新方法使其在教学过程中更加关注学生的学习。实际上,不能将学科的内容知识与学生联系起来,即较少关注所教学生的学习结果及接收过程,是新教师面临的主要问题之一①。而师徒带教和集体研讨能够使年轻教师尽快地从以教师为中心的教学转换到以学生为中心的教学。

最后,专业学习社群中的分享与探讨能够提升教师的综合教学素养,并促进其教育学知识与价值观念的转换。教师的教学实践不可避免地存在一定的改进空间,来自同事的观点和意见能够帮助其及时认识并改正问题,从而提升课堂教学的质量。在这个过程中,教师的教学能力能够得到综合性的提升,如有教师所指:

> 就比如说这个滚动教研,它实际上能够让教师很快地对某一类的内容或者问题如何解决,会有很深入的思考。我们滚动式教研还有一个智囊团,包括骨干教师、校长、语文高级老师,还有我们语文非常有经验的老师,参与他们的备课活动。那在这个活动过程中有一个前期的磨课准备,可能就会帮助他去掌握一些(教学能力),比如在备课过程中怎么制定教学目标。这种指导就是一种预见式的,就是我学会在备课过程中去思考哪几点,因为老教师会教他怎么做,然后修改教案的过程中告诉他背后的依据,等等。其实我觉得这比看书能够更快地吸收经验,而且比较好实践。

---

① 胡谊:《成长的阶梯:成为专家教师之路》,华东师范大学出版社 2008 年版,第 20—25 页。

还有课堂提问，新教师刚开始设计教案的时候，问题他可能提得非常大，指向不够明确，或者他本来想把问题和教学目标切合，但是这个问题问下去反而不是这样的效果。那么怎么去修改，可能就需要修改几个字，或者加一些要求，所以这个提问非常有讲究。可能我们骨干教师更具有开放性，一个问题提下去，会激发学生很多的思维，但是新教师一个问题就把学生给压死了。所以在磨课前，在课堂提问上就会给新教师很多帮助。当然这个不是一次两次就能马上领悟的，但是他至少知道提问有哪些要素，比如要跟教学目标契合，要指向很明确，让学生知道我问什么，要有开放度，怎么开放，是不是很多同学回答了，但是又没达到点子上，这就算开放了，等等的，能不能提一个有效的、开放的问题。我觉得不一定是纯理论的学习，更多的是一种交流。（R2S3T3）

课堂研讨使得教师在制定教学目标、课堂提问等方面有所提升，有助于提高其综合性的教学素养。能够看出，C校的教师十分注重学生在课堂教学过程中的发展机会，强调通过提问来"激发学生的思维"。更重要的是，教师通过集体对话理解了实践背后的含义，也就是教师关于课堂教学和学生学习的假设得以改变[1]，实现了教育学知识的转换[2]。这也就是阿吉里斯（Argyris）和舍恩（Schön）[3] 所指的双环学习，它不仅改变了教师的教学行为与策略，而且实现了其背后价值观念的变化，是一种深层次的学习。

综合性教学素养的提升，改进了课堂教学质量和效率，并进一步促进了学生的学习：

---

[1] Lewis M. & Andrews D., "Creating a School for the 21st Century: Experiences of a Professional Community," In Richardson L. & Lidstone J. (Eds.), *Flexible Learning for a Flexible Society*, 2001, pp. 402 – 419. [Proceedings of ASET – HERDSA 2000 Conference, Toowoomba, Qld, 2 – 5 July 2000. ASET and HERDSA.]

[2] Pella S., "A situative Perspective on Developing Writing Pedagogy in a Teacher Professional Learning Community," *Teacher Education Quarterly*, 2011, 38 (1): 107 – 125.

[3] Argyris C. & Schon D., *Organizational Learning: Theory, Method, and Practice*, Addison – Wesley Publishing Company, 1996, pp. 20 – 24.

课堂效率提高了，学生学习的成绩和各方面都会相应的改善。（比如有什么体现呢？）学习成绩的提高像我们语文学科是非常缓慢的，其实你能通过学生的能力感受到，听课的时候能看到很多学生的发言质量在提高，然后小组讨论的质量在提高，或者学生理解这篇文章的感悟力在提高，听课中会有这种感受。直接反应在成绩上可能不是那么明显，因为成绩的提高要一点一点的，需要一个过程。（R2S3T3）

尽管学生成绩的提高需要一个过程，但其学习能力有了综合性的提升，包括表达能力、讨论能力、感悟力等，这正是课程改革所追求的根本目标。

以上教学规范、教学方法的学习及综合素养的提升较多地针对年轻教师，对于有经验的教师而言，受访教师认为集体研讨同样能够促进他们的学习：

我觉得这个东西（集体教研）它的交互性还是比较好的，也不一定是单向的，只是有经验的向刚刚工作的老师的一种灌输、一种指导，其实也有一种反作用，就是大家共同提高。（R2S3T3）

她因为年纪轻嘛，有很多新的想法，包括在技术上的，比如说网上有什么好的资源，包括制作媒体的一些好的点子，比较好的idea，我们可以在组里大家分享，就是我刚刚讲的互通有无，所以我觉得这样还是比较好的……各人有各人的特长，比如我们以前待过的组，有的老师是上传统的课比较拿手，词汇教学方面很扎实，另外一个老师是比较重视口语的，还有一个老师比较注重读写，那么大家就互通，就是讲到 reading 和 writing 的时候你主备，那你的一些好的方法可以分享给我们大家；讲单词教学呢，你比较拿手，我们每一篇课文的新单词的教授，请他多出一些主意，等于是就像以前萧伯纳说的，一人一个苹果嘛，（大家一起就）多了一个苹果，对吧。（R2S3T5）

在教师看来，集体探究具有一定的"交互性"，不仅能够促进年轻教师的发展，也有助于有经验的教师的提高。尤其是在教学技术、资源和新想法上，有经验的教师能从年轻教师身上得到启发。而且，C 校对成熟型的教师的发展提出了更高的要求：

> 如果是成熟老师，一个是心态要开放，从理论方面和教学研究方面要加强，可能成熟老师缺的就是这方面，跟青年教师不一样。然后还有一个现场学习，比如到外面参加研讨活动，要把人家的东西融合、转化为自己的东西，然后把它带到自己学校，就是这样一个责任。(R2S3T1)

在 C 校看来，成熟型的教师同样需要持续的专业发展，他们不仅要持续改进自身的教学实践与素养，还要在教育理论、教学研究和转化校外资源等更高层次上有所发展。因此，他们具有更为远大的目标，面临更高的发展挑战。能够发现，C 校十分注重教师梯队建设，对每一发展阶段、每一层次的教师都提出了具体的发展要求，并通过系统的专业支持来促进其不断提升，从而打造高素质的教师队伍。

综上所述，C 校的专业学习社群通过促进教师掌握教学规范、学习教学方法与策略、提升综合教学素养并转换教育观念、改进课堂教学效率和学生学习等过程，实现对教师发展的促进。值得注意的是，不同于 B 校，C 校不仅关注年轻教师的成长，也强调成熟型教师的发展和突破，这使得整个学校充满了教师发展与变革的活力，能够为课程改革提供重要的支持。而且，C 校十分注重学生学习的改进，将学生综合学习素养的提高作为教师集体活动的核心目标，这符合课改的要求，有助于推动课程改革的发展。

三 影响 C 校专业学习社群效果的因素

C 校的专业学习社群之所以对教师的发展产生了显著的促进作用，并具有较高的发展水平，主要因为其具有以下几个方面的特点：

1. 学生的综合素养和考试成绩协调发展的共享目标与责任

C 校的教师具有很强的共享目标与责任意识，在具体的专业学习社群实践中确立了共同的促进学生学习的目标，并且对学生的学习产生了一种集体责任。这是因为，C 校对教师采用集体评价的方式，奖励团队而非个人。在这种评价制度的影响下，教师之间逐渐形成了开放和共享的文化，

并产生了共同的目标与价值观:

> 比如一个骨干教师,最多带两个班,我们有六个班,如果不共享的话,两个班再好,其他班也不行。所以我们现在包括资料,我们有资源库,全部是共享的,每一届每一届修改。一方面,老师的负担轻了;另一方面,我们奖励组织,不奖励个人。比如你备课组考得好,你再好,也是我们三个人一起带的,只有三个人都好,我们才奖励这个备课组。所以有这个文化在里面,我们老师的心扉是打开的。都打开了,实际上对他本人也是有提升的。(R2S3T1)

> 很多工作都是一起做的。像我们还有语文活动,我们会聘请各个年级的老师做评委,比如我们区里有一个课本剧表演,但这个学生不一定出自一个年级,可能来自好几个年级,由一个老师带队。其实学生对我们来说,也是我们大家的,然后这个活动是我们学校的,所以整个的感觉(我们)是一个团队,大家共同努力的这样一个团队……怎么说呢,反正就是大家伙做的一个结果,不可能一个人完成的。(R2S3T3)

很多工作都由教师共同完成,尤其是教师将其他班级、年级的学生也当作自己的学生,并对其进行指导,这种将学生视为"大家共同的"学生的现象充分说明了C校的教师具有很强的对学生学习的集体责任意识。而且,C校还通过走班教学的形式,使教师资源最大化,从而集体改进学生的学习效果。如语文拓展课就是采用教师分工合作的走班教学方式:

> (您刚刚说的走班教学是怎么做的?)我们在预初和初一有语文拓展课,像预初我们有诵读,我们就根据学生的喜好,诵读现当代作家的作品。因为我们语文教研组有16个人,除了初三教学任务比较重的老师,我们就抽出12个人进行走班教学,每个人在一个班上两节课,选一个主题,比如现代诗人汪国真的诗。实际上就是专题式地讲一个诗人,带几篇诗歌,让他们诵读,这样让他们(学生)了解书本之外的东西。其实语文课涵盖的内容很广,但是他可能没有了解这些东西,我们就给他。我们有几个主题。
>
> (为什么想到要做走班教学呢?)一是因为我们本来就是一个团

队，如果一个人承担这个任务的话，他可能想的也不是很周全。然后学生面对一个老师的智慧的时候，他可能也有一种疲惫感吧，我感觉，（走班教学）比较新鲜。然后每个老师都有自己的喜好和特长的地方，哪怕是诗人，他也会有自己的喜好，那他可能研究的更深、更透，这样在教学过程中能更好地展现他的特长。用自己喜好的东西跟学生交流的话，比我们规定的东西要好多了。所以是走班的，每个人选择自己喜欢的，然后又是我们主题范围内的。（R2S3T3）

走班教学让教师合作开展教学实践，共同完成课程目标。这有助于整合教学资源，汇集每个教师的特长，从而优化课程建设，提升教学质量。而且，这种安排是基于学生的成长需要而产生的，使学生获得向不同教师学习的机会，并提升了学习的兴趣。这进一步体现出了学生是教师"大家共同的"，说明C校的教师具有以改进所有学生学习为目标的集体责任意识。

同时，C校教师并未只关注学生的考试成绩，而是强调学生的综合发展。尽管与小学相比，初中的考试压力，尤其是中考压力更大，但C校的教师，尤其是低年级的教师并未以成绩为中心：

> 我跟他们（其他老师）讲的是，六年级我们不看成绩，看习惯和兴趣，主抓的是这两个东西。（学生）进来后军训时，人家老师可能关注最好的和最差的同学，我们其实有很多平台，活动非常多，总有适合的……学生需要活动带给他们自信，让他们认识到自己的能力。我们学生发展活动很多，只要学生有一个闪光点，就有展示的地方。（R2S3T2）

关注学生学习的习惯和兴趣，而非单纯的考试成绩，并且为学生提供丰富的发展平台和机会，提升学生的综合素养，这样的学生学习观和发展观正是课程改革所强调的。对于学生的综合素养与考试成绩之间的关系，C校的教师这样认为：

> （是否有成绩压力？）成绩上面的确没那么大，但我觉得实际上（活动对成绩）是一个促进，因为学生在活动上找到自信的话，自然

就会在成绩上觉得我应该要做好。可能对他自己是一个很大的促进作用。如果一个班级在活动上面经常（参与），他的成绩绝对不会差，绝对是很密切相关的关系。而且我们现在很多老师对这个活动是非常认同的，像我们"四大节"（活动），真是（对学习有）很大的推动作用。比如读书节，我们普通孩子的家庭里没有丰富的藏书，在家里自己照顾自己，或者家里是开小店的，可能在很嘈杂的环境中学习，所以很少有安安静静的读书环境。我们学校就为（学生）提供这种读书机会。包括科技节，男孩子喜欢航模，他们自己没机会接触，但是学校会给他提供。所以很多孩子感受到了快乐，他觉得在学校很快乐，很热爱这个学校，这是很好的。(R2S3T2)

在 C 校的教师看来，学生的综合素质和考试成绩之间并不是割裂的、非此即彼的，而是紧密相关、相辅相成的。通过丰富的学习活动来培养学生的学习兴趣、态度和自信，能够促进其学习效果，即考试成绩的提高。可以说，C 校的教师将传统的考试文化和课程改革强调学生综合素养的要求有机结合起来，努力促进二者的协同发展，这是改进学生学习的重要途径[①]。

2. 多元且深入的集体探究

C 校具有多元、深入的集体探究活动，它们呈现出主题化的特点，注重对学生的学习数据进行分析，并打破了学科和学校界限。这些特点构成了专业学习社群促进教师发展的原因。首先，同 A 校类似，C 校的集体教研活动都围绕着同一主题进行，呈现出一定的序列性。具体的研讨主题由教研组长根据区教育部门的研究方向，并结合学校的实际情况来确定：

有主题研讨，区里也有教研员把这一年他们主要研究的方向跟我们说一下，我们会根据这个方向，结合我们学校自己的情况，制定一些主题，比如去年我们初三的时候，考虑到作文的评奖和批改是重点，我们第一次就搞了这样的主题研讨。正好刚刚中考考完，把一些优秀卷、打分标准大家学习了一下，掌握中考的趋势，然后大家根据

[①] 张佳、彭新强：《上海 PISA 夺冠与课程改革之间的关系》，《复旦教育论坛》2015 年第 2 期，第 25—31 页。

批改，指导我们平时的教学。平时的话都会根据形势或我们学校要求，进行这种主题研讨。（R2S3T3）

主题研讨有助于教师间进行深度对话，能够最大化地发挥集体探究的价值。C 校最常规的主题研讨活动是"周周研"活动，即"备课组教师集体备课——第一位教师上课——集体研讨并重建——第二位教师上课——集体研讨再重建——第三位教师上课——反思并形成案例"等过程。这类似于 A 校的绿色教研活动，有助于实现课堂教学的不断改进：

> 我们学校里面有一个"周调研"，在每个学期开学的时候，由教研组长和备课组长一起制订我们这个学期的研讨计划。像这个学期，为了增强教师的理论能力，我们是备课组三个人一起先确定要上哪堂课，然后一起备课，初步教案备好，然后一个老师先上，其他老师都去听。听完之后改成第二稿，然后第二个老师再去上课。然后第三个老师再上，就形成一个案例。（R2S3T5）

通过"周周研"这一主题研讨活动，教师形成了关于教学的总体框架，并且"在总体框架下，形成个人的个性化教案"（R2S3T1）。而且，C 校实行学生分层作业，为不同层次的学生提供不同的练习内容。这说明，教师的集体探究以改进所有层次的学生的学习为中心。

其次，教师集体探究注重对学生的学习数据的考察和分析。研究指出，教师集体分析关于教学和学生学习的数据，并基于数据进行决策是专业学习社群的关键特点[1][2]。C 校的教师十分强调对学生数据的科学、系统的分析。具体而言，教师不仅在平时经常交流学生学习的情况，还通过期中、期末的考试质量分析，了解学生学习存在的问题，并分析教学过程中可能需要改进的地方，从而进行教学决策：

---

[1] Thompson S. C., Gregg L. & Niska J. M., "Professional Learning Communities, Leadership, and Student Learning," *Research in Middle Level Education Online*, 2004, 28 (1): 1–15.

[2] Nehring J. & Fitzsimons G., "The Professional Learning Community as Subversive Activity: Countering the Culture of Conventional Schooling," *Professional Development in Education*, 2011, 37 (4): 513–535.

(考试质量分析)每个人都要做的,每个教师对自己所教的班级进行质量分析,备课组长根据他们的分析做备课组的质量分析,我再根据备课组长的分析做整个教研组的分析。

(都分析什么呢?)我们语文有26道题,我们是每一道题都进行分析。比如一开始的默写,错哪几个字,有几个学生错,为什么错,都要分析原因的。然后这个错误联系到我们的教学,教学过程中你是否有改进措施,下阶段准备针对这个进行什么样的改动。就类似于这样的分析。还有这张试卷出的好不好,因为试卷出自不同的人手,质量也会有高下,那你认为这张试卷好不好,哪些地方没有涵盖,比如可能没有抓住我们这半个学期的教学重点,可能只是关注到中考趋势,跟我们整个教学不是非常切合;比如课外的文言文没有做到课内、课外的迁移,只是考一些常规词,等等。就是我们会对整个试卷进行一个科学评价,然后对每道题进行分析,然后会有整个半学期教学的改进措施和下阶段的计划。(R2S3T3)

可以看出,教师并未单纯地关注学生考试成绩的高低,而是将考试作为学生学习和教学的诊断与评价方式,服务于教学实践的改进。而且,教师对学生的数据的分析十分具体、细致,并非只在质量分析报告中简单列举学生的平均分、总分等成绩指标。同时不仅分析学生的问题所在,还考察其出现问题的原因,并共同讨论后续的改进措施,也就是专业学习社群所强调的集体分析学生数据,并基于数据进行教学决策。

再次,不同学科的教师开展集体探究活动,实现跨学科的研讨。学生在不同学科的学习具有一定的联系,不同学科教师之间的讨论有助于更加全面地了解学生的学习情况,及时发现并解决学生学习中存在的问题。C校的"三人行"活动将同一班级不同学科的教师集合起来,共同讨论学生学习的情况:

落实到年级组做得比较好的是"三人行",一个班级的语数外三个老师,一个人牵头,定期或不定期地讨论班级学生可能出现的问题,进行研讨。也可能根据不同的需要,把其他老师纳入进来。

(讨论学生情况?)对,有专题的,像上次我们期中考试以后,有一个年级组分析。以前的年级组分析是一个班、一个班的讲,像我教一班、二班，我讲的时候，三班、四班的老师可能不感兴趣。所以就分流了，一班、二班是一组，三班、四班一组，五班、六班一组，可能包括其他学科老师作为副班主任也参与进来，讨论学生的表现……每个牵头人有一个记录。我在开年级组质量分析会的时候，这个牵头人就会讲讲总结出来的问题，也会根据学生的情况，谈后续如何跟进。其实也是三个"三人行"之间的交流，效果很好的，大家交流的东西蛮多的。说是"三人行"，3个人，其实有时不是。而且不仅是为成绩，像有时我们搞一个语文的学科月，像之前班级承担学校的活动比如科技节，那么可能会把科技辅导员等等都加入进来，不同学科的老师，而且可能是比较多变的。（R2S3T2）

"三人行"研讨活动打破了学科的界限，使得教师之间有更加多元化、多层次的交流，这有助于教学和学生学习的改进。

最后，C校的专业学习社群还打破了学校的界限，为教师与其他兄弟学校及高校教师定期开展集体学习与研讨提供机会。专业学习社群可能受限于自身成员的视野[①]，应建立超越学校界限的开放的联系及合作关系[②]。C校在这方面做出了诸多努力，不仅与高校建立了合作关系，定期与高校的教师进行交流、学习，开展实践变革。而且在高校的引领下，与10所兄弟学校建立起学习生态区，定期开展教学研讨活动：

> 还有一个是生态区的学习。我们附近有10所学校，我们属于组长学校，"新基础教育"的生态区的组长，10所学校的老师的专业学习放在一起。这种活动很多，比如专题研讨、教学研讨。10所学校老师听课之后，可以针对这堂课进行评课、说课、研讨，这是实践和理论结合的。我们也有"新基础教育"专职研究员，会去指导，有时派华师大专家过来。
>
> （生态区活动大概多长时间一次呢？）我上次统计了，3年一共

[①] Vescio V., Ross D. & Adams A., "A Review of Research on the Impact of Professional Learning Communities on Teaching Practice and Student Learning," *Teaching and Teacher Education*, 2008, 24: 80–91.

[②] Stoll L., Bolam R., McMahon A., Wallace M. & Thomas, S., "Professional Learning Communities: A Review of the Literature," *Journal of Educational Change*, 2006, 7 (4): 221–258.

43次,研讨课开了300多节,2000多个老师参加,应该还是比较广的。

(对教师发展有哪些作用呢?)因为各个学校力量不同,我们可能语数外强一点,人家可能数理化强一点,那么一个学校一般物理老师只有一两名,很难形成学习的氛围。这样一组织的话,把10所学校老师放在一起,就弥补了学校的不足。我们等于在生态区自主地、开放式地培养教师。各个学校优势互补,不可能每个学校所有项目都是差的,总有一两项是强的,然后打开了我们的边界。互相之间的影响,是教师学习的途径。我觉得教师学习还是要心态开放,心态开放才能学得到,你总是封闭在自己学校里,那就学不到,对吧。(R2S3T1)

跨校交流和研讨促成了更大范围的学习,尤其是在本校相对薄弱的地方,可以充分挖掘并吸收其他学校的资源,推动自己的发展,比如C校利用其他学校的资源促进本校物理课的研讨和改进。正如教师所说,跨校交流实现了优势互补,能够开放式地培养教师。

实际上,C校不仅向高校及其他兄弟学校学习,也积极参与到区教育学院组织的教研活动中(R2S3T5)。对于不同的教育理念之间的关系,教师是这样认为的:

我们是用融通的方法,其他比如后茶馆教学,我们也会参与。实际上从我的角度讲,我外面学的也蛮多,实际上理论还是相通的,无外乎是站在那几个层面,所以学的时候有些好的东西我们也会学。不是理念和理念之间划的很清楚,因为教育还是为学生的发展,只要有利于学生的发展,那我觉得这个理念就好。我们虽然学"新基础教育",但区里面很多东西我们也会参与,参与后我们会融通到我们这边。我们不会专门搞这个项目,但是会把他们的理念转化到我们的学习中。(R2S3T5)

在C校看来,不同的教育理念之间是相通的,本质在于促进学生的发展。教师并未将不同的改革流派割裂开来,而是用融通的思维来处理它们之间的关系,将有助于促进学生发展的改革实践融通、转化到自己的学习中。这是专业学习社群促进教师发展的重要原因。

3. 共享与支持性的领导

C校的领导并未采用自上而下的等级领导方式，而是尽量放权给教师，在一定程度上体现出了分布式的领导风格。尤其是教研组长、年级组长、备课组长等团队领导被赋予了较大的权力和责任，全权负责自己组内的专业学习活动。例如，前文提到的语文走班教学活动就是由语文教研组组长提出并实施的，"三人行"活动则是由六年级年级组长负责开展的。教导主任认为，学校的领导采用的是"扁平化管理"方式：

> 专业学习在学科上，我们学校是教研组。我们是扁平化管理，教研组有自主学习权力。教研组长通过自己安排活动，比如学习好的文章，还有出去开会，进修学习，带动我们学校教研组发展的学习。
>
> （您在其中的角色是什么？）一方面是服务，为他们提供一些资料什么的。但更多的是一个方向性的引导，比如根据学校的鉴定，首先看这段时间教学现状是怎么样的，需要什么，我要有一个鉴定和发展规划。第二个是去教研组里面落实，有一个推进，还是存在一个管理的功能。（R2S3T1）

教导主任主要将自己置于服务和引导而非管理的角色，如提供"方向性的引导"、提供资料、鉴定与评量教师的教学与专业学习等。在观察C校的过程中，笔者也发现校领导包括校长很少强制教师开展活动，而是由教研组内的教师共同商讨、决策，领导则主要为其提供具体的支持。这种相对民主式的领导风格不仅体现在校领导这一层面，而且体现在教研组、备课组等团队领导身上。例如，教研组长认为自己的角色是统筹、监督、服务、引领等：

> （您作为教研组长的角色是什么？）更多的是统筹安排，还有就是凝聚他们的力量，比如我可能根据他们的想法制定一个主题，我凝聚了一个讨论的焦点。还有比如我参加某个备课组的质量分析，我会给他们提供一些建议。其实我也是个服务者，我感觉，更多地提供一些我能提供的帮助，或者是监督、指导或者引领的作用，更多的是服务。

（教研组长是行政领导吗？）不是的，因为行政领导的话可能任务布置更多一些，我们可能更多的是研究教学，或者是分享经验、资源共享，更多的是一种融通式的。我可能让年级组之间有一个相互交流的机会。（R2S3T3）

这位教研组长明确表示，自己不是行政领导，而主要是在专业上引领教师的学习与发展，并提供服务与帮助。而且值得注意的是，C 校教师的专业学习计划是自下而上形成的，即先由备课组教师讨论制订备课组计划，教研组长再根据各备课组的计划制订教研组计划，继而反馈到学校层面：

开学每个备课组有一个整个学期的规划制定，比如要写哪些作文，每个单元的重点是什么。备课组他们 3 个人讨论好以后，制定备课组的整个学期的教学计划、培养重点，包括语文活动有哪些……比较细致的规划。而且初一、初二、初三有一个阶梯的意识在里面。四个备课组全部制订好后，我再制订教研组的计划。

（是自下而上的是吗？）对。（R2S3T3）

自下而上的计划制订方式体现出了领导、权力与责任的共享，这有助于教师开展符合自身发展需要的专业学习活动，也能激发其参与社群活动的热情和积极性。

同时，C 校的领导对于专业学习社群的支持也是多层面的。首先体现在，校长、教导主任等领导全程参与教师的专业学习活动，并提供专业指导：

我们有 AB 角，就是两个行政，像我（教导主任）是数学的（行政领导），我是数学教研组的 A 角，每次（教研组）会议都参加的。还有一个行政（领导）也是数学的，他是 B 角。基本上一个组里面有两个角，如果我不在，他就一定要参加的；如果我在，就要做小结还有一些指导性意见之类的，都会参与进去。（R2S3T1）

我们校长就是英语组的，她就是智囊团的成员，她实际上全程参与我们的各项活动。然后还会给我们很多指导。因为校长到外面看到的视野比我们更开阔，站的更高一些，有时候给我们的指点可能跳开我们本学科的（视角），更多的展望学生的健康发展的培养，所以应该说还是比较高瞻远瞩的引领吧。（R2S3T4）

在教师看来，校领导的"视野更开阔"，更关注"学生健康发展的培养"，能提供"高瞻远瞩的引领"。这说明，教师对于校领导的指导是欢迎的、认可的。而且，通过参与教师的专业学习活动，校领导对于教师的学习状况能有更加深入的理解，从而提供更有针对性的支持。

除了全程参与专业学习活动外，校领导还为教师争取各种校外学习的资源和途径，包括参加区读书班、研讨活动，参与生态区学习活动等：

> 我们今年还有两个老师参加区里活动，一个是青年老师读书班；还有一个是区骨干培养班。这两个人参加区里研讨活动，也会给我们带来很多信息。这样在我们自己的研讨中，谈自己的学习感受和心得，对我们来说等于校内教研和校外教研有一种融通，而不是封闭式的。然后我们又是"新基础教育"生态区的，有很多学校，每年"新基础教育"生态区就会有很多活动，我们会派很多老师出去听课、研讨，也是到外面的学习机会。然后生态区还有一些评比，比如评课比赛、优质课比赛，那么就是给他平台，搭建平台。我们可以通过自己的滚动式教研推出我们最优秀的课堂，然后展现给我们整个生态区，所以活动的面又广了。这个网络还是蛮立体的，不是平面的，各种层次的。（R2S3T3）

学校为教师提供了开放、立体的学习网络，使教师有多样化的学习空间和平台。与外界的学习和交流，将教师的专业学习活动延伸到校外，并通过"校内教研和校外教研的融通"，推动教师的发展。

在关注教师学习的同时，校领导还鼓励、引导其实现更高层次的专业发展。例如，发现教师工作中的亮点，并提供充分的平台，推动教师进一步的思考与行动：

> 我这次是从六年级接班，学校很敏感，让我做一个4年设计。我每次开公开课，思路就越来越清晰。最后我们班评到了市优秀班级，

都是上很多公开课给我的。

（您说的学校很敏感指的是？）就是借助一次班主任会议的契机，我就做了一个工作汇报，当时可能有几个亮点，学校就感觉到了，然后立马就搭建平台，让我设计活动。(R2S3T2)

学校领导的引领、鼓励与支持，为专业学习社群的发展提供了重要的力量，有效促进了教师的专业发展。

4. 有力的结构支持

C 校为教师专业学习社群提供了坚实有力的结构支持。在时间上，每周提供 1 个小时的集体学习时间，让教师开展正式的教学研讨活动：

备课组要求是一周一次，但实际上没有记录在案的备课组会议更多，非正式的其实更多。因为你真要三个人坐下来的话，要找一个固定的时间，但是有时两人也好、三人也好，比如我今天测验下来，关于学生情况什么的，都会有个交流的。(R2S3T5)

除了正式的教研活动，C 校的教师还进行了大量的非正式交流与学习，这使得教师能够及时解决教学问题。非正式交流的广泛开展，离不开学校在空间上的支持：

我们整个年级的老师都在一个办公室。以年级组为单位有个大办公室，然后 4 个语文老师坐在一起，以备课组为单位坐在一起。年级组为单位是整个办公室，备课组为单位是坐在一起。

（也就是备课组和年级组交流都是很方便的？）对，非常方便。他们说要定时进行备课组会，实际上我们备课组会经常都在进行。因为 3 个人一旦坐下来，可能马上就会交流，比如这节课我上下来后觉得可能哪些要改进的，或者我今天作业做下来哪些需要学生再练习的，所以可以立刻就交流，非常快捷、非常方便，是随时的。包括可能会有些其他学科老师在里面，可能也会有些交流，比如今天上下来，哪个班级的情况，也会进行一个交流。(R2S3T2)

在办公室安排上，C 校将备课组和年级组结合起来，以年级组为单位划分办公室，而办公室内部的小空间则以备课组为单位进行划分。这既促进了备课组，即同学科教师之间的交流，也促进了年级组，即同年级教师之间的交流。因此，这种空间安排促成了教师多向度、多层次的互动与研讨。

除了空间支持，C校也鼓励教师通过网络平台进行实时交流：

> 大家都很忙，突然有个什么事情，有个什么安排，不能马上坐下来，所以我们平台也蛮多的，像我们自己的微信群，有时大家晚上睡觉之前就会交流下。（R2S3T4）

时间、空间及网络平台等结构支持，为专业学习社群提供了坚实的基础。尤其是空间上的安排，体现出了C校对于教师多维交流的重视。

5. 进取、开放的学校文化

C校具有进取、开放的学校文化。笔者在观察、接触C校教师的过程中，能够感觉到他们十分积极向上，具有很高的工作热情，乐于参与到各类学习活动中。在长期的办学过程中，C校努力打造自育文化，既强调教师之间的互相学习，又注重教师主动、自觉的发展意识的培养：

> 我们学校的文化叫自育文化，这个已经渗透到各个组织中，比如说备课组，我们做的是自育型备课组，所以我们备课组可能比其他学校做得好一些，学习得要多一些，就是互相学习的氛围浓一点。这实际上也是一个学校的文化，就是自育，自育要通过什么呢，要有一个平台，备课组是一个平台。
>
> 自育主要是主动、自觉的。有自觉了，他就要学习。那这个跟学校文化当然有关系，如果学校氛围没有形成自觉、自主向上的精神，那老师就会产生职业倦怠，不要学习，这还是比较普遍的，比如中老年教师就会这样。但是在我们学校不存在（这种情况），我们的中老年教师包括明年退休的，还是干得很起劲，还在向年轻人学习。这就是因为学校文化，我们自觉、自育的文化，这方面做得不错。在我生命的成长过程中，我要向上。（R2S3T5）

C校形成了一种"自主向上"的文化，每个层次的教师都具有清晰的发展自觉，营造出浓厚的学习氛围。在这种氛围的带动下，教师愿意并积极参与到集体探究与分享活动中，如教师经常互相听课，开放彼此的课堂实践：

> 我们要求一个学期老师（听课）15节以上，像我要听30节以上。实际上不止的，我们之间听课蛮多的，老师之间互相听，然后我们还有骨干教师的开放课堂。所有骨干教师的课是随时随地开放的，青年教师想学习的话，你就自己坐下来听。比如今天我要上这堂课了，虽然备课是一起备，但我好像把握不了，那我就先听你的课，不用打招呼的，因为我们已经讲好了，他进来听，听完再去上。（R2S3T1）

骨干教师的课堂"随时随地开放"，教师不需要打招呼就可以直接听课，这说明教师之间具有非常强的开放和分享意识。这种开放意识还体现在评课过程中，教师乐于接受别人提出的意见，喜欢听自己需要改进的地方，而非优点或亮点：

> 我觉得现在大家真的是非常开放，以前我们都觉得评课嘛，要讲一下人家的好，否则人家很辛苦的。现在觉得都听好的反倒是不习惯了，总会有一些思维的碰撞出来。大家也会很自然地讲你这个哪些东西好的、哪些东西不好的，哪些我觉得需要改进一下。不管人家说的好不好的，我觉得老师心态都非常好的，都能去接受。而且的的确确都是经过人家思考的东西，都是财富。
>
> （您觉得老师普遍都有这种变化吗？）都有的。
>
> （为什么呢？）我觉得"新基础教育"起到一个蛮大的作用，可能刚开始时很多人是不理解的。像我当时是作为新老师进来的，所以我当时觉得，我还是比较能够接受的。有的老教师心里可能会（觉得），我费力的去准备了，你不认同我，或者你讲那么多的建议，你想表达什么意思嘛，对吧。但现在我觉得，不管老教师还是年轻教师，都很坦然的……现在形成了一种就是，上课下来赶紧说，有什么意见赶快跟我说。（R2S3T2）

可以看出，C 校的教师实现了观念上的转变，不同于过去将提意见作为不光彩的事情，教师现在接受并欢迎其他教师提出不同的意见，因为在他们看来，提意见是重要的学习资源，是一种"财富"。也就是说教师认识到了不同意见对于自身发展的价值，这正是研究者所强调的[1]。C 校的教师之所以实现了这种观念上的转变，很重要的原因在于其与高校合作开展的实践变革。这一合作项目强调教师交流过程中不同观点的碰撞，从而使 C 校的教师在与高校及其他兄弟学校学习的过程中，渐渐形成了进取、开放的意识。

6. 专业学习社群面临的挑战

尽管 C 校的专业学习社群具有很高的发展水平，但其依然面临着一定的挑战。学校的领导和教师不仅充分认识到了具体的挑战，而且采取了相关的措施加以应对。首先，针对部分教师合作意识不强的情况，学校通过教研组长和学科智囊团等专业力量的介入来处理，尤其是由骨干教师组成的智囊团的教学视导，能够及时发现和诊断教师合作中存在的问题，并给出专业的意见和改进措施：

> 我们备课组也会产生一些不良氛围，合作也是合作的，但是比较弱，那么这个备课组可能就有些问题。我们采用的方法一个是教研组长介入，第二个是我们有一个学科智囊团，进行教学视导，比如派一个团队，对这个备课组进行诊断，到底备课组出现了什么问题。然后诊断好后，我们再给他处方，怎么整改。就是诊断、整改、改进。
>
> （学科智囊团是指？）我们学校各个学科骨干教师组成的智囊团……（R2S3T1）

其次，部分学科缺乏专业发展水平高的教师，如骨干教师，难以在专业上引领教研组的发展。这一困难主要通过生态区学习，即借助"其他学校的优质资源"来推动本校教师的发展：

---

[1] Achinstein B., "Conflict Amid Community: The Micropolitics of Teacher Collaboration," *Teachers College Record*, 2002, 104 (3): 421-455.

困难的话可能就是骨干教师量比较少，像有些科目缺少骨干教师，这样就形成不了一个好的氛围，所以我们也借助生态区建设来借一些其他学校的优质资源。（R2S3T1）

综上所述，学生综合素养和考试成绩协调发展的共享目标与责任、多元且深入的集体探究、共享与支持性的领导、有力的结构支持及进取、开放的学校文化是 C 校的专业学习社群具有较高发展水平并且发挥对教师发展的促进作用的关键因素。这些特点也反映出了 C 校的专业学习社群所面临的制度障碍较小，包括未形成以考试为中心的问责体系，等级行政色彩较弱，在制度安排上为教师合作提供便利等。而 C 校的专业学习社群也面临着部分教师的合作意识不强、部分学科缺乏高水平教师的引领等挑战，并采取了相应的措施来应对这些困难。

第四节　个案学校 D 的研究发现与讨论

本节对个案学校 D（中学）进行深入分析，探讨其专业学习社群对教师发展的影响过程，及影响这一过程的关键因素，也即探索其专业学习社群发展水平相对较低的原因。

一　学校背景和被访者简介

D 校创建于 1901 年，是一所公办高级中学。该校隶属于上海市某中心区教育局，校址则位于郊区，为寄宿制学校。作为上海市实验性示范性高中，D 校在百年的办学实践中始终走在教育改革的最前沿，注重培养学生的自主学习能力。学校实行小班化教学，现有学生 1000 人，教职工 120 人，属中等规模学校。学校打造了一支优质的教师队伍，包括近 20 位区学科带头人、市区名师等。同时，D 校的年轻教师数量不多，尤其是教学经验在 5 年以下的教师很少。学校具有现代化的教育教学设施，建有体育馆、游泳馆、图书馆、各类球场、机器人实验室、创新实验室等。

D 校于 2010 年起开始了新一轮的综合教育教学改革，开辟了以"学程、模块"为特征的课程实施新途径，将每学期灵活划分成 3 个"学程"，学生所有科目的学习均以学程为单位进行，并将一个学程内每个学科的学习内容均设计为一个模块,每一模块都具有特定的主题。课程改革既改变了学生的学习方式,使得每个学生拥有了个性化的学习时间和进程,也改变了教师的工作方式,走班教学使得教师在每个学程都面临不同的学生。这种改变对教师专业学习社群的发展产生了一定的影响。

表7—7和图7—7显示出了D校专业学习社群与教师发展的水平及其与所有调查学校的平均水平的对比。可以看出,在集体探究与分享、共享目标与责任、支持性领导、合作关系和组织结构等变量上,D校的得分明显低于总体均值,而在文化障碍和制度障碍变量上,D校的得分高于总体均值。这说明,D校的专业学习社群的发展水平相对较差。同样,D校在教师教学效能、工作满意度和教师承诺这3个变量上的得分也低于总体均值,说明D校教师的发展水平一般。因此,D校能够代表专业学习社群发展水平低以及教师发展水平一般的中学。

表7—7　　　　　　D校专业学习社群及教师发展水平

概念	变量	个案D校样本数	个案D校均值	总体均值	个案D校标准差	总体标准差
专业学习社群特点	集体探究与分享	41	4.72	5.29	0.74	0.60
	共享目标与责任	41	3.70	4.72	1.16	1.02
	支持性领导	41	4.24	4.98	0.95	0.86
	合作关系	41	4.92	5.29	0.69	0.63
	组织结构	41	4.14	5.12	0.77	0.76
	文化障碍	41	2.18	1.86	0.81	0.81
	制度障碍	41	3.92	3.88	0.69	1.12
教师发展	教师教学效能	41	4.76	5.04	0.78	0.66
	教师工作满意度	41	4.17	4.72	0.96	0.94
	教师承诺	41	4.94	5.35	0.87	0.60

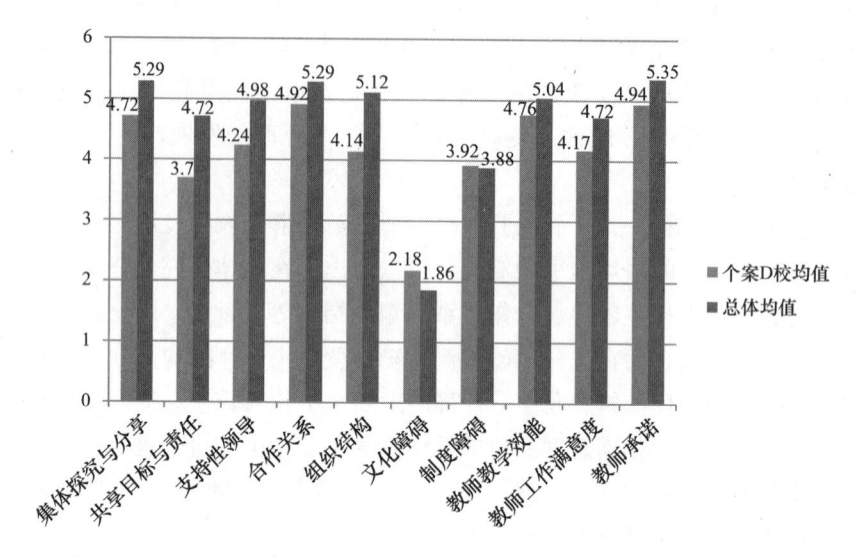

图7—7D 校专业学习社群及教师发展水平与样本学校平均水平对比结果

为了探究D校的专业学习社群是如何影响教师发展的,以及其专业学习社群缘何具有较低的发展水平,研究者对D校的10名教师进行了深度访谈(访谈提纲见附录3),被访者的基本信息如表7—8:

表7—8　　　　　　　　D校被访者基本信息

被访者	性别	学科	教龄	职务
R2S4T1	女	英语	19	教研组长
R2S4T2	男	生物	10	普通教师
R2S4T3	女	英语	3	普通教师
R2S4T4	男	数学	27	教研副组长
R2S4T5	男	数学	9	普通教师
R2S4T6	女	数学	15	备课组长
R2S4T7	男	化学	2	普通教师
R2S4T8	女	英语	40	退休返聘教师

二　D校专业学习社群对教师发展的影响过程

D校的专业学习社群对教师发展的影响方式与过程体现在以下几个方面：

首先，专业学习社群中的交流使教师统一了教学内容和教学进度，从而缩小了教学差异。D校的备课组每周都有常规的研讨活动，该活动的首要目的是统一教师之间的教学内容，尤其是教学的重点、难点，如英语备课组的教师一起讨论具体词汇需要讲到什么程度：

> 我们备课组的活动是这样的，我们比较突出的重点就是我们的词汇学习，这篇课文里面我们要讲几个单词，我们都会提前讨论的，我们会把前两年的材料都拿出来。我看了前面两年的，然后我们一起讨论，就是这几个单词只要讲到这个词组就够了，这个单词要具体一点……然后平时进度什么的，我们备课组整个都是统一的，考试的范围、考些什么内容，就全部统一的，等于就是你进教室去讲的话，每个人有自己的特色，但是这些内容相对比较固定。（R2S4T1）

可以看出，每个教师的课堂教学方法是不同的，但所讲授的内容是相同的。而备课组讨论的目的之一就是确保教师在教学内容上不存在差异。在统一内容的基础上，集体交流还要保证教学进度的统一：

> 备课组活动主要是教学上的，每周一次，一个是掌握教学进度，还有老师在这一周教学下来以后的反馈，学生当中遇到的问题，找一些对策性的东西，比如说这一周教学中有哪些难点，学生当中有哪些问题、状况，都可以了解一下，统一一下进度，统一一下考试。备课组实质上，日常教学整体过程推进的时候是一个群体性的推进。不同于过去就是，我期中考试了，那大家马上统一一下，这个老师教到前面去多少，那个老师还掉在后面多少。不同于这样的，所以说是整体推进的。还有难易度什么的都是这样，不存在一个老师想教多少，然后跑到前面去了，这个不可能的。它好的话群体都好。（R2S4T4）

教学进度的统一，即群体性推进日常教学的过程，缩小了教师之间的

教学差异。尤其是对于年轻教师而言,能够准确把握教学的重点,从而达到一定的教学效果:

> 就大家不管是年纪轻的老师怎么样,他也能够把握这节课的要点,都能够及时跟上的……所以基本上我们就不会有各个班很大的教学上的差异。(R2S4T6)

除了教学方法上存在差异,教师的教学内容、进度、学生测试等都是统一的,这在很大程度上保证了教学效果的统一。也就是说,不同班级的学生之间学习成绩的差异很小。

其次,专业学习社群中的集体探究,尤其是公开课研讨活动促进了教师的互相学习与借鉴。听课、评课等活动使教师有机会观察、了解他人的教学风格,包括课题的处理方式、切入点、教学方法等:

> 通过开课,其他老师都能看到每个老师的不同风格,比如说对课题的处理。我们有可能的话会结合学校,比如学校搞过一次同课异构,就是同一堂课请两到三位老师,就是不同老师来上,那么我们课后看好以后,就可以知道每个老师的切入点是不一样的,老师的风格不一样,这样就是对同行之间的一种教学技能的增长是非常有帮助的。特别是对于新来的老师,他可能通过观摩很多比他资历深的老师的课的话,他的成长就比较快一点。哪怕资历深的老师,他常年上课有自己的风格,有可能看到不一样的处理方式……就是说你跟同行交流的话,你多多少少都会对自己教学有点影响的。哎,这个方法倒蛮好的,我可以用到我的课堂里。(R2S4T1)

互相分享与交流对于年轻教师的发展尤为重要,通过观摩有经验的教师的课堂,他们能够学习好的教学方法与策略,从而增长自己的教学技能。另一方面,有经验的教师也能从年轻教师身上看到更多不同的教学风格,从而获得启发。而且,在研讨的过程中,教师能够互相了解彼此的教学想法,交流教学设计背后的思路,甚至激发灵感:

> 通过评课,就是大家共享的话,可能每个人的视角是不一样的,

所以可以从别人的想法当中得到一些启发。

（比如有哪些启发呢？）我觉得主要的是想法上面，这个课我是怎么设计的，就是设计上面，整个课堂怎么样支配掌控、怎么样顺下来，就最初的那个思路其实还蛮重要的。有的时候可能自己在想的时候，不一定会想到那个点上面。有的时候会有一些灵感，就是有些老师可能很有创意的。（R2S4T3）

除了学习他人的教学风格与思路，还有教师表示，自己会将所观摩到的好的处理方式应用到自己的课堂中：

自己在看（课）的时候，会用他们的（处理方式），比如有的女老师上课对课文的处理很有逻辑性，我觉得这是艺术性的东西，我觉得自己的艺术性还不够，我就没法做到这一点，他们的艺术性非常强。听了她们的课，就觉得很自然。（R2S4T5）

教师在观课过程中学习并借鉴具有艺术性的教学方式，有助于促进其教学艺术的发展[①]。

再次，专业学习社群的公开课研讨等活动促进了教师的综合教学素养的改进。多数受访教师表示，公开课磨课的过程使自己的教学水平有了综合性的提高，包括深化对教学内容的认识，优化教学环节的设计，提升语言表达的专业性，提高驾控课堂及动态处理课堂突发情况的能力，改进对学生的理解及师生的互动能力等：

因为上一次是我开课，我构思完教案以后，就备课组大家讨论……我觉得在这样一个过程中，他们给我提出的意见，对我课堂教学有很大的提高。（具体有哪些提高呢？）比如说教学环节的设计，教学重点和难点的把控，然后还有一些突发情境的处置，因为教学课堂里，预设归预设，毕竟学生会怎么回答，这是你完全不可能预测到的。那么如果遇到突发情况，你怎么去处理……（R2S4T3）

[①] Talbert J. E. & McLaughlin M. W., "Professional Communities and the Artisan Model of Teaching," *Teachers and Teaching: Theory and Practice*, 2002, 8 (3/4): 325–343.

> 这个磨课过程，一方面教师自身水平得到了提高，还有一个，同组的老师大家都一起在听课学习，也看出这个老师上课各个方面东西，他也有提高。
>
> （有哪些提高呢？）这个是在课上面，就是知识结构上面的。另外还一个就是教师的外在的这种表情、语言、板书，就综合各方面的……语言方面，平常授课过程中语言随意性很大，那么经过这种过程后，教师课堂上这种随意性的表达，非数学语言的这种表达肯定大大减少了，就是表达肯定很专业化的，书本上怎么讲的，你怎么能把书本上的解释透彻，不能搞一些含糊不清的口语化的东西。因为这个是素养的问题，这是一方面。还有一个是课堂上的灵活性，驾控问题。在课堂上发生的情况都不一样，教师驾控整个班级、调动整个班级的能力，会上升。还有一个是备课过程当中不是光备知识，还要备学生，各方面的考虑，要准备周全一些。老教师可能各方面已经无所谓了，角度灵活，那新教师不一定，他考虑的面比较窄一点，只想到了这一方面，我这堂课讲完了我蛮开心的。那学生下面呢，作业交上来错得比较多，那么这堂课中师生互动方面，备课时候可能超过了学生的能力要求，那这堂课也是有问题的。（R2S4T4）

运用教师的集体智慧进行课堂研讨，并不断地尝试与改进，能够提升教师的综合素养。集体交流的过程不仅促进了上课教师的发展，还进一步辐射到其他教师，使每个参与研讨的教师都有所收获。

然而，关于这些大型的公开课研讨活动对教师日常教学的影响，受访者给出了这样的回答：

> （这些知识内容、教学设计和教学语言上的锻炼会影响到您平时的教学吗？）有的。但平时课业比较多，可能没有那么多时间，公开课要准备好几个星期呢……可能是一个漫长的过程，慢慢地渗透在平时的。可能几年下来会提高，不是短时间内的。（R2S4T5）

可见，公开课中教师的综合锻炼与提高对其日常教学的影响是缓慢、有限的。经过进一步的了解，发现其原因在于 D 校的公开课等探讨活动的频率较低，各个学科在一个学期平均开展 1—3 次公开课研讨。这说明，集体探究活动并未与教师的日常教学实践紧密结合,并未在教师的日常教学中得以制度化。因此,教师提到的公开课促进彼此的互相学习以及综合性教学素养的提高等价值,也更多的是一次性、散点式的,所以对教师日常教学的影响十分有限。

而且,关于教师的集体学习与学生的成绩之间的关系,受访的几位教师认为二者之间并无明显的关联。如数学教研副组长表示:

> (那您觉得教师的集体学习和教研与学生成绩之间有关系吗?)这个没有关系。当然磨过的课肯定有好处啦,但学生学习成绩的提高取决于训练的量上,对吧。但训练的量上过火了之后,也会影响其他学科。(R2S4T4)

在数学教师看来,教师之间的集体探究与学生的学习效果之间并无必然联系,学生成绩的提高取决于学生练习的强度。这种认识不利于激发教师参与集体学习活动的热情和动力,在一定程度上解释了缘何教师研讨活动的频率较低。同时也说明,D校教师的合作探究对于学生的学习效果的影响是有限的。

综上所述,D校的专业学习社群通过统一教师的教学内容与进度、促进教师的互相学习与借鉴、提升教师综合性教学素养等过程,实现对教师发展的影响。其中教学内容与进度的统一主要通过每周一次的备课组研讨活动实现,这在一定程度上体现出了管理取向的社群运行方式,即将教师教学效果的统一作为社群的目的之一。而教学思路与方法的学习以及综合教学素养的提高主要通过教研组开展的频率较低(不同学科情况不同,每学期1—3次)的公开课研讨活动来实现,这对于教师的日常教学和学生学习效果的影响比较有限。这说明,D校的专业学习社群对教师发展的影响是相对表面的,因此对课程改革的促进作用也是有限的。

三 影响D校专业学习社群效果的因素

D校的专业学习社群对教师的发展产生了一定的影响,但是对于教师的日常教学和学生学习效果的影响十分有限,并且发展水平有待提高,主要因为其具有以下几个方面的特点:

1. 有待提高的共享目标与责任意识

D校的教师具有一定程度的共享目标与责任意识，尤其是共同提高学生的学习成绩的目标和责任。与小学和初中相比，高中教师在学生考试成绩上的压力更大，因为每个年级都有区统考，都面临着与其他学校的比较。在D校进行访谈与观察的过程中，笔者明显感觉到教师在这方面具有较大的压力，经常能听到教师之间谈论学生的成绩情况，并与其他兄弟学校进行成绩比较。教研组、备课组是缓解这种压力的重要途径，如前文所提的D校的教师具有统一的教学内容和进度，共同进退。从这个意义上来说，教师具有较强的团结与分享意识，愿意一起实现改进学生成绩的目标：

> 我觉得主要还是教研组的氛围。大家都不是自己管自己的，都是我有什么好的材料，跟大家分享一下，因为我们实际上是一个年级去跟人家比较。个别班级的好，对于整个年级的帮助是有限的，只有整体的好才能带动整个年级更好……因为我们有区统考，比如高一年级区统考，那肯定有一个比较。(R2S4T5)

在高风险问责体系的压力下，一些教师将提高学生的考试成绩作为核心目标，集体研讨活动也以学生成绩的改进为中心。同时，受课程改革和社会改革的影响，另一些教师则认识到培养学生的综合能力的重要性。如一位退休返聘的英语教师认为，发挥学生的学习潜力，培养其创新能力应该成为学校教育的核心价值：

> 现在在应试教育学校，也许学生也可以学得到，但是我觉得这个其实对学生不太负责的。现在的学生必须要用最先进的方法去教他，那么可以培养他的创新能力……其实成绩啦，真的是，我现在也看到，用成绩表示你怎么样，但关键是他的潜力，你要给他一种好的学习方法，比较好的理念教给他，那他将来可以发挥很大的潜力，到了工作上就看出来了，对不啦。
>
> (那您觉得这种不仅关注学生成绩还要关注学生潜力，为学生提供好的教学方法，这种理念是不是我们组里老师都达成了共识？) 这个不一定的，呵呵。这就看你每个人的理解了，像我现在不教学了，可能我可以说点漂亮话。但是我觉得我以前教书时，也是非常喜欢跟

学生讲学习方法，因为我觉得这个很重要的。但是现在学校排名还是看成绩，当然学习效率也要抓的，那么有些老师在这种压力下，他可能拼了命地抓学生的（成绩），就通过做题、练习，来提高他，短时期是可以的。其实我是觉得我们对学生的培养应该是长期的，真的应该是长期的。（R2S4T8）

这位教师指出，自己持有的关注学生的发展潜力，而非单纯的以学生考试成绩来决定学校排名的教育价值观并非是教师的普遍共识，尤其是在面临以学生考试成绩来决定学校排名的压力的背景下，部分教师仍然主要关注学生成绩的提高，而非其综合素养的培养。这也说明，是通过大量的练习来提高学生的考试成绩，还是通过课程改革所强调的教学方法培养学生的综合学习能力，抑或二者兼顾，D 校的教师在认识上具有一定的差异，并未形成一致的愿景。

2. 有待拓展的集体探究

D 校最常见的集体探究形式是备课组的集体交流及公开课研讨，不同学科在活动安排上有一定的差异。总体而言，备课组活动内容主要包括统一教学内容和教学进度、交流学生的学习情况、分享各自的教学经验等。如数学备课组长表示：

备课组活动，我们是定时、定地点的，基本上每周有一次是固定时间的，大概一节课的时间。我们都是提前一个学期安排好，每次的主讲内容都有的，大多数情况就是按照教学进度走，然后有主讲内容、主讲人，一位老师主讲，然后大家再一起讨论。主要是下周的教学安排、课堂教学方面的，然后还有前一周暴露出来的学生问题，或者我们有关于随堂练习出来的学生情况互相交流，然后讨论一些解决措施。（R2S4T6）

数学教师一起交流教学安排以及学生的学习情况，并共同探讨解决学生学习问题的措施。在英语备课组，教师同样主要讨论学生的学习，尤其是考试情况，并分享彼此的经验，互相学习：

备课组活动的话，我们是备课组长自己选择时间，选择话题，比如说我们高三比较侧重于学生的教学成效的研究，我们基本是在每次考试之后，通过教管部帮我们做一些比较细的分析，每一类的题型，细到有的时候是每一个题目的得分情况，再比较各个班级的情况。如果这个老师在某一部分或者某一题，学生做得比较好的话，那么我们就会让他谈一谈他的教学经验，实际上这能够带动整个组的教学水平的增长。有的人善于上课，有的老师的长处是在抓学生，或者有的老师可以做到看上去不是很辛苦，但是出的成效很好。所以我们之间互相学习，主要是这些。(R2S4T1)

可以看出，教师之间交流的是比较笼统的教学经验，而非以具体的课堂案例为基础进行深入的探究。有英语教师表示，每周的教研活动较少讨论具体的教学方法：

（那你们的教研活动会讨论这些教学方法吗？）这个未必，因为这是一个很个案的东西，有的时候各个老师他也有自己的教学方法，但我们一般，每周讨论比较多的话，是大的桌面上讨论的问题，就是这个课大的方向，比如课的引入，课的提问，怎么问比较好，怎么切入比较好，这些。(R2S4T3)

教师主要讨论课堂的大方向，而非具体的教学方法，这说明教师之间的集体探究停留在比较表面和泛化的层次，并未对课堂教学的关键问题进行深入研讨。在教师看来，每个人"有自己的教学方法"，这在一定程度上反映出了教师具有很强的专业自主，强调个人的专业权威与判断。这种专业自主意识在 D 校比较明显，如化学教师也表达了这样的观点：

我可能清楚自己的优点，但有时候我清楚不了自己的缺点，别人指出来嘛，当然最好了。但有时候也是觉得别人指出来的缺点，可能我不认为是缺点，可能是我自己最得意的地方。但是他们说的东西，我也不会全认为是错的……比如说化学很注重知识的搭建，底层知识没有搭好，中层和上层就很难再去理解，那可能这个次序怎么来是很重要的。但是关于这个次序，每个老师的看法都不一样，可能老教师和新教师的看法也不一样，新教师可能觉得把后面知识点放到前面来讲，反倒是更容易理解一些。老教师可能会从前到后，每个人都不一样。（R2S4T7）

教师有自己的专业想法，因而在课堂中对于知识的处理方式有所不同。从中能够发现，D校十分尊重教师的专业自主和专业权威，很少强迫他人遵循固定的教学想法或实践。这既在一定程度上反映出高中学段本身所具有的特点，即教师具有很强的专业性，在专业自主上有更高的诉求。也说明教师之间的分享与合作的意识和程度还有待进一步加强。

D校的专业学习社群的另一类正式活动是以教研组为单位开展的公开课磨课、上课及评课活动。有些学科，如生物教研组每学期开展一到两次公开课（R2S4T2），另一些学科，如英语教研组每月开展一次校内公开课（R2S4T1）。其中英语学科的校内公开课是这样开展的：

> 我们英语组，每个月基本上会派一个老师来开一节公开课，就是组里，让他自己定一个主题……我们会做到组内所有的老师都去听课，就有课的也会换掉，就是这样子。反正他们会有不同的课题吧，有人喜欢开泛读的、精读的，然后语法的，就是会分不同的专项。上完课之后，我们都会有一个课后研讨，就是好的地方大家学，不好的我们也非常直截了当的，这个地方你应该这样就好了，做这个调整就好了，这样子的。（R2S4T1）

公开课的内容由上课的教师自主确定，课后由全体教师一起研讨。这类校内公开课并无磨课过程，更多的是为大家提供一个交流的基础，基于具体的"家常课"来进行研究，分析优点与不足，从而促进互相学习。而区级层面的公开课，教师要经过系统的磨课过程，需通过试教、研讨不断加以改进（R2S4T2）。

除了每周一节课时间的备课组交流和每学期1—3次的公开课研讨，D校的教师很少有其他的互相分享教学实践与经验的机会，这在不同的学科上都有体现：

> 最开始是，我们学校规定一个学期听多少节课，8节还是10节，

到后面就是为了完成任务,有时候就索性把人家的听课笔记拿过来写一写。现在等于像有这样一个规定(公开课),你就必须去听,听了以后你就参与讨论。我们反正把数量减少了,一个月就一节……平时(听课)不是特别多,大家都挺忙的。(R2S4T1)

(你们会相互听课吗?)原来挺多的,但是现在因为模块之后,大家上课时间是统一的,要上课所有人都在上课,所以比原来少了。原来当然很多的,现在确实比较少。可能原来也是因为工作都是没几年的时候,觉得那个时候听课会多,现在就少了呵。(R2S4T2)

我们现在应该不大经常听课,除非是正式的开课,或者展示的试讲这种。听的应该不多,因为大家也觉得不好意思的,总的来说老师们也不是很希望别人来听课。(R2S4T4)

无论是英语(T1)、数学(T4)还是生物(T2)等学科,大家都很少互相观课。其中的原因也是多方面的:一是教师比较忙碌,时间有限;二是学校没有明确的听课规定和要求;三是年轻教师较少,教师听课学习的动机不强;四是教师之间的分享文化不够,如"不好意思"听课或"不希望"被听课等。在这些原因的共同影响下,D校的教师之间的经验分享十分有限。

不论是每周一次的关于教学大方向的交流,还是每月一次的公开课研讨,抑或很少进行的相互听课,都说明了教师之间的集体探究频率不高,且有待进一步深化,这也是其对教师的日常教学的影响十分有限的主要原因。

3. 尚显薄弱的领导支持

当被问及教师的集体学习与研讨有哪些支持因素时,只有很少部分的教师提到来自学校领导的支持。有教师指出,学校尽量在每个备课组安排一个校领导,目的是"保证备课组的正常活动"(R2S4T4)。但是校领导通常比较忙碌,有时无法参加备课组活动(R2S4T4)。这部分原因在于,与小学和初中相比,高中的组织机构更为复杂,校领导所面临的工作也更为多样和繁杂。[1]

---

[1] Stoll L., Bolam R., McMahon A., Wallace M. & Thomas S., "Professional Learning Communities: A Review of the Literature," *Journal of Educational Change*, 2006, 7 (4): 221-258.

具体而言，不同学科的教师对于领导支持的感受有很大的不同。在英语教师看来，校领导很支持教师的专业学习，具体体现在鼓励教师上公开课，满足教师在教学上的要求和需要，参与公开课并提供反馈等：

（那校领导对于我们的专业学习有哪些支持？）这个会的，相当支持，比如教学方面如果有一些什么要求，上面肯定会同意的。特别是老师的教学，而且是那种比赛、开课，一方面肯定也是上面灌输下来的一个压力，也希望你多开。

（校领导会听课吗？）会的，前几个星期，就刚刚那个，也会有领导下来听的。听完会有点反馈的。（R2S4T3）

可以看出，这位英语教师对校领导的专业支持比较认可。在数学教师看来，校领导的主要角色是监督备课组活动，并对备课组进行评价：

前几年的话，我们校长不查的，后来就专门查备课组里沟通之类的，我们打好了表上，哪个时间，查下来，我们数学组都是正常的。就这个时间段，备课组的人都在一起，在讨论问题。

（学校对我们备课组也会评价吗？）这个没有，他总归后面每年都要看看。有一个表格要填一下，一般打分都比较高。（R2S4T4）

校领导对于备课组的评价方式是填表格、打分，说明其评价过程比较简单，甚至有些形式化，对教师集体学习的影响不大。而在生物教师看来，校领导的支持主要体现在教师培训上，但教师认为学校培训的针对性比较差，对自己的发展十分有限，而且校领导在其他方面的支持比较薄弱：

（校领导会给你们一些专业上的支持吗？）有。但相对比较少。我现在有个感觉就是我们很多培训的专业性，或者说针对性不是很好。这种教研活动，为什么觉得它有用，因为它就是生物老师在讨论，或者说是针对生物这个专业的提高肯定很大。其他层面不管是教导也好，校长也好，可能是更上层的，针对所有学科的。那这种针对性差一点的，不能说没有帮助，但是对我们上课的帮助相对于我们这些教研活动而言要弱一些。

（那校领导会听老师们的课之类的吗？）比较少。

（那学校领导层除了培训之外，对我们的专业学习有其他指导或帮助吗？）不多，学校层面的主要就是培训，其他的我们学校做得不是很好。（R2S4T2）

校领导很少参与生物教师的公开课或常规听课，除了因为领导比较忙碌之外，学科上的差异也是重要的原因。在高中阶段，教师需要储备充分的学科专业知识，若校领导并非生物学科背景，则难以对生物课堂进行细致的专业指导。

而在化学教师看来，校领导不仅没有提供专业支持，而且其在制度上的安排不利于教师之间的集体交流：

我觉得教研组长的作用在里面起的比较大一点，因为看他组织得怎么样，如果是随便找一个时间，组织得也敷衍一点，那么整个教研活动就会敷衍。然后学校里面的支持其实相对而言是辅助的，因为现在我们学校里的课程是模块制的，其实课程都被打散掉，每个老师的课都不一样，经常碰到凑不齐（的问题）。（R2S4T7）

在这位教师看来，集体教研活动的好坏取决于教研组长，校领导的作用是辅助性的，这说明校领导对于化学教师学习的监督和参与是不够的，没有形成有效地推动教师学习的制度。而且，D校的课程改革使得教师之间缺乏共同的课程基础，每个人的教学内容不同，这不利于教师之间的交流与学习。①

整体而言，D校的领导对于教师专业学习社群的支持力度有待进一步加强，尤其是对不同学科教研组的支持有很大差异，这也反映出了高中在推动教师合作学习上面临的障碍。

4. 有待加强的结构支持

D校在资源、设备等硬件条件上对教师的专业学习给予了很大的支

---

① Fernandez C., "Learning From Japanese Approaches to Professional Development: The Case of Lesson Study," *Journal of Teacher Education*, 2002, 53: 393 – 405.

持，而在对教师集体研讨具有关键影响的时间和空间上的支持有待加强。在时间上，受访的所有学科的教师都表示，每周会安排固定的一节课的时间进行备课组交流与研讨（R2S4T4，R2S4T6，R2S4T7，R2S4T8）。除了这一定时、定点的活动之外，教师很难找到其他时间进行集体学习。这一方面是由于，教师的教学任务较重，无暇参与集体教研活动：

> 还有一个困难是课时比较多，老师们都比较忙。（R2S4T2）
>
> 现在关键是上面的压力太大了，真的压力太大了……他忙不过来。你一套套题做，你每次就要做吧；要批卷子吧，什么卷子都要批吧；我们学校对差生要补吗，要补的；要找他谈话吗，要的；一天到晚就这样，他根本没有时间。但是我始终认为，一个教师你自己不学习的话，你真的死掉了。但是现在遗憾的就是，他本人真的是没有时间，去扩充一点自己的这种知识……所以实际上我们现在教学安排上是很严的啦，很紧的，就是老师很少有机会出去听课……（R2S4T8）

教学任务过重，直接导致教师集体探究时间的缺乏。除此之外，学校不恰当的教学安排也带来了时间上的障碍。这具体指的是，受 D 校模块制的课程教学改革的影响，教师传统的教学组织形式被打破，即教师被安排在不同的学程（每学期的不同时间段）中，每个教师在自己所负责的学程内进行集中教学，并投入大量的时间。这样不同教师的空余时间是不同的，因此导致经常"凑不齐"的问题：

> 现在我们学校里的课程是模块制的，其实课程都被打散掉，每个老师的课都不一样，经常碰到凑不齐（的问题）。原本我们一开学定好了哪几天是教研活动，但最后因为这个课，一个学程、一个学程在变动，然后我们就定不下来，也只能变成开学定，定完之后呢，后面只能随机再调。要凑到每个人都有时间那就不见得，这样的话，一来有些人可能本来已经准备好了，结果今天没有开成，那么再下次又不知道什么时候，就会有点打击自信心。也不叫自信心吧，应该是积极性。就是反正觉得这个东西就有点随便开开那种感

觉了。(R2S4T7)

在学校改革的影响下，教师共同的可支配时间大大减少，从而难以为集体研讨提供时间上的支持。从长远来看，这对教师集体学习的积极性产生了负面影响，并降低了学习质量。因此，D校应在课程安排上进一步加强对专业学习社群的支持。

另一方面，在空间上，D校以教研组为单位划分办公室，即同一学科的教师共享一间办公室。而在语文、数学、英语等人数较多的办公室，以年级，即备课组为单位进行小范围的空间划分，这为备课组和教研组，即同学科教师的交流提供了便利。很多教师表示，比起正式的教研活动，教师之间的非正式的交流更为普遍：

> （您觉得正式的教研活动和平时的办公室随机交流哪个的比重更大呢？）平时的这种。平时的活动，实际上有些提高是有形于无形之中。我今天想要一个东西，我想教到某一方面的东西，那我就可以很快问旁边的老师，得到一个反馈。(R2S4T4)

> 我们现在都是坐在一起的，教研组都是在一个办公室里，备课组平时随时有问题，大家都可以去讨论。(R2S4T8)

办公室等空间安排为相同学科的教师的交流提供了便利。笔者在D校研究的过程中，也发现教师在办公室内的非正式交流非常普遍。

然而，在更高的学校层面，空间因素限制了教师的专业学习。这指的是，D校隶属于上海某市区教育局，但校址位于远郊。这使得D校与区教育学院和其他兄弟学校的距离较远，在参与区教研活动以及与兄弟学校交流上受到了限制。如有教师所指：

> 区级层面的主要是教研活动，还有一些专题的培训班，但是我们去的不多，因为我们离得比较远，专题的培训班去的不多，教研活动基本上是保证的。

> （跟其他学校有交流吗？）其他学校交流，就是在区级的这种教研活动上。平时的交流真不多，离别的学校比较远，所以不多，主要是通过区里的活动的时候才会碰到。(R2S4T2)

就像我们学校,因为离开市区比较远,所以我们学校校内对教师的培养更显得重要,所以学校也比较加强这方面的。(R2S4T8)

尽管 D 校的教师积极参与区教研活动,但很少参加其他学习与培训活动,也很少与其他学校开展交流,这限制了 D 校教师的学习资源,而且不利于教师接受校外的信息和观点,是专业学习社群发展面临的挑战之一。

综上所述,D 校应在时间与空间上加强对教师专业学习社群的支持,尤其需要通过调整课程安排为教师提供更多的时间,并尽量减少学校空间距离所带来的负面影响。

5. 有待深化的合作关系

整体而言,D 校形成了一定程度的合作文化,教师之间愿意互相分享经验和想法。而具体的分享与合作程度,在不同的教研组有不同的表现。例如,英语组教师表示,彼此之间会坦诚地交流各自的想法,互相分享经验:

> 其实我觉得我们组里面大家都比较愿意(交流),都不会藏着掖着,有些问题,有些值得探讨的地方大家也会直言不讳地说的。反正大部分老师或者同事,感觉上其实都是相互之间有促进、有帮助的。不会好像说,很紧张或藏着掖着,不会做的。(R2S4T3)

笔者在英语教研组观察的过程中,也发现教师们会经常讨论教学问题,互相分享经验与观点。同样地,生物教研组内的探讨也非常频繁,而且教师之间的交流十分广泛,不仅包括知识内容上的交流,还包括教学方法及学生学习情况的交流。生物教师在访谈中也指出,教师彼此之间非常熟悉,会开诚布公地交流:

> 我们组内没有什么,大家都很熟,其实说你好、说你不好都是为了这节课好,这个我觉得至少我们组内是没什么保留,肯定是讲得很到位的。(R2S4T2)

数学组教师表示,大家形成了"信任、和谐"的关系,比较"团结与协作"（R2S4T6）。然而，也会出现年轻教师不愿提出自己的真实意见的情况（R2S4T5）。对于这种情况，教研组长担任起了"传话者"，即年轻教师先将意见反映给教研组长，教研组长再与上课教师进行交流：

> 大家就一起讨论，提出一些意见和修改方案，有的就是直接跟他交流了，有的不好意思嘛，就直接跟我们交流。我记得周老师以前开课，我就差不多写了满满的一张纸，其他老师还提了一些看法、意见。然后我们组长就跟他们再交流。
>
> （就是老师们反馈到您这边然后您再和开课老师交流？）嗯。（R2S4T4）

教师，尤其是年轻教师"不好意思"直接对开课教师提意见，而是将自己的看法反馈给教研组长。这说明尽管数学教师之间具有较高程度的分享与合作，但是彼此的信任水平还有待提高。

而在化学组，教师之间的开放与合作程度较低。在集体探讨的过程中，教师有时甚至无法坦诚交流。例如，年轻教师鉴于自己的经验少，不敢或不好意思"直抒己见"，年长教师则出于礼貌而避免指出他人的不足：

> 老教师发言，年轻教师一般就是不大容易说，就是不大敢直抒己见。然后老教师你要看的，有些老教师觉得要历练新人的，那么一般缺点指得比较多一点，还有一些可能就是比较谦逊的，不喜欢说人不好吧。（R2S4T7）

教师之间不能进行真诚、坦率的交流，则集体研讨活动趋于形式化，很难达成深度对话，从而难以对教师的发展和课堂教学产生积极影响。还有教师指出，面对彼此之间的不同意见，他们往往搁置争议，按照自己的专业判断进行实践：

> （如果你们之间有不同意见的话会怎么处理呢？）一般很少出现这种情况，一般都是可能几个人站在同一个战线上，另外几个人站在另一个战线上，那么这个时候呢，我们就不强制所有人接受统一的想

法了，因为教无定法嘛，每个人的教法不一样，只要志同道合的这几个人凑在一块，把这种做法磨磨熟，也行。

（就是每个老师用自己的方法来教？）对，我们一直是相信教无定法的，没有一个很正式的、很统一的想法……

（如果你们表达出不同意见，然后再继续探讨是吗？）一般大型探讨活动结束后就过去了，如果有私下的问题，两个人之间看法不同的话，可能他们会私下再探讨。（R2S4T7）

可以看出，教师具有很强的专业自主，在遇到分歧的时候往往会坚持自己的意见。而且，教师较少就不同意见进行集体性的深入探究，说明彼此之间的信任与合作程度还有待提高。

综上所述，D校教师的目标与责任共享意识有待提高，尤其是在处理追求考试成绩与培养学生综合素养的关系上；教师集体探究的频率不高，且比较表面化，须进一步拓展和深化；领导对于教师集体研讨的支持有限，尤其是对不同学科教师的支持不够均衡；学校在时间与空间上对教师合作学习的支持有待加强，尤其是需要通过调整课程安排为教师提供更多的时间；教师之间形成了一定的分享与合作关系，但彼此的信任与合作程度有待提高。这些特点同时揭示出了D校的专业学习社群面临的制度障碍，如课程安排不利于教师的专业合作、未形成有效的推动教师合作的制度等，从而反映出了D校的专业学习社群对教师发展的影响效果一般的原因。

第五节 小结与讨论

本章对上海市4所具有代表性的学校进行了个案研究，表7—9总结出了4所学校的专业学习社群对教师发展的影响过程以及影响专业学习社群对教师发展的效果的因素。

由表7—9可以看出，发展水平高的专业学习社群（A校与C校）与发展水平低的专业学习社群（B校与D校）对于教师发展的影响过程存在一定的差异，影响其对教师发展效果的因素，也即专业学习社群的具体表现也有很大的不同。

表7—9　　四校专业学习社群对教师发展的影响过程与原因比较

学校	专业学习社群对教师发展的影响过程	影响专业学习社群对教师发展效果的因素
A校（高水平；小学）	促进互相学习与借鉴 支持进行实践导向的参与和探究 强化对学生学习的关注 激活新的思维与实践	以学生学习为中心的共享目标与责任 主题式的集体探究与分享 共享且支持性的领导 有力的结构支持 合作、进取的学校文化
B校（低水平；小学）	减轻工作负担 互相学习教学方法 改正教学问题并激发专业思考 对有经验教师的影响十分有限	以提高学生成绩为中心的共享目标 广泛但有待进一步深化的集体探究 高度支持并严密监控的领导 有待进一步加强的空间支持 分享与合作程度有待提高的学校文化
C校（高水平；初中）	促进掌握教学规范 学习教学方法与策略 提升综合教学素养并转换教育观念 改进课堂教学效率和学生学习	学生综合素养和考试成绩协调发展的共享目标与责任 多元且深入的集体探究（主题式，打破学科和学校界限） 共享与支持性的领导 有力的结构支持 进取、开放的学校文化
D校（低水平；高中）	统一教学内容与进度 促进互相学习与借鉴 提升教师综合性教学素养 对教师日常教学和学生学习影响有限	有待提高的共享目标与责任意识 有待拓展与深化的集体探究 尚显薄弱的领导支持 有待加强的时空支持 有待深化的合作关系

不同发展水平的专业学习社群对于教师发展的影响过程的差异首先表现在对教师影响的不同导向上。4所学校的专业学习社群都促进了教师之间互相借鉴与学习好的教学方法，使教师在改善教学策略上

更加开放。① 然而，发展水平低的专业学习社群对教师其他方面的影响更多的是任务或管理导向的，如 B 校的教师认为集体探究活动减轻了其工作负担，并帮助其改正教学问题；D 校的专业学习社群的主要目的之一是统一教学内容与进度，从而缩小教师教学与学生学习成绩的差异。这些影响更多指向教学任务的完成，而非教师的专业发展，具有较强的行政色彩。② 其中的专业学习鼓励的是教师工作的技术主义和管理维度，而非其艺术和批判性，从而限制了专业学习社群对于教师发展的作用。③ 相比之下，发展水平高的专业学习社群对教师的影响则主要是发展或改革导向的，如 A 校的专业学习社群支持教师进行实践导向的协商与探究，激发了教师新的思维与实践；C 校的专业合作提升了教师的综合教学素养，促进了其教育观念的转换，并改进了课堂教学和学生学习。可以看出，这些影响主要指向教师的专业发展和改变。通过专业学习社群中的合作探究，教师成为了学校和课堂的研究者，他们变得更加开放，愿意接受新的观点，④ 努力寻求突破、创新和新的想法，⑤ 并且实现自身的想法与实践的转换，从而促进改革的发生。⑥

在深层意义上，两种导向的差别在于专业学习社群在何种程度上使教师实现了探究性的学习。在 A 校和 C 校，通过"绿色教研""周周研"

---

① Lindahl R. A., "Professional Learning Communities: A Feasible Reality or a Chimera?" In Alford J., Perreault G., Zellner L. & Ballenger W. (Eds.), *Blazing New Trails: Preparing Leaders to Improve Access and Equity in Today's Schools*, The 2011 Yearbook of the National Council of Professors of Educational Administration. ERIC: ED523595, 2011, pp. 47 – 58.

② 蒋福超、刘正伟：《专业学习共同体视角下的教研组改革》，《教育发展研究》2009 年第 10 期，第 83—87 页。

③ Servage L., "Who is the 'Professional' in a Professional Learning Community? An Exploration of Teacher Professionalism in Collaborative and Professional Development Settings," *Canadian Journal of Education*, 2009, 32 (1): 149 – 171.

④ Wong J. L. N., "Searching for Good Practice in Teaching: A Comparison of Two Subject-Based Professional Learning Communities in a Secondary School in Shanghai," *Compare: A Journal of Comparative and International Education*, 2010, 40 (5): 623 – 639.

⑤ Wells C. M., "Critical Issues for Leadership: Early Transition of Implementation to a Professional Learning Community, A Conceptual Design," In Beverly I., Betty A., George P. & Luana Z. (Eds.), *Promoting Critical Ideas of Leadership, Culture and Diversity: 2010 NCPEA Yearbook*, 2010, pp. 97 – 109.

⑥ Jacobs J. & Yendol – Hoppey D., "Supervisor Transformation Within a Professional Learning Community," *Teacher Education Quarterly*, 2010, 37 (2): 97 – 114.

等活动，教师拥有了丰富的实践探究的机会。围绕明确的主题和具体的教学内容，教师共享教学实践，并就具体实践进行深入交流，包括检视学生在课堂中的学习情况，分析教学过程中产生的问题，对教学设计与方法进行反思，探讨教学实践背后的教育观念和假设；在此基础上提出改进方案，并应用于教学实践进行检验，再次经历集体观课、研讨、反思、改进这样一个探究过程。这一系列过程使教师创造出适用于自己的、关于实践的知识[1]，并改进了教学实践。因此，探究性的教师学习特质是专业学习社群促进教师发展的重要原因。

其次，不同发展水平的专业学习社群对于教师发展的影响深度也体现出一定的差异。这指的是，专业学习社群对教师发展的作用是表面的、暂时的，反映在偶尔开展的大型集体学习活动中；还是深远的、长期的，反映在教师的日常教学实践中。在专业学习社群发展水平低的学校如 D 校，合作学习对于教师发展的影响主要停留在短暂且表面化的语言表达的提升、教学设计的优化等方面，难以深入教师的日常教学实践，也无法对学生的学习效果产生关键性的影响。这说明，教师集体工作若得不到有效的实施，则无法在课堂教学层面起到明显的作用。[2] 相较而言，在专业学习社群发展水平高的学校如 A 校和 C 校，教师不断参与对日常教学实践的协商、反思与探究，从而激发新的思维并转变教学观念，促进日常教学的改进。在这两所学校中，专业学习社群强化了将反思性对话和探究作为教师专业发展的合法化形式[3]，通过集体学习改变了教师的教学方式和对实践的认识，进而使课堂教学得以改进。[4]

两类教师影响方式的差异进一步体现出了学校在处理专业学习社群中的集体学习与教师的日常教学实践关系上的差异。在专业学习社群发展水平低的 D 校，教师的集体学习活动类似于传统的培训或工作坊，片段式

---

[1] Cochran-Smith M. & Lytle S. , "Relationships of Knowledge and Practice: Teacher Learning Community," *Review of Research in Education*, 1999, 24: 249–305.

[2] Little J. W. , "Teachers as Colleagues," In Lieberman A. (Ed.), *Schools as Collaborative Cultures: Creating the Future Now*, Bristol, PA: The Falmer Press, 1990, pp. 165–193.

[3] McLaughlin M. W. & Talbert J. E. , *Building School-Based Teacher Learning Communities: Professional Strategies to Improve Student Achievement*, New York: Teachers College Press, 2006, pp. 5–8.

[4] Andrews D. & Lewis M. , "The Experiences of a Professional Community: Teachers Developing a New Image of Themselves and Their Workplace," *Educational Research*, 2002, 44 (3): 237–254.

地添加于教师的日常教学安排,很少关注教师的持续改进与教学实践的深化,因而专业发展资源难以扎根。① 而在专业学习社群发展水平高的 A 校和 C 校,教师的集体探究与其日常教学紧密联系在一起②,教师将改进日常教学实践和学生的学习作为集体探讨的目标,且教师的学习发生在基于日常教学实践的共同探讨中。强调基于校本的日常教学实践的教师学习能够为教师的发展提供坚实的力量。

最后,不同发展水平的专业学习社群在广度上对于教师发展的影响也有所不同,这主要指的是对于年轻教师和有经验的教师发展的关系上。在专业学习社群发展水平低的学校如 B 校,集体合作的目的是让年轻教师学习甚至是复制老教师的教学方法与经验,而老教师缺乏专业的支持和引领,这不仅限制了老教师的突破,也不利于年轻教师的发展,甚至可能导致教师群体的同质化和僵化。③ 如利特尔所指,合作压力可能导致个体教师屈从于同伴压力,使大家像机器人一样服从式地实施教学。④ 而在专业学习社群发展水平高的学校如 C 校,集体探究被视为教师间的平等交流,不仅促使年轻教师学习有经验教师的教学规范和策略,还使有经验的教师在教学技术和想法上向年轻教师学习。这种互相学习,有效促进了教师的发展。

对教师影响方式的差别在根本上体现出了专业学习社群内平等对话和民主交流的重要性。在上海的学校,受传统的尊重权威与长者文化的影响,教师,尤其是年轻教师往往不敢或不愿表达自己的真实想法。⑤ 这使得教师之间的交流成为单向的、不平等的对话,从而限制了教师的发展。但在具有高专业学习社群发展水平的 C 校,这种单向的交流与学习在很

---

① McLaughlin M. W. & Talbert J. E., "*Building School-Based Teacher Learning Communities: Professional Strategies to Improve Student Achievement*," New York: Teachers College Press, 2006, pp. 2 – 3.

② Bullough R. V., "Professional Learning Communities and the Eight-Year Study," *Educational Horizons*, 2007, 85 (3): 168 – 180.

③ 张佳:《透析"师徒制"的实践误区及其解决途径》,《新课程研究(下旬刊)》2011 年第 3 期,第 26—28 页。

④ Little J. W., "Teachers as Colleagues," In Lieberman A. (Ed.), *Schools as Collaborative Cultures: Creating the Future Now*, Bristol, PA: The Falmer Press, 1990, pp. 165 – 193.

⑤ 操太圣、乔雪峰:《理想与现实:教研组作为专业学习社群的批判反思》,《全球教育展望》2013 年第 12 期,第 51—59 页。

大程度上得到了改变，年轻教师与有经验的教师之间形成了较为平等的双向交流。这一方面通过学校领导的引导而实现，即鼓励教师，尤其是年轻教师表达自己的意见，并对有经验的教师的发展提出更高的要求，使其产生不断学习与发展的意识。另一方面，不论是校长、教导主任等学校层面的领导，还是教研组长、备课组长等团队领导都将自己置于服务而非管理的角色，尽量放权于教师，为其提供充分的发表个人观点的空间。因此，C校的教师十分愿意提出自己的见解，并欢迎他人提出不同的意见，将他人的意见视为有利于自身发展的资源和财富。这说明，理想的专业学习社群体现出基于民主取向而非管理取向的专业性，能最大化地促进所有人的学习。①

从社群实施的角度来看，不同发展水平的专业学习社群之所以对教师产生不同的影响，主要因为其在以下几个特点上具有不同的表现：

其一，教师以学生学习为中心的共享目标与责任意识越强，专业学习社群对教师发展的促进作用就越强。这首先需要教师具有共同的关于教与学的愿景、目标与价值观，如A校、B校、C校的教师在很大程度上形成了这种目标共享意识。而在D校，不同教师关于教育教学的价值观具有明显的不同，一些教师认为培养学生的创新与综合素养更为重要，另一些教师则认为提高学生的考试成绩是工作的中心，这不利于专业学习社群的有效实施，也难以促进教师集体的能力建设。同时，教师的共享愿景是否聚焦于学生学习，也直接影响专业学习社群对教师发展的影响。在B校，尽管教师具有共同的目标，但它以单纯的学生考试成绩而非综合学习素养为中心，因此专业学习社群的发展水平较低。而在A校和C校，教师以共同促进学生的学习能力为目标，并对此负有很强的集体责任，这是其专业学习社群促进学生学习和教师发展的重要原因。②③

其二，教师之间的集体探究与分享越广泛、深入，就越能促进教师的

---

① Mitchell R., "What Is Professional Development, How Does It Occur in Individuals, and How May It Be Used by Educational Leaders and Managers for the Purpose of School Improvement?" *Professional Development in Education*, 2013, 39 (3): 387–400.

② DuFour R., "Work Together but Only if You Want To," *Phi Delta Kappan*, 2011, 92 (5): 57–61.

③ Visscher A. J. & Witziers B., "Subject Departments as Professional Communities?" *British Educational Research Journal*, 2004, 30 (6): 785–800.

专业发展。这指的是，教师若能经常性地互相分享信息、观点和实践，并就课堂教学进行深入的对话、反思与探究，则有助于改进教师的教学素养。在专业学习社群发展水平高的学校，教师进行广泛、持续性的集体探究与分享，如 A 校的教师集体学习教育理论、集体备课、常规听课研讨、开展绿色教研、参与公开课等，C 校的教师集体分析学生学习数据，开展"周周研""三人行"（即跨学科的研讨活动），进行生态区学习（即与兄弟学校和高校之间的交流）等。而且，这两所学校的集体探究活动都围绕学生的学习呈现出主题和系列化，不同的教研活动层层推进，实现教师之间的深层次分享、对话与探究，从而促进了教师学习。[1] 在这样的环境下，学校成为教师探究的中心，为教师基于特定情境发展教育学知识提供了空间。而在专业学习社群发展水平低的学校，教师之间的集体探究相对而言比较表面和泛化，并未深入教师的课堂教学实践中，如 B 校的集体备课，尤其是教学反思出现了形式化倾向，D 校的教师对教学内容和进度而非教学方法进行探讨。这种肤浅的合作学习难以对教师发展产生实质性的影响。因而，集体探究的深度直接影响其对教师发展的效果。

其三，学校的领导越能分享权力与责任，对专业学习社群实践的支持力度越大，越能促进教师的专业发展。在 A 校、B 校和 C 校，领导对于专业学习社群给予了很大的支持，包括鼓励教师开展专业学习活动，参与教师研讨并提供指导和帮助，引进校外专业资源等。而在 D 校的教师看来，领导在这些方面对专业学习社群的支持较少，有待进一步提高。领导支持力度的大小，对社群的发展水平有关键性的影响。[2] 同时，学校是否进行分布式领导，也会对专业学习社群及教师发展产生影响。在 B 校，尽管领导对专业学习社群实践给予了很大的支持，但其对教师的集体教研和课堂教学进行了严密的监控，以等级行政的思路来干预教师的专业学习，这不仅削弱了教师的专业自主，也对教师的发展产生了不利的影响。而在 A 校和 C 校，校领导有一些放权行为，更多地将自己置于引导和服务而非行政管理的角色，如与教师进行平等交流和对话，共同探讨学生学

---

[1] Levine T. H. & Marcus A. S., "How the Structure and Focus of Teachers' Collaborative Activities Facilitate and Constrain Teacher Learning," *Teaching and Teacher Education*, 2010, 26: 389 - 398.

[2] Hallinger P., Lee M. & Ko J., "Exploring the Impact of School Principals on Teacher Professional Communities in Hong Kong," *Leadership and Policy in Schools*, 2014, 13 (3): 229 - 259.

习问题的解决，自下而上地进行计划制订等。尽管受传统的等级思想和权威文化的影响，两所学校的校领导并未全面下放权力，但他们都在一定程度上体现出了共享领导的特点，这有助于专业学习社群的持续发展。[1]

其四，学校对于专业学习社群的结构支持，尤其是时间和空间上的支持越强，就越能促进教师的专业发展。4所学校在资金、设备、材料等方面都对专业学习社群给予了很大的支持，但在时间与空间上的支持则存在着明显的差异。在时间上，A校、B校、C校提供了较强的支持，每周安排固定的时间用于教师集体学习；而D校的支持力度不够，教师的共同支配时间十分有限，从而影响了其专业学习社群的发展。教师在合作时间上的限制，是专业学习社群发展的主要障碍。[2] 在空间上，B校面临的障碍最大，因为该校以年级为单位划分教师的办公室，不利于同学科的教师之间的专业交流。A校和D校则以学科为单位安排教师办公室，为同学科教师之间的合作学习提供了便利。相较而言，C校对专业学习社群的空间支持力度最大，该校以年级组为单位划分办公室，同时以备课组为单位安排办公室的内部空间，这种空间设置同时促进了同年级的教师和同学科教师之间的专业交流，实现了教师多层次的互动。另外，在学校与外部专业资源如区教育学院、兄弟学校、高校等的空间距离上，D校存在着较大的障碍，因为该校位于远郊，远离区级和市级教育中心，因此在获取校外教育资源上有较大的空间限制；A校、B校和C校在这方面则不存在困难。可见，无论是校内教师之间的空间距离，还是学校与校外教育资源之间的距离，都对专业学习社群和教师的发展产生了重要的影响。[3]

其五，教师之间互相分享、合作、信任的关系及共同进取的文化氛围越强，就越能促进教师的专业发展。4所学校的教师都形成了一定的共享与合作关系，但B校和D校的合作程度明显不及A校和C校。比如在B校，教师很少自发地进行共同探究，也很少主动地分享、交流想法；在D校，部分教师不敢或不愿直抒己见，很少就具体的教学实践进行深入的探

---

[1] Huffman J. B. & Jacobson A. L., "Perceptions of Professional Learning Communities," *International Journal of Leadership in Education: Theory and Practice*, 2003, 6 (3): 239–250.

[2] Fernandez C., "Learning from Japanese Approaches to Professional Development: The Case of Lesson Study," *Journal of Teacher Education*, 2002, 53: 393–405.

[3] Stoll L., Bolam R., McMahon A., Wallace M. & Thomas S., "Professional Learning Communities: A Review of the Literature," *Journal of Educational Change*, 2006, 7 (4): 221–258.

讨与对话。这说明，在专业学习社群发展水平低的学校里，教师之间的交流比较肤浅，缺乏深层次的专业合作与探究。而在专业学习社群发展水平高的学校中，教师具有高度的分享意识，形成了很强的合作关系，如 A 校无处不在的教师合作，C 校随时开放的教师课堂等。而且，A 校和 C 校的教师具有很强的进取意识，表现出强烈的发展愿望，因此能够积极地投入集体学习中，实现自主、自觉的发展。可见，进取与合作的文化是专业学习社群持续发展的关键条件。[①]

另外，不同专业学习社群发展水平的学校对于不同意见的处理方式也表现出不同。尽管 4 所学校的教师都认为不同的观点是可接受的，但在 B 校和 D 校，教师主要采取搁置争议的态度，各自按照自己的想法进行实践；而在 A 校和 C 校，不同意见的出现被视为教师学习的资源和财富，教师会就彼此的分歧进行进一步的协商与探讨，从而促成更加深入的探究。这说明，在专业学习社群发展水平较高的 A 校和 C 校，教师之间具有更高的信任水平，这是专业学习社群发挥效能的重要条件。[②] 而且，这两所学校的教师能够将不同的意见或冲突发展成为更加丰富的辩论[③]，并寻求创新[④]，这不仅有助于教师发展，而且能够推动学校改革。[⑤]

以上五个方面的差异，解释了不同的专业学习社群对教师发展具有不同影响的原因，也诠释出了不同发展水平的专业学习社群在五个特点上所

[①] Hord S. M., "Professional Learning Communities: An Overview," In Hord S. M. (Ed.), *Learning Together, Leading Together: Changing Schools through Professional Learning Communities*, New York: Teachers College Press; Oxford, Ohio: National Staff Development Council, 2004, pp. 5 – 14.

[②] Bryk A. S., Camburn E. & Louis K. S., "Professional Community in Chicago Elementary Schools: Facilitating Factors and Organizational Consequences," *Educational Administration Quarterly*, 1999, 35: 751 – 781.

[③] Achinstein B., "Conflict Amid Community: The Micropolitics of Teacher Collaboration," *Teachers College Record*, 2002, 104 (3): 421 – 455.

[④] Wells C. M., "Critical Issues for Leadership: Early Transition of Implementation to a Professional Learning Community, A Conceptual Design," In Beverly I., Betty A., George P. & Luana Z. (Eds.), *Promoting Critical Ideas of Leadership, Culture and Diversity: 2010 NCPEA Yearbook*, 2010, pp. 97 – 109.

[⑤] Riedlinger B., "One Principal's Story: Building a Community of Inquiry," In Hord S. M. (Ed.), *Learning Together, Leading Together: Changing Schools through Professional Learning Communities*, New York: Teachers College Press; Oxford, Ohio: National Staff Development Council, 2004, pp. 96 – 113.

具有的不同表现。同时，它揭示出了专业学习社群发展水平低的学校，即 B 校和 D 校所面临的挑战和障碍。需要指出的是，尽管 A 校和 C 校具有较高的专业学习社群发展水平，但它们并非是完美的，而是存在一定的发展障碍，如 A 校面临着教师同质化、外部资源有待强化等挑战，C 校存在部分教师合作意识不强、部分学科缺乏高水平教师的引领等困难。这进一步说明，专业学习社群是一个理想模型，需要学校与教师的持续努力。

另一方面，对 4 所学校的专业学习社群的个案研究发现，不同学段的学校专业学习社群表现出一定的差异。一是在教师的共享目标与责任上，与小学相比，中学，尤其是高中教师在学生的考试成绩上面临的压力更大，因此更关注学生成绩的提高。二是在集体探究与共享上，从小学到初中、高中，学科之间的界限越来越明显，且教师的专业自主意识越来越强，对于专业自主的诉求越来越大，因此互相分享与合作的深度有所减弱，这与路易斯等人的研究结论类似，即与中学相比，小学教师更容易分享任务和经验。[1] 也因此，与小学相比，中学，尤其是高中在发展专业学习社群上面临的挑战更大。[2][3] 这说明，尽管学校所处学段对于专业学习社群发展的作用并非是绝对的，但其可能在一定程度上影响着社群的发展。

---

[1] Louis K. S., Marks H. M. & Kruse S., "Teachers' Professional Community in Restructuring Schools," *American Educational Research Journal*, 1996, 33 (4): 757 – 798.

[2] Silins H. & Mulford B., "Schools as Learning Organizations: Effects on Teacher Leadership and Student Outcomes," *School Effectiveness and School Improvement: An International Journal of Research, Policy and Practice*, 2004, 15 (3 – 4): 443 – 466.

[3] Wahlstrom K. & Louis K. S., "How Teachers Experience Principal Leadership: The Role of Professional Community, Trust, Efficacy and Distributed Responsibility," *Educational Administration Quarterly*, 2008, 44 (4): 498 – 45.

第八章
结　语

本章首先对本书研究的主要发现和结论进行回顾与总结，在此基础上阐明研究的理论贡献以及对实践的启示。最后，对研究存在的局限进行反思，并提出未来研究的可能方向。

第一节　总结与回顾

将学校发展为专业学习社群，作为各国推进教育改革的重要策略，在学界得到了广泛的讨论。然而已有研究主要关注西方情境下的专业学习社群，对于具有丰富教师合作实践的中国学校的研究很少。在这样的背景下，本书聚焦于课程改革背景下我国中小学的教师专业学习社群，探讨其特点以及对教师发展的影响。研究具体围绕以下三个核心问题展开：

1. 我国中小学教师专业学习社群的核心特点及其对教师发展的影响体现在哪些方面？

2. 课程改革背景下，我国中小学教师专业学习社群的发展水平和对教师发展的影响是怎样的？

3. 我国中小学教师专业学习社群对教师发展的影响是如何实现的？

本书研究采用混合研究取向，依次经历一个从质化到量化再到质化的研究过程。首先采用半结构访谈法对上海市10所学校的12位教师进行个案研究，初步探索上海学校的专业学习社群的特点及其对教师发展的作用，并分析中国上海特定的教育情境对于专业学习社群发展所产生的影响。研究的第二阶段，即量化部分在第一个质化研究发现和文献综述的基础上，提出了适用于中国上海情境的专业学习社群特点与影响的理论框架，并据此形成了专业学习社群的特点及效果问卷，对上海市31所学校进行问卷调查。问卷数据回收后，首先通过探索性因素分析、同属性分析和验证性因素分析，对专业学习社群的特点及效果的测量指标进行验证，从而得到修订后的上海学校的专业学习社群特点及效果的概念框架，同时获得修订后的专业学习社群及效果问卷。然后研究进一步采用描述性分析、单因素方差分析、相关分析、结构方程全模型分析等方法对量化数据进行分析，探究上海学校的专业学习社群的整体发展水平、不同类型学校的发展水平、专业学习社群特点与教师发展之间的相关关系以及专业学习社群对教师发展的影响。研究的第三阶段，即第二个质化研究在量化研究结果的基础上，选取 4 所有代表性的学校进行深入的个案研究，从而进一步探究专业学习社群对教师发展的影响过程，并分析影响专业学习社群的效果及发展水平的关键因素。由此，三个研究阶段紧紧相扣、逐步推进，从而回答了研究所提出的问题。本书主要得出了以下几点结论：

一　二层面、七变量的专业学习社群概念框架

本书研究在文献综述的基础上，通过第一个质化研究的探索和量化研究的分析与验证，最终得到了包含个体和组织两个层面共 7 个变量（集体探究与分享、共享目标与责任、支持性领导、合作关系、组织结构、文化障碍、制度障碍）的上海学校的教师专业学习社群的概念框架，如图 8—1 所示。

专业学习社群的个体层面指的是教师在集体探究、分享实践以及共享目标、形成集体责任等方面的表现，包括集体探究与分享和共享目标与责任两个变量。集体探究与分享的含义是教师之间分享与探究教学实践的过程，包括共同策划和探讨、分享实践和材料、集体反思与解决教学问题等。在上海的学校中，具体的教师集体探究与分享实践包括集体备课、公开课研讨、集体学习教育政策、集体探究教育理论、共同开展行动研究、相互听课并提供反馈、师徒带教、互相分享教学素材、共同分析学生学习数据、非正式交流与合作学习等。共享目标与责任的含义是全体教师具有共同的以促进学生学习为目标的愿景，并以改进所有学生的学习水平和促进学校的发展为共同的责任。在上海的学校中，这种共同的促进学生学习的目标和愿景受到应试教育传统和课程改革的双重影响，体现在学生的考试成绩和综合学习素养两个方面。同时，在学校的捆绑式评价制度的影响下，教师在一定程度上形成了集体改进学生的学习效果的责任意识。

专业学习社群的组织层面指的是学校在领导、结构、关系、文化、制度等方面对教师合作学习的支持或阻碍情况，包括支持性领导、合作关

```
专业学习社群
├── 个体层面
│   ├── 集体探究与分享
│   └── 共享目标与责任
└── 组织层面
    ├── 支持性领导
    ├── 组织结构
    ├── 合作关系
    ├── 制度障碍
    └── 文化障碍
```

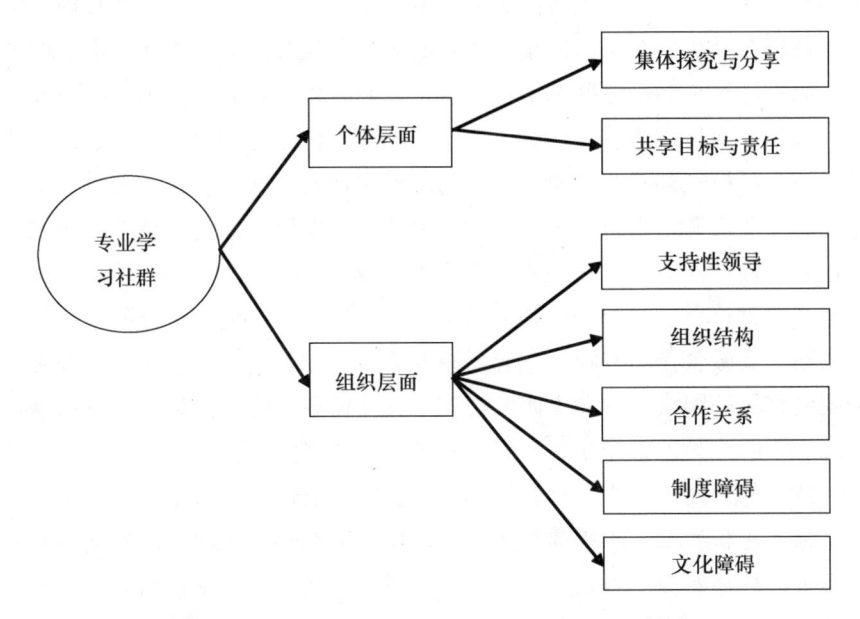

图8—1　上海学校教师专业学习社群的概念框架

系、组织结构、文化障碍、制度障碍5个变量，其中支持性领导、合作关系、组织结构是正向变量，描述的是学校在这三方面对于专业学习社群的支持情况，文化障碍、制度障碍是负向变量，描述的是学校层面不利于专业学习社群发展的文化和制度因素。具体而言，支持性领导的含义是校长等学校的领导对社群发展提供专业支持，如了解教师的学习情况，为教师提供学习资源、培训机会，对社群及教师学习进行监督、评价等。在上海的学校中，校长等学校领导在多个层面上对专业学习社群实践给予支持，包括了解教师的学习情况，鼓励其参与专业发展活动；在制度上为教师的合作学习提供便利；邀请校外教育专家，为社群活动提供专业引领；直接参与教师的专业学习活动，为其提供指导和帮助等。合作关系的含义是学校的教师之间形成了一种相互信任、尊重、支持、关心和合作的关系。在上海的学校中，受集体主义文化传统的影响，教师十分习惯并且乐于互相分享与集体探究，形成了较强的分享与合作的关系，从而对专业学习社群的实践产生了重要的支持作用。组织结构的含义是学校在组织结构上对专业学习社群的实践给予支持，包括提供合作时间、空间、网络交流平台以及与校外同行、专家交流的机会等。在上海的学校中，系统的教研制度使得学校在时间、空间、资源等方面对专业学习社群给予了充分的保障，如教师每周有至少1个小时的集体学习时间，并且共同分享工作空间，即教师办公室，这为教师之间的交流提供了便利条件。此外，上海的学校在经费、设备、网络设施等方面为专业学习社群提供了坚实保障，并通过邀请教研员、高校教师参与教研活动，与兄弟学校建立伙伴合作关系等方式吸收校外专业资源，来推动教师专业学习社群的发展。文化障碍是指不利于专业学习社群发展的文化因素，在上海的学校中，这具体包括服从权威、尊重与敬畏长者、强调表面和谐而避免冲突的传统文化，保守的学校价值观及缺乏真诚合作的专业文化等。制度障碍是指不利于专业学习社群发展的制度方面的因素，它在上海的学校中具体体现为强调高风险考试的问责系统、不够充分的合作学习时间及行政色彩过强的教育体系等。

这一包含两个层面、7个变量的专业学习社群的概念框架建基于广泛的文献综述和我国中小学的具体教育情境，能够较为全面、准确地考察上海学校的教师专业学习社群的实践。该概念框架与西方学校情境下的专业学习社群的特点不同，从而反映出了专业学习社群的情境依赖性。同时，基于该框架所建构的专业学习社群问卷，能够检测上海学校的专业学习社群的发展水平，也可作为探索我国其他地区的专业学习社群特点的工具。

二　上海学校教师专业学习社群的独特特点

研究发现，上海特定的教育情境在根本上决定了其专业学习社群的特点。具体而言，自上而下的教研制度、传统的社会文化和中国社会对于教育概念的特定理解等情境因素都对上海学校的教师专业学习社群产生了深远影响，使其凸显出了一些不同于西方学校专业学习社群的独特特点。

首先，上海学校的专业学习社群的个体与组织层面的特点在外在表现形式上具有其自身的特色。在个体层面，上海学校的专业学习社群具有集体探究与分享和共享目标与责任两个特点。一方面，西方学校的专业学习社群的集体探究和共享实践两个特点[1]在上海的学校中合并为集体探究与分享这一个特点，也就是上海教师的集体备课、公开课研讨等集体探究活动与相互听课等实践共享活动是紧密联系在一起的。两类活动都是在教研

---

[1] Louis K. S., Marks H. M. & Kruse S., "Teachers' Professional Community in Restructuring Schools," *American Educational Research Journal*, 1996, 33 (4): 757-798.

制度的要求下展开的，二者相互渗透、融合在一起，很难在具体的教育实践中加以区分。另一方面，西方学校的专业学习社群的共享目标和愿景以及共享责任两个特点[1]在上海的学校中合并为共享目标与责任这一个特点，即上海教师的集体目标与责任是交织在一起的。这是因为，教师所形成的关于学生学习的共同目标和对此负有的集体责任都受到了学校的集体评价方式的影响，也就是上海学校强调和重视的是教师整体而非个体的表现。对集体的关注，使得教师形成了共同的改进学生学习的目标，并围绕学生的学习产生了集体的责任。因此，上海学校的专业学习社群个体层面的特点与西方背景下的专业学习社群具有一定的区别。

在组织层面，上海学校的专业学习社群具有支持性领导、组织结构、合作关系、制度障碍和文化障碍五个特点。就学校的领导而言，不同于西方学校的专业学习社群所强调的共享与支持性领导[2]，上海的校长并未体现出分享权力的特点，但其对专业学习社群的实践给予了很大的支持。因此，上海学校的专业学习社群的特点是支持性领导，而非共享与支持性领导。就支持性条件而言，与西方学校的专业学习社群具有结构和关系两方面的支持因素[3]类似，上海的专业学习社群同样体现出组织结构和合作关系两方面条件。另外，西方的研究表明，专业学习社群面临着制度环境不利[4]、校长素质不足[5]、学校结构不当[6]、学校文化

---

[1] Little J. W., "Professional Community and Professional Development in the Learning-Centered School," National Education Association of the United States, 2006.

[2] Reichstetter R., "Defining a Professional Learning Community: A Literature Review," E&R Research Alert, #06.05, 2006. Retrieved on Jan 2, 2014, from http://www.wcpss.net/evaluation-research/reports/2006/0605plc_ lit_ review. pdf.

[3] Huffman J. B. & Hipp K. K., *Reculturing Schools as Professional Learning Communities*, Publisher Lanham, Md.: Scarecrow Press, 2003, pp. 57 – 64.

[4] Hord S. M. & Sommers W. A., *Leading Professional Learning Communities: Voices from Research and Practice*, Thousand Oaks, Calif.: Corwin Press; [S. l.]: National Association of Secondary School Principals: NSDC, 2008, p. 65.

[5] Talbert J. E., "Professional Learning Communities at the Crossroads: How Systems Hinder or Engender Change," In Hargreaves A., Lieberman A., Fullan M. & Hopkins D. (Eds.), *Second International Handbook of Educational Change*, Dordrecht, The Netherlands: Springer, 2010, pp. 555 – 572.

[6] Harris A. & Jones M., "Professional Learning Communities and System Improvement," *Improving Schools*, 2010, 13 (2): 172 – 181.

需根本转换①②等发展障碍，因此本书的研究将变革障碍纳入专业学习社群概念框架，并且发现上海学校主要面临着文化和制度两方面的障碍，从而从反向角度考察其专业学习社群的特点。这也说明，上海学校的专业学习社群具有西方所表现出的制度和文化方面的障碍，但并未显示出在校长素质和学校结构上的障碍。因此，制度障碍和文化障碍也成为了上海学校的专业学习社群组织层面的特点。综上所述，上海学校的专业学习社群在领导、支持性条件和障碍等组织层面特点上具有其自身特色，与西方学校存在一定的差异。

其次，上海学校的专业学习社群不仅在外在的特点表现形式上存在差异，而且具体特点所内含的意义也具有其自身特色。就集体探究与分享而言，不同于西方教师习惯于单独作业，将所有的时间用于课堂教学而非与同事交流③、害怕向他人公开自己的教学实践④等情况，上海的教师非常习惯并且愿意互相分享教学实践与经验，且乐于就教学问题进行集体探究。在上海的学校中，集体备课、公开课研讨、师徒带教、相互听课等合作学习实践已经被制度化，并嵌入教师的日常工作实践中。就共享目标与责任而言，不同于西方教师强调的综合性的学生学习，即包括学生成绩、学习动机、学生行为表现等多方面⑤，上海的教师特别重视学生学习的结果，即考试成绩，并形成了共同改进学生成绩的集体目标和责任。就支持性领导而言，上海的校长较少采用西方国家专业学习社群所强调的分布式

---

① Inger M., "Teacher Collaboration in Secondary Schools," Center Focus, 1993, Retrieved on Apr 22, 2014, from http：//ncrve.berkeley.edu/centerfocus/cf2.html.

② Nehring J. & Fitzsimons G., "The Professional Learning Community as Subversive Activity: Countering the Culture of Conventional Schooling," *Professional Development in Education*, 2011, 37 (4): 513 –535.

③ Lindahl R. A., "Professional Learning Communities: A Feasible Reality or a Chimera?" In Alford J., Perreault G., Zellner L. & Ballenger W. (Eds.), *Blazing New Trails: Preparing Leaders to Improve Access and Equity in Today's Schools*, The 2011 Yearbook of the National Council of Professors of Educational Administration. ERIC: ED523595, 2011, pp. 47 –58.

④ Fernandez C., "Learning from Japanese Approaches to Professional Development: The Case of Lesson Study," *Journal of Teacher Education*, 2002, 53: 393 –405.

⑤ Goddard Y. L., Goddard R. D. & Tschannen-Moran M., "A Theoretical and Empirical Investigation of Teacher Collaboration for School Improvement and Student Achievement in Public Elementary Schools," *Teachers College Record*, 2007, 109 (4): 877 –896.

或合作型的领导方式①，主要进行自上而下的领导，很少分享权力。尽管在课程改革的要求下，部分学校的校长有一些放权行为，但依然对教师进行严格的控制和监测。② 同时，上海的校长对教师合作学习给予了很大的支持，如西方文献列举的关注教师的持续学习③，为教师合作学习建立结构④，为教师提供专业发展机会和必要的信息、培训和资源⑤等。也就是说，上海的校长表现出了高度控制且高度支持教师专业学习社群的特点。就组织结构而言，不同于西方国家存在的缺乏合作时间⑥、缺少共同的课程基础⑦、学习资源与支持系统不足⑧等障碍的现象，上海学校的专业学习社群具有很强的结构支持。在教研制度的要求下，所有学校都为教师的集体学习提供必要的时间、空间、资源等结构支持。可以说，上海的学校具有一套统一、系统、正式且高度支持性的组织结构。⑨ 就合作关系而

---

① Fullan M., "Leading Professional Learning," *The School Administrator*, 2006, 63 (10): 10 – 15.

② Law W., "Culture and School Leadership in China: Exploring School Leaders' Views of Relationship-and-result-based Governance," *Educational Leadership: Global Contexts and International Comparisons (International Perspectives on Education and Society)*, 2009, 11: 303 – 341.

③ DuFour R., "Help Wanted: Principals Who Can Lead Professional Learning Communities," *NASSP Bulletin*, 1999, 83 (614): 12 – 17.

④ Lindahl R. A., "Professional Learning Communities: A Feasible Reality or a Chimera?" In Alford J., Perreault G., Zellner L. & Ballenger W. (Eds.), *Blazing New Trails: Preparing Leaders to Improve Access and Equity in Today's Schools*, The 2011 Yearbook of the National Council of Professors of Educational Administration. ERIC: ED523595, 2011, pp. 47 – 58.

⑤ Harris A. & Jones M., "Professional Learning Communities and System Improvement," *Improving Schools*, 2010, 13 (2): 172 – 181.

⑥ Talbert J. E., "Professional Learning Communities at the Crossroads: How Systems Hinder or Engender Change," In Hargreaves A., Lieberman A., Fullan M. & Hopkins D. (Eds.), *Second International Handbook of Educational Change*, Dordrecht, The Netherlands: Springer, 2010, pp. 555 – 572.

⑦ Fernandez C., "Learning from Japanese Approaches to Professional Development: The Case of Lesson Study," *Journal of Teacher Education*, 2002, 53: 393 – 405.

⑧ Lindahl R. A., "Professional Learning Communities: A Feasible Reality or a Chimera?" In Alford J., Perreault G., Zellner L. & Ballenger W. (Eds.), *Blazing New Trails: Preparing Leaders to Improve Access and Equity in Today's Schools*, The 2011 Yearbook of the National Council of Professors of Educational Administration. ERIC: ED523595, 2011, pp. 47 – 58.

⑨ Paine L. W. & Ma L. P., "Teachers Working Together: A Dialogue on Organizational and Cultural Perspectives of Chinese Teachers," *International Journal of Educational Research*, 1993, 19 (8): 675 – 697.

言，不同于西方国家强调隐私和个人主义的文化传统[①]，上海的学校具有很强的集体主义观念和文化氛围。在上海的教师看来，集体学习与分享是可接受甚至是受欢迎的，是教师专业发展的重要途径。因此，集体主义的文化传统在很大程度上支持了专业学习社群实践。但同时，中国传统文化中的尊重权威、敬畏长者、强调和谐而避免冲突等特点也不利于教师之间开展真诚、深入的对话与合作，从而构成了上海学校的专业学习社群的发展障碍。这意味着，上海的学校和西方学校都面临着一定的文化障碍，但是其具体表现截然不同，甚至相反。例如，建立分享与合作文化是西方学校面临的挑战，却普遍存在于上海的学校；乐于表达自己的真实意见并鼓励多样化甚至是冲突的观点，这在西方学校并非是困难的事情，却成为上海的学校需要克服的障碍。就制度障碍而言，与西方学校所面临的经常性的改革和要求[②]、高风险的问责体系[③]和教师的工作负担过重[④]等挑战类似，上海的学校同样面临这些障碍和困难，尤其是上海的学校受传统应试教育的影响，在强调考试的问责制度上面临的挑战更为严峻。

综上所述，尽管上海的学校具有西方学者所强调的专业学习社群的根本特点，但受其特定教育情境的影响，其专业学习社群在外在表现形式和具体特点所内含的意义上表现出自身的独特性。

三 学校背景因素对专业学习社群的影响

通过对上海市不同类型学校的专业学习社群的发展水平进行比较分析，本书发现学校背景因素能够对专业学习社群的发展产生一定的影响。

就学段而言，小学的社群发展水平高于初中，初中的发展水平高于高

[①] Nehring J. & Fitzsimons G., "The Professional Learning Community as Subversive Activity: Countering the Culture of Conventional Schooling," *Professional Development in Education*, 2011, 37 (4): 513–535.

[②] Harris A. & Jones M., "Professional Learning Communities and System Improvement," *Improving Schools*, 2010, 13 (2): 172–181.

[③] Stoll L. & Louis K. S., "Professional Learning Communities: Elaborating New Approaches," In Stoll L. & Louis K. S. (Eds.), *Professional Learning Communities: Divergence, Depth and Dilemmas*, Maidenhead, UK: McGraw-Hill-Open University Press, 2007, pp. 1–13.

[④] Goldenberg C., "School Settings for Teacher and Student Learning," In Goldenberg C. (Ed.), *Successful School Change: Creating Settings to Improve Teaching and Learning*, NY: Teachers College Press, 2004, pp. 73–91.

中，也就是学段越高，专业学习社群的发展水平越低。就地理位置而言，近郊学校的发展水平最好，远郊学校的发展水平明显低于市区和近郊学校。由于上海近郊和市区属于城市，远郊属于农村，这说明农村学校专业学习社群的发展水平不及城市的学校。就学校规模而言，大型学校的发展水平最好，中型学校的发展水平明显低于小型和大型学校。由于在上海的大型学校和小型学校，教师学习团队的规模较小，而在中型学校，教师学习团队的规模稍大，这意味着教师学习团队（小组）的规模越小，越有利于专业学习社群的发展。就历史而言，年轻学校的社群发展水平略高于中等历史的学校和历史悠久的学校，主要体现在共享目标与责任、支持性领导、组织结构三个特点上，而三类学校在集体探究与分享、合作关系、文化障碍和制度障碍上无明显区别。这说明，学校的历史对于专业学习社群发展水平的影响不及其他因素大。

总体而言，学校所处学段、地理位置、学校规模、历史等因素对专业学习社群的发展产生了一定的影响。尽管这些学校层面的因素并不能决定专业学习社群的发展好坏，但能在一定程度上影响，或者与其他因素共同影响专业学习社群的实践。因此，在建立与发展专业学习社群实践的过程中，充分认识到学校的背景因素可能带来的影响，能够更有效地推动专业学习社群的发展。

四 专业学习社群对教师发展的影响

第一个质化研究和量化研究都发现，上海学校的专业学习社群对教师的发展具有明显的促进作用，主要体现在增强教学效能、提高承诺水平和提升工作满意度等方面。

首先，专业学习社群改进了教师的教学效能。对上海学校的教师专业学习社群的研究发现，通过集体交流与研讨，教师深化了对教学实践的理解，包括增强文本解读能力，强化对重点与难点的把握，熟悉教学规范与流程等。而且，专业学习社群为教师之间互相借鉴、学习教学方法与策略提供了平台，并促进了教师的综合性教学素养的提高，比如运用教学技术的能力，对课堂突发状况的驾驭和处理能力等。合作学习还使教师在课堂中更加关注学生，更能从学生学习的角度设计教学过程，并提升了对学生学习过程与效果的把握能力。这进一步促进了教师的课堂效率和质量的提高，从而改进了学生的学习效果。因此，上海学校的专业学习社群显著促进了教师的专业素养,增强了其在优化课堂教学和改进学生学习方面的效能。这也在一定程度上解释了上海的学生缘何连续两次在 PISA 测试中夺冠。①

其次,专业学习社群提升了教师的承诺水平。在上海,由于区级教育部门和学校都以集体为单位对教师进行考核,即考察某个年级全体学生的学习成绩,因此教师之间经常进行互动与讨论,形成了促进全体学生学习效果的集体责任意识,并且在改进所有学生的学习上具有高度的承诺。同时,集体性的交流和学习强化了教师对学校价值的认同感,促进了其对学校发展与改进的承诺。教师通过专业学习社群还营造出了一种互相鼓励、共同发展的氛围,激发了彼此的工作热情与活力,从而提升了其对学校乃至教育事业的承诺水平。因此,上海学校的专业学习社群不仅显著提高了教师对改进所有学生学习水平的承诺,还强化了其对学校的责任感与奉献意识,这对于学校的发展与改革至关重要。

最后,专业学习社群提升了教师的工作满意度。在上海的学校中,教师之间具有高度的分享与互助水平,尤其是同年级的教师在教学上具有统一的课程内容和进度安排,并共享教案、课件、学生习题等教学材料。这在很大程度上缩小了教师之间的教学差异,也缩小了不同班级的学生之间的成绩差距,即所有教师具有差不多的教学效果。这增强了教师的心理安全意识,尤其是年轻教师无须因为自身经验或能力不足而担忧,从而促进了教师之间形成和谐的人际关系。而且,集体探究的传统以及集体主义文化使得上海的教师很容易获得来自同事的专业上、心理上及情感上的支持②,大大降低了教师的孤立感,并使其对学校产生了一种归属意识。另外,在持续深化的课程改革的背景下,教师通过专业学习社群中的分享与交流,共同应对课改的要求,从而缓解了工作压力。不论是和谐的人际关系的形成,还是教师在心理与情感上获得的支持,抑或是教师共同面对课改的挑战,都促进了教师工作满意度的提升。

综上所述,上海学校的专业学习社群显著改进了教师的教学效能、承

---

① OECD, "PISA 2009 Results: What Makes a School Successful? Resources, Policies and Practices (Volume IV), 2010," Retrieved on Dec 20, 2013, from http://dx.doi.org/10.1787/9789264091559-en.

② Tan C., *Learning from Shanghai: Lessons on Achieving Educational Success*, Dordrecht: Springer, 2013, pp. 185 – 198.

诺水平和工作满意度,并进一步促进了学生学习效果的提高,从而使学校更加有效地推进了课程改革,提升了改革能力。关于专业学习社群对教师发展的影响,在本书研究的量化部分也得到了进一步的探究与验证。

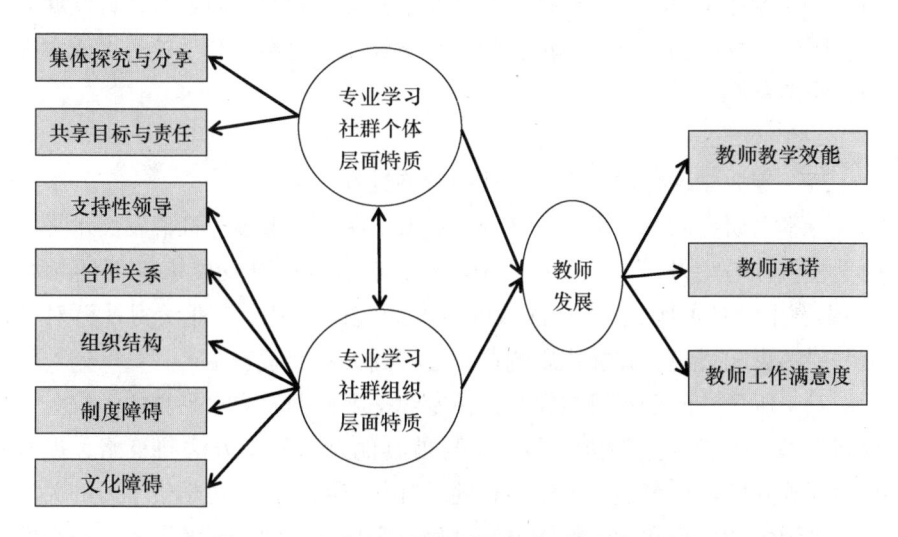

图8—2 专业学习社群对教师发展的影响机制

专业学习社群对教师发展的影响机制呈现在图8—2中,这在专业学习社群与教师发展的相关分析和结构方程模型分析中都得到了验证。对专业学习社群的特点与教师发展之间的相关分析显示,专业学习社群的个体与组织层面的7个变量与教师发展的3个变量之间具有显著的相关性。这说明,教师之间进行集体探究与分享以及共享目标与责任的程度越高,学校的领导越支持专业学习社群,学校的组织结构和关系越有利于专业学习社群的发展,学校文化和制度对于专业学习社群的阻碍作用越小,教师往往就具有越强的教学效能、越高的工作满意度及越高的承诺水平。

对专业学习社群与教师发展之间的结构方程模型分析进一步表明,专业学习社群对教师的发展水平具有明显的促进作用。其中专业学习社群个体层面特点,即集体探究与分享、共享目标与责任对教师发展影响的效应值为0.16(见第六章图6—1),这说明专业学习社群个体层面的特点能够显著促进教师的发展,教师之间进行常规性的集体探究、实践分享,并形成共同的促进学生学习的目标与责任,能够有效提升其教学效能、对学生学习与学校发展的承诺水平及工作满意度。专业学习社群组织层面的特点即支持性领导、合作关系、组织结构、制度障碍、文化障碍对教师发展影响的效应值为 0.83（见第六章图6—1），说明专业学习社群组织层面的特点能够极大地改进教师的发展水平，若学校在领导、结构、关系等方面强化对专业学习社群的支持，并降低学校文化和制度因素对社群发展的不利影响，则能够极大地促进教师的教学效能、对学生和学校的承诺水平和工作满意度。

五　专业学习社群对教师发展的影响过程

在本书研究的第二个质化部分，选取了两所专业学习社群发展水平高的学校（小学、中学各1所）和两所专业学习社群发展水平低的学校（小学、中学各1所），进行深入的个案研究，以揭示专业学习社群对教师发展的影响过程，并探究影响这一过程的关键因素。

对4所学校的个案研究表明，在专业学习社群发展水平高的学校如A校和C校，社群通过促进教师学习与借鉴他人的教学方法与策略，提升教学素养并转化教育观念，激活新的思维与实践，强化对学生学习的关注并改进课堂的效率和学生的学习等过程，实现对教师发展的影响。而在专业学习社群发展水平低的学校如B校和D校，社群通过减轻教师的工作负担，统一教学内容与进度，改正教学问题并激发专业思考，互相学习教学方法等过程促进教师的发展。

两类学校专业学习社群对于教师发展的影响存在一定的差异，专业学习社群发展水平高的学校对教师的影响主要是发展或改革导向的，能够促进教师日常教学和学生学习的改进，且能够同时促进年轻教师和年长教师的发展。而在专业学习社群发展水平低的学校，社群对于教师的影响主要是任务或管理导向的，对教师日常教学的影响有限，且对于有经验的教师的促进作用不大。对两类教师影响方式的差异在根本上体现出专业学习社群是否为教师提供探究性的学习环境，是否与教师的日常教学实践紧密相关，是否体现出教师间的平等对话和民主交流等方面的差异。

从专业学习社群实施的角度来看，在社群发展水平高的学校，教师以学生学习为中心的共享目标与责任意识更强，教师之间的集体探究与分享实践更为广泛、深入，学校的领导更注重分享权力与责任，更支持专业学习社群实践，学校的时间、空间等组织结构更有利于教师之间的合作学习，教师间互相分享、合作、信任的关系及共同进取的文化氛围更强，且更能接受并有效处理不同的意见。因此，专业学习社群发展水平高的学校对于教师发展的促进作用更大。

第二节 研究贡献

本书对专业学习社群的相关理论做出了回应和贡献，同时对专业学习社群的发展实践提出了一些启示。

一 理论贡献

本书采用混合研究取向，将质化和量化数据组合在一起，对专业学习社群实践进行了较为全面、深入的探讨。质化研究和量化研究的混合，不仅使二者互相验证，获得了更为有力的证据，从而回应了专业学习社群的相关理论；而且通过两种研究范式在取向和结论上的不同甚至是冲突，实现了理论更新，生成了对专业学习社群的新认识。具体而言，本书的研究在以下几个方面对专业学习社群理论做出了贡献。

1. 专业学习社群具有情境依赖性

专业学习社群是一个较为松散的概念，目前尚未形成一个统一的专业学习社群的定义和概念框架。这在很大程度上是因为专业学习社群具有情境依赖性，其实践与发展受到特定的历史、社会、文化和制度环境的影响[1]。专业学习社群在不同的情境下甚至有不同的解释[2]，因此在研究专业学习社群实践时，需充分考虑其植根的具体情境。本书聚焦于学界较少关注的中国背景下的专业学习社群，通过第一个质化研究和量化研究对上海学校的专业学习社群的特点进行深入探究，从而通过中国视角来回应专业学习社群的情境依赖性。具体而言，本书确认出了制度、文化与观念这三方面的核心情境因素。

首先，国家及地区的教育制度会对专业学习社群的发展产生影响。不

---

[1] Wenger E., *Communities of Practice: Learning, Meaning, and Identity*, Cambridge, U.K.; New York: Cambridge University Press, 1998, p. 245.

[2] Stoll L., Bolam R., McMahon A., Wallace M. & Thomas S., "Professional Learning Communities: A Review of the Literature," *Journal of Educational Change*, 2006, 7 (4): 221-258.

同于西方国家（如美国）的分权式教育体系，中国包括上海具有自上而下的教育体制，这种体制上的差异对专业学习社群实践具有深远的影响。在上海，不论是课程改革的开展，还是教研制度的推行，都以自上而下的方式进行。这一方面使得教育改革很容易层层落实，尤其是在教研制度的要求下，不仅学校为教师合作提供系统的时间、空间、资源等支持，而且区教育学院为教师学习提供系统的支持性结构，包括两周一次的常规教研活动、理论培训、公开课研讨、区层面的师徒带教等。① 然而另一方面，自上而下的、充满行政色彩的教研体系对教师的控制往往较强，在一定程度上可能会削弱教师的专业自主，并导致教师合作的表面化以及教学实践的统一化②，这不利于专业学习社群的发展。另外，教育问责制度也对专业学习社群具有关键性的影响。在上海，尽管课程改革强调素质教育，尽量避免以考试为中心，但是教育部门依然保留着对高风险考试的持续控制。③ 也就是说，尽管课程改革强调学生综合素养的培养，但区教育部门依然以考试成绩为主对学校和教师进行评价，且通过"考试质量分析报告"和"内部排名"等方式来加以落实，从而对教师造成压力，并导致学校与教师之间的"隐性"竞争。由此，专业学习社群被强调高风险考试的问责政策所限制。④ 可见，专业学习社群的发展与国家和地区特定的教育制度环境紧密相关。

其次，国家及地区的社会文化会对专业学习社群的发展产生影响。与西方社会的人与人之间具有相对松散关系的个人主义文化不同，中国包括上海具有集体主义的文化传统，人与群体之间具有紧密的联系。⑤ 这种不

---

① Sargent T. C. & Hannum E., "Doing More With Less: Teacher Professional Learning Communities in Resource-Constrained Primary Schools in Rural China," *Journal of Teacher Education*, 2009, 60 (3): 258 – 276.

② Paine L. W. & Ma L. P., "Teachers Working Together: A Dialogue on Organizational and Cultural Perspectives of Chinese Teachers," *International Journal of Educational Research*, 1993, 19 (8): 675 – 697.

③ Tan C., "The Culture of Education Policy Making: Curriculum Reform in Shanghai," *Critical Studies in Education*, 2012, 53 (2): 153 – 167.

④ Wood D., "Teachers' Learning Communities: Catalyst for Change or a New Infrastructure for the Status Quo?," *Teachers College Record*, 2007, 109 (3): 699 – 739.

⑤ Hofstede G., Hofstede G. J. & Minkov M., *Cultures and Organizations: Software of the Mind*, New York: McGraw-Hill, 2010, p. 6.

同的文化环境在一定程度上影响着专业学习社群的实践与发展。在集体主义文化环境下,上海的教师很容易一起工作①,并且愿意互相开放课堂实践②,这促进了教师之间的集体探究与分享,也有利于教师之间形成集体责任意识。③ 而且,集体主义传统还促进了教师之间互相信任与合作的文化的产生,使教师在情感上联系起来。④ 从这个意义上来说,集体主义文化对专业学习社群的发展产生了重要的促进作用。然而,中国传统文化中的其他一些因素,如尊重权威、强调等级观念、敬畏长辈、强调表面和谐、避免冲突等文化特性往往使得教师的对话与合作停留于表面,缺乏真诚、深入的专业交流和探究⑤,成为专业学习社群发展的障碍。此外,除了集体主义的文化传统,上海作为中国经济最发达的地区,十分强调效率和竞争意识,形成了强烈的竞争文化,并体现出功利主义和技术主义的文化特点。⑥ 在这种地区文化环境的影响下,上海的教师普遍具有较强的竞争意识和较大的工作压力⑦,这不利于教师之间真正的分享与合作,限制了专业学习社群的发展。因此,国家及地区的社会文化在一定程度上形塑着教师的专业学习实践,对专业学习社群的发展产生了重要影响。

最后,国家及地区特定的关于教育的观念和潜在假设会对专业学习社群的发展产生影响。在中国包括上海,教学被视为一个开放的职业,相互分享实践被认为是理所当然的事情。⑧ 而且,教师普遍认为"集体能够促

---

① Tan C., *Learning from Shanghai: Lessons on Achieving Educational Success*, Dordrecht: Springer, 2013, pp. 185 – 198.

② Ryan J., Kang C., Mitchell I. & Erickson G., "China's Basic Education Reform: An Account of an International Collaborative Research and Development Project," *Asia Pacific Journal of Education*, 2009, 29 (4): 427 – 441.

③ Paine L. W. & Fang Y., "Reform as Hybrid Model of Teaching and Teacher Development in China," *International Journal of Educational Research*, 2006, 45: 279 – 289.

④ Tan C., *Learning from Shanghai: Lessons on Achieving Educational Success*, Dordrecht: Springer, 2013, pp. 185 – 198.

⑤ Wong K., "Conditions and Practices of Successful Principalship in Shanghai," *Journal of Educational Administration*, 2005, 43 (6): 552 – 562.

⑥ Tan C., *Learning from Shanghai: Lessons on Achieving Educational Success*, Dordrecht: Springer, 2013, pp. 185 – 198.

⑦ 江林新、廖圣清、周慰、方林建、申琦:《上海市中小学教师工作压力状况调查报告》,《上海教育科研》2012 年第 3 期,第 39—43 页。

⑧ Jensen B., Hunter A., Sonnemann J. & Burns T., "Catching Up: Learning from the Best School Systems in East Asia," Melbourne: Grattan Institute, 2012.

进个体的发展"①,接受并愿意互相交流与探讨,且在该方面有很高的承诺水平。② 对集体工作价值的高度认同在很大程度上促进了教师之间的集体探究与分享,有助于教师形成共同的目标和责任。但同时,受长期的科举考试制度和传统的影响,社会上往往将考试成功视为教育的成功,以单纯的学生考试成绩,来衡量教育的效果。③ 这种根深蒂固的教育观念在现今课程改革的背景下,依然对学校的教育产生深远的影响,它使得教师往往以提高学生的考试成绩,而非综合学习素养为共同的目标和责任,而且进一步加剧了教师在学生成绩上的竞争而非合作,从而阻碍了专业学习社群的发展。这说明,国家及地区特定的关于教育的观念和潜在假设在专业学习社群实践中发挥着至关重要的作用,是发展专业学习社群所应思考的内容。

本书以上海学校的专业学习社群为例,发现国家与地区的教育制度、文化和观念这三方面的情境因素构成了专业学习社群的发展土壤,从而生动、具体地诠释出专业学习社群的情境依赖性。尤其是在专业学习社群的研究以西方国家为主导的背景下,本书的研究通过阐释与西方的教育情境截然不同的中国上海地区的社群实践,凸显出特定情境对于专业学习社群发展的重要性,并确认出了一些重要的情境因素,从而深化了对专业学习社群的理解。

2. 专业学习社群对教育改革的作用

研究反复强调,建立与发展专业学习社群为学校改进带来了希望,是学校开展教育改革的最佳途径。④ 本书的研究通过探究上海学校的专业学

---

① Paine L. W. & Ma L. P., "Teachers Working Together: A Dialogue on Organizational and Cultural Perspectives of Chinese Teachers," *International Journal of Educational Research*, 1993, 19 (8): 675 - 697.

② Ryan J., Kang C., Mitchell I. & Erickson G., "China's Basic Education Reform: An Account of an International Collaborative Research and Development Project," *Asia Pacific Journal of Education*, 2009, 29 (4): 427 - 441.

③ Cheng K., "Shanghai: How a Big City in a Developing Country Leaped to the Head of the Class," In Tucker M. S. (Ed.), *"Surpassing Shanghai": An Agenda for American Education Built on the World's Leading Systems*, Cambridge: Harvard University Press, 2011, pp. 21 - 50.

④ Dufour R. & Eaker R., *Professional Learning Communities at Work: Best Practices for Enhancing Student Achievement*, Bloomington, Ind.: National Education Service; Alexandria, Va.: ASCD, 1998, p. 23.

习社群实践，进一步揭示出专业学习社群对于教育改革的意义。

首先，专业学习社群能够显著促进教师的专业发展，从而为教育改革的有效实施提供了支持。研究一再表明，教师缺乏对教育改革的准备，教师的改革能力不足是学校改革面临的主要挑战[1][2]，而高品质的教师是有效改革的关键。[3] 本书研究的质化和量化部分都表明，专业学习社群能够切实提升教师的教学效能，即教师通过专业学习社群实现了高水平的专业发展。教师专业素养的提升，使其能够更加有效地理解和回应课程改革的要求，并且在工作实践中妥善处理现实与改革之间的关系，强化对课改的认同感。[4] 尤其是专业学习社群为教师集体学习改革政策提供了平台，如参与本书研究的一些学校的教师在教研活动中共同学习新课程标准，共同探讨如何从学生学，而非教师教的角度设计教学等，这有助于教师更好地把握新课程的目标和内容，并将其落实到具体的教学实践中。正如有学者指出，有效的教育改革离不开教师的学习[5]，改革成败最终取决于教师专业发展的情况。[6] 发展专业学习社群，能够使教师的专业能力与学校的改革愿望联系并协调起来。

专业学习社群对于教育改革的作用不仅体现在教师的教学效能的改进上，还体现在教师对学生的学习与学校的发展的承诺水平的提高上。本书研究发现，教师在课程改革理念的引领下集体备课，就具体的课堂实践进行研讨，共同反思与探究教学问题等过程，使其形成了很强的集体意识，对学生的学习产生了集体责任和高度的承诺。例如在一些学校中，教师不

---

[1] Hallinger P., "Making Education Reform Happen: Is There an 'Asian' Way?," *School Leadership and Management*, 2010, 30 (5): 401–418.

[2] Sofo F., Fitzgerald R. & Jawas U., "Instructional Leadership in Indonesian School Reform: Overcoming the Problems to Move Forward," *School Leadership and Management: Formerly School Organization*, 2012, 32 (5): 503–522.

[3] Hargreaves A., "The Fourth Way of Change: Towards An Age of Inspiration and Sustainability," In Hargreaves A. & Fullan M. (Eds.), *Change Wars*, Bloomington, IN: Solution Tree, 2009, p. 29.

[4] 宋萑、魏鑫：《教师课改认同感与教师专业学习社群的关系研究》，《教育发展研究》2011年第10期，第69—73页。

[5] Hargreaves A. & Fullan M., *Change Wars*, Bloomington, IN: Solution Tree, 2009, p. 5.

[6] Little J. W., "Professional Development in Pursuit of School Reform," In Lieberman A. & Miller L. (Eds.), *Teachers Caught in the Action: Professional Development That Matters*, New York: Teachers College Press, 2001, pp. 23–44.

仅对自己班级的学生负责，还对其他教师的学生负责，甚至重新组织学生来提升其整体水平等。而且，教师还通过"抱团做项目"来互相影响与鼓励，激发彼此的工作动力，从而对学校的发展产生高度的承诺水平。这种对于改革的共同责任和集体承诺，能够为学校提供有力的改革力量。① 此外，专业学习社群还通过改善教师的工作满意度，如使教师在专业与情感上互相支持，共同面对课程改革带来的挑战与压力等，为课程改革的推进提供支持。这说明，专业学习社群对教师的教学效能、承诺水平和工作满意度的综合促进作用，是其推动教育改革发展的重要原因。

其次，专业学习社群通过促进教师的专业发展，能够进一步改进课堂教学和学生学习，从而为课程改革的推进提供根本动力。学生学习是学校效能的重要维度，是学校生产力的最终体现。② 关注教学和学习，提升学生学习的效果是学校改进的重要内容，因此，改革的效果最终需要体现在学生学习身上。本书的两个质化研究部分都表明，专业学习社群中的集体学习使教师在课堂中更加关注学生，更能从学生学习的角度设计教学过程，而且提升了其对学生的学习过程的把控能力，促进了课堂教学质量的提高，并改进了学生的学习效果。其中，教师的集体合作以学生学习为中心，这是专业学习社群改进学生学习的前提。③ 同时，教师真正参与、融入团队的教学实践中，就如何改进学生学习进行持续的探究，能够有效促进学生学习的进步。④ 另外，专业学习社群使得教师对于学生学习产生了很强的集体责任和承诺水平，力求共同改进全体学生的学习。这种集体责任能够有效改善学生成绩，并有助于缩小学生

---

① Andrews D. & Lewis M., "Transforming Practice from Within: The Power of the Professional Learning Community," In Stoll L. & Louis K. S. (Eds.), *Professional Learning Communities: Divergence, Depth and Dilemmas*, Maidenhead, England; New York: McGraw Hill/Open University Press, 2007, pp. 132 - 147.

② Rosenholtz S. J., *Teachers' Workplace: The Social Organization of Schools*, New York: Teachers College Press, 1989, p. 2.

③ Vescio V., Ross D. & Adams A., "A Review of Research on the Impact of Professional Learning Communities on Teaching Practice and Student Learning," *Teaching and Teacher Education*, 2008, 24: 80 - 91.

④ Supovitz J., "Developing Communities of Instructional Practice," *Teachers College Record*, 2002, 104 (8): 1591 - 1626.

之间的成绩差距。① 可见，专业学习社群能够通过推动教师有效的学习和高质量的专业发展，进一步改进教学实践和学生学习②，这也是上海学生两次在 PISA 测试中夺冠的重要原因。③

综上所述，本书研究进一步揭示出了专业学习社群与教育改革之间的关系，发现建立与发展专业学习社群，能够有效推进教育改革的实施。它不仅通过提升教师的综合能力为改革提供支持，还通过推动教师学习与专业发展，进一步改进课堂教学与学生学习的效果，从而为改革的推进提供根本动力。因此，本书研究再次证明，通过校本教研策略来推动教师专业学习社群的发展，能够有效促进课程改革的实施。④

3. 专业学习社群促进教师发展的关键原因

理想状态下的专业学习社群符合有效教师专业发展的特点，能够为教师学习提供良好的环境。⑤ 本书研究通过揭示上海学校的专业学习社群对教师发展的影响方式和过程，对于这一影响作用的关键原因有了深入的理解。

首先，能否为教师集体探究教学实践提供充分的空间，是专业学习社群能否实现改革导向的教师专业发展的关键原因。研究指出，探究性的社群是 21 世纪教师学习的重要转向，它使教师创造出适用于自己的关于实践的知识。⑥ 理想状态下的专业学习社群体现出探究性的教师学习特点，

---

① Lee V. E. & Smith J. B. , "Collective Responsibility for Learning and Its Effects on Gains in Achievement for Early Secondary School Students," *American Journal of Education*, 1996, 104: 103 – 147.

② McLaughlin M. W. & Talbert J. E. , *Building School-Based Teacher Learning Communities: Professional Strategies to Improve Student Achievement*, New York: Teachers College Press, 2006, pp. 8 – 9.

③ Cheng K. , "Shanghai: How a Big City in a Developing Country Leaped to the Head of the Class," In Tucker M. S. (Ed.), "*Surpassing Shanghai*": *An Agenda for American Education Built on the World's Leading Systems*, Cambridge: Harvard University Press, 2011, pp. 21 – 50.

④ 杨小微：《在校本教研中发展教师专业学习社群》，《湖北教育（教育教学）》2013 年第 3 期，第 59—61 页。

⑤ Annenberg Institute for School Reform, "Professional Learning Communities: Professional Development Strategies That Improve Instruction, 2004," Retrieved on Dec 31, 2013, from http: // www. annenberginstitute. org/pdf/proflearning. pdf.

⑥ Cochran-Smith M. & Lytle S. , "Relationships of Knowledge and Practice: Teacher Learning community," *Review of Research in Education*, 1999, 24: 249 – 305.

如本书研究第二个质化部分中 A 校的"绿色教研"活动和 C 校的"周周研"活动，都为教师提供了集体探究的机会。两类活动都围绕明确的主题和教学内容，让教师以共享的课堂教学实践为基础，进行深入的对话，包括一起检视教学目标（即学生学习的效果）的达成情况，探究教学过程中产生的问题，对教学设计、方法与策略进行反思，并质疑教师的潜在假设和教育观念，从而提出进一步的重建方案。在此基础上，将改进方案应用于课堂实践进行第二次试验，并再一次经历教师集体观课、研讨、反思、改进、试验这样一个螺旋上升的过程。这一系列的探究过程使教师激发了新的思维与实践，并转化了教育观念，提升了综合素养，改进了课堂教学和学生学习。由此，探究与改革导向的专业学习社群将反思性对话和探究作为教师学习与专业发展的合法化形式，强调教师通过专业知识和判断来实现发展。[1] 这使教师实现了教育观念与教学实践的转换，从而有助于教育改革的开展。[2]

其次，能否实现基于校本实践的教师学习，是专业学习社群能否促成教师日常教学实践持续改进的重要原因。专业学习社群中的教师学习具有情境性[3]，它发生在自己的学校中，并渗透在与同事交流的过程中。[4] 在具有较高专业学习社群发展水平的学校中，如本书研究第二个质化部分中的 A 校和 C 校，观察、参与共享的教学实践、就教学过程进行交流与反思、共同探究教学问题等实践是教师学习的主要途径，体现在教师日常工作的方方面面。这与短期且表面化、代表专家观点而非教师想法、难以应用于教学实践的教师培训不同，它植根于校本的教学与学生学习实践，反映的是本校教师真实的发展需求，实现了从传统的"为了实践的知识"

---

[1] McLaughlin M. W. & Talbert J. E., *Building School-Based Teacher Learning Communities*: *Professional Strategies to Improve Student Achievement*, New York: Teachers College Press, 2006, pp. 5–8.

[2] Jacobs J. & Yendol-Hoppey D., "Supervisor Transformation Within a Professional Learning Community," *Teacher Education Quarterly*, 2010, 37 (2): 97–114.

[3] Pella S., "A Situative Perspective on Developing Writing Pedagogy in a Teacher Professional Learning Community," *Teacher Education Quarterly*, 2011, 38 (1): 107–125.

[4] McLaughlin M. W. & Talbert J. E., *Building School-Based Teacher Learning Communities*: *Professional Strategies to Improve Student Achievement*, New York: Teachers College Press, 2006, pp. 3–4.

到"实践中的知识"的教师发展范式的转换。[1] 因此，理想状态下的专业学习社群中的集体探究与教师的日常教学实践紧密联系在一起[2]，如在 A 校和 C 校，教师习得的新理念与新方法推动了日常教学实践的改进，从而为学生的学习和学校的改革提供持续的支持力量。可见，专业学习社群强调生态取向下的教师专业发展，拓展了教师的日常学习，这是其促进教师发展的重要原因。[3]

最后，能否促进教师之间的平等对话和民主交流，是专业学习社群能否推动所有社群成员学习与发展的核心原因。研究表示，理想状态下的专业学习社群体现出基于民主而非管理取向的专业性，能最大化地促进所有人的学习，且能够通过持续对话和共享领导来促进教师的双环学习[4]。反映在本书研究的上海学校的实践中，主要指专业学习社群能否同时促进缺乏经验的年轻教师和经验丰富的年长教师的学习。在专业学习社群发展水平高的学校，如第二个质化部分中的个案 C 校，集体探究具有较强的交互性，其目的不仅在于促进年轻教师学习老教师的教学规范、方法与能力，还力求使有经验教师在新的教学技术、资源和想法上获得启发。因而，该校专业学习社群并非像其他一些学校（如 B 校）中年轻教师向年长教师的单向交流和学习，而是促成两类教师之间的双向学习与共同发展。这需要年长教师具有较强的学习意识，尤其是在尊重与敬畏长者的文化背景下，实现二者之间的双向学习，尤其是年长教师向年轻教师的学习，还面临一定的挑战。这一挑战在 C 校得到了比较有效的处理，即一方面，学校对有经验教师提出明确的发展要求，培养其持续学习与发展的意识；另一方面，不论是学校层面领导，还是教研组、备课组等团队领导，都将自己置于服务和引导而非管理的角色，尽量将权力和责任分享给

---

[1] Vescio V., Ross D. & Adams A., "A Review of Research on the Impact of Professional Learning Communities on Teaching Practice and Student Learning," *Teaching and Teacher Education*, 2008, 24: 80–91.

[2] Bullough R. V., "Professional Learning Communities and the Eight-Year Study," *Educational Horizons*, 2007, 85 (3): 168–180.

[3] Horn I. S., "Learning on the Job: A Situated Account of Teacher Learning in High School Mathematics Departments," *Cognition and Instruction*, 2005, 23 (2): 207–236.

[4] Mitchell R., "What Is Professional Development, How Does It Occur in Individuals, and How May It Be Used by Educational Leaders and Managers for the Purpose of School Improvement?" *Professional Development in Education*, 2013, 39 (3): 387–400.

教师，如共同讨论制订计划等，为所有教师尤其是年轻教师提供表达自己意见的空间。这样，教师不仅感受到工作的价值，得到了广泛的支持，而且能够相互学习，并从中受益，还能促进自身领导能力的发展。① 可见，基于民主对话的专业学习社群，是促成高质量的教师学习和全员发展的关键。

综上所述，本书研究深化了关于专业学习社群促进教师发展的原因的认识，发现专业学习社群能够通过支持教师对教学实践的集体探究，实现改革导向的教师发展；通过强化基于校本实践的教师学习，促成教师日常教学实践的持续改进；通过促进教师间的平等对话和民主交流，推动全体教师的专业发展。

4. 系统、协调的专业学习社群发展取向

关于专业学习社群的发展取向，哈格里夫斯曾经根据行政控制介入的程度，提出了合作文化和硬造合作两种方式，其中合作文化强调的是教师的自发性，而硬造合作则以行政控制和强制性为特点。② 由于中国学校的教研组是根据行政要求，以自上而下的方式建立与发展的，所以一些研究者将教研组等教师群体称为硬造社群。③ 而本书的研究发现，上海学校的专业学习社群并非单纯地强调行政控制的硬造合作，而是体现出行政要求与教师自发合作的结合，即系统、协调的教师合作，从而为专业学习社群的理论提供了新的视角和认识。

尽管教研组是教育当局以行政要求的方式自上而下建立的，体现出一定的强制性，但经过半个多世纪的发展，上海教师合作的范围已远远超出了教研组。一方面，本书研究的两个质化部分表明，很多学校的教师交流与合作打破了学科、年级甚至是学校的界限，实现了跨学科、跨年级以及跨学校的集体探究。这些更大范围交流的开展主要基于学校自身的安排，

---

① Harris A. T., "Using Professional Learning Communities to Build Teacher Leadership Capacity: Creating Sustainable Change in Education," Master Thesis, Dominican University of California, 2010.

② Hargreaves A., "Contrived Congeniality: The Micropolitics of Teacher Collaboration," In Blase J. (Ed.), *The Politics of Life in Schools: Power, Conflict, and Cooperation*, Thousand Oaks, Calif.: Sage, 1991, pp. 46-72.

③ Wong J. L. N., "Searching for Good Practice in Teaching: A Comparison of Two Subject-Based Professional Learning Communities in a Secondary School in Shanghai'," *Compare: A Journal of Comparative and International Education*, 2010, 40 (5): 623-639.

而非教育当局（市教委或区教育学院）的强制要求。也就是说，教师之间的交流与探讨并未局限在教研组内，探讨的内容也不完全是官方所规定的任务，而是在一定程度上体现出了丰富性和自由度。另一方面，很多学校都根据自身的发展现状和需求，由学校的领导或教师自发建立了课题小组、学习沙龙、青年教师小组等社群形态，这些不同的教师合作形态也是专业学习社群的重要组成部分。同样，这些教师团体的形成并非因为官方的行政要求，而是学校及教师根据自身需要主动、自发而建立的。它们的结构较为松散，活动的内容和方式也灵活多样，由教师自愿、自主地进行开放式的交流与研讨。[①] 更重要的是，本书研究发现上海的学校存在大量的教师非正式合作学习的形态，包括办公室、食堂、咖啡室、网络上的交流等。尤其是办公室内的非正式合作，在很多教师看来是无时无刻、无所不在的。这些非正式的合作学习是由教师基于自身的发展需要而自主、自发地开展的，体现出真正的合作文化。因此，上海学校的教师合作并非局限于教研组内自上而下落实的合作任务，还包括自下而上的、自发式的交流与探讨。也就是说，上海学校的专业学习社群并不等于教研组，前者的含义远远超出了后者，体现出了教师合作实践的丰富性、多样性。

但同时，以上各种打破教研组界限的教师交流（包括非正式合作）都与教研组息息相关。或者说，学校与教师自主、自发开展的合作是以教研组为基础的，可视为教研组内教师合作的进一步拓展。而且，不论是教研组内的合作，还是超越教研组范围的自发合作，都离不开教研制度所带来的系统的、协调的支持。[②] 具体而言，在教研体制的要求下，学校乃至区教育部门为教师合作提供了坚实的结构支持，包括每周为教师安排至少1小时的集体学习时间，为同一教研组（备课组）或年级组的教师提供共同的办公空间，在经费、设备、网络、资源等方面满足教师的学习需要，确立重集体、轻个体的教师评价制度，来鼓励教师之间进行分享与合作等。除了学校层面的支持，区教育学院还通过开展集体观课、公开课研讨、理论培训等专业学习活动为教师合作提供支持。可见，上海教师多

---

① 胡惠闵：《教师专业发展背景下的学校教研组》，《全球教育展望》2005 年第 34 卷，第 7 期，第 21—25 页。

② Wang T., "Contrived Collegiality Versus Genuine Collegiality: Demystifying Professional Learning Communities in Chinese Schools," *Compare: A Journal of Comparative and International Education*, 2015, 45 (6): 908 – 930.

元、多层、多向的交流与合作离不开这些系统的制度与结构的支持，这些支持因素在很大程度上使得分享与合作成为教师的一种日常工作方式。因此，本书研究中的上海学校专业学习社群并非是绝对的自上而下的硬造合作，也不是单纯的自下而上的自发合作，而是体现出两种取向的结合。

综上所述，本书发现除了真正的同僚合作和硬造社群这两种专业学习社群的发展取向外，还存在一种将行政支持和自发合作有机结合的发展取向，即系统、协调的专业学习社群发展取向。这为我们理解和发展专业学习社群提供了新的重要的视角。

二 实践启示

为进一步促进我国中小学教师专业学习社群的发展，从而为课程改革的深入推进提供支持，基于本书研究的发现，提出了以下几点实践上的启示：

1. 加强学校组织层面对教师专业学习社群的支持

研究发现，学校组织层面的因素在专业学习社群实践中发挥着至关重要的作用，而且对教师的发展具有关键性的影响。为促进上海学校的教师专业学习社群的进一步发展，学校可在组织层面作以下努力：

首先，加强学校领导对于专业学习社群的支持。研究表明，上海的校长主要采用自上而下的领导方式，较少分布权力和责任，这不利于专业学习社群的发展。① 因此，校领导应在一定程度上放权于教师，为教师提供参与学校决策、承担学校事务的机会，并培养教师的领导力，鼓励其主动开展改革。同时，加强与教师之间的平等交流，为其提供充分的表达空间，也有利于社群的发展。除了领导方式的转变，学校的校长，尤其是高中校长应加强对专业学习社群的支持力度，具体包括了解教师的学习需求，参与教师的专业学习活动，并提供适切的资源等。②

其次，努力克服传统文化给教师专业学习社群带来的不利影响。研究

---

① Harris A., "Opening up the 'Black Box' of Leadership Practice: Taking a Distributed Leadership Perspective," *International Studies in Educational Administration*, 2006, 34 (2): 37 - 45.

② Lindahl R. A., "Professional Learning Communities: A Feasible Reality or a Chimera?" In Alford J., Perreault G., Zellner L. & Ballenger W. (Eds.), *Blazing New Trails: Preparing Leaders to Improve Access and Equity in Today's Schools*, The 2011 Yearbook of the National Council of Professors of Educational Administration. ERIC: ED523595, 2011, pp. 47 - 58.

发现，传统的尊重、敬畏甚至是服从权威与长辈的观念，强调表面和谐的人际关系而避免冲突的文化会导致教师合作的表面化和形式化，不利于教师的教学探究及专业学习社群的发展。学校可尽量鼓励教师表达自己的真实意见，提出不同的有价值的观点，形成教师之间对话与辩论的气氛，从而推动专业学习社群内形成深入、有意义的对话。① 同时，引导教师正确地看待冲突，将冲突视为正常现象②，并且提升教师之间的信任程度。③在此基础上，培养教师互相质疑和批判的习惯，并鼓励一定范围内的冒险④，使得教师间形成真正的集体对话、探究与反思的文化。

最后，在时间、空间上强化对专业学习社群的结构支持。研究发现，尽管上海的教师每周具有固定的集体学习时间，但由于其工作负担较重，很难找到额外的共同探讨时间。因此，学校应减轻教师的工作任务和压力，为其提供更多的专业学习时间。⑤ 同时，鼓励教师之间进行非正式交流，也是有效处理其合作时间不足的策略。另一方面，加强对专业学习社群的空间支持，如采用备课组与年级组相结合的方式来划分教师办公室，能够同时加强同学科和同年级的教师之间的交流，从而使教师之间的互动在更加多元、多层的意义上展开。

2. 加强地区教育部门对教师专业学习社群的支持

研究发现，地区的教育政策、制度、领导、资源等因素会对学校教师专业学习社群的发展产生重要的影响。对上海的地区教育部门而言，以下几个方面可成为其进一步努力的方向：

首先，打破政策制度上对学校教师专业学习社群造成的障碍。一方面，强调高风险考试的问责体系不利于教师之间的专业合作和教学实践的

---

① Hord S. M. , "Professional Learning Communities: Communities of Continuous Inquiry and Improvement," Southwest Educational Development Lab. , Austin, TX. , 1997.

② Visscher A. J. & Witziers B. , "Subject Departments as Professional Communities?" *British Educational Research Journal*, 2004, 30 (6): 785 – 800.

③ Bryk A. S. , Camburn E. & Louis K. S. , "Professional Community in Chicago Elementary Schools: Facilitating Factors and Organizational Consequences," *Educational Administration Quarterly*, 1999, 35: 751 – 781.

④ Thompson S. C. , Gregg L. & Niska J. M. , "Professional Learning Communities, Leadership, and Student Learning," *Research in Middle Level Education Online*, 2004, 28 (1): 1 – 15.

⑤ Fernandez C. , "Learning from Japanese Approaches to Professional Development: The Case of Lesson Study," *Journal of Teacher Education*, 2002, 53: 393 – 405.

改进①②，因此应进一步加大课程改革的力度，尤其是强化教师培养学生综合学习素养的理念，同时在评价机制上降低考试成绩的比重，减轻对教师造成的问责压力。另一方面，自上而下的教研体系导致了教师之间的硬造合作，这可能使得专业学习社群中的对话与交流停留于表面，并使教师趋于统一化③，不利于其专业发展和改革。因此，在集体学习的过程中，应为教师提供更多的专业自主，鼓励教师以专业而非行政的思维进行深入的探讨。

其次，加大学校的自主权，尤其是在财政和人事上为学校提供一定的权力。研究发现，上海学校的人事权和财政权集中于区教育部门，这使得一些学校的人员不足，出现了教师工作负担过重的现象。因此，可为学校提供一定程度的人事权，让学校根据自身的需要调整师资结构，从而为教师"松绑"，使其有充分的时间参与专业学习活动。同时，减少对教师施加的行政任务和要求，也有利于推动教师的学习。④

最后，强化对农村学校的教师专业学习社群的资源支持。研究表明，远郊（即农村）学校的专业学习社群的发展水平明显不及近郊与城区（即城市）的学校，尤其是在专业资源上具有一定的限制。因此，地区教育部门应进一步强化对农村学校的资源支持，尤其是教研员、高校教师等专家的支持。另外，加强学校之间的联系，进一步推广委托管理、市区郊区的学校结对等实践⑤，也是有效改进农村学校的教师专业学习社群的策略。

---

① Talbert J. E., "Professional Learning Communities at the Crossroads: How Systems Hinder or Engender Change," In Hargreaves A., Lieberman A., Fullan M. & Hopkins D. (Eds.), *Second International Handbook of Educational Change*, Dordrecht, The Netherlands: Springer, 2010, pp. 555 – 572.

② Wood D., "Teachers' Learning Communities: Catalyst for Change or a New Infrastructure for the Status Quo?" *Teachers College Record*, 2007, 109 (3): 699 – 739.

③ Hargreaves A., "Contrived Congeniality: The Micropolitics of Teacher Collaboration," In Blase J. (Ed.), *The Politics of Life in Schools: Power, Conflict, and Cooperation*, Thousand Oaks, Calif.: Sage, 1991, pp. 46 – 72.

④ Harris A. & Jones M., "Professional Learning Communities and System Improvement," *Improving Schools*, 2010, 13 (2): 172 – 181.

⑤ Tucker M. S., "How the Top Performers Got There," In Tucker M. S. (Ed.), "*Surpassing Shanghai*": *An Agenda for American Education Built on the World's Leading Systems*, Cambridge: Harvard University Press, 2011, pp. 169 – 210.

第三节 研究限制与研究建议

一 研究限制

本书研究采用混合研究取向,包含两个质化研究和一个量化研究。尽管这是对质化研究和量化研究的结合,希望能够突破单纯采用一种方法造成的局限,但囿于主客观条件的限制,可能存在以下几个方面的不足:

首先是研究时间上的限制。本书研究先后涉及三个子研究,需要在一年半(2013—2014)的时间内依次完成各个子研究的数据收集与分析工作,这无疑是巨大的工作量,对研究者提出了一定的挑战。而且,本书的研究属于对我国中小学教师专业学习社群的探索性研究,需要对其发展情况和表现有全面、充分的了解,尤其是对于专业学习社群的效果与实现过程的探究,需要一个过程性的视角;因为教师在专业学习社群中的互动过程和实现的专业发展需要通过较长一段时间的考量,才能把握得更加准确。而本书的研究在时间上有较大的限制,可能会对分析深度造成一定的影响。

其次是样本上的限制。本书研究的第一个质化部分采用的是便利抽样的取样方式,尽管做到了学校在地理区域、历史、学校规模、办学水平、学校特色等方面的丰富性,但由于在资源和学校准入方面存在限制,所抽取的 10 所学校中有 9 所是小学,仅有 1 所中学,学校在学段上分布不均衡,可能会影响研究所获得信息的丰富程度。在教师样本上,虽然尽量保证其在性别、学科、学历、职务等方面的多样性,但参与研究的教师多为教学经验有限的年轻教师,有经验的教师的数量相对较少,因而相关的研究发现主要来自于年轻教师,对有经验的教师的观点和看法未有深入了解。在量化部分,本书研究采用的是便利抽样而非随机抽样的方式,尽管研究尽量考虑样本对总体的代表性,但样本学校仍不能完全代表上海学校的总体水平。在第二个质化部分,采用目的性抽样的取样方式选取了 4 所个案学校,但是囿于时间和精力上的限制,有 3 所学校只选取了 5—6 名教师,这可能无法充分反映个案学校专业学习社群的发展水平及效果。

再次是研究数据带来的限制。在量化研究部分,本书研究的变量,即专业学习社群的特点和教师发展涉及教师和学校两个层面的数据,理想方式是采用多层分析模型对专业学习社群与教师发展之间的关系进行分析。

但研究所获得的数据难以实现多层的分析方法，即所抽取的31所学校中每所学校抽取的样本教师在数量上有很大不同（最少的仅有14位教师，最多的有48位教师），因此难以通过多层分析方法准确反映学校层面数据和教师层面数据的嵌套关系，这成为了研究的一个限制。

最后是混合研究本身带来的挑战。混合研究是将两种范式不同的研究结合在一起，这对研究者本身的素养提出了很大的要求。研究者既要具有开展量化研究的能力，也要具有开展质化研究的能力，更要具有对两种方法进行整合、对两类数据进行沟通的能力。研究者经验和能力的有限，也成为了本书研究的限制之一。

二　对未来研究的建议

未来研究可在以下几个方面进一步推进：

第一，开展更多的中国情境下的专业学习社群的研究。本书研究属于对中国学校的专业学习社群的探索性研究，得出的专业学习社群的概念框架还需要通过更加多样化的样本，进行进一步的验证。而且，上海作为中国教育最发达的地区之一，其专业学习社群的发展水平不能代表整个中国。因此，还需要对中国不同地区的学校教师专业学习社群进行研究。同时，本书研究主要从教师的角度探讨专业学习社群的特点和影响，未来研究可以对校长等学校的领导进行研究，以从更加丰富的视角理解专业学习社群实践。另外，还可以开展关于不同地区的专业学习社群发展的比较研究，从而探究地区层面的情境因素对于专业学习社群的影响，进一步深化对专业学习社群的理解。

第二，对不同类型学校的教师专业学习社群的发展过程进行研究，探讨更多的学校层面因素对专业学习社群发展的影响。本书研究在量化部分简略探讨了学段、地理位置、学校规模和学校历史等学校背景因素对于社群发展的影响。后续研究可以通过量化研究或深入的个案研究，探讨更多的学校层面的因素，如学校的办学性质（公办或民办）、组织架构、教师的结构与背景、学生的特点乃至与家长、社区的关系等对于专业学习社群实践的影响，从而更加全面、深入地考察影响专业学习社群发展的学校层面的因素。

第三，考察地区（省/市及区/县）层面因素对教师专业学习社群的影响。本书研究的质化部分发现，地区层面的教育政策、制度、领导、资源等因素在专业学习社群实践中扮演着重要角色。未来研究可选择有代表性的地区和学校进行个案研究，深入探索影响专业学习社群发展的地区层面的因素，并分析专业学习社群的发展所面临的障碍，从而为教师专业学习社群的建立与持续发展提供启示。

第四，进一步探究专业学习社群对于学校的发展尤其是学生学习的效果的研究。本书研究对专业学习社群与教师发展之间的关系进行了分析，后续研究在进一步考察专业学习社群对教师发展的效果的同时，应关注社群对学生学习效果的研究，因为改进学生的学习是发展专业学习社群的根本目标[1]。尤其是可以运用多层分析模型的方法，考察专业学习社群不同层面的特点对于学生学习的影响。

第五，进一步开展关于专业学习社群对教师发展和学生学习的影响过程的研究。本书研究的第二个质化部分对专业学习社群促进教师发展的过程进行了简要探索，后续研究可以就教师在专业学习社群内的互动与合作过程进行更加深入的探讨，尤其是可以采用观察、访谈等多种数据收集方式，并将研究时间拉长，从而考察教师在一段时间内通过专业学习社群所实现的变化与发展。

---

[1] Allen D., "Reconstructing Professional Learning Community as Collective Creation," *Improving Schools*, 2013, 16 (3): 191–208.

参考文献

1. 中文部分

操太圣、乔雪峰:《理想与现实:教研组作为专业学习社群的批判反思》,《全球教育展望》,2013年第12期,第51—59页。

曾荣光:《从教育质量到质量教育的议论:中国香港特区的经验与教训》,《北京大学教育评论》,2006年第4卷,第1期,第129—144页。

陈桂生:《"中国的教研组现象"平议》,《南通大学学报(教育科学版)》,2006年第22卷,第4期,第1—4页。

陈桂生、刘群英、胡惠闵:《关于"教研组问题"的对话》,《上海教育科研》,2014年第3期,第56—59页。

陈佩英:《教师专业发展的第四条路:学习社群实践的理论转化》,载《中国教育学会:2020教育愿景》,台北:学富文化事业有限公司,2012年,第307—358页。

陈向明:《质的研究方法与社会科学研究》,教育科学出版社2000年版。

陈晓端、龙宝新:《教师专业学习共同体的实践基模及其本土化培育》,《课程·教材·教法》,2012年第32卷,第1期,第106—114页。

何敏、叶澜:《关于"我国中小学教育改革状态"的调查研究报告》,《华东师范大学学报(教育科学版)》,2002年第20卷,第3期,第1—14页。

胡惠闵:《如何在教研组活动中运用教师反思机制》,《全球教育展望》2003年第8期,第60—62页。

胡惠闵:《教师专业发展背景下的学校教研组》,《全球教育展望》,2005年第34卷,第7期,第21—25页。

胡惠闵、刘群英:《我国中小学教学研究组织的发展及其困境》,《教育发展研究》2012年第2期,第1—8页。

胡艳:《新中国17年中小学教研组的职能与性质初探》,《教师教育研究》2011年第6期,第50—55页。

胡艳：《我国中学教研组性质的实证研究——以北京市城区中学为例》，《教育学报》2012 年第 6 期，第 78—89 页。

胡艳：《专业学习共同体视角下的教研组建设——以北京市某区中学教研组为例》，《教育研究》2013 年第 10 期，第 37—43 页。

胡艳、高志雄：《当前北京市中学教研组长素质状况及其影响因素研究》，《教师教育研究》2012 年第 6 期，第 73—80 页。

胡谊著：《成长的阶梯：成为专家教师之路》，华东师范大学出版社 2008 年版。

江林新、廖圣清、周慰、方林建、申琦：《上海市中小学教师工作压力状况调查报告》，《上海教育科研》2012 年第 3 期，第 39—43 页。

姜洪章：《教研组运行中不良倾向的消解与专业角色的重建》，《教学与管理》2008 年第 4 期，第 19—21 页。

蒋福超、刘正伟：《专业学习共同体视角下的教研组变革》，《教育发展研究》2009 年第 10 期，第 83—87 页。

教育部：《中学暂行规程（草案）》，《山西政报》1952 年第 7 期，第 99—103 页。

教育部：《小学暂行规程（草案）》，《山西政报》1952 年第 7 期，第 103—107 页。

教育部：《中学教学研究组工作条例（草案）》，（何东昌主编：《中华人民共和国重要教育文献 1945—1975》，海南出版社 1998 年版，第 720 页）。

教育部：《基础教育课程改革纲要（试行）》，中华人民共和国教育部 2001 年。

教育部：《关于积极推进中小学评价与考试制度改革的通知》，中华人民共和国教育部 2002 年。

李子建、宋萑：《专业学习共同体与课程发展》，《课程·教材·教法》第 26 卷，2006 年第 12 期，第 24—28 页。

刘明华、王必闩：《教研组建设现状及功能思考》，《上海教育科研》2008 年第 4 期，第 47—48 页。

毛齐明：《教研组"教""研"的丧失与回归》，《中国教育学刊》2012 年第 2 期，第 32—35 页。

潘涌：《论中小学教研组建设与学科带头人的使命》，《全球教育展望》

2010 年第 9 期，第 79—82 页。

彭新强：《建构学校为学习型组织》，《教育改革系列之 31》，香港中文大学教育学院与香港教育研究所 2006 年。

彭新强、蔡爱玲：《学校的组织学习障碍：探索与跨越》，台北高等教育出版社 2012 年版。

彭新强、田爱丽：《中国上海基础教育改革的趋势和挑战》，《学校教育改革系列之 44》，香港中文大学教育学院与香港教育研究所 2007 年。

上海市教委：《上海市教育委员会关于印发〈上海市基础教育教师队伍建设"十一五"规划纲要〉的通知》，上海市教育委员会 2007 年。

上海市教委：《上海市普通中小学课程方案》，上海市教育委员会 2004 年。

上海市教委：《上海市普通中小学课程方案说明》，上海市教育委员会 2004 年。

上海市教委：《上海市中长期教育改革和发展规划纲要》，上海市教育委员会 2010 年。

时芸：《中国上海学生 PISA 夺冠的归因分析》，《南昌教育学院学报》2011 年第 9 期，第 195—196 页。

宋萑：《课程改革背景下的教师专业学习社群与教师发展：上海的个案研究》，香港中文大学博士学位论文 2007 年。

宋萑：《课程改革、教师赋权增能与教师专业学习共同体——上海市四所小学的个案研究》，《教育学报》2011 年第 3 期，第 63—74 页。

宋萑、魏鑫：《教师课改认同感与教师专业学习社群的关系研究》，《教育发展研究》2011 年第 10 期，第 69—73 页。

孙元涛：《教师专业学习共同体：理念、原则与策略》，《教育发展研究》2011 年第 22 期，第 52—57 页。

王建军：《课程变革与教师专业发展》，四川教育出版社 2004 年版。

王婷婷、郑朝晖：《上海学生 PISA2009 阅读高分原因探析——以建平中学为例》，《教育发展研究》2012 年第 8 期，第 31—36 页。

杨小微：《在校本教研中发展教师专业学习社群》，《湖北教育（教育教学）》2013 年第 3 期，第 59—61 页。

杨炎轩：《教研组文化变革：组织文化变革理论的视角》，《教育发展研究》2010 年第 10 期，第 74—78 页。

叶娜：《教师对教研组活动期望的调查研究》，《江西教育科研》2007 年第 5 期，第 63—65 页。

阴祖宝、倪胜利：《走向专业学习共同体的教研组变革》，《现代中小学教育》2013 年第 8 期，第 54—57 页。

尹弘飙：《课程实施中的教师情绪：中国大陆高中课程改革个案研究》，香港中文大学博士学位论文，2006 年。

尹志红、杨楠：《组织学习的障碍因素分析与组织学习力的提升》，《哈尔滨商业大学学报（社会科学版）》2011 年第 2 期，第 55—80 页。

张佳：《透析"师徒制"的实践误区及其解决途径》，《新课程研究（下旬刊）》2011 年第 3 期，第 26—28 页。

张佳、彭新强：《中国大陆教师专业学习社群的内涵与发展——基于对上海市中小学的调查研究》，《教师教育研究》2014 年第 3 期，第 61—68 页。

张佳、彭新强：《上海 PISA 夺冠与课程改革之间的关系》，《复旦教育论坛》2015 年第 2 期，第 25—31 页。

张兆芹、徐炜：《教师组织学习的障碍分析与对策研究》，《教育发展研究》2008 年第 12 期，第 8—12 页。

中国教育年鉴编辑部：《中学暂行规程（草案）》，《中国教育年鉴（1949—1980）》，中国大百科全书出版社 1984 年，第 731 页。

中国教育年鉴编辑部：《小学暂行规程（草案）》，《中国教育年鉴（1949—1980）》，中国大百科全书出版社 1984 年，第 728 页。

周俊：《障碍与超越：美国学校专业学习共同体研究》，《中国教育学刊》2010 年第 7 期，第 81—84 页。

周湘辉：《如此集体备课，还是"革"掉好》，《中国教育报》2005 年 3 月 22 日第 7 版。

2. 英文部分

Achinstein, B. (2002). Conflict Amid Community: the Micropolitics of Teacher Collaboration. *Teachers College Record*, 104 (3), 421—455.

Alberta Education. (2006). Professional Learning Communities. An Exploration. Retrieved on May 03, 2014, from http://education.alberta.ca/media/618576/prof_ learng_ communities_ 2006. pdf.

Allen, D. (2013). Reconstructing Professional Learning Community as Collective Creation. *Improving Schools*, 16 (3), 191—208.

Andrews, D. & Crowther, F. (2002). Parallel Leadership: A Clue to the Contents of the "Black Box" of School Reform. *The International Journal of Educational Management*, 16, 152—159.

Andrews, D. & Lewis, M. (2002). The Experiences of a Professional Community: Teachers Developing a New Image of Themselves and Their Workplace. *Educational Research*, 44 (3), 237—254.

Andrews, D. & Lewis, M. (2004). Building Sustainable Futures: Emerging Understandings of the Significant Contribution of the Professional Learning Community. *Improving Schools*, 7, 129.

Andrews, D. & Lewis, M. (2007). Transforming Practice from Within: The Power of the Professional Learning Community. In L. Stoll & K. S. Louis (Eds.), *Professional Learning Communities: Divergence, Depth and Dilemmas* (pp. 132—147). Maidenhead, England; New York: McGraw Hill/Open University Press.

Annenberg Institute for School Reform (2004). Professional Learning Communities: Professional Development Strategies That Improve Instruction. Retrievedon Dec 31, 2013, from http://www.annenberginstitute.org/pdf/proflearning.pdf.

Argyris, C. & Schon, D. (1978, 1996). *Organizational Learning: A Theory of Action Perspective*. Reading Mass: Addison-Wesley.

Argyris, C. (1990). *Overcoming Organizational Defense: Facilitating Organizational Learning*. Boston: Allyn and Bacon.

Barber, M. & Mourshed, M. (2009). Shaping the Future: How Good Education Systems Can Become Great in the Decade Ahead. Report on the International Education Roundtable. Singapore: McKinsey & Co., July 7, 2009. Retrieved on Mar 30, 2015, from http://www.eurekanet.ru/res_ru/0_hfile_1906_1.pdf.

Baukey, B. (2000). The Impact of Mandated Change on Teachers. In N. Bascia & A. Hargreaves (Eds.), *The Sharp Edge of Educational Change: Teaching, Leading and the Realities of Reform* (pp. 113—127). London: Routledge.

Berger, B. M. (1988). Disenchanting the Concept of Community. *Society*, 25 (6), 50—52.

Blackshaw, T. (2010). Key Concepts in Community Studies (pp. 5—18). London: Sage.

Blitz, C. (2013). *Can Online Learning Communities Achieve the Goals of Traditional Professional Learning Communities? What the Literature Says.* (REL2013—003). Washington, DC: U. S. Department of Education, Lnstitute of Education Sciences, National Center for Education Evaluation and Regional Assistance, Regional Educational Laboratory Mid-Atlantic. Retrieved on Dec 31, 2013, from http://i3es.ed.gov/ncee/edlabs.

Bolam, R., McMahon, A., Stoll, L., Thomas, S. & Wallace, M. (2005). *Creating and Sustaining Professional Learning Communities.* Research Report Number 637. London, England: General Teaching Council for England, Department for Education and Skills.

Boske, C. (2009). We Are True Witnesses on the Side of Those Who Are Oppressed: People of Color and Co-Created Leadership. In C. M. Achilles, B. J. Irby, B. Alford, & G. Perreault (Eds.), *Remember Our Mission: Making Education and Schools Better for Students. The 2009 Yearbook of the National Council of Professors of Educational Administration.* (pp. 231—245). Lancaster, Pennsylvania: DEStech Publications, Inc.

Bouchard, T. J. (1976). Unobtrusive Measures: An inventory of Uses. *Sociological Methodsand Research*, 4, 267—300.

Brandt, R. (2003). Is This School a Learning Organization? 10 Ways To Tell. *Journal of Staff Development*, 24 (1), 10—16.

Brody, D. & Hadar, L. (2011). "I Speak Prose and I Now Know it." Personal Development Trajectories among Teacher Educators in a Professional Development Community. *Teaching and Teacher Education*, 27, 1223—1234.

Bryk, A. S., Camburn, E. & Louis, K. S. (1999). Professional Community in Chicago Elementary Schools: Facilitating Factors and Organizational Consequences. *Educational Administration Quarterly*, 35, 751—781.

Bryk, A. S. & Driscoll, M. E. (1988). *The High School as Community: Contextual Influences and Consequences for Students and Teachers.* Madison,

WI: NationalCenter on Effective Secondary Schools, University of Wisconsin.

Bullough, R. V. (2007). Professional Learning Communities and the Eight—Year Study. *Educational Horizons*, 85 (3), 168—180.

Campbell, D. T. & Fiske, D. W. (1959). Convergent and Discriminant Validation by the Multitrait-Multimethod Matrix. *Psychological Bulletin*, 56, 81—105.

Capers, M. (2004). Teaching and Shared Professional Practice-A History of Resistance; A Future Dependent on Its Embrace. In S. M. Hord (Eds.), *Learning Together, Leading Together: Changing Schools Through Professional Learning Communities*. New York: Teachers College Press; Oxford, Ohio: National Staff Development Council.

Chang, H. & Holt, G. R. (1991). More than Relationship: Chinese Interaction and the Principle of Kuan-Hsi. *Communication Quarterly*, 39 (3), 251—27.

Chen, P. (2008). Strategic Leadership and School Reform in Taiwan. *School Effectiveness and School Improvement: An International Journal of Research, Policy and Practice*, 19 (3), 293—318.

Cheng, K. & Wong, K. (1996). School Effectiveness in East Asia: Concepts, Origins and Implications. *Journal of Educational Administration*, 34 (5), 32—49.

Cheng, K. (2011). Shanghai: How a Big City in a Developing Country Leaped to the Head of the Class. In M. S. Tucker (Ed.), "*Surpassing Shanghai*": *An Agenda for American Education Built on the World's Leading Systems* (pp. 21—50). Cambridge: Harvard University Press.

Cheng, Y. C. & Walker, A. (2008). When Reform Hits Reality: The Bottleneck Effect in Hong Kong Primary Schools. *School Leadership and Management*, 28 (5), 505—521.

Cifuentes, L., Maxwell, G. & Bulu, S. (2011). Technology Integration Through Professional Learning Community. *Journal of Educational Computing Research*, 44 (1), 59—82.

Clark, D. L. & Astuto, T. A. (1994). Redirecting Reform: Challenges To

Popular Assumptions about Teachers and Students. *The Phi Delta Kappan*, 75 (7), 512—520.

Cochran-Smith, M. & Lytle, S. (1999). Relationships of Knowledge and Practice: Teacher Learning Community. *Review of Research in Education*, 24, 249—305.

Coleman, C. H. (2005). Teachers' Perceptions of Administrative Leadership Styles and Schools as Professional Learning Communities. Doctoral Dissertation. University of New Orleans. Retrieved on Apr 18, 2014, from http://gradworks.umi.com/31/75/3175814.html.

Cook, S. & Yanow, D. (1996). Culture and Organizational Learning. In M. Cohen & L. Sproull, (Eds.), *Organizational Learning*. Thousand Oaks, CA: Sage Publications.

Cranston, J. (2009). Holding the Reins of the Professional Learning Community: Eight Themes from Research on Principals' Perceptions of Professional Learning Communities. *Canadian Journal of Educational Administration and Policy*, 90, 1—22.

Creswell (2007). *Qualitative Inquiry and Research Design: Choosing among Five Approaches*. Los Angeles: SAGE Publications.

Creswell, J. W. & Clark, V. L. P. (2011). *Designing and Conducting Mixed Methods Research*. Los Angeles: SAGE Publications.

Dalgarno, N. & Colgan, L. (2007). Supporting Novice Elementary Mathematics Teachers' Induction in Professional Communities and Providing Innovative Forms of Pedagogical Content Knowledge Development Through Information and Communication Technology. *Teaching and Teacher Education*, 23 (7), 1051—1065.

Darling-Hammond, L. (1990). Teacher Professionalism: Why and How? In Ann Lieberman (Ed.), *Schools as Collaborative Cultures: Creating the Future Now* (pp. 37—62). London: The Falmer Press.

Darling-Hammond, L. (1999). *Teacher Quality and Student Achievement: A Review of State Policy Evidence*. Seattle: Center for the Study of Teaching and Policy.

Darling-Hammond, L. (2009). Teaching and the Change Wars: the Professionalism Hypothesis. In A. Hargreaves & M. Fullan (Eds.), *Change Wars*. Bloomington, IN: Solution Tree.

Darling-Hammond, L. (2011). Forward. In M. S. Tucker (Ed.), "*Surpassing Shanghai*": *An Agenda for American Education Built on the World's Leading Systems*. Cambridge: Harvard University Press.

Day, C., Sammons, P. & Gu, Q. (2008). Combining Qualitative and Quantitative Methodologies in Research on Teachers' Lives, Work, and Effectiveness: From Integration to Synergy. *Educational Researcher*, 37 (6), 330—342.

de Lima, J. A. (2001). Forgetting about Friendship: Using Conflict in Teacher Communities as a Catalyst for School Change. *Journal of Educational Change*, 2, 97—122.

Denscombe, M. (2008). Communities of Practice: a Research Paradigm for the Mixed Methods Approach. *Journal of Mixed Methods Research*, 2 (3), 270—283.

Dufour, R. & Eaker, R. (1998). *Professional Learning Communities at Work: Best Practices for Enhancing Student Achievement*. Bloomington, Ind.: National Education Service; Alexandria, Va.: ASCD.

DuFour, R. (1999). Help Wanted: Principals Who Can Lead Professional Learning Communities. *NASSP Bulletin*, 83 (614), 12—17.

DuFour, R. (2003). Building a Professional Learning Community. *School Administrator*, 60 (5), 13—18.

DuFour, R. (2004a). What Is a "Professional Learning Community"? *Educational Leadership*, 61 (8), 6—11.

DuFour, R. (2004b). The Best Staff Development Is in the Workplace, Not in a Workshop. *Journal of Staff Development*, 25 (2), 63—64.

DuFour, R. (2011). Work Together but Only if You Want To. *Phi Delta Kappan*, 92 (5), 57—61.

DuFour, R., Eaker, R., DuFour, R. (2005). *On Common Ground: The Power of Professional Learning Communities*. IN: The National Education Service.

Elmore, R. (2004). *School Reform from the Inside Out: Policy, Practice,* and *Performance*. Cambridge, Mass.: Harvard Education Press.

Ericksona, G., Brandesa, G. M., Mitchellb, I. & Mitchellc, J. (2005). Collaborative Teacher Learning: Findings from Two Professional Development Projects. *Teaching and Teacher Education*, 21, 787—798.

Esposito, J., Davis, C. & Aswain, A. (2012). Urban Educators' Perceptions of Culturally Relevant Pedagogy and School Reform Mandates. *Journal of Educational Change*, 13, 235—258.

Evans, L. (2008). Professionalism, Professionality and the Development of Education Professionals. *British Journal of Educational Studies*, 56 (1), 20—38.

Evans, R. (1996). *The Human Side of School Change: Reform, Resistance, and the Real-Life Problems of Innovation*. San Francisco: Jossey-Bass.

Feger, S. & Arruda, E. (2008). Professional Learning Communities: Key Themes from the Literature. Retrievedon Apr 23, 2014, from http://www.alliance.brown.edu/pubs/pd/PBS_ PLC_ Lit_ Review. pdf

Fernandez, C. (2002). Learning from Japanese Approaches to Professional Development: The Case of Lesson Study. *Journal of Teacher Education*, 53, 393—405.

Fraser, C., Kennedyb, A., Reidc, L. &Mckinney, S. (2007). Teachers' Continuing Professional Development: Contested Concepts, Understandings and Models. *Journal of In-Service Education*, 33 (2), 153—169.

Freidson, E. (1986). *Professional Powers: A Study of the Institutionalization of Formal Knowledge*. Chicago: University of Chicago Press.

Fullan, M. & Hargreaves, A. (1992). *Teacher Development and Educational Change*. London: Falmer.

Fullan, M. (1991). *The Meaning of Educational Change*. Toronto: OISE Press.

Fullan, M. (1993). *Change Forces: Probing the Depth of Educational Reform*. London; New York: Falmer Press.

Fullan, M. (1999). *Change Forces: The Sequel*. London; Philadelphia, Pa.: Falmer Press.

Fullan, M. (2000). The Return of Large-Scale Reform. *Journal of Education-*

al Change, 1, 5—28.

Fullan, M. (2003). *Change Forces With a Vengeance.* London; New York: Routledge Falmer.

Fullan, M. (2004). The Five Components of Change Leadership. In M. Fullan (Ed.), *Leading in a Culture of Change: Personal Action Guide and Workbook.* (pp. 1—9). San Francisco, CA: Jossey-Bass.

Fullan, M. (2006). Leading Professional Learning. *The School Administrator*, 63 (10), 10—15.

Gable, R. & Manning, M. (1997). The Role of Teacher Collaboration in School Reform. *Childhood Education*, 73 (4), 219—223.

Gajda, R. & Koliba, C. (2007). Evaluating the Imperative of Intraorganizational Collaboration: A School Improvement Perspective. *American Journal of Evaluation*, 28 (1), 26—44.

Giles, C. & Hargreaves, A. (2006). The Sustainability of Innovative Schools as Learning Organizations and Professional Learning Communities During Standardized Reform. *Educational Administration Quarterly*, 42 (1), 124—156.

Gillham, B. (2000). *Case Study Research Methods.* London, New York: Continuum.

Goddard, R. D., Hoy, W. K. & Woolfolk Hoy, A. (2000). Collective Teacher Efficacy: Its Meaning, Measure, and Impact on Student Achievement. *American Educational Research Journal*, 37, 479—508.

Goddard, Y. L., Goddard, R. D. & Tschannen-Moran, M. (2007). A Theoretical and Empirical Investigation of Teacher Collaboration for School Improvement and Student Achievement in Public Elementary Schools. *Teachers College Record*, 109 (4), 877—896.

Goldenberg, C. (2004). *Successful School Change: Creating Settings to Improve Teaching and Learning.* NY: Teachers College Press.

Haberman, M. (2004). Can Star Teachers Create Learning Communities? *Educational Leadership*, 61 (8), 52—56.

Habermas, J. (1971). *Knowledge and Human Interests.* Boston: Beacon Press.

Hairon, S. & Dimmock, C. (2012): Singapore Schools and Professional Learning Communities: Teacher Professional Development and School Leadership in an Asian Hierarchical System, *Educational Review*, 64 (4), 405—424.

Hairon, S. (2012). The Necessity for Distributed Leadership in PLCs: the Case for Singapore. International Conference on Education Vision 2020, National Taiwan Normal University, Taipei, Nov 9—10.

Hallinger, P. & Kantamara, P. (2000). Educational Change in Thailand: Opening a Window Onto Leadership as a Cultural Process. *School Leadership and Management*, 20 (2), 189—205.

Hallinger, P. (1998). Educational Reform in the Asia Pacific. *Journal of Educational Administration*, 36 (5), 417—425.

Hallinger, P. (2010). Making Education Reform Happen: Is There an "Asian" Way?. *School Leadership and Management*, 30 (5), 401—418.

Hallinger, P., Lee, M. & Ko, J. (2014). Exploring the Impact of School Principals on Teacher Professional Communities in Hong Kong, *Leadership and Policy in Schools*, 13 (3), 229—259.

Hamilton, D. N. (1991). An Alternative to Rational Planning Models. In R. V. Carlson and G. Awkerman (Eds.), *Educational Planning: Concepts, Strategies, and Practices*. (pp. 21—47). New York: Longman.

Hargreaves & Goodson (1996). Teachers' Professional Lives: Aspirations and Actualities. In I. F. Goodson & Andy Hargreaves (Eds.), *Teachers' Professional Lives* (pp. 1—27). London: The Falmer Press.

Hargreaves, A. & Fink, D. (2006). *Sustainable Leadership*. San Francisco: Jossey-Bass.

Hargreaves, A. & Fullan, M. (1992). *Understanding Teacher Development*. London: Cassell; New York: Teachers College Press.

Hargreaves, A. & Fullan, M. (2009). *Change Wars*. Bloomington, IN: Solution Tree.

Hargreaves, A. (1991). Contrived Congeniality: The Micropolitics of Teacher Collaboration. In J. Blase (Ed.), The *Politics of Life in Schools: Power, Conflict, and Cooperation* (pp. 46—72). Thousand Oaks, Calif.: Sage.

Hargreaves, A. (1994a). *Changing Teachers, Changing Times: Teachers' Work and Culture in the Postmodern Age.* London: Cassell.

Hargreaves, A. (1994b). The New Professionalism: The Synthesis of Professional and Institutional Development. *Teaching and Teacher Education*, 10 (4), 423—438.

Hargreaves, A. (2000). Four Ages of Professionalism and Professional Learning. *Teachers and Teaching: Theory and Practice*, 6 (2), 151—182.

Hargreaves, A. (2009). The Fourth Way of Change: Towards an Age of Inspiration and Sustainability. In A. Hargreaves & M. Fullan (Eds.), *Change Wars*. Bloomington, IN: Solution Tree.

Hargreaves, A. (2013). Push, Pull and Nudge: The Future of Teaching and Educational Change. In X. Zhu & K. Zeichner (Eds.), *Preparing Teachers for the 21st Century* (pp. 217—236). Springer.

Harris, A. (2001). Department Improvement and School Improvement: A Missing Link? *British Educational Research Journal*, 27, 477—486.

Harris, A. (2006). Opening up the 'Black Box' of Leadership Practice: Taking a Distributed Leadership Perspective. *International Studies in Educational Administration*, 34 (2), 37—45.

Harris, A. (2010). Leading System Transformation. *School Leadership and Management*, 30 (30), 197—207.

Harris, A. (2014). *Distributed Leadership Matters: Perspectives, Practicalities, and Potential.* California: Corwin press.

Harris, A. T. (2010). Using Professional Learning Communities to Build Teacher Leadership Capacity: Creating Sustainable Change in Education. Master Thesis, Dominican University of California.

Harris, A. & Jones, M. (2010). Professional Learning Communities and System Improvement. *Improving Schools*, 13 (2), 172—181.

Harris, A., Jamieson, I. M. & Russ, J. (1995). A Study of Effective Departments in Secondary Schools. *School Organisation*, 15, 283—299.

Hattie, J. (2009). *Visible Learning: A Synthesis of Over 800 Meta-Analyses Relating to Achievement.* New York: Routledge.

Hausman, C. S. & Goldring, E. B. (2001). Sustaining Teacher Commitment: The role of Professional Communities. *Peabody Journal of Education*, 76 (2), 30—51.

Helsby, G. & McCulloch, G. (1996). Teacher Professionalism and Curriculum Control. In I. F. Goodson & A. Hargreaves (Eds.), *Teachers' Professional Lives* (pp. 56—74). London: The Falmer Press.

Helsby, G. (1995) Teachers' Construction of Professionalism in England in the 1990s. *Journal of Education for Teaching: International Research and Pedagogy*, 21 (3), 317—332.

Hemmings, A. (2012). Four Rs for Urban High School Reform: Re-Envisioning, Reculturation, Restructuring, and Remoralization. *Improving Schools*, 15 (3), 198—210.

Hipp, K. K. & Huffman, J. B. (2010). *Demystifying Professional Learning Communities: School Leadership at Its Best.* Lanham, Md.: Rowman & Littlefield Education.

Hofstede, G., Hofstede, G. J. & Minkov, M. (2010). *Cultures and Organizations: Software of the Mind.* New York: McGraw-Hill.

Hollins, E. R., McIntyre, L. R., DeBose, C., Hollins, K. S. & Towner, A. (2004). Promoting a Self-Sustaining Learning Community: Investigating an Internal Model for Teacher Development. *International Journal of Qualitative Studies in Education*, 17 (2), 247—264.

Hopkins, D. (2006). Realising the Potential of System Reform. *Companion in Education Series.* Retrieved on Mar 05, 2013, from http://siteresources.worldbank.org/INTINDIA/4371432-1194542398355/21543223/RealisingthePotentialofSystemReform.pdf.

Hord, S. M. & Sommers, W. A. (2008). *Leading Professional Learning Communities: Voices from Research and Practice.* Thousand Oaks, Calif.: Corwin Press; [S. l.]: National Association of Secondary School Principals: NSDC.

Hord, S. M. (1997a). Professional Learning Communities: Communities of Continuous Inquiry and Improvement. Southwest Educational Development Lab., Austin, TX.

Hord, S. M. (1997b). Professional Learning Communities: What Are They and Why Are They Important? *Issues About Change*, 6 (1), 1—8.

Hord, S. M. (1999). Assessing School Staff as a Community of Professional Learners. *Issues About Change*, 7 (1), 1—8.

Hord, S. M. (2004). Professional Learning Communities: An Overview. In S. M. Hord (Ed.), *Learning Together, Leading Together: Changing Schools Through Professional Learning Communities*. New York: Teachers College Press; Oxford, Ohio: National Staff Development Council.

Horn, I. S. (2005). Learning on the Job: a Situated Account of Teacher Learning in High School Mathematics Departments. *Cognition and Instruction*, 23 (2), 207—236.

Horn, I. S. & Little, J. W. (2010). Attending to Problems of Practice: Routines and Resources for Professional learning in Teachers' Workplace Interactions. *American Educational Research Journal*, 47 (1), 181—217.

Huberman, M. (1993). The Model of the Independent Artisan in Teachers' Professional Relations. In J. W. Little & M. W. McLaughlin (Eds.), *Teachers' Work: Individuals, Colleagues and Contexts*. New York: Teachers College Press.

Huffman, J. (2003). The Role of Shared Values and Vision in Creating Professional Learning Communities. *NASSP Bulletin*, 87 (637), 21—34.

Huffman, J. B. & Hipp, K. K. (2003). *Reculturing Schools as Professional Learning Communities*. Publisher Lanham, Md.: Scarecrow Press.

Huffman, J. B. & Jacobson, A. L. (2003). Perceptions of Professional Learning Communities. *International Journal of Leadership in Education: Theory and Practice*, 6 (3), 239—250.

Hughes, T. A. & Kritsonis, W. A. (2007). Professional Learning Communities and the Positive Effects on Achievement: A national Agenda for School Improvement. Retrievedon Dec 31, 2013, from http://www.allthingsplc.info/pdf/articles/plcandthepositiveeffects.pdf.

Hwang, K. (1997). Guanxi and Mientze: Conflict Resolution in Chinese Society. *Intercultural Communication Studies*, 7, 17—37.

Inger, M. (1993). Teacher Collaboration in Secondary Schools. Center Focus, 2. Retrieved on Apr 22, 2014, from http://ncrve.berkeley.edu/

centerfocus/cf2. html.

Ingvarson, L., Meiers, M. & Beavis, A. (2005). Factors Affecting the Impact of Professional Development Programs on Teachers' Knowledge, Practice, Student Outcomes & Efficacy. *Education Policy Analysis Archives*, 13 (10), 1—26.

Jackson, S. H. & Good, R. B. (2009). Looking for the Crossroad: Merging Data Analysis and the Classroom Through Professional Learning Communities Dialogue, National Council of Professors of Educational Administration 2009, 223—230.

Jacobs, J. & Yendol-Hoppey, D. (2010). Supervisor Transformation Within a Professional Learning Community. *Teacher Education Quarterly*, 37 (2), 97—114.

Jensen, B., Hunter, A., Sonnemann, J. & Burns, T. (2012). Catching Up: Learning from the Best School Systems in East Asia. Melbourne: Grattan Institute.

Jessie, L. G. (2007, Winter). The Elements of a Professional Learning Community. Leadership Compass, 5 (2). Retrievedon Dec 31, 2013, from http://www.naesp.org/resources/2/Leadership_Compass/2007/LC2007v5n2a4.pdf.

Jeynes, W. (2008). What We Should and Should Not Learn from the Japanese and Other East Asian Education Systems. *Educational Policy*, 22 (6), 900—927.

Johnson, R. B. & Onwuegbuzie, A. J. (2004). Mixed Methods Research: A Research Paradigm Whose Time Has Come. *Educational Researcher*, 33 (7), 14—26.

Johnson, R. B. & Turner, L. S. (2003). Data Collection Strategies in Mixed Methods Research. In A. Tashakkori & C. Teddlie (Eds.), *Handbook of Mixed Methods in Social and Behavioral Research* (pp. 297—319). Thousand Oaks, CA: Sage.

Johnson, R. B., Onwuegbuzie, A. J. & Turner, L. A. (2007). Toward a Definition of Mixed Methods Research. *Journal of Mixed Methods Research*, 1 (2), 112—133.

Kilbane, J. F. (2010). Factors in Sustaining Professional Learning Community. *NASSP Bulletin*, 93 (184), 184—205.

Kirk, D. & MacDonald, D. (2001). Teacher Voice and Ownership of Curriculum Change. *Journal of Curriculum Studies*, 33 (5), 551—567.

Ko, J. Y. C., Hallinger, P. & Walker, A. D. (2012). Exploring School Improvement in Hong Kong Secondary Schools. *Peabody Journal of Education*, 87 (2), 216—234.

Kruse, S. D. & Louis, K. S. (1997). Teacher Teaming in Middle Schools: Dilemmas for a Schoolwide Community. *Educational Administration Quarterly*, 33 (3), 261—289.

Kuhlemeier, H. & Van Den Bergh, H. (2000). Departmental Effectiveness in the Third Year of Dutch Secondary Education. *Studies in Educational Evaluation*, 26, 351—371.

Lai, M. & Lo, L. N. K. (2007) Teacher Professionalism in Educational Reform: the Experiences of Hong Kong and Shanghai, *Compare: A Journal of Comparative and International Education*, 37 (1), 53—68.

Lam, Y. L. J. (2005). School Organizational Structures: Effects on Teacher and Student Learning. *Journal of Educational Administration*, 43, 387—401.

Lave, J. & Wenger, E. (1991). *Situated Learning: Legitimate Peripheral Participation*. Cambridge University Press.

Lavie, J. M. (2006). Academic Discourses on School-Based Teacher Collaboration: Revisiting the Arguments. *Educational Administration Quarterly*, 42, 773—805.

Law W. (2009). Culture and School Leadership in China: Exploring School Leaders' Views of Relationship-and-result-based Governance. *Educational Leadership: Global Contexts and International Comparisons (International Perspectives on Education and Society)*, 11, 303—341.

Lee, J. C. Zhang, Z. & Yin, H. (2011). A Multilevel Analysis of the Impact of a Professional learning Community, Faculty Trust in Colleagues and Collective Efficacy on Teacher Commitment to Students. *Teaching and Teacher Education*, 27, 820—830.

Lee, M. & Hallinger, P. (2012). National Contexts Influencing Principals' Time Use and Allocation: Economic Development, Societal

Culture, and Educational System. *School Effectiveness and School Improvement*: *An International Journal of Research*, *Policy and Practice*, 23 (4), 461—482.

Lee, M., Louis, K. S. & Anderson, S. (2012). Local Education Authorities and Student learning: the Effects of Policies and Practices. *School Effectiveness and School Improvement*: *An International Journal of Research*, *Policy and Practice*, 23 (2), 133—158.

Lee, V. E. & Smith, J. B. (1996). Collective Responsibility for Learning and Its Effects on Gains in Achievement for Early Secondary School Students. *American Journal of Education*, 104, 103—147.

Leithwood, K. & Louis, K. (1998). Organizational Learning in Schools: An Introduction. In K. Leithwood & K. Louis. (Eds.), *Organizational learning in Schools* (pp. 1—16). Lisse [Netherlands]; Exton, PA: Swets & Zeitlinger Publishers.

Leithwood, K., Louis, K., Anderson, S. & Wahlstrom, K. (2004). *How Leadership Influence Student Learning. Learning from Leading Project.* New York: Wallace Foundation.

Levin, B. & Riffel J. A. (2000). Changing Schools in a Changing World. In N. Bascia & A. Hargreaves (Eds.), *The Sharp Edge of Educational Change*: *Teaching, leading and the Realities of Reform* (pp. 178—194). London: Routledge.

Levine, T. H. & Marcus, A. S. (2010). How the Structure and Focus of Teachers' Collaborative Activities Facilitate and Constrain Teacher Learning. *Teaching and Teacher Education*, 26, 389—398.

Levine, T. H. & Marcus, A. S. (2008). Closing the Achievement Gap Through Teacher Collaboration: Facilitating Multiple Trajectories of Teacher learning. *Journal of Advanced Academics*, 19 (1), 116—138.

Lewis, C. (2000). Lesson Study: The Core of Japanese Professional Development. Eric Reproduction Document no. 444972.

Lewis, M. & Andrews, D. (2001). Creating a School for the 21st Century: Experiences of a Professional Community. In L. Richardson and J. Lidstone (Eds.), *Flexible Learning for a Flexible Society.* (pp. 402—419). Proceedings of ASET-HERDSA 2000 Conference, Toowoomba, Qld, 2—5 July 2000. ASET and HERDSA.

Lichtman, M. (2010). *Qualitative Research in Education: A User's Guide* (2nd ed.). Thousand Oaks, Cal: SAGE.

Lieberman, A. (2000). Networks as Learning Communities, Shaping the Future of Teacher Development. *Journal of Teacher Education*, 51, 221—227.

Lieberman, A. & Wood, D. (2002). Untangling the Threads: Networks, Community and Teacher learning in the National Writing Project. *Teachers and Teaching: Theory and Practice*, 8 (3), 295—302.

Lieberman, A. (1992). The Meaning of Scholarly Activity and the Building of Community. *Educational Researcher*, 22 (6), 5—12.

Lindahl, R. A. (2011). Professional Learning Communities: A Feasible Reality or a Chimera? In J. Alford, G. Perreault, L. Zellner & W. Ballenger (Eds.), *Blazing New Trails: Preparing Leaders to Improve Access and Equity in Today's Schools.* The 2011 Yearbook of the National Council of Professors of Educational Administration (pp. 47—58). ERIC: ED523595.

Little, J. W. (1981). The Power of Organizational Setting: School Norms and Staff Development. A Paper Presented at the Annual Meeting of the American Educational Research Association, Los Angeles.

Little, J. W. (1982). Norms of Collegiality and Experimentation: Workplace Conditions of School Success. *American Educational Research Journal*, 19, 325—340.

Little, J. W. (1990). Teachers as Colleagues. In A. Lieberman (Ed.), *Schools as Collaborative Cultures: Creating the Future Now* (pp. 165—193). Bristol, PA: The Falmer Press.

Little, J. W. (1993). Teachers' Professional Development in a Climate of Educational Reform. *Educational Evaluation and Policy Analysis*, 15 (2), 129—151.

Little, J. W. (1995). Contested Ground: The Basis of Teacher leadership in Two Restructuring High Schools. *The Elementary School Journal*, 96 (1), 47—63.

Little, J. W. (2001). Professional Development in Pursuit of School Reform. In A. Lieberman & L. Miller (Eds.), *Teachers Caught in The Action: Professional Development That Matters* (pp. 23—44). New York: Teachers College Press.

Little, J. W. (2002a). Locating Learning in Teachers' Communities of Practice: Opening up Problems of Analysis in Records of Everyday Work. *Teaching and Teacher Education*, 18, 917—946.

Little, J. W. (2002b). Professional Community and the Problem of High School Reform. *International Journal of Educational Research*, 37, 693—714.

Little, J. W. (2003). Inside Teacher Community: Representations of Classroom Practice. *Teachers College Record*, 105 (6), 913—945.

Little, J. W. (2006). Professional Community and Professional Development in the Learning-Centered School. National Education Association of the United States.

Liu, P. & Qi, C. (2006). Examining Teacher Preparation in P. R. China and the US: A Preliminary Comparative Study. *International Education*, 35, 2, 5—26.

Lomos, C., Hofman, R. H. & Bosker, R. J. (2011a). Professional Communities and Student Achievement: A Meta-Analysis, *School Effectiveness and School Improvement: An International Journal of Research, Policy and Practice*, 22 (2), 121—148.

Lomos, C., Hofman, R. H. & Bosker, R. J. (2011b). The Relationship Between Departments as Professional Communities and Student Achievement in Secondary Schools. *Teaching and Teacher Education*, 27, 722—731.

Lortie, D. C. (1975). *School Teacher: A Sociological Study*. Chicago: University of Chicago Press.

Louis, K. S. & Kruse, S. D. (1995). *Professionalism and Community: Perspectives on Reforming Urban Schools*. Thousand Oaks, Calif.: Corwin Press.

Louis, K. S. & Marks, H. M. (1998). Does Professional Community Affect the Classroom? Teachers' Work and Student Experiences in Restructuring Schools. *American Journal of Education*, 106 (4), 532—575.

Louis, K. S., Marks, H. M. & Kruse, S. (1996). Teachers' Professional Community in Restructuring Schools. *American Educational Research Journal*, 33 (4), 757—798.

Louis, K. S. (2006). Changing the Culture of Schools: Professional Community, Organizational learning and Trust. *Journal of School Leadership*, 16, 477—489.

Malone, A. & Smith, G. (2010). Developing Schools as Professional learning Communities: The TL21 Experience. *US-China Education Review*, 7 (9), 106—114.

Margolis, J. & Nagel, L. (2006). Education Reform and the Role of Administrators in Mediating Teacher Stress. *Teacher Education Quarterly*, 33 (4), 143—159.

Marks, H. M. & Louis, K. S. (1997). Does Teacher Empowerment Affect the Classroom? The Implications of Teacher Empowerment for Instructional Practice and Student Academic Performance. *Educational Evaluation and Policy Analysis*, 19, 245—275.

McChesney, J. (1999). Whole School Reform. *Teacher Librarian*, 26 (5), 23—25.

McGhan, B. (1995). School Reform: Aint 'bout Nuttin' but Time. *The Clearing House*, 68 (6), 337—338.

McKinsey and Company. (2007). How the World's Best-Performing School Systems Come Out on Top. Retrieved on Nov20, 2013, from http://www.mckinsey.com/App_ Media/Reports/SSO/Worlds_ School_ Systems_ Final.pdf

McKinsey and Company. (2010). How the World's Most Improved School Systems Keep Getting Better. Retrieved on Nov20, 2013, fromhttp://mckinseyonsociety.com/how – the – worlds – most – improved – school – systems – keep – getting – better.

McLaughlin, M. W. & Talbert, J. E. (2001). *Professional Communities and the Work of High School Teaching.* Chicago: University of Chicago Press.

McLaughlin, M. W. & Talbert, J. E. (2006). *Building School-Based Teacher learning Communities: Professional Strategies to Improve Student Achieve-*

ment. New York: Teachers College Press.

McLaughlin, M. W. & Talbert, J. E. (2007). Building Professional learning Communities in High Schools: Challenges and Promising Practices. In L. Stoll & K. S. Louis (Eds.), *Professional Learning Communities: Divergence, Depth and Dilemmas.* (pp. 151—165) Maidenhead, UK: McGraw-Hill-Open University Press.

McLaughlin, M. W. (1993). What Matters Most in Teachers' Workplace Context. In J. W. Little & M. W. McLaughlin (Eds.), *Teachers' Work: Individuals, Colleagues, and Contexts* (pp. 79—103). New York: Teachers' College Press.

Miller, Q. & Kritsonis, W. A. (2009—2010). Implementation of The Ways of Knowing Through the Realms of Meaning as a Conceptual Framework in Professional Leaning Communities as They Impact/Influence Strategic Planning in Education. *National Forum of Applied Educational Research Journal*, 23, 1 & 2.

Mitchell, R. (2013). What Is Professional Development, How Does It Occur in Individuals, and How May It Be Used by Educational Leaders and Managers for the Purpose of School Improvement? *Professional Development in Education*, 39 (3), 387—400.

Monroe-Baillargeon, A. & Shema, A. L. (2010). Time to Talk: An Urban School's Use of Literature Circles to Create a Professional Learning Community. *Education and Urban Society*, 42 (6), 651—673.

Morrissey, M. (2000). Professional Learning Communities: An Ongoing Exploration. Retrievedon Sep 15, 2013, from http://www.sedl.org/pubs/change45/welcome.html.

Mullen, C. A. (2009). *The Handbook of Leadership and Professional Learning Communities*. New York: Palgrave Macmillan.

Naylor, C. (2007). Recent Literature on Professional Learning Communities: Informing Options for Canadian Teacher Unions? (BCTF Research Report 2007-EI-02). Retrievedon Apr25, 2014, from bctf.ca/publications.aspx?id=5630.

Nehring, J. & Fitzsimons, G. (2011). The Professional Learning Community as Subversive Activity: Countering the Culture of Conventional Schooling. *Professional Development in Education*, 37 (4), 513—535.

Nelson, T. H., Deuel, A., Slavit, D. & Kennedy, A. (2010). Leading Deep Conversations in Collaborative Inquiry Groups. *The Clearing House*, 83, 175—179.

Niesz, T. & Krishnamurthy, R. (2013). Bureaucratic Activism and Radical School Change in Tamil Nadu, India. *Journal of Educational Change*, 14, 29—50.

Odden, A. R. & Archibald, S. J. (2009). *Doubling Student Performance: and Finding the Resources To Do It*. San Francisco: Corwin Press.

OECD (2010a). PISA 2009 Results: What Students Know and Can so: Student Performance in Reading, Mathematics and Science (Volume I) Retrievedon Dec 20, 2013, from http: //www.oecd.org/pisa/keyfindings/pisa2009keyfindings.htm.

OECD (2010b). PISA 2009 Results: What Makes a School Successful? Resources, Policies and Practices (Volume IV) Retrieved on Dec 20, 2013, from http: //dx.doi.org/10.1787/9789264091559-en.

OECD (2010c). Shanghai and Hong Kong: Two Distinct Examples of Education Reform in China. Retrieved on Dec 20, 2013, from http: //www.oecd.org/dataoecd/34/45/46581016.pdf.

OECD (2013). PISA 2012 Results: What Students Know and Can Do: Student Performance in Reading, Mathematics and Science (Volume I) Retrievedon Dec 20, 2013, from http: //www.oecd.org/pisa/keyfindings/pisa-2012-results-volume-i.htm.

Paine, L. W. & Fang, Y. (2006). Reform as Hybrid Model of Teaching and Teacher Development in China. *International Journal of Educational Research*, 45, 279—289.

Paine, L. W., & Ma, L. P. (1993). Teachers Working Together: A Dialogue on Organizational and Cultural Perspectives of Chinese Teachers. *International Journal of Educational Research*, 19 (8), 675—697.

Pang, N. S. K. (2006). Globalization and Educational Change. In N. S. K. Pang (Ed.), *Globalization, Educational Research Change and Re-*

form. Hong Kong, Hong Kong Institute of Educational Research, The Chinese University Press.

Pella, S. (2011). A Situative Perspective on Developing Writing Pedagogy in a Teacher Professional Learning Community. *Teacher Education Quarterly*, 38(1), 107—125.

Phillips, J. (2003). Powerful Learning: Creating Learning Communities in Urban School Reform. *Journal of Curriculum and Supervision*, 18(3), 240—258.

Pyhalto, K., Soini, T, & Pietarinena, J. (2011). A Systemic Perspective on School Reform: Principals' and Chief Education Officers' Perspectives on School Development. *Journal of Educational Administration*, 49(1), 46—61.

Reeves, D. (2009). Level-Five Networks: Making Significant Change in Complex Organizations. In A. Hargreaves & M. Fullan (Eds.), *Change Wars*. Bloomington, IN: Solution Tree.

Reichstetter, R. (2006). Defining a Professional Learning Community: A Literature Review. E&R Research Alert, #06.05. Retrievedon Jan 2, 2014, from http://www.wcpss.net/evaluation-research/reports/2006/0605 plc_ lit_ review.pdf.

Resnick, L. B., Hall, M. W. (1998). Learning Organizations for Sustainable Education Reform. *Daedalus*, 127(4), 89—118.

Riedlinger, B. (2006). One Principal's Story: Building a Community of Inquiry. In S. M. Hord (Ed.), *Learning Together, Leading Together: Changing Schools Through Professional Learning Communities*. New York: Teachers College Press; Oxford, Ohio: National Staff Development Council.

Robertson, S. L. (1996). Teachers' Work, Restructuring and Postfordism: Constructing the New "Professionalism". In I. F. Goodson & A. Hargreaves (Eds.), *Teachers' Professional Lives* (pp. 28—55). London: The Falmer Press.

Robinson, V. M. J., Lloyd, C. A. & Rowe, K. J. (2008). The Impact of Leadership on Student Outcomes: An Analysis of the Differential Effects of Leadership Types. *Educational Administration Quarterly*, 44(5),

635—674.

Rosenholtz, S. J. (1989). *Teachers' Workplace: The Social Organization of Schools*. New York, NY: Teachers College Press.

Rosenholtz, S. J., Bassler, O. & Hoover-Dempsey, K. (1986). Organizational Conditions of Teacher learning. *Teaching and Teacher Education*, 2, 91—104.

Ross, J. A. (1992). Teacher Efficacy and the Effects of Coaching on Student Achievement. *Canadian Journal of Education*, 17, 51—65.

Ross, J., Scott, G., Timothy, M. & Sibbald, T. (2012). Student Achievement Outcomes Comprehensive School Reform: A Canadian Case Study. *The Journal of Educational Research*, 105 (2), 123—133.

Ryan, J., Kang, C., Mitchell, I. & Erickson, G. (2009). China's Basic Education Reform: An Account of an International Collaborative Research and Development Project. *Asia Pacific Journal of Education*, 29 (4), 427—441.

Saito, E., Khong, T. & Tsukui, A. (2012). Why Is School Reform Sustained Even After a Project? A case Study of Bac Giang Province, Vietnam. *Journal of Educational Change*, 13, 259—287.

Sargent, T. C. & Hannum, E. (2009). Doing More With less: Teacher Professional Learning Communities in Resource-Constrained Primary Schools in Rural China. *Journal of Teacher Education*, 60 (3), 258—276.

Saunders, W. & Goldenberg, C. (2005). The Contribution of Settings To School Improvement and School Change: A Case Study. In C. O'Donnell & L. Yamauchi (Eds.), *Culture and Context in Human Behavior Change: Theory, Research, and Applications* (pp. 127—150). New York: Peter Lang.

Schaefer, R. J. (1967). *The School as Center of Inquiry*. New York: Harper & Row.

Schechter, C. (2010). Learning from Success as Leverage for a Professional Learning Community: Exploring an Alternative Perspective of School Improvement Process. *Teachers College Record*, 112 (1), 182—224.

Schein, E. (1990). Organizational Culture. *American Psychologist*, 45 (2),

109—119.

Schmoker, M. (2004, Feb). Tipping Point: From Feckless Reform to Substantive Instructional Improvement. *The Phi Delta Kappan*, 85 (6), 424.

Schmoker, M. (2004, Sep). Learning Communities at the Crossroads: Toward the Best Schools We've Ever Had. *The Phi Delta Kappan*, 86 (1), 84—88.

Schneider, B. (2008). Reform as Learning: School Reform, Organizational Culture, and Community Politics in San Diego. *American Journal of Sociology*, 113 (6), 1745—1747.

Schön, D. (1983). *The Reflective Practitioner*. London: Temple Smith.

Schön, D. A. (1987). *Educating the Reflective Practitioner: Toward a New Design for Teaching and Learning in the Professions*. San Francisco; London: Jossey-Bass.

Scribner, J. P., Cockrell, K. S., Cockrell, D. H. & Valentine, J. W. (1999). Creating Professional Communities in Schools Through Organizational Learning: An Evaluation of a School Improvement Process. *Educational Administration Quarterly*, 35 (1), 130—160.

Scribner, S. & Levine, J. (2010). The Meaning (s) of Teacher Leadership in an Urban High School Reform. *Education Administration Quarterly*, 46 (4), 491—522.

Seashore, K. R., Anderson, A. R. & Riedel, E. (2003). Implementing Arts for Academic Achievement: The Impact of Mental Models, Professional Community and Interdisciplinary Teaming. Paper Presented at the Seventeenth Conference of the International Congress for School Effectiveness and Improvement, Rotterdam, January.

Sellar, S. & Lingard, B. (2013). Looking East: Shanghai, PISA 2009 and the Reconstitution of Reference Societies in the Global Education Policy Field. *Comparative Education*, 49 (4), 464—485.

Senge, P. (1990, 2006). *The Fifth Discipline: The Art and Practice of the Learning Organization*. New York: Doubleday/Currency.

Senge, P. (2009). Education for an Interdependent World: Developing Systems Citizens. In A. Hargreaves, A. Liberman, M. Fullan & D. Hopkins

(Eds.), *Second International Handbook of Educational Change*. Dordrecht: Springer Science & Business Media B. V.

Sergiovanni, T. J. (1994). Organizations or Communities? Changing the Metaphor Changes the Theory. *Educational Administration Quarterly*, 30 (2), 214—226.

Servage, L. (2009). Who Is the "Professional" in a Professional Learning Community? An Exploration of Teacher Professionalism in Collaborative and Professional Development Settings. *Canadian Journal of Education*, 32 (1), 149—171.

Shannon, P. (2012). School Reform in the United States: Frames and Representations. *Reading Research Quarterly*, 47 (1), 109—118.

Shimahara, N. (2005). Educational Change in Japan: School Reforms. In M. Fullan (Ed.), *Fundamental Change: International Handbook of Educational Change*. Dordrecht: Springer.

Short, P. M., Greer, J. T. & Melvin, W. M. (1994). Creating Empowered Schools: Lessons in Change. *Journal of Educational Administration*, 32 (4), 38—52.

Silins, H. & Mulford, B. (2004). Schools as Learning Organizations: Effects on Teacher Leadership and Student Outcomes. *School Effectiveness and School Improvement: An International Journal of Research, Policy and Practice*, 15 (3—4), 443—466.

Smith, A. K. & Wohlstetter, P. (2001). Reform Through School Networks: A New Kind of Authority and Accountability. *Educational Policy*, 15, 499—519.

Snow-Gerono, J. L. (2005). Professional Development in a Culture of Inquiry: PDS Teachers Identify the Benefits of Professional Learning Communities. *Teaching and Teacher Education*, 21, 241—256.

Sofo, F., Fitzgerald, R. & Jawas, U. (2012). Instructional Leadership in Indonesian School Reform: Overcoming the Problems to Move Forward. *School Leadership and Management: Formerly School Organization*, 32 (5), 503—522.

Spillane, J. P. (2009). Engaging Practice: School Leadership and Management from a Distributed Perspective. In A. Hargreaves & M. Fullan (Eds.), *Change Wars*. Bloomington, IN: Solution Tree.

Spillane, J. P., & Louis, K. S. (2002). School Improvement Processes and Practices: Professional Learning for Building Instructional Capacity. In J. Murphy (Ed.), *The Educational Leadership Challenge: Redefining Leadership for the 21st Century* (pp. 83—104). Chicago, IL: University of Chicago Press.

Spillane, J. P., Halverson, R. & Diamond, J. B. (1999). Toward a Theory of Leadership Practice: A Distributed Perspective. Evanston, IL: Northwestern University, Institute of Policy Research. Retrieved on Dec 22, 2013, from http://www.letas.org/PDF/DLS_ ipr_ paper.doc.

Stenhouse, L. (1975). *An Introduction to Curriculum Research and Development*. London: Heinemann.

Stoll, L. & Louis, K. S. (2007). Professional Learning Communities: Elaborating New Approaches. In L. Stoll & K. S. Louis (Eds.), *Professional Learning Communities: Divergence, Depth and Dilemmas*. (pp. 1—13) Maidenhead, UK: McGraw-Hill-Open University Press.

Stoll, L., Bolam, R., McMahon, A., Wallace, M. & Thomas, S. (2006). Professional Learning Communities: A Review of the Literature. *Journal of Educational Change*, 7 (4), 221—258.

Strahan, D. (2003). Promoting a Collaborative Professional Culture in Three Elementary Schools That Have Beaten the Odds. *Elementary School Journal*, 104 (2), 127—146.

Strauss, A. & Corbin, J. (1998). *Basics of Qualitative Research: Techniques and Procedures for Developing Grounded Theory* (2nd ed.). Thousand Oaks: Sage.

Supovitz, J. (2002). Developing Communities of Instructional Practice. *Teachers College Record*, 104 (8), 1591—1626.

Takona, J. (2012). A Perspective on a Framework for Reforming Urban Schools in the United States of America. *International Online Journal of Educational Sciences*, 2012, 4 (2), 311—318.

Talbert, J. E. & Maclaughin, M. W. (1994). Teacher Professionalism in Local School Contexts. *American Journal of Education*, 102 (2), 123—153.

Talbert, J. E. (2010). Professional Learning Communities at the Crossroads: How Systems Hinder or Engender Change. In A. Hargreaves, A. Lieberman, M. Fullan & D. Hopkins (Eds.), *Second International Handbook of Educational Change*. (pp. 555—572). Dordrecht, The Netherlands: Springer.

Talbert, J. E. & McLaughlin, M. W. (2002). Professional Communities and the Artisan Model of Teaching. *Teachers and Teaching: Theory and Practice*, 8 (3/4), 325—343.

Tan, C. (2011). Framing Educational Success: A Comparative Study of Shanghai and Singapore. *Education, Knowledge and Economy*, 5 (3), 155—166.

Tan, C. (2012). The Culture of Education Policy Making: Curriculum Reform in Shanghai. *Critical Studies in Education*, 53 (2), 153—167.

Tan, C. (2013). *Learning from Shanghai: Lessons on Achieving Educational Success*. Dordrecht: Springer.

Tashakkori, A. & Teddlie, C. (1998). *Mixed Methodology: Combining Qualitative and Quantitative Approaches*. Thousand Oaks, Calif.: Sage Publications.

Thompson, S. C., Gregg, L. & Niska, J. M. (2004). Professional Learning Communities, Leadership, and Student Learning. *Research in Middle Level Education Online*, 28 (1), 1—15.

Thornburg, D. & Mungai, A. (2011). Teacher Empowerment and School Reform. *Journal of Ethnographic & Qualitative Research*, 5, 205—217.

Timperley, H. (2008). *Teacher Professional Learning and Development*. Geneva: International Academy of Education and International Bureau of Education. Booklet.

Timperley, H., Wilson, A., Barrar, H. & Fund, I. (2007). *Teacher Professional Learning and Development: Best Evidence Synthesis Iteration (BES)*. New Zealand: Ministry of Education and the University of Auckland.

Tonnies, F. (1957). *Community and Society [Gemeinschaft Und Gesellschaft]*. New York: Harper & Row.

Tschannen-Moran, M. (2001). Collaboration and the Need for Trust. *Journal of Educational Administration*, 39, 308—331.

Tsui, A. & Wong, J. (2009). In Search of a Third Space: Teacher Development in Mainland China. In C. K. K. Chan & N. Rao (Eds.), *Revisiting the Chinese Learner: Changing Contexts, Changing Education* (pp. 281—311). Hong Kong: Springer: Comparative Education Research Centre, The University of Hong Kong.

Tucker, M. S. (2011). How the Top Performers Got There. In M. S. Tucker (Ed.), *"Surpassing Shanghai": An agenda for American Education Built on the World's leading Systems* (pp. 169—210). Cambridge: Harvard University Press.

Vescio, V., Ross, D. & Adams, A. (2008). A Review of Research on the Impact of Professional Learning Communities on Teaching Practice and Student learning. *Teaching and Teacher Education*, 24, 80—91.

Visscher, A. J. & Witziers, B. (2004). Subject Departments as Professional Communities? *British Educational Research Journal*, 30 (6), 785—800.

Wahlstrom, K. & Louis, K. S. (2008). How Teachers Experience Principal Leadership: The Role of Professional Community, Trust, Efficacy and Distributed Responsibility. *Educational Administration Quarterly*, 44 (4), 498—45.

Wald, P. & Casslebury, M. (1999). Realigning Our Schools: Building Professional Learning Communities. Washington, DC: Office of Special Education and Rehabilitative Services. (ERIC Document Reproduction Services No. ED 427478).

Waldron, N. & Mcleskey, J. (2010). Establishing a Collaborative School Culture Through Comprehensive School Reform. *Journal of Educational and Psychological Consultation*, 20, 58—74.

Wang, J. (2002). Learning to Teach With Mentors in Contrived Contexts of Curriculum and Teaching Organization: Experiences of Two Chinese Novice Teachers and Their Mentors. *Journal of In-Service Education*, 28 (2), 339—374.

Wang, T. (2012). Global Professional Learning Community Network (Glo-

PLCNet). *UCEA Review*, Summer Issue.

Wang, T. (2015). Contrived Collegiality Versus Genuine Collegiality: Demystifying Professional Learning Communities in Chinese schools. *Compare: A Journal of Comparative and International Education*, 45 (6), 908–930.

Watson, C. (2014). Effective Professional Learning Communities? The Possibilities Forteachers as Agents of Change in Schools. *British Educational Research Journal*, 40 (1), 18—29.

Wells, C. & Feun, L. (2007). Implementation of Learning Community Principles: A Study of Six High Schools. *NASSP Bulletin*, 91 (2), 141—160.

Wells, C. M. & Feun, L. (2009). Seeking to Make Schools Better for Students: High School Principals Implementing Professional Learning Communities (PLCS). National Council of Professors of Educational Administration.

Wells, C. M. (2010). Critical Issues for Leadership: Early Transition of Implementation to a Professional Learning Community, A Conceptual Design. In I. Beverly, A. Betty, P. George & Z. Luana (Eds.), *Promoting Critical Ideas of Leadership, Culture and Diversity*: 2010 NCPEA Yearbook.

Welsh Government. (2012). National Literacy and Numeracy Framework. Retrieved on Mar 30, 2013, from http://learning.wales.gov.uk/resources/nlnf/? lang=en.

Wenger, E. (1998). *Communities of Practice: Learning, Meanindg, and Identity*. Cambridge, U.K.; New York: Cambridge University Press.

Westheimer, J. (1999). Communities and Consequences: An Inquiry into Ideology and Practice in Teachers' Professional Work. *Educational Administration Quarterly* 35 (1), 71—105.

Wiley, S. D. (2001). Contextual Effects on Student Achievement: School Leadership and Professional Community. *Journal of Educational Change*, 2, 1—33.

Wilhelm, T. (2006). Professional Learning Communities for Schools in Sanctions. *Leadership*, 36 (1), 28—33.

Williams, L., Cate, J. & O'Hair, M. J. (2009). The Boundary-Spanning Role of Democratic Learning Communities: Implementing the IDE-

ALS. *Educational Management Administration and Leadership*, 37 (4), 452—472.

Wong, J. L. N. (2010a). What Makes a Professional Learning Community to Be Possible? A Case Study of a Mathematics Department in a Junior Secondary School of China. *Asia Pacific Education Review*, 11 (2), 131—139.

Wong, J. L. N. (2010b). Searching for Good Practice in Teaching: A Comparison of Two Subject-Based Professional Learning Communities in a Secondary School in Shanghai. *Compare: A Journal of Comparative and International Education*, 40 (5), 623—639.

Wong, K. (2005). Conditions and Practices of Successful Principalship in Shanghai. *Journal of Educational Administration*, 43 (6), 552—562.

Wood, D. (2007a). Teachers' Learning Communities: Catalyst for Change or a New Infrastructure for the Status Quo?. *Teachers College Record*, 109 (3), 699—739.

Wood, D. R. (2007b). Professional Learning Communities: Teachers, Knowledge, and Knowing. *Theory Into Practice*, 46 (4), 281—290.

Yasumoto, J. Y., Uekawa, K. & Bidwell, C. E. (2001). The Collegial Focus and High School Students' Achievement. *Sociology of Education*, 74 (3), 181—209.

Yin, H. & Lee, J. C. K. (2011). Emotions Matter: Teachers' Feelings about Their Interactions With Teacher Trainers During Curriculum Reform. *Chinese Education and Society*, 44 (4), 82—97.

Yin, R. K. (2003). *Applications of Case Study Research*. Thousand Oaks: Sage Publications.

Yin, R. K. (2003). *Case Study Research: Design and Methods*. Thousand Oaks, Calif.: Sage Publications.

Zembylas, M. & Barker, H. (2007). Teachers' Spaces for Coping With Change in the Context of a Reform Effort. *Journal of Educational Change*, 8, 235—256.

Zhang, J. & Pang, N. S. K. (2015). Exploring the Characteristics of Professional Learning Communities in China: A Mixed-Method Study. *The Asia Pacific Educational Researcher*, 25 (1), 11–21.

Zhang, X. (2008). *The Role of Teacher Appraisal in Teacher Professional Development: a Case Study in Schools in Shanghai.* Doctor's Thesis, University of Hong Kong.

Zhao & Qiu. (2009). China as a Case Study of Systemic Educational Reform. In A. Hargreaves, A. Liberman, M. Fullan & D. Hopkins (Ed.), *Second International Handbook of Educational Change.* Dordrecht: Springer Science & Business Media B. V.

附　　录

附录1　第一个质化研究访谈提纲

1. 请介绍一下二期课改在您学校的开展情况。
2. 您是如何理解二期课改的？二期课改对您的工作有哪些影响？
3. 您通过学校的哪些平台与其他教师合作？各自的内容、活动频次是怎样的？
4. 学校教研组/备课组有哪些常规活动（集体备课、公开课、师徒带教）？是如何开展的？
5. 你们的活动内容、发展计划等是如何产生的？由谁决定的？
6. 您觉得您所在的教研组/备课组的总体氛围和文化是怎样的？学校整体文化如何？
7. 您认为这些活动的开展离不开哪些因素（学校结构、文化）的支持？
8. 校长及学校领导提供了哪些支持和帮助？
9. 是否有校外机构或资源（如教研员、高等教师等）的支持？有哪些？
10. 这些集体、合作活动对您有哪些影响？对学生有无影响？
11. 您认为这些活动中对您帮助最大的是什么？为什么？
12. 你们在合作学习/集体探究上有哪些困难或想进一步改进的地方？

附录2　量化研究问卷

教师专业学习社群问卷

我们希望透过以下的问卷，了解您对学校教师专业学习社群的观点和感受。这不是一个测验，故您所提供的答案，并无对或错之分别，我们所需要的是您的意见。请按照您的感受，回答以下的问题。所收集的问卷只供分析研究之用，一切个人资料是绝对保密的，请您如实回答所有问题。对您的支持表示衷心感谢！

第一部分　请将答案编号填在括号里，或将答案直接填在横线上。

Q1. 性别：（　）　　1. 男　　　2. 女

Q2. 任教年级：（　）　1. 小一　　2. 小二　　3. 小三
　　　　　　　　　　4. 小四　　5. 小五　　6. 预初
　　　　　　　　　　7. 初一　　8. 初二　　9. 初三
　　　　　　　　　　10. 高一　11. 高二　12. 高三

Q3. 学历：（　）　　1. 中专及以下　　2. 大专
　　　　　　　　　3. 本科　　　　　4. 硕士及以上

Q4. 职称：（　）　　1. 小学一级　　　2. 小学高级
　　　　　　　　　3. 小学中级　　　4. 中学二级
　　　　　　　　　5. 中学一级　　　6. 中学高级
　　　　　　　　　7. 无职称

Q5. 教学经验：　　年；任教学科：　　科（请填写您主要教的学科）

Q6. 我是（　）（可多选）
　　　　　　　　　1. 教导主任　　　2. 教研组长
　　　　　　　　　3. 备课组长　　　4. 年级组长
　　　　　　　　　5. 普通教师（无职务）
　　　　　　　　　6. 其他，请指出

Q7. 我是（　）（可多选）
　　　　　　　　　1. 校骨干教师　　2. 区骨干教师
　　　　　　　　　3. 名师工作室成员　4. 特级教师

　　　　5. 学科带头人　　　　　　6. 普通教师
　　　　7. 其他，请指出

Q8. 我所在的教研组人数是：　　人；所在的备课组人数是：　　人

第二部分　请就以下情况，选出您同意或不同意的程度（其中 1 表示完全不同意，2 表示不同意，3 表示略不同意，4 表示略同意，5 表示同意，6 表示完全同意，如下所示）。请在相应的数字上打钩"√"。

1	2	3	4	5	6
完全不同意	不同意	略不同意	略同意	同意	完全同意

1	我和其他教师之间不愿分享教学资源	1	2	3	4	5	6
2	我和其他教师共同讨论教学设计	1	2	3	4	5	6
3	我喜欢现在的工作	1	2	3	4	5	6
4	学校邀请校外专家（教研员或大学教授等）为我们进行讲座或培训	1	2	3	4	5	6
5	学校有常规的时间供我们进行交流和研讨	1	2	3	4	5	6
6	学校领导了解我们的学习需求和学习情况	1	2	3	4	5	6
7	我和其他教师互相信任	1	2	3	4	5	6
8	学校发展目标是经教师共同讨论后形成的	1	2	3	4	5	6
9	学校定期开展公开课，为教师提供集体研讨的机会	1	2	3	4	5	6
10	教师参与到学校重要事务的决策过程中	1	2	3	4	5	6
11	我对学生学习负有较强的责任感	1	2	3	4	5	6
12	我对学校有较强的归属感	1	2	3	4	5	6
13	通过我的努力，学习成绩最差的学生也能够有所进步	1	2	3	4	5	6
14	我对教学内容（重难点）有准确的理解，能恰当地处理文本	1	2	3	4	5	6
15	遇到问题时，我们会把责任推给别人	1	2	3	4	5	6
16	我和其他教师经常进行教学方面的反思性的对话	1	2	3	4	5	6
17	我很满意现在的工作环境和条件	1	2	3	4	5	6

续表

18	学校邀请校外专家（教研员或大学教授）定期指导我们的学习、研讨活动	1	2	3	4	5	6
19	学校有固定的地点供我们进行交流和研讨	1	2	3	4	5	6
20	学校领导会不定期地进入教师课堂听课	1	2	3	4	5	6
21	我和其他教师会分享彼此的教学材料和想法	1	2	3	4	5	6
22	我和其他教师经常回顾与反思学校的发展规划	1	2	3	4	5	6
23	我与其他教师之间互相听课、评课	1	2	3	4	5	6
24	我校教师对学生学习负有集体的责任	1	2	3	4	5	6
25	我认为我应尽可能地发挥每一个学生的学习潜能	1	2	3	4	5	6
26	我喜欢这所学校，愿意为学校发展而付出	1	2	3	4	5	6
27	通过我的努力，学习兴趣不高的学生也能培养起学习兴趣	1	2	3	4	5	6
28	我能在教学中运用恰当的教学方法和策略	1	2	3	4	5	6
29	我不敢提出与他人不同的意见	1	2	3	4	5	6
30	我提出的教学问题能得到其他教师的有效回馈或解决	1	2	3	4	5	6
31	我觉得我目前的工作内容符合自己的期望	1	2	3	4	5	6
33	我和其他教师能够通过学校的网络平台进行交流	1	2	3	4	5	6
34	学校领导会参与我们的研讨活动（如公开课）	1	2	3	4	5	6
35	外出培训或学习的教师会与我们分享重要的信息和资源	1	2	3	4	5	6
36	校领导和全体教师对于学校发展方向有广泛的认同	1	2	3	4	5	6
37	我与其他教师之间相互分享教案或课件等教学材料	1	2	3	4	5	6
38	学校领导与教师共同承担学校改革的结果	1	2	3	4	5	6
39	我愿意为改进学生学习而付出	1	2	3	4	5	6
40	我愿意参与学校的各种事务	1	2	3	4	5	6
41	通过我的努力，学生在学习上的自信心能够有所提高	1	2	3	4	5	6
42	我具有良好的教学思路，能较好地进行教学设计	1	2	3	4	5	6
43	年长教师不尊重年轻教师的意见	1	2	3	4	5	6
44	我和其他教师互相学习好的教学方法	1	2	3	4	5	6
45	我很满意学校的整体氛围和文化	1	2	3	4	5	6
46	我校与其他兄弟学校建立了合作关系，共同开展教研活动	1	2	3	4	5	6

续表

47	为了鼓励我们学习，学校会购买书籍和材料	1	2	3	4	5	6
48	学校领导为我们提供教学方面的信息和资源	1	2	3	4	5	6
49	我和其他教师的讨论和分享是坦白的和真诚的	1	2	3	4	5	6
50	教师的集体教研活动与学校的发展目标和愿景一致	1	2	3	4	5	6
51	师徒之间定期互相听课	1	2	3	4	5	6
52	学校领导与教师共同进行与课程和教学相关的决策	1	2	3	4	5	6
53	我有责任来促进每一个学生的学习水平	1	2	3	4	5	6
54	我有责任为学校发展贡献自己的一份力量	1	2	3	4	5	6
55	通过我的努力，学生的学习态度能够有所改善	1	2	3	4	5	6
56	我具有较好的教学技能（语言表达、板书）	1	2	3	4	5	6
57	学校强调传统的传承多于创新思维	1	2	3	4	5	6
58	我和其他教师一起讨论和分析学生作业或测验结果	1	2	3	4	5	6
59	我很满意校领导的工作方式	1	2	3	4	5	6
60	我校的课题研究得到了高校研究人员的指导与支持	1	2	3	4	5	6
61	学校为我们的专业学习活动提供充足的经费	1	2	3	4	5	6
62	学校领导为我们提供培训与进修的机会	1	2	3	4	5	6
63	教师之间愿意进行互动与合作	1	2	3	4	5	6
64	我校绝大多数教师以促进学生学习为工作的根本目标	1	2	3	4	5	6
65	教师之间会非正式地（如私底下）交流彼此的课堂教学	1	2	3	4	5	6
66	教师有权力根据教学实际情况开展相应的变革	1	2	3	4	5	6
67	若不尽我最大所能地来帮助学生学习，我会觉得良心上过不去	1	2	3	4	5	6
68	我觉得我的价值观和这所学校很契合	1	2	3	4	5	6
69	通过我的努力，学生能够掌握良好的学习方法	1	2	3	4	5	6
70	我在课堂教学中对学生有足够的关注	1	2	3	4	5	6
71	学校不鼓励我们进行创新性的教学	1	2	3	4	5	6
72	我和其他教师一起学习新的改革政策	1	2	3	4	5	6
73	我和同事之间相处得很愉快	1	2	3	4	5	6
74	区教育部门为我们提供专业学习与发展的机会	1	2	3	4	5	6

续表

75	学校对能够发动同事共同开展课题研究的教师给予奖励	1	2	3	4	5	6
76	学校领导根据我们的学习情况给予相应的指导或帮助	1	2	3	4	5	6
77	我和其他教师对于教学中遇到的问题能公开讨论	1	2	3	4	5	6
78	我校绝大多数教师更加关注学生如何学,而非如何教	1	2	3	4	5	6
79	教师之间会非正式地(如私底下)交流教学上的观点和想法	1	2	3	4	5	6
80	教师能够影响学校的课程设置	1	2	3	4	5	6
81	若学生有需要,我愿意花额外时间为其提供指导和帮助	1	2	3	4	5	6
82	我没有考虑过换到其他学校	1	2	3	4	5	6
83	通过我的努力,学生能够习得较强的问题解决能力	1	2	3	4	5	6
84	我能较好地驾控课堂,能灵活处理课堂突发情况	1	2	3	4	5	6
85	我和其他教师缺少共同的空余时间来进行交流与合作	1	2	3	4	5	6
86	我和其他教师一起学习(探讨、研究等)先进的教育教学理论	1	2	3	4	5	6
87	我觉得我的能力在工作中得到了充分的发挥	1	2	3	4	5	6
88	家长为学校变革与发展提供支持和资源	1	2	3	4	5	6
89	学校为我们的教学和学习活动提供良好的器材和设备	1	2	3	4	5	6
90	学校领导鼓励我们在教学上进行创新(如运用新的方法)	1	2	3	4	5	6
91	教师之间互相关心和帮助	1	2	3	4	5	6
92	我校绝大多数教师更关注学生综合学习能力的发展,而非单纯的考试成绩	1	2	3	4	5	6
93	其他教师允许我观摩其课堂	1	2	3	4	5	6
94	教师在在职进修与培训方面有话语权	1	2	3	4	5	6
95	当学校遇到困难时,我愿意尽自己最大能力来提供帮助	1	2	3	4	5	6
96	通过我的努力,学生能够习得较强的批判性思考能力	1	2	3	4	5	6
97	我具有较强的教学艺术	1	2	3	4	5	6
98	我每天要处理很多与教学无关的事务	1	2	3	4	5	6
99	我和其他教师一起开展课题研究	1	2	3	4	5	6
100	我能从工作中收获很多乐趣	1	2	3	4	5	6

续表

101	社区为学校变革与发展提供支持和资源	1	2	3	4	5	6
102	学校为所有成员（包括校领导、教师）之间提供良好的信息交流平台	1	2	3	4	5	6
103	学校领导定期对我们的学习情况进行评价	1	2	3	4	5	6
104	教师之间能够妥善处理意见上的分歧	1	2	3	4	5	6
105	通过我的努力，学生能够习得较强的逻辑推理能力	1	2	3	4	5	6
106	我在课堂教学中能对学生学习情况进行恰当的反馈和评价	1	2	3	4	5	6
107	学校主要依据学生的考试成绩对我们进行评价	1	2	3	4	5	6
108	我认为自己的工作很有价值	1	2	3	4	5	6
109	学校的教师评价体系鼓励我们进行不断地学习	1	2	3	4	5	6
110	通过我的努力，学生能够习得较强的合作学习能力	1	2	3	4	5	6
111	我能从不同角度思考教育教学问题	1	2	3	4	5	6
112	学校领导无法激发我的工作热情	1	2	3	4	5	6
113	工作中，我能得到领导和同事的认可	1	2	3	4	5	6
114	通过我的努力，学生能够习得较强的自主学习能力	1	2	3	4	5	6
115	通过我的努力，学生能够形成一定的探究意识	1	2	3	4	5	6
116	学生成绩主要取决于家庭环境和其自身条件等，我的作用是有限的	1	2	3	4	5	6

附录3 第二个质化研究访谈提纲

1. 您认为教研组/备课组等集体性的专业活动对您及您的教学有哪些影响？

2. 您认为这些影响是如何产生的？请举例说明。

3. 您觉得这些影响是否体现在了学生身上？是如何体现的？

4. 您觉得这些活动对您产生影响的原因有哪些？有哪些关键的因素（领导、结构、文化）？

5. 您觉得在合作学习/集体探究上有哪些困难或需要进一步改进的地方？